国家治理协同创新中心
Co-innovation Center for State Governance

国家治理现代化丛书
丛书主编 俞可平

Government Governance

政府治理

何增科 陈雪莲／主编

"国家治理现代化"丛书总序

俞可平

"治理"原来是一个社会科学的术语,自从中共十八届三中全会将"推进国家治理体系和治理能力现代化"作为全面深化改革的总目标后,它便成为中国政治的热门话语。对其含义的种种不同解读,甚至各种争议也随之产生。有人认为它是西方的政治概念,有人则认为它在我国古代就早已有之。其实,"治理"就其字面意义而言,就是"治国理政"。作为人类的一种基本政治活动,它存在于古今中外的每一个国家和每一种文明之中。然而,作为政治学的一个重要新概念,它则是当代的产物。治理不同于统治,它指的是政府组织和(或)民间组织在一个既定范围内运用公共权威管理社会政治事务,维护社会公共秩序,满足公众需要。治理的理想目标是善治,即公共利益最大化的管理活动和管理过程。善治意味着官民对社会事务的合作共治,是国家与社会关系的最佳状态。

从统治走向治理,是人类政治发展的共同规律,不仅适用于西方国家,也同样适用于东方国家。中共十八届三中全会,把"完善和发展中国特色社会主义制度,推进国家治理体系和治理能力现代化"作为全面深化改革的总目标,是重大的理念创新。"国家治理体系和治理能力现代化",或者简称为"国家治理现代化",这一新的概念是中国共产党的创造,而绝不是对西方治理理论的照抄照搬。实际上,在英文文献中至今还没有与"国家治理现代化"

相对应的概念。国家治理现代化这一全面深化改革的总目标，不仅立足于中国特色社会主义的现实，也完全符合人类政治发展的普遍趋势。另一方面，也要实事求是地承认，对现代国家治理系统深入的专门研究，最初起源于西方发达国家。然而，我们不能因为发达国家率先进行了"少一些统治，多一些治理"的政治变革，并且对治理问题率先进行了研究，发展起了各种治理学说，就认定这只是西方的理论或实践。一种理论或实践，只要反映了人类社会的共同规律，无论最初在哪个国家或地区出现，它们最终都会在其他国家和地区发生作用，并成为人类文明的共同价值。今天我们已经须臾不可离开的民主、自由、人权、法治、现代化、工业化、全球化等等，莫不如此。

中共中央编译局比较政治与经济研究中心，是国内最早研究治理理论的团队之一。它首先从译介国外的治理理论开始，然后结合我国的治理实践，致力于建构中国自己的治理理论，并且努力推进我国的治理现代化。这个团队从20世纪90年代开始，先后就政府治理、社会治理、基层治理、全球治理和生态治理等专门领域进行系统而深入的研究，承担过"全球化与治理的变迁"、"中国公民社会的兴起与治理的变迁"、"中国地方治理创新"、"中国国家治理评估"、"中国社会治理评估"、"社会管理创新"、"城市治理现代化"、"全球治理与和谐世界"、"生态治理与生态文明"等重大课题，发表了大量研究成果，并且建立了国内最权威的"中国地方政府创新案例"和"中国社会创新案例"数据库。

有幸列为国家"十二五"重点图书出版规划项目的这套"国家治理现代化"丛书，由《大国治理》、《政府治理》、《社会治理》、《基层治理》、《全球治理》和《生态治理》6本书组成，在很大程度上反映了比较政治与经济研究中心这个研究团队在治理方面的主要成果。各卷分别由何增科、杨雪冬、曹荣湘、陈家刚、周红云等研究员任主编，他们都曾经是这个团队的核心骨干，现在不仅是中央编译局相关业务部门的主要领导，而且分别成为国内相关研究领域的代表性学者。人们经常说，理想的研究目标，就是"既出成果，又出人才"。去年，我们编辑出版了国家出版基金项目——10卷本的"中国的民主治理：理论与实践"丛书，现在我又看到了这套6卷本的"国家治理现代化"丛书的出版。这使我不无自豪地想说：我们基本上达到了这一理想目标。作为这个学术团队的创立者，一方面，我要对这些年轻同事们所取得的成就表示热烈的祝贺，另一方面，也要对他们的合作与贡献表示诚挚的感谢。当然，本丛书除了比较政治与经济研究中心的成果外，也收录了国内同行的其他若干成果。在此，我对这些作者也一并表示感谢。

2014 年 11 月 10 日于京郊方圆阁

目 录
Contents

导　论　政府治理现代化与政府治理改革　何增科 / 1

政府治理理论

治理、政府治理概念的演变与发展　包国宪　郎　玫 / 3
当代西方政府治理的理论化谱系
　　——整体政府改革时代政府治理模式创新解析及启示　曾维和 / 18
政府治理模式变迁：理论范式和实践绩效　唐　娟 / 31
政府的性质：新制度经济学的视角　吴金群　耿依娜 / 39
新政府治理与公共行为的工具：对中国的启示　莱斯特·M.萨拉蒙 / 56
中国政府治理研究的回顾与展望　包国宪　霍春龙 / 74

政府治理评估

国际治理评估指标体系研究述评　周红云 / 89
治理评价体系的国内文献述评　何增科 / 113

政府质量：国家治理结构性指标研究的兴起　臧雷振　徐湘林 / 136
我国公共治理评估之核心要素　褚松燕 / 161
建立中国政府治理评价体系初探　何增科 / 168
中国治理评估框架　俞可平 / 184

政府治理改革

当代中国政府治理范式的变迁机理与革新进路　张立荣　冷向明 / 201
当代中国行政吸纳体系形成及其扩展与转向　储建国 / 221
我国行政决策模式之转型
　　——从管理主义模式到参与式治理模式　王锡锌　章永乐 / 237
中国网络公共领域的兴起与政府治理模式变迁　刘　良 / 259

政府治理案例

地方政府创新与治理变迁
　　——中国地方政府创新案例的比较研究　陈家刚 / 275

从技术化行政到民主化行政
　　——以青岛市"多样化民考官"机制的发展轨迹为个案　陈雪莲 / 290

江苏沿海城市群建设与政府治理模式创新
　　——从"行政区行政"到"区域公共治理"　成　婧 / 301

大都市政府治理机制运行的背景、内容与影响因素
　　——来自美国的实践及对中国的启示　易承志 / 313

导 论
政府治理现代化与政府治理改革

何增科

政府治理在国家治理中处于核心地位,是整个国家治理体系中的一个最为重要的子系统。研究国家治理现代化,就必须研究政府治理现代化和政府治理改革与创新。什么是政府治理及其现代化,如何进行政府治理评估,如何推进政府治理改革,这些都是需要探讨的基本问题。

一、政府治理的概念

"政府治理"(Government Governance)一词是中国学者在20世纪90年代末引入"治理"(Governance)概念过程中频繁使用的一个概念,在中国语境下有其特定含义。要想理解"政府治理"的含义,需要对三组概念进行辨析。

统治(Government)和治理(Governance)。俞可平指出,统治是政府依靠垄断性的国家权力对社会进行控制。治理则是各个社会主体运用公共权威来维护社会秩序。他认为统治和治理有五个方面的区别:(1)权威主体不同。统治的主体是单一的,就是政府或其他国家公共权力;治理的主体则是多元的,除了政府外,企业、社会组织和公民都可以成为治理主体。(2)权威的性质不同。统治是强制性的；治理可以是强制的，但更多是协商的。（3）权威的来源不同。统治的权威来源就是强制性的国家法律，治理的来源除了法律外还包括各种非强制的契约。（4）权力运行的向度不同。统治的权力运行向度是自上而下的，治理的权力可以是自上而下的，但更多是平行的。（5）两者作用的范围不同。统治所及的范围以政府权力所及的领域为边界，而治理所及的范围则以公共领域为边界，后者比前者要宽广得多。从统治走向治理是人类政治发展的普遍趋势，"多一些治理，少一些统治"是21世纪世界主要国家政治变革的重要方向。①

公司治理与政府治理。公司治理理论研究在公司所有权与管理权相分离的情况下，如何建立起委托方对代理方有效的激励和约束机制，以解决代理方背叛委托方利益，利用经营管理权谋取自身利益最大化问题。政府治理中同样存在主权与治权相分离所引发的委托代理问题，如何建立起委托方对代理方有效的激励和约束机制以解决官员群体滥权谋私、敛财自肥的腐败问题和特权问题是政府治理需要重点关注的问题。②

国家治理与政府治理。国家治理主要表现为政府治理但又不能完全等同于政府治理，市场治理和社会治理都构成现代国家治理体系的重要组成部分。市场治理主要依靠价格机制和竞争机制来调节供需关系，引导企业在实现利润最大化过程中提供商品和服务，增进社会利益。社会治理主要依靠志愿机制和自治自律机制来动员资源提供社会服务和约束社会成员和社会组织行为，以增进社会利益。政府治理则主要以合法的强制性力量为后盾来动员资源约束行为，提供公共服务以增进公共利益。

从上述三组概念的辨析中可以看出，政府治理的概念有其独特的含义。笔者在上述辨析基础上提出了政府治理的定义。政府治理是政府联合多方力

---

① 蒋保信：《俞可平："城管式困境"与治理现代化》，载《同舟共进》，2014年第1期，第25页。

② 对这个问题感兴趣的读者可参阅刘用铨：《政府治理与公司治理中委托代理问题比较及其启示》，载《行政论坛》，2007年第1期，总第79期，第75—77页；曾广录，《政府治理与公司治理约束机制比较》，载《理论界》，2008年第7期，第51—52页。

量对社会公共事务的合作管理和社会对政府与公共权力进行约束的规则和行为的有机统一体，其目的是维护社会秩序，增进公共利益，保障公民的自由和权利。① 由此可见，政府治理有两个面向，一是政府内部管理的效率和政府对社会的治理的有效性，它属于有效治理的范畴，以行政效率高、治理能力强大的政府为基础；一是政府治理行为的正当性，它属于民本治理（古代）或民主治理（现代）的范畴，以社会对政府的约束的有效性为基础。

政府治理理论主要研究政府治理模式、政府治理结构、政府治理机制、政府治理工具、政府治理能力、政府治理评估等问题。政府治理模式主要是考察政府对社会的治理模式，包括政府依靠自身组织对社会的独自治理、联合多方力量的共同治理等。政府治理结构侧重于考察政府治理中的权力配置方式，如集权结构与分权结构等。政府治理机制侧重于研究政府治理过程各环节的运行机制，如人治还是法治，常态化还是运动式治理，封闭神秘还是开放透明等。政府治理工具侧重于探讨政府实现自身治理目标的方式和手段，如强制还是引导等。政府治理能力则是考察政府履行自身职能的能力，如资源提取能力、政策规划能力、行为规制能力、提供服务能力、控制腐败能力等。政府治理评估侧重于对政府治理的结构、过程、产出或绩效展开评估，以衡量政府治理质量或政府质量。政府治理模式、政府治理结构、政府治理机制、政府治理工具都可归入政府治理体制的范畴。与此相对应的则是政府治理能力的范畴，它体现着政府治理主体执行政府治理制度和运用政府治理工具的水平。政府治理理论关注政府治理的现代化，倡导通过政府治理改革建立现代政府治理体制。

对政府治理与发展、秩序和转轨等因素关系的研究表明，政府治理状况关系到发展、稳定、改革的成败，政府治理极为重要。世界银行专家丹尼尔·考夫曼等人通过定量研究发现，发展中国家的治理质量影响着这些国家

---

① 张成福和唐娟较早地认识到在我国政府治理应当包括政府代表社会施政和政府及其官员履行社会契约义务这样两层含义。有兴趣的读者可参阅唐娟：《政府治理模式变迁：理论范式和实践绩效》，载《行政与法》，2004年第10期，第7页。

的经济绩效，治理状况的改善可以显著地改善这些国家的经济绩效。我国学者张弘、王有强对政府治理能力与经济增长关系的定量研究发现，在较低收入阶段政府治理能力的提升与经济增长的相关性并不明显，但在较高收入阶段政府治理能力的提升对经济增长则具有明显的促进作用，换言之，到了较高的收入阶段，较低的政府治理能力则可能成为经济进步的掣肘。[①] 国际上有关失败国家（Failure State）和软政权（Soft Government or Weak Government）的相关研究表明，政府治理的失败，会导致一个国家陷于内战或动乱之中，甚至导致一个国家的分裂或解体。而政府治理能力的软弱则会导致政策规划能力和政策执行能力的贫乏，法纪的软约束，其结果是犯罪率居高不下，叛乱动荡频发，社会稳定受到严重威胁。一些学者对中俄政府治理能力与转轨绩效的比较研究表明，俄罗斯激进转轨导致政府治理能力衰退，由此对俄罗斯经济增长产生了长期的负面影响，普京上台后改善中央政府治理能力的努力对经济增长则产生了积极的影响。而中国在渐进转轨中，中央政府保持了强有力的治理能力，同时对政治体制进行了渐进的边际调整，这些都有力地促进了中国经济的长期稳定增长。这些都说明，改革期间有一个治理能力强大的政府权威存在，乃是经济增长和发展的制度基础和前提。[②]

经过本土化改造的中国政府治理理论范式吸收西方治理理论，在政府、市场与社会的互动关系框架中探讨多中心治理、网络化治理和整体性治理的合理内核，双方之间具有一定的共通性。但与西方治理理论指向公共治理的理论范式有所不同，经过本土化改造的中国政府治理理论范式有其独特性。它凸显了政府（包括党委）在由政府、市场和社会等多元治理主体组成的治理格局或模式中处于核心和主导地位，培育市场、培育社会组织，增强市场机制和社会机制，既是提高政府治理能力的需要，又是政府的一项重要职责。政府治理又不同于政府管理，它为市场和企业、公民和社会组织参与公共治

[①] 张弘、王有强：《政府治理能力与经济增长间关系的阶段性演变——基于不同收入阶段的跨国实证》，载《经济社会体制比较》，2013年第3期，总第167期，第157—158页。

[②] 周端明、蔡敏：《政府治理能力与转轨绩效》，载《当代经济研究》，2009年第4期，第55—56页。

理开辟了权威空间，提供了机会和资源，因此具有高度的开放性。政府治理的理论范式促使人们关注政治中的委托代理关系，促使人们关注政府内部的政治—行政过程，有助于把政治学和公共管理学研究融合起来。①

二、政府治理的第一次现代化

20 世纪 90 年代以来在西方兴起的治理理论，既是对 70 年代末 80 年代兴起的政府改革运动的理论总结，又是一种新的治理现代化的理论范式，其核心是形成一种新的政府治理理论。它实际上是对近代以来形成的现代政府体制的一次"再现代化"或"后现代主义"改造，是在政府现代化基础上的政府治理现代化，也可以称之为政府治理的第二次现代化。因此有必要将近代以来西方政府治理的第一次现代化与 20 世纪 70 年代末以来西方政府治理的第二次现代化的努力联系起来加以考察，从而加深对政府治理现代化问题的理解。

西方政府治理的第一次现代化实际上是沿着民主治理和有效治理两个方向展开的。

近代以来，西方资产阶级在领导民众开展反对君主专制主义政权的民主革命过程中，逐渐建立起民主政治制度，实现了政府治理的民主化。他们高举"主权在民"的民主旗帜，反对"君权神授"思想，从思想上瓦解了君主专制主义的正当性。在"没有代表权就不纳税"口号的鼓舞下，代议制机关在与王权的斗争中逐渐取代王权成为政府的控制者，政府的预算开支、提高税率开征新税、机构的设置与废止、重要法案的通过都需要征得议会的同意，政府成为代议制政府而非国王的政府。在王权与议会的斗争中，宪法日益成为各方公认的最高权威，随着法院逐渐脱离王权而独立，司法权逐渐取得了

---

① 包国宪等人对这个主题有很好的分析。有兴趣的读者可参阅包国宪、郎玫：《治理、政府治理概念的演变与发展》，载《南京大学学报》（社会科学版），2009 年第 37 卷第 2 期，第 1—7 页；包国宪、霍春龙：《中国政府治理研究的回顾与展望》，载《南京社会科学》，2011 年第 9 期，第 62—68 页。

与行政权并立的地位，立法权、行政权、司法权的分立与制衡原则最终确立，将政府置于宪法和法律的约束之下，政府成为立宪政府或法治政府。在代议制政府和立宪政府原则确立过程中，政党取代国王成为代表民众控制政府的工具，各类政党在议会内外发展起来并为争夺对议会和政府的控制权而展开竞争。政党政府取代国王的政府成为政府的常态，执政党向议会或选民负责的责任政府体制随之确立。随着自由的、竞争性的普选权的最终实现，进入20世纪以来西方各国政府相继成为民选政府。政府治理的民主化，在人类历史上第一次将社会对政府的约束从依靠统治者的道德自律和臣下规劝的软约束转化为制度的硬约束。代议制机关对政府的约束、宪法和法律对政府的约束、政党政府的责任制约束、选举制度对政府领导人的约束，使政府向社会负责、为民众服务从民本主义的理想诉求转化为民主治理下政府及其官员的内在要求。

近代以来西方政府的有效治理是在民族国家建设的过程中逐步完成的，最重要的成果是按照现代科层制（Bureaucracy，又被译为官僚制，鉴于"官僚"和"官僚主义"在中国语境中具有贬义，"科层制"称谓更加中性，因此本文采用科层制的译法）原则对政府组织的改造，即建立起现代科层制政府。克服地方各自为政导致的市场分割局面，建立全国统一的市场的要求，推动着西欧诸国中央集权的全国性政府的形成和巩固。军事现代化过程中科层制组织所表现出来的效率，家族式企业向现代大型企业组织的过渡中科层制组织和职业经理制的采用，都使得科层制组织成为政府组织改造的理想目标。韦伯对现代科层制组织的研究在这一过程中发挥了重要的推动作用。韦伯根据组织权威的类型将组织分为三种形态。神秘化的组织形态中的权威是"超凡魅力型"权威，它是对领导者的人格魅力、品格和行为的狂热崇拜和绝对服从。传统的组织形态中的权威是"传统权威"，表现为世袭制和家产制，凭借原有的惯性起作用。合理化——法律化的组织形态中的权威是"法定权威"，它基于合理、合法的规章制度，以组织内的各种规则作为领导权威的基础。人们相信拥有权威的人在法律规则下有发布命令的权力，且发布的命令都要受规章制度的约束。建立在这种合理—合法的权威基础上的组织被称为现代科层制组织。韦伯认为，现代科层制组织具有以下八个特征：（1）组织内部职责分工明确，组织手段和组织目标相匹配。（2）组织内部实行严格的层级化管理，建立了明确的上下级命令—服从关系。（3）组织内部成员之间关系是理性的，处理组织委托事务不带个人感情色彩，严格按规则和程序办理，表现出非人格化特征。（4）官员任命要经过专业培训，取得相应资格后才能参加行政管理工作。（5）建立行政管理档案制度。（6）公私财产分开，办公场所同住所分开，行政管理班子同行政管理的物资和生产完全分开。（7）根据才能选拔人才。根据考试成绩或专业资格证书招聘人员，根据评资或业绩决定职务升迁。（8）组织内部按照规则和程序进行控制，组织成员要严格遵守法令和规章制度，照章办事。韦伯认为，具有上述特征的现代科层制组织是最合理、最有效率的组织形式。[1] 韦伯被称为组织理论之父。他的理论对后世产生了重大影响。西方国家先后按照韦伯的科层制组织原则，对政府组织进行了改造，建立起现代科层制政府，告别了国王家产和公产不分、国王私仆与国家公仆不分、带有职位世袭和传统权威特征的前现代政府组织形态。

在政党政治的发展过程中，竞选获胜的政党往往把政府的职位当作战利品由本党成员来瓜分，形成了所谓的"政党分赃"体制。每次新的政党上台执政后，都要大规模更换政府职位的任职者，由此导致政府政策的非连续性，政府管理的非专业化，政府官员行为的短期化和政治投机行为盛行，人事任用中的腐败现象日益猖獗。从19世纪中后期以来，英美两国政府率先对政党政治的泛化所造成的政党分赃体制进行了改革，区分了政治和行政，限制了政治的边界，将职业政治家和职业文官分开进行管理，建立了现代公务员制度。政治作为一种将公众意志上升为国家意志并加以表达的职业，由民意代表（议员）、民选和政治任命的政府领导人构成，他们通过连选连任的激励约束机制来开展自己的政治职业生涯。行政管理则是对国家意志的执行。它被

---

[1] 吴喜雁：《韦伯的官僚组织理论评析及其应用》，载《当代经理人》，2006年第6期，第215—216页。

承认为一种具有专业技术含量的事务性管理职业，职业文官（又称事务类或业务类公务员）则通过考试录用、考绩晋升、专业培训、职责法定、常任制来保障其职业生涯的稳定性，进而保障行政管理的专业性。职业文官作为政策的执行者，要不折不扣地执行职业政治家确定的政策，接受职业政治家的领导，同时又不受党派更迭影响，在履行职责过程中保持"政治中立"。相应地，法官也成为一种专门的职业。为保证司法的公正性和独立性，法官普遍实行无过错终身任职制、高薪制和职业资格制度等。继英美之后，其他西方国家也都先后建立了现代公务员制度，实现了政治和行政的适度分离。20 世纪初以来，建立在政治与行政二分法基础上的经典公共行政理论开始作为一门独立的科学发展起来。

现代科层制政府和现代公务员制度的建立提高了政府治理的专业化水平和行政效率，从而提高了政府对社会的管理的有效性。政府治理的第一次现代化在民主治理和有效治理方面建立了基础性的制度设施，保证了对公共权力的刚性约束，保障了公民的自由和权利。意义非常重大。但这时政府对社会的管理还是一种政府的独自治理，是一种建立在命令—控制基础上的科层式治理，政府尚未重视联合社会力量进行合作管理。同时政府治理的民主化程度也有待于进一步提高。公民除了参与选举和依靠议员和代议制机构表达意见外，对政府治理过程的了解和参与明显不足。对行政管理专业性的强调和相对封闭的政府内部决策过程，在很大程度上排除了公民对行政决策的参与。

三、政府治理的第二次现代化

第二次世界大战后特别是 20 世纪 60 年代以来，西方公共行政理论经历了一个从经典行政理论向新公共行政理论、新公共管理理论和新公共服务理论发展演进的过程。1968 年兴起的新公共行政理论倡导将社会公平而非效率当作公共行政的核心价值，倡导民主行政，倡导建立回应性强、应变灵活、顾客导向的政府组织形态等，为公共行政学的发展作出了贡献。新公共管理理论是 20 世纪 80 年代以来兴起于英美等西方国家的一种新的公共管理理论。新公共管理理论提倡顾客至上的价值理念，主张政府的职能是"掌舵"而非"划桨"，倡导在政府管理中引入竞争机制，强调追求效率，建议改造公务员制度增强其政治敏感性，推动创建有预见性和事业心的政府。该理论成为 20 世纪 80 年代以来兴起于西方的行政改革的重要指导思想之一。新公共服务理论则是一些学者在对新公共管理理论的反思中提出来的。这些学者认为，公共管理者应该集中精力于承担为公民服务和向公民放权的职责，他们的工作重点应该是建立具有较强整合力和回应性的公共机构。

自 20 世纪中叶开始，西方发达国家普遍实行"福利国家"制度。但 20 世纪 60、70 年代以来，石油危机、经济滞胀、政府财政危机、公共服务效率不高等因素叠加，导致社会普遍不满，政府治理变革提上议事日程。人们开始从政治上批判"福利国家"，推崇自由市场的价值，主张用市场过程取代政治或政府过程来配置社会资源并且作出相应的制度安排。公共企业的私营化、公共服务的市场化、公共部门之间的竞争、公共部门与私人部门之间的竞争，广泛进入西方国家的政府改革策略。市场化改革，既为政府减负，也要求政府放权。私营企业优良的管理绩效和先进的管理方法，成为政府管理创新的可行选择。1980 年，英国撒切尔政府推行以缩小政府规模和进行"财政管理创新"为中心的改革，其后的梅杰政府（"公民宪章运动"）、布莱尔政府（"第三条道路"）继续推进政府改革，进一步发挥市场化作用；新西兰则在 1988 年开始以"政府部门法案"为蓝本的改革；加拿大在 1989 年成立"管理发展中心"，并于次年发表题为"加拿大公共服务 2000"的政府改革指导性纲领；美国于 1993 年成立"国家绩效评估委员会"，用来指导政府改革，后于 1998 年更名为"重塑政府国家伙伴委员会"（National Partnership for Reinventing Government）。这些改革的共同特征在于，努力发挥市场机制在公共服务供给中的作用，积极借鉴私营企业管理技术和方法，提升政府管理能力和公共服务能力。发源于西方发达国家的政府改革在全球范围内产生了广泛的回响。

20 世纪 90 年代以来，在吸收新公共管理理论、公司治理理论和全球治理理论并总结发达国家政府改革实践基础上,以公共治理为研究对象的新的治理范式应运而生。它是对第二次世界大战后西方发达国家为应对信息化等后工业社会的挑战而展开的政府治理的第二次现代化努力的理论总结,同时又对现实生活产生了深远的影响。这种新的治理范式论述的内容范围广泛,涉及政府治理模式变革、政府治理工具更新、政府治理结构优化、政府治理机制的完善、政府治理技术革新等诸多内容,我们分别加以论述。

政府治理模式的变革。曾凡军在总结相关研究的基础上指出,西方政府治理模式经历了一个从科层式治理经过竞争性治理和网络化治理走向整体性治理的变革取向。19 世纪末以来,西方国家建立起现代科层制政府,依靠科层化的政府组织对社会进行独自的治理并独立承担福利服务的供给职责,命令—服从和命令—控制的规制关系在政府治理中占据主导地位。20 世纪 70 年代末期以来,西方国家政府财政渐感难以独自承担福利服务供给之责,福利多元主义思想兴起。同时过度的政府规制也抑制了市场和企业的活力。政府工作效率不高也备受非议。英、美、德、新西兰等西方国家开始努力引入竞争性治理的新模式。竞争性治理模式强调将市场的竞争激励机制和企业的管理手段引入公共部门,减少政府规制,激发市场活力,提高政府工作效率,建设"企业化政府"和"竞争型政府"。随着信息技术的发展和福利多元主义的兴起,在福利服务供给等方面,政府治理逐步变成一个由多元行动者组成的互动网络,网络中的多元行动者通过谈判与协商形成共识,采取集体行动。网络化治理是"看得见的手"(政府)与"看不见的手"(市场)的"握手"。科层式治理整合不足,竞争性治理缺乏协调,网络化治理转嫁责任。针对上述弊端,"整合性治理"的新模式应运而生。"整合性治理"注重整体性和系统性,通过实行整体性的预算体系、大部门式治理、公私部门和不同层级的整合、建立单一的中央数据库、整合性的无缝隙服务等来解决多中心治理所带来的服务裂解和功能碎片化等问题,努力建设"整体性政府"。在竞争性治理和网络化治理等多中心合作治理基础上走向注重整合的整体性治理,代表着政府治理模式的一种新趋向。① 政府在新的治理模式中的作用是合作伙伴关系的促成者，公共治理的掌舵者，多元行动的协调者，公共价值的推动者。

政府治理工具的更新。政府治理工具是为达成政府治理目标所采用的行动策略和方式。面对信息化和全球化的挑战，最近20多年来，各国政府治理工具的选择和创新出现了一些新的特点：公共服务的市场化机制得到重视和广泛应用；重视非营利组织的作用，强调自愿机制和自我服务机制；进行规制改革，放松规制，变命令—控制式的规制为以绩效为基础的规制②；在社会事务的治理过程中，强化信息沟通机制和行政指导等。③ 正如萨拉蒙所指出的那样，新公共管理运动所推动的政府治理模式的变革意味着以往由政府官僚机构直接提供的公共服务越来越多地转由与政府合作的第三方部门如私营企业、非营利组织等来提供，"第三方政府"或"间接政府"要求政府更加注重运用间接性政府治理工具实现自己的治理目标。间接的政府治理工具对管理、责任和正当性都构成了挑战。公共问题的解决需要依靠广泛的协作关系而非仅靠政府所能解决，政府治理代替政府管理成为新的理论范式意味着政府关注的重点应当从机构和项目转移到工具的选择上、从管理科层机构转移到管理网络、从公私部门的对立到公私部门的跨界协作、从命令与控制转移到谈判与协商、从管理转移到赋能。④ 在当今世界，政府治理工具的创新已经成为提高政府治理绩效和能力的重要途径。

政府治理结构的优化。政府治理结构是协调政治委托人与代理人之间的责、权、利关系的一系列制度安排。⑤ 第二次世界大战后西方发达国家在优化

---

① 曾凡军：《西方政府治理模式的系谱与趋向诠析》，载《学术论坛》，2010年第8期，总第235期，第44—47页。

② 毛飞：《绩效基础管制：一种新型政府治理工具》，载《新视野》，2003年第5期，第33—35页。

③ 邓蓉敬：《信息社会政府治理工具的选择与行政公开的深化》，载《中国行政管理》，2008年公务创新专刊，第57—58页。

④ 莱斯特·M.萨拉蒙：《新政府治理与公共行为的工具：对中国的启示》，载《中国行政管理》，2009年第11期，总第293期，第100—106页。

⑤ 吴金群、耿依娜：《政府的性质：新制度经济学的视角》，载《浙江大学学报》（人文社会科学版），总第38卷，2008年第2期，第61页。

以政治委托—代理关系为核心的政府治理结构方面作出了不懈的努力。在选民与民选政治家之间的政治委托—代理关系中，通过建立选区办公室、定期与选民见面、政治捐赠信息公开、政务公开、选举罢免机制等一系列制度安排，加强了选民对民选政治家的激励和约束。两次选举之间，议会作为民意代表机关强化了对行政机关的监督，通过设立各种专门委员会、强化审计监督、设立议会行政监察专员制度、建立议会研究咨询机构和统计分析机构等加强了对政府的监督。政府领导人通过建立政策咨询顾问机构任命外部专家担任顾问、开放高级公务员遴选渠道、强化行政监督、适度扩大政治任命的范围等制度安排，加强了对职业文官的政治控制。司法机关则通过建立抽象行政行为的司法审查制度和违宪审查制度加强了对立法机关和行政机关的制约。通过实行地方分权和地方自治等分权化改革，强化了地方民众对地方政府的监督与约束。

政府治理机制的完善。政府治理机制伴随于政府治理的全过程。政府治理过程是政府根据公民的利益诉求，运用公共权力制定和执行公共政策，通过多种方式提供公共物品，解决公共问题，以满足公民基本需求的过程。① 政府治理机制是规范政府治理过程中公民参与行为和政府政策实施行为的规则和程序的总称。实行参与式治理和强化对公共权力运行过程的规则和程序约束是西方发达国家完善政府治理机制的基本方向。参与式治理倡导公民参与政府治理过程特别是参与决策过程，建立政府与公民及社会组织的合作、协商和伙伴关系，增加公民在决策过程中的发言权和问责度。② 为推动参与式治理和有效约束公共权力的运行过程，制定行政程序法加强行政程序制度建设成为许多国家的普遍做法。美国、德国、西班牙、奥地利、葡萄牙、日本和我国澳门地区等都制定了专门的行政程序法。行政程序制度通常包括信息公开制度、决策听证制度、公告评论制度、合法性审查制度、决策

---

① 对政府治理机制问题有兴趣的读者可参阅霍春龙：《论政府治理机制的构成要素、涵义与体系》，载《探索》，2013年第1期，第81—84页。
② 罗重谱对参与式治理作了较好的论述。有兴趣的读者可参阅罗重谱：《"第三条道路"与参与式政府治理模式的构建》，载《党政干部学刊》，2008年第3期，第24—27页。

责任追究制度、告知制度、听取陈述和申辩制度、职能分离制度、不单方接触制度、回避制度、书面记录和决定制度、说明理由制度、时效制度、救济制度等程序性制度。① 程序具有独立价值和程序正义与实质正义并重的理念在第二次世界大战后逐渐传播开来并得到人们的普遍承认。

政府治理技术的革新。第二次世界大战后西方发达国家在政府改革过程中广泛采用了企业管理的技术手段和信息通讯技术等新技术对政府治理进行"流程再造",提高了政府治理的绩效。在建立企业化政府过程中,企业的战略管理、目标管理、全面质量管理、绩效管理、人力资源管理、薪酬管理、财务管理等方面的技术被引入公共部门管理中并导致政府工作流程的重组,提高了政府工作的效率。随着信息社会的悄然到来,在政府治理过程中引入信息技术,改造政府的组织结构、权力和责任配置结构和工作流程,实行电子政务(E-Government)并最终走向电子化治理(E-Governance)。汪玉凯、杜治洲将电子政务的发展区分为四个阶段,即以组织为中心的电子政务(侧重于政策的执行)、以公众为中心的电子政务(侧重于为公众提供政务服务)、以组织为中心的电子化治理(侧重于建立标准的网络组织便于决策)、以公众为中心的电子化治理(侧重于发展决策中的公民参与技术增强政府的回应性)。他们指出,美国已经进入从第三阶段向第四阶段的转化时期,而中国尚处在从第一阶段向第二阶段的转变时期。② 电子化治理已经成为政府治理的一种重要的新形态。政府治理技术的革新和新技术的采用在促进政府治理变革方面正发挥着越来越重要的影响。

四、政府治理评估

20 世纪 90 年代以来,随着治理理论的兴起和流行,治理评估也开始流行

---

① 姜明安对行政程序制度有很好的论述。有兴趣的读者可参阅姜明安:《行政的现代化与行政程序制度》,载《中外法学》,2008 年第 1 期,第 33—39 页。
② 汪玉凯、杜治洲:《电子政务对中美两国政府治理模式的影响》,载《中国行政管理》,2004 年第 3 期,总第 225 期,第 90—91 页。

起来。最早进行治理评估的是一些著名的国际组织，如联合国开发计划署、世界银行、经济合作与发展组织等，随后一些重要的国际非政府组织和西方发达国家也开始进行治理评估工作。这些治理评估除了世界银行的世界治理评估围绕政府治理质量展开评估外，基本上都是围绕民主治理、公共治理、人文治理等更加宽泛的国别治理问题开发和应用治理评估指标，或者是围绕某一特定问题如人权、腐败、自由等而展开专项治理评估。[①] 中国国内学术界在进入 21 世纪后也开始关注治理评估问题。除了治理相关的各类评估指标外，国内学术界围绕民主治理、公共治理、善治、国家治理先后开发出多套治理评估指标体系或评估框架，其中比较有代表性的是俞可平教授所率领的中央编译局研究团队所开发的中国国家治理评估框架和天则研究所所开发的中国省市公共治理指数，前者在联合国开发计划署支持下吸收了国际上治理评估的价值理念和科学方法，同时根据中国国情研制而成，后者以主观评价为主对各省市公共治理状况进行了多次实际测评，产生了一定的社会影响。[②]

世界银行的世界治理指标以政府治理质量为评估对象，开发出了一套综合性的世界治理指标体系，并从 1996 年起开始进行实际测评，产生了广泛的影响。这套指标的研制者认为政府治理包含三个维度，这三个维度是：政府的选举、监督和更替过程；政府有效制定和实施合理政策的能力；公民和政府对经济社会互动制度的遵守。每个维度分别用两个综合指标来定义，即：发言权和责任性；政治稳定性和无暴力；政府效能、监管（规制）质量；法治水平、腐败的控制。这套指标是从失效的角度来定义每一个指标的特定"治理"内涵。[③] 这套指标尽管存在着缺乏时序可比性等缺陷，但却是迄今为止编制最严谨、使用最广泛的政府治理质量评估指标。

---

① 对国际治理评估感兴趣的读者可参阅周红云：《国际治理评估指标体系研究述评》，载《经济社会体制比较》，2008 年第 6 期，总第 140 期，第 23—36 页。

② 对国内学术界治理评估感兴趣的读者可参阅何增科：《治理评价体系的国内文献述评》，载《经济社会体制比较》，2008 年第 6 期，总第 140 期，第 10—22 页；俞可平：《中国治理评估框架》，载《经济社会体制比较》，2008 年第 6 期，总第 140 期，第 1—9 页。

③ 对这套指标的利弊得失的分析感兴趣的读者可参阅李振志：《政府治理评估中 KKZ 指标的编制及缺陷》，载《统计与决策》，2013 年第 3 期，总第 385 期，第 28—30 页。

臧雷振和徐湘林认为，政府质量（Quality of Government）概念要优越于政府组织绩效、治理与善治、国家能力与国家建设等"竞争性概念"。政府组织绩效评估过于离散化和单一化，治理和善治评估具有很强的主观评价色彩，国家能力与国家建设评估容易忽视社会力量在国家建设中的作用。因此他们主张将政府质量评估指标作为国家治理的结构性指标来衡量，以期综合反映中观层面的国家治理结构和过程。但对政府质量的内涵、特征与构成要素，学者们的看法却并不一致。有的学者强调政府质量是政府提供政策和实施政策质量的反映。有的学者则强调政治权力运行中的公正性特征。有的学者认为政府质量的构成要素应当包括：公共精神、良好的政策制定、信息公开、善的原则、法治、效率和稳定性等。福山提出衡量政府质量的四种路径：程序性测定，如现代科层制标准；国家专业化运用资源的能力和水平；产出水平；行政机构自主性。还有的学者主张从腐败控制、公平、政府效能、产权保护、法治等变量出发测量政府质量。[①] 政府质量评估过于强调政策制定和执行等输出端的公平和效能等变量，对输入端的公民参与关注不够，不完全符合政府治理评估应当重视民主治理和有效治理、政府治理输入端和输出端的要求。而世界银行的政府治理质量评估指标则较好地兼顾了这样两个方面的要求。

政府治理评估除了综合性的政府治理质量评估外，也可开展政府治理绩效评估、政府治理现代化评估、迈向善治的政府治理评估等多种角度的评估，这些评估各有其不同的功用。

政府治理绩效评估。政府治理绩效评估就是对政府治理目标的实现程度进行评估。政府治理的目标可以确定为可持续的发展、生活质量的普遍提升、可持续的稳定。可持续的发展是经济和社会的协调发展、均衡发展和发展具有可持续性。政策质量影响着发展的质量。生活质量是指人们各方面的需求得到满足的程度。生活质量的普遍提升有赖于社会公共服务特别是社会福利

[①] 臧雷振、徐湘林：《国家治理结构性指标研究的兴起》，载《公共行政评论》，2013年第5期，第116页。

服务的均等化和质量的不断改善。公共服务的质量影响着生活质量。可持续的稳定，需要公民的自由和权利得到法律的保障，需要公民及其组织对政策过程的参与和支持，需要公民具有高度的安全感和公平感。公共权力的运行质量包括开放性、公正性和廉洁性等，影响着社会政治稳定的可持续性。政府治理绩效评估侧重于衡量一个国家在实现政府治理三大目标方面的绩效。政府治理质量评估则是对影响政府治理绩效的诸变量的具体状况的评估，具体包括：政策质量、公共服务质量、公共权力运行质量。政府治理绩效评估有助于反映特定国家的政府治理状况的优劣。

政府治理现代化评估。政府治理现代化的评估标准包括民主化、法治化、制度化、高效化等四大标准，前两个标准指向民主治理的面向，后两个标准指向有效治理的面向。（1）民主化。政府治理结构的设计和运行在政治委托代理关系中体现了民主授权和民主监督问责的原则。选民和民选政治家包括政府领导人和民意代表之间建立了选举授权和选举问责机制。代议制机关和政府之间建立了组成政府的授权和监督政府、更换政府的问责机制。（2）法治化。政府治理过程应当体现限制政府权力和维护公民自由权利的有机统一。宪政法治是政府和公民之间的一种约定，公民授权政府进行管理，政府承诺保护公民权利。法治化是通过在政府内部建立规则和程序的最高权威地位实现政府内部控制的法治化，同时政府对经济社会的规制须依法而行，实现法治化，公民拥有各种权利救济手段。（3）制度化。各类治理主体如中央政府、地方政府、市场和企业、社会组织、公民和社区等在政府治理模式中的地位和作用及其相互关系都有相应的法律规定，实现了制度化，避免了互动过程中不必要的摩擦和内耗。（4）高效化。政府治理现代化意味着优质高效地履行自身的职能，如经济社会监管职能、公共服务职能等。可以通过创新治理工具、更新治理技术、增强治理主体能力来提高政府治理效率和效益，更好地为公民服务，为社会服务。一个现代化的政府治理体系是一个政府治理能力强大高效、公共权力运行约束有力的政府治理制度体系。政府治理现代化程度反映着一个国家的政府治理制度体系和治理能力即制度执行能力的现代化程度。可以从政府治理过程各环节的功能性制度角度确定政府治理制度体系和制度执行能力的具体内容，具体应包括 12 个方面的要素：公民参与制度、精英录用制度、政治整合制度、政治决策制度、执法司法制度、公共财政制度、行为监管制度、社会福利制度、公共服务制度、评价反馈制度、监督问责制度、控制腐败制度，以及这 12 个方面制度的执行能力。可从调查诊断制度文本与制度实际执行情况之间的差距来评估政府治理制度体系和治理能力的现代化程度，寻找薄弱领域和薄弱环节，提出改进政府治理制度和治理能力的建议。

迈向善治的政府治理评估。治理改革的目标是迈向善治。所谓善治是良好的治理的简称，它强调国家与社会、政府与公民对社会公共事务的合作管理，其目的是克服治理失效，促进社会公共利益最大化。善治即包括它所倡导的核心价值体系，即参与性、透明性、法治、责任性、效能、回应性、公正、廉洁、合法性、和谐，同时也应在政府治理主体和政府治理制度中体现出来。可建立迈向善治的政府治理评估指标体系，以监督测量政府治理改革的实际进展，对政府治理改革发挥鞭策和警示作用。具体评估框架见下表[①]：

表1 迈向善治的政府治理评估框架

评价主题领域	评价的核心价值			
执政党改革	参与性	透明性	法治	回应性
人大政协制度改革	参与性	透明性	法治	回应性
人权和公民权	法治	效能	公正	和谐
公民和社会组织参与	参与性	透明性	法治	合法性
信息公开与媒体监督	透明性	法治	效能	公正
司法改革	廉洁	效能	公正	合法性
分权化与地方治理	参与性	效能	公正	责任性
行政改革与反腐败	法治	效能	廉洁	合法性

---

① 改编自何增科：《中国治理评价体系框架初探》，载《北京行政学院学报》，2008年第5期，第1—8页、第42页。

五、政府治理现代化在中国：进展与不足

西方发达国家政府治理经历了两次现代化，第一次现代化经历了数百年的时间建立了现代政府治理体制的基本制度如代议制政府、立宪政府、政党政府、民选政府、科层制政府、职业文官制度等，奠定了民主治理和有效治理的制度基础。第二次现代化始于第二次世界大战后特别是 20 世纪 60 年代后，其中既有对现代政府治理体制的进一步完善，也有对政府与行政的分离、科层制政府、职业文官制度等政府组织结构和人事制度的超越。20 世纪 90 年代后新的治理理论的提出则是适应了福利国家遭遇危机和信息社会悄然到来的新的现实，它是在超越第一次政府治理现代化成果基础上提出的政府治理进一步现代化的新构想，同时反映了第二次世界大战后西方国家政府治理改革的新实践。

1949 年新中国成立后特别是改革开放以来，中国在政府治理现代化方面进行了不懈的努力，政府治理转型取得了长足的进步。

（1）政府治理理念的更新。新中国成立后到改革开放前很长一段时间内特别是在"文革"期间，中国共产党曾奉行"以阶级斗争为纲"的方针，强调政权是"镇压之权"，强调政治的统帅地位，政府统治的理念处于主导地位。改革开放后，执政党和政府的工作重心转向经济建设，强调效率优先兼顾公平，政府管理的重要性凸显出来，政府统治的思想逐渐退居次要地位。"十六大"后，中国共产党日益强调科学发展与社会和谐，公平正义的价值日益受到执政党和政府的重视，服务型政府成为政府建设的目标，"以人为本"成为基本的执政理念。以公众为中心、公平为导向的政府治理理念逐渐取代了以往过于重视效率的政府管理理念而成为主流话语。

（2）政府治理模式的变革。无论是政府统治还是政府管理，政府都是唯一的主体，依靠暴力为后盾的强制性力量自上而下来实现自身目标。经过 30 多年的市场化改革，市场和企业的力量日益壮大，社会组织取得了一定的发展。经济社会现代化引发了大量的社会问题需要解决。政府所掌握的资源和

信息有限。在解决社会问题方面寻求市场和企业与社会组织的协助成为一种明智的选择。政府治理模式的变革率先在社会领域发生。执政党在和谐社会建设过程中提出，在社会建设和管理领域，要形成"党委领导、政府负责、社会协同、公众参与、法治保障"的现代社会治理体制并为此积极推动社会组织管理体制改革。这实际上是一种新型的政府治理模式，在这种新型的政府治理模式中，党委处于领导地位，政府承担主要责任，但同时为市场和企业、公民和社会组织参与政府治理开辟了空间，提供了机会，承认了市场和企业、公民和社会组织参与政府治理过程的主体地位和协同作用。2013年中共中央关于全面深化改革的决定提出国家治理概念后，新型的政府治理模式有望从社会建设和管理领域扩展到其他领域，市场治理和社会治理在国家治理体系与政府治理的互相补充作用得到承认。

（3）**政府治理结构的调整**。改革开放前中国的政府治理结构表现出高度集权的特征。改革开放的过程是一个执政党和政府主动放权和分权以调动社会各方面积极性的过程。政府向国有企业放权，培育市场机制，鼓励个体户、私营企业和外资企业发展；政府推动社会组织去行政化，积极培育民间组织，为社会组织参与社会建设和管理提供资源、机会和空间，体现了向民间组织放权的思路。在政府内部治理结构上，中央对地方进行行政性分权，调动地方政府发展经济的积极性；各级党委在牢牢保持自身领导权前提下，主动地和有限度地向人大、政府、法院、检察院等各类政权机关以及工会、共青团、妇联等群团组织放权，保证它们能够依法履行自身职能。政府治理结构调整表现出从高度集权的政府治理结构走向主动放权、集分结合的政府治理结构的趋势。但分权化改革的成果特别是政府内部治理结构上的分权化改革并未上升为法律。

（4）**政府治理工具的革新**。改革开放以来，随着利益的多元化和分权化改革的深入开展，各级党委和政府在治理工具的选择上有了重要的变化。政府治理工具有直接程度之分、强制性程度高低之分。为了调动其他治理主体的积极性，减少阻力，直接性治理工具和强制程度高的治理工具的使用频率在减少，政府更喜欢使用间接性治理工具和强制性程度低的治理工具。企业、社会组织、公民为了维护自身合法权益，通过行政诉讼、申请行政复议、申诉等法律手段维护权益的行为日益增多，对公正执法、司法公正的要求也越来越高。这些对政府治理工具的选择影响越来越大。重视运用法律手段实现政府治理目标，强调依法行政、依法治理、程序正当成为政府治理工具选择方面的一个重要趋势。

（5）政府治理机制的进步。这些年来，政府治理机制的进步主要表现在三个方面，即政府治理过程的公开化、程序化、电子化。20世纪80年代以来，政务公开日益受到重视，《政府信息公开条例》的颁行实现了政务公开的制度化，保证了公众的知情权，便利了公众参与政府决策。法治国家目标的提出和法治建设的推进，促使人们日益重视决策程序、执法程序、司法程序等政府治理过程的程序性制度建设，政府决策行为、执法行为、司法行为的程序性约束逐步加强。信息社会的悄然到来，促使政府和公众都日益重视运用信息技术手段实现自身目标，电子政务建设不断提速。电子政务在优化固化政府工作流程以约束公共权力运行、方便快捷全天候地服务公众方面正在发挥着越来越重要的作用。

尽管中国在政府治理现代化方面取得了长足的进步，但在政府治理现代化的基础性制度设施建设方面仍严重滞后，远远没有完成政府治理现代化任务。

（1）人大和政协机构存在制度性缺陷，履行代议和协商功能不充分，对政府的监督问责乏力。新中国成立后，中国建立了全国和地方各级人民代表大会和政治协商会议等现代民意代表机关和各界别代表政治协商机构，这些机构本应发挥利益表达、代议协商、监督政府等功能。人大和政协在改革开放后机构得到恢复，地位和作用逐步加强。但人大的立法功能履行得最好，政协的参政议政功能履行得较好，其他规定的功能履行情况并不好。人大代表和政协委员人数过多，每年的会期太短，人大代表和政协委员并非一种专门的职业而是一种兼职，缺乏连选连任的职业激励机制。人大代表和政协委员作为选区选民的民意代表和所在界别的利益代表的角色意识不强，履职情况缺乏考核监督。人大和政协会议每年会期最长两个多星期，会议期间按地区编组，由地方党政领导人或行业系统领导人担任代表团团长，呈现出行政化的开会方式以及众目睽睽下的表决方式等，这些都不利于人大代表和政协委员自由发言、讨论和辩论，不利于人大和政协充分履行审议、评议的职能。人大缺乏行政监察和经济审计的专门机构，缺乏严格控制政府预算的预算审查监督制度，缺乏对政府的不信任表决机制，这些都直接影响到人大对政府进行监督问责的力度。由于在政府治理过程的输入端缺乏专职的民意代表以及代表制机关利益表达不充分，公民的利益表达渠道不畅，利益表达效果不彰，公民才会转而通过信访、集体行动、网络媒体等方式表达自身利益需求和意见。由于人大和政协对政府决策过程和政府治理产品质量缺乏有效的监督问责和约束机制，政府部门利用行政审批权和资源配置权设租、机构升格、机构编制扩张、部门利益法制化、行政性经费居高不下等现象屡禁不止，愈演愈烈。

（2）**决策权、执行权、监督权集中于各级党委及其主要领导人手中，责任政府体制难以形成。**现代政党是社会和公众控制政府的工具，政党通过掌握政府组成权而建立起政党政府，政党政府同时也是责任政府，政党政府通过向代议制机关负责最终向社会和公众负责。当代中国的国家政权是共产党亲手缔造的，共产党通过党组制、党管干部制度、纪律监督制度等制度安排将整个国家政权置于自己的全面而直接的领导之下。这是一种政党国家体制而非政党政府体制。国家政权内部人大对政府、法院和检察院的授权和监督问责的制度为虚，党对国家政权各机关的授权和监督问责制度为实。在党委决策政府执行、党的职能部门决策政府职能部门执行、党政联合决策联合部署等诸多制度安排下，党委及其职能部门拥有决策权而无须为其决策承担法律责任，政府及其职能部门没有决策权却需要为决策失误承担责任。人大难以对作为决策主体的党委及其职能部门进行监督问责，法院和检察院也难以对决策失误的党委及其职能部门当事人追究法律责任。在党委集体决策、常委分工执行、纪委在党委领导下进行监督的党内领导体制下，党委主要领导集决策权、执行权、监督权于一身，对党委书记的决策失误缺乏有效的监督问责机制。对党委书记及党的职能部门的监督问责只能来自上级党委及其职能部门，这样行政层级越高决策失误的问责约束就越薄弱。

（3）**宪法和法律的权威性不够，对公共权力运行的约束力度不强**。现代政府是法治政府。法治是法律的统治，宪法和法律具有最高的权威性，政府及其官员运作公共权力的行为受到宪法和法律的有力限制和约束，公民的自由和权利受到法律的有力保障。在政党国家体制中，党的领导和依法治国之间存在一定的张力。依法治国必然要求依法治党，将党的领导权及其运行过程置于宪法和法律的限制和约束之下。加强党的领导则要求党的领导处于至上地位、具有最高的权威。在最高权威之争中，党的领导处于支配地位，负责实施法治的力量处于从属地位。人大、政协、政府、法院和检察院在党组制、党管干部和派驻纪检监督机构等党的领导体制约束下，首先要接受党委领导，其次才是依法履行各自职能。公共权力运行的发动权和制动权都掌握在各级党委手中，党委和党纪对公共权力运行的约束力度强于法律约束的力度。而在党委掌握了决策权、执行权和监督权的情况下，对党委书记的党规党纪约束的力度要弱于上级党委的约束力度，由此必然会留下法纪监督约束的"盲区"和"死角"。

（4）**选举授权和问责的层级太低，约束力度有限**。现代政府是民选政府。民众通过定期举行的自由的、竞争性的直接选举实现对政府及其领导人的选举授权和选举问责。中国到目前为止，直接选举的层次过低，范围太小。直接选举的层级和范围主要限于基层自治组织和基层党组织，地方政府层级尚未实现直接选举。在通过人大代表选举政府领导人的过程中，只有对副职领导实行差额选举，被差额对象具有陪选的性质，人大代表缺乏自由选择的权力。人大代表直接选举的层级虽然扩大到县区级，但却严格限制候选人的产生方式和彼此之间的公开竞争，选民对候选人的了解不多，自由选择的余地不大。县级以上人大代表都是通过间接选举的方式产生。由于直接选举的层次过低，范围过小，选举缺乏竞争性，民众通过选举向各级政府及其领导人授权和问责的范围十分有限，无论是民众还是各级政府领导人的民选政府意识都不强。政府领导人缺乏向民众负责任的强烈动机，滥用权力欺压百姓侵害群众利益、以权谋私敛财自肥的渎职、腐败和不正之风由此而愈演愈烈。

（5）政府组织形态受家国同构的影响，合理—合法的科层制组织程度不足。韦伯提出的科层制组织的概念，针对的是家族式企业和家产式政府。他将合理化—合法化的组织形态所行使的权威称为"法定权威"，它基于合理合法的规章制度，以组织内的各种规则作为领导权威的基础，人们相信拥有权威的人在法律规则下有发布命令的权力且发布的命令都要受到规章制度的约束，这种基于规则和程序约束与层级节制的组织，韦伯称之为科层制组织。这是一种不同于家族式企业或家产式政府的业主式管理或家长式管理的新的职业性管理。① 中国的政府组织形态受到了传统的家国同构的家族式组织形态和家长式管理的影响，尚未真正建立起合理—合法化的科层制组织形态。近些年来中国虽然建立了层级节制的命令—服从关系，拥有各种内部控制的规则和程序，但在实际运作中离理性—合法的科层制组织的要求相去甚远。各级各部门领导人的权威是一种类似于家长的无限权威或绝对权威而非"法定权威"，上级领导人在任命下级领导人和推动工作开展时要求"一把手负总责"，一把手对所管辖的地区或部门承担着无限的责任，这种无限的责任和负总责的要求，迫使一把手将组织内各种权力集中于自身，唯有集中起组织内近乎无限的权力才能担负起无限的责任，这无疑会突破法定权威的限制。各级各部门领导人在单位体制中对单位成员也承担着类似家长的无限责任，要帮助单位成员解决各种各样的困难和问题，改善其待遇，从而赢得单位成员的爱戴和拥护。这种双重无限责任都要求他将组织内的各种权力都集中于自己，家长制和一言堂因此盛行。单位体制内上下级关系还表现出恩荫—忠诚的人身依附关系，上级领导将职位当作一种有价值的资产赐予下属并自主决定是否庇护特定的下属，下属唯有以对领导的个人忠诚和服从来换取职位的安全感。规则和程序对组织领导人权威的约束因此被软化，在下属的配合下，组织领导人可以通过所谓的"走程序"操纵规则来实现自己的意图。组织领导人的决策在他所处的各种人情关系网的影响下而做出，决策的理性化程度

---

① 吴喜雁：《韦伯的官僚组织理论评析及其应用》，载《当代经理人》，2006年第6期，第215—216页。

严重不足。公共资源在部门和单位支配和使用过程中逐渐变成部门和单位的资产，公私不分，资源浪费严重。在人才的招聘录用和选拔任用中，人情关系的重要性往往超过才能和专业资格。这些都说明，在建立现代科层制政府方面中国仍有很长的路要走。

（6）现行公务员制度存在内在缺陷，职业化程度严重不足。现代公务员制度建立在政治与行政二分法基础上，将民意代表和政府领导视为一种表达国家意志的政治职业，将日常的行政管理视为一种执行国家意志的相对独立的专业和职业，缩小执政党干预政府人事管理的范围，实现职业政治家和职业文官的分类管理，疏通各自的职业发展通道，提高各自的职业素养和能力。中国现行的公务员制度建立在政治与行政融合的基础上，职业政治家和职业文官的职业发展道路相同。公务员实行考试录用考绩晋升，事务类公务员通过党政领导干部选拔任用制度通道可以转换为党政领导干部即政务类公务员，下级党政领导干部可以通过党政领导干部选拔任用制度通道晋升为上级党政领导。事务类公务员计划分为三个序列，即综合管理类、行政执法类和专业技术类公务员。目前只有综合管理类公务员区分了领导职务和非领导职务，划分了职级档次和薪酬水平。行政执法类和专业技术类公务员职位分类和职级待遇方案至今没有出台。公务员的涵盖范围也大大超出了行政管理的范围，党群组织、人大、政协、法院、检察院工作人员都归入国家公务员行列，参照国家公务员的职位分类和职级待遇来管理。由此导致所有的公务员都比照综合管理类公务员职位分类和职级待遇方案来管理，竞争领导职务成为公务员解决自身地位待遇的主要渠道。现行的公务员制度导致致力于收集民意、反映民意、表达公众意志以形成政策议程的职业政治家的严重匮乏。各级党政领导人忙于日常的政府管理工作而出现官僚化倾向，对民意的敏感度、把握准确度和回应程度大大下降。领导者个人在公务员录用和晋升上作用的凸显和事务类公务员可以通过党政领导干部选拔任用通道自由转换为党政领导人的事实，导致事务类公务员出现政治化倾向。政治上的忠诚和服从甚至是对各级领导者个人的忠诚和服从成为个人职业发展的捷径，政府管理所要求的职业操守、职业精神和职业能力则出现下降趋势，公务员群体"官本位化"

倾向严重而政府管理职业化程度逐步下降。

六、深化政府治理改革 推进政府治理现代化

政府治理现代化是整个国家治理现代化的一个极为重要的组成部分。中国在政府治理现代化方面虽然取得了一定成就,但是政府治理现代化的一些基础性制度设施建设仍然严重滞后,政府治理现代化的任务远远没有完成。要进一步推进政府治理现代化,需要不断深化政府治理改革,建立现代政府治理体制,增强政府治理能力,提高政府民主治理和有效治理水平。

深化政府治理体制改革的重点任务有以下几项:

1. 完善人民代表大会制度和人民政协制度,强化其利益代表、代议协商和监督问责功能。按照我国宪法确定的"一切权力属于人民"的主权在民原则,人民代表大会是两次选举期间代表民众行使主权的政治委托机构,政府作为政治受托机构或代理机构受其约束和控制并向其负责。人民政协作为各党派、各界别进行政治协商的机构在我国政治生活中占据重要地位。要实现人大和政协法定职能履行的到位,需要改革完善人大和政协制度。这种改革可分为长期目标和中短期目标,有步骤分阶段地实施。中短期目标是实现人大和政协常委的专职化和常委会会议的会期制(每年工作会议的长度不少于180天),使人大和政协常委会在人大和政协闭会期间履行好人大和政协的法定职权。大部分常委为不驻会的非专职常委使得人大和政协在闭会期间的相关权力转由主席会议或主任会议集中行使,相关工作由人大和政协工作人员具体操办,其民意代表性和正当性大打折扣。人大和政协常委专职化后,应编入专门的委员会开展工作,有专用的办公室,有专门的助手,领取固定的薪酬。为保证人大和政协常委会高水平地履行自己的职权,应建立专门的图书馆,设立政策研究机构和统计分析机构。人大还应建立自己的审计机构和行政监察机构,以履行人大对政府的审计监督和监察监督权。会期结束后,人大和政协常委回到各自所代表的选区或界别的办公室,听取所代表民众的意见,协助他们联络政府有关部门解决各种问题,努力为民众服务。长期目

标则是改变人大和政协与其常委会并存的双层结构，取消常委会，在大幅度压缩人大和政协规模的同时，实现人大代表和政协委员专职化并建立人大与政协本身的会期制，规范人大和政协的运行过程和议事规程，使人大和政协履行职责真正到位。

2. 解决党政二元结构问题，建立政党政府体制。在现行的政党国家体制中，党委和政府共同掌握政府的领导权和管理权，呈现出一种党政二元结构。在党政二元结构中，党委书记主导着政府及其职能部门领导的组成人选，常委们分工管理着思想文化、政法、审计监察监督等政府工作，党委职能部门对政府职能部门要么实行一个机构两块牌子的直接管理，要么通过各种领导小组实行对口管理，政府负责具体执行党委常委会的集体决策。这种党政二元结构导致政府及其职能部门的行政领导权和行政管理权被分割和肢解，其决策权被架空，政府及其职能部门的法定代表人即行政首长有职无权有责无权，难以充分履行法定代表人的职权，政府本身难以成为一个强有力的政府。行政领导和行政管理上的党政二元结构，导致党委和政府及各自的职能部门之间为争夺行政决策权和行政管理权而展开激烈的明争暗斗，产生无穷的内耗和摩擦冲突，行政效率极为低下。党政二元结构还导致决策权主体和决策责任的脱节，由于决策主体模糊不清，由于党委集体决策体制中决策责任模糊不清，决策失误问责制度难以真正落实，决策失误概率过高，代价巨大。解决党政二元结构问题，需要各级党委书记按照民主执政、依法执政、科学执政的原则，通过民主选举依法担任各级政府领导人，分工负责政府相关工作的常委进入政府担任相应副职，党的有关职能部门与政府合署办公，党对政法工作的领导转变为党对司法的领导。唯有建立政党政府体制，执政党才能成为一个对人民负责任的和可被问责的现代责任政党，政府才能成为一个对人民负责任的和可被问责的现代责任政府。

3. 加强程序性制度建设和电子政务建设，以程序和技术约束公共权力。程序和技术可以为公职人员提供一个抵挡各种人情关系的压力、公平行使权力的有力屏障。程序正当的独立价值已经得到人们的普遍承认。可以考虑尽快制定《行政程序法》，将信息公开制度、决策听证制度、公告评论制度、合法性审查制度、决策责任追究制度、告知制度、听取陈述和申辩制度、职能分离制度、不单方接触制度、回避制度、书面记录和决定制度、说明理由制度、时效制度、救济制度等程序性制度上升为行政决策和执行过程必经的法定程序。用程序性制度约束行政决策和执行行为，同时也是对公民权利的保障，并为公民参与行政决策提供制度化通道。电子政务在再造政府组织结构和工作流程、提高政府工作效率、便利公民参与方面提供了新的技术手段。电子政务建设促使政府理清权力清单，理顺工作流程，规范行政行为，固化运行规程，从而有效地约束了公共权力。电子政务和互联网为公民投诉政府及其工作人员的不端行为，反映自己的意见和建议，形成网络公共舆论都提供了很好的载体和平台，促使政府增强对公民意见的回应性和责任感。加强电子政务建设、努力实现电子化治理代表着政府治理现代化的一个方向。

4. 推进政策过程民主，逐步提升直接选举的层次。选举民主是民主政治的基础性工程。直接选举的范围和层次在很大程度上反映着民主政治的发达程度和水平高低。提高直接选举的层次可从党内民主选举率先做起，逐步向相应层级的人民民主选举扩展，努力实现党内民主选举和人民民主选举的"二选联动"，从而实现党委民主执政、依法执政和科学执政。在直接选举面临着不可控的风险和不确定性需要审慎稳妥地逐步推进的同时，需要优先大力发展政策过程民主。群众路线要求各级党政领导干部"从群众中来，到群众中去"，具体来说就是深入群众，了解群众的需要，将群众的意见集中起来形成路线方针政策，再到群众中去发动群众贯彻实施。这实际上是一种政策过程民主，但它仍停留在工作作风和工作方式要求的层面。发展政策过程民主需要将群众路线对党政领导干部决策的基本要求如调查研究、科学论证、反复征求意见、沟通协商、意见落实情况反馈、民主评议等上升为决策必经的法定程序，从而建立实施群众路线的长效机制。发展政策过程民主还需要吸收地方政府在实行参与式决策和国外实行民主决策的良好实践经验，如听证会制度、民主恳谈制度、开放式决策制度、平等协商对话制度等。实现政策过程民主的制度化、规范化、程序化，有利于充分考虑各方的利益和关切，提高政策质量，减少决策失误，有利于增强利益相关方对政策的认同和支持，减少政策执行过程中的阻力，值得大力加以推动。

5. 加强行政组织法制建设，努力做到各司其职，各负其责。"一把手负总责"的无限责任体制倒逼一把手集中无限的权力。"抓一把手，一把手抓"的自上而下权力运行机制迫使一把手将大大小小各种权力"一把抓"，集中在自己手中。在这种权力和责任都向一把手集中的党政组织生态中，组织运转出现"一把手一抓就灵，一把手不推不动"的局面。这种带有家长制色彩的一把手体制和现代科层制倡导的理性和法治精神相去甚远。建设现代科层制政府要求加强行政组织法制建设，厘清各类行政组织的职责权限边界，明确组织内部各种岗位的职责分工，赋予组织领导人以有限的权力和有限的责任，保障不同层级不同岗位的人员依法履行自己职责，依靠行政组织法治推动行政组织运转，克服靠一把手推动行政组织运转所带来的种种弊端。

6. 继续推进公务员制度改革，提高公务员整体职业化程度。现代政府是专业政府，公务员队伍的专业化和职业化是建设专业政府的关键。深化公务员制度改革需要承认政治和行政的界分，按照政治的规律培养和管理职业政治家，按照行政的需要培养和管理职业文官。人大代表及常委、政协委员及常委、各级党政领导从事民意代表、政治领导工作，属于职业政治家（政务类公务员），应当通过选举制、连选连任制和政治任命制疏通其职业发展通道，同时参照其他国家的标准建立其薪酬待遇体系。行政管理与政治领导一样是一种专业和职业，从事行政管理的事务类公务员需要建立起自己的职业资格制度和职业发展通道。事务类公务员可分为三大类，执法监管类、管理协调类和专业技术类。执法监管类公务员在经济社会管理一线从事风险程度较高的执法监管工作，可比照法官序列进行管理，待遇从优。管理协调类公务员，可参照职业经理人阶层进行职位分类和设定职业资格确定职级待遇，如设立总干事、执行长、秘书长、行政总裁等高级行政经理职位协助党政领导人从事管理协调工作，参照企业和社会组织相应职务确定职级待遇和职务资格并建立职业晋升通道。专业技术类公务员可按工作性质不同划分为政策研究类、专业管理类和社会服务类三大类。政策研究类公务员可设立高级政策咨询师、高级情报分析员、高级政策研究员等高级政策研究职位，参照高等院校和科研机构相应职务确定职级待遇和职业资格。专业管理类公务员可设立高级会计师、审计师、监理师、人力资源管理总监、物流管理总监、后勤管理总监、信息技术总监、法律总顾问、高级政工师等高级专业管理职位。社会服务类公务员可设立高级社工师、政工师、心理医师、律师、高级护工等专业技术服务类职位。事务类公务员的职位设置应当不受其所在的政府组织的行政级别限制，由各级政府根据这些政府机构的工作需要提出设立职位建议方案，由同级人大批准实施。其职业资格参照企业和社会组织等社会通用的相应职业资格来确定。其职级薪酬水平应当与组织规模相同或相近的当地企业或社会组织大体持平，以保持政府组织对职业经理人才、专业管理人才、政策研究人才、技术服务人才的吸引力。对事务类公务员的年终考核需要根据其专业技术工作成绩来确定考核等次，并与其升降奖惩挂钩。唯有实现职业政治家和职业文官的分流，疏通各自的职业发展通道，对事务类公务员实现专业化管理和职业化升迁，才能提高作为政府治理主体的各类公务员的治理能力，进而提高政府治理能力。

政府治理现代化是整个国家现代化进程的一个重要组成部分，同时又是现代化的重要推动力量。深化政府治理体制改革，建立现代政府治理体制，是实现政府治理现代化的主要途径，同时也是推进国家治理体系和治理能力现代化的重要途径。

政府治理理论

治理、政府治理概念的演变与发展[*]

包国宪　郎　玫^{**}

"治理"一词如同"发展"一样,运用范围很广,但却很难给出一个确切的含义来对其加以解读,其原因是人们运用这些词语的时候已经有了很多默认和想象的含义,另一方面,一个词语所带来的多重解释也表明了其在学术研究上仍然具有的争议性和生命力。"治理"从其本意讲可以理解为一个过程也可以是一个结果,同样可以是达成这一结果的一系列手段。"治理"一词在我国的兴起是引介于西方,而其本身又是"一套十分复杂且充满争议的思想体系"——学者将其统称为治理理论。治理理论所涉及的核心主要为权力分散、主体多元、结构网络化、过程互动化等关键词,但单从这些方面理解治理的内涵显然不够充分和全面,"治理"一词的出现不但是嵌入相应的制度背景中的,而且从学理分析来看,治理又有其自身的范式创新。基于此,本文通过对治理理论和相关文献的再次思考和重新整理,从西方学者们使用"治理"一词的学理意义出发,并结合西方相应的实践背景,重新解答以下问题:治理的涵义?治理是否带来政治学的新范式?治理是否预示着政治行政的融合?中西方政府、市场、社会的路径演化差异是

---

*　本文原载于《兰州大学学报》,2009年第2期。
**　包国宪,兰州大学管理学院院长、教授;郎玫,云南大学公共管理学院教授。

否存在同样的治理基础？

一、治理的概念及产生的背景解析

国外学者的研究中，治理依然是一个不断发展、更新的概念，"治理"一词的运用非常广泛，运用于经济学、社会学、政治学、法学等领域，而治理本身也被学者描述为是跨学科研究的一座桥梁。[1] 但是，治理本身并不是一个定义完好且存在滥用的概念。[2] 西方学者对治理（governance governing）、政府治理（governmental governance）、政府管理（government management）、政府统治（government）也多存在混用。治理的出现有其相应的制度背景，可以说，治理是从学理解释上对实践中的问题提出了应对的方法和前瞻性的思路，所以，深入分析治理出现的制度背景对理解治理的概念十分重要。

（一）理论的变迁

就治理及其相关内容的变迁而言，西方理论的发展可以从三方面加以概括：一是对凯恩斯主义的质疑，从而重新思考政府与市场的边界问题；二是制度主义的兴起，为更接近于现实的经济模型提供了新的解释；三是传统政治学范式的变革，将政府、市场、社会纳入到政治学分析中，也就是一个将政治对市场、社会的外生性影响内生化的动态过程。理论的变迁所反映出来的同样是实践的需要，政府与市场的边界问题使得凯恩斯的政府干预理论不断被弱化，表现在政治行政上则需要政府在自身的定位和职能上作出重新的调整，并从治理的角度重新看待政府所涉及的领域和问题，方式和实施的途

---

[1] Schuppert G. F., "Governance Reflected in Political Science and Jurisprudence", in Dorothea J., *New Form of Governance in Research Organizations*, Speyer: Springer, 2007, pp. 3 – 29.

[2] Raymond S., Gordana T., Aziz A., et al., "Government Governance (GG) and Inter – Ministerial Policy Coordination (IMPPC) in Eastern and Central Europe and Central Asia", *Public Organization Review*, 2008 (3), pp. 215 – 231.

径。制度经济学作为对新古典经济学的补充，从制度层面来考察被新古典经济学所外生化的政治问题和制度环境对经济的影响，其中对制度安排、制度变迁、制度激励等问题的深入分析提出了新的治理模式和治理机制。传统政治学所面临的同样是在新的环境下不能将政治影响内生化的问题，构建一个基于政府、市场、社会的动态分析框架，并以此重新看待政治学中的民主、公共物品、公共选择等问题是政治学的一个新的发展方向。治理从其内涵上就包含了这些理论内核，从而为政治学整合新范式提供了可能。

(二) 政府所面对的社会变化

按照几个世纪的使用常例，一般来说，当提到权威在某一特定领域的实践时，"治理"这个术语就代表了同时代的一个观念，治理的实质就是创造一种环境（条件），这一环境是为良好秩序和集体行动提供条件。[1] 用最简单的形式定义治理，治理是政治、经济、行政权威管理社会事务的实践。库依曼（Kooiman J.）更精确地定义了社会政治的治理，"所有这些相互安排中，公共和私人参与者的目标都在于解决社会问题，或者创造社会机会，并且关注让这些行为发挥作用的制度安排"。[2] 治理包括治理结构和治理过程的设计和实施，以及调整的统治方式的再设计与实施。在面对政府无效率的感知时，由于在全世界范围内兴起的公共服务供给的竞争，社会政治治理可以完成当代的政策调整。[3] 这种转变在这样的背景下发生：人们逐渐认识到财政政策的局限，全球化所驱动的经济、金融技术以及社会生态之间的相互依赖性，使得人们也逐渐感知到政府行为的自主性和合理性存在局限[4]，所有这些都有助

---

[1] Stoker G., "Govemance as Theory: Five Propositions", *International Social Science Journal*, 1998 (50), pp. 17 – 18.

[2] Kooiman J., "Social – Political Governance: Overview, Reflection and Design", *Public Management*, 1999 (1), pp. 67 – 92.

[3] Hult K., Walcott G., *Governing Public Organizations*, C. A.: Brooks/Cole, 1990, pp. 24 – 45.

[4] Hirst P., Thompson G. *Globalization in Question: The International Economy and the Possibilities of Governance*, Cambridge: Polity Press, 1996: 56 – 79.

于形成一种环境,这种环境如果不是推动,也是承认了凯恩斯福利国家还是遭到了前沿性的攻击,尽管福利国家辩解说政府对社会领域的干预非但没有增加而是减少了。毫无疑问的是,那些现在非常流行的先进的自由主义民主政体中的社会经济、政治、文化和自然环境,比起它们过去存在的状态已经发生了很多的改变。由于这些社会已经变得更加具有多样性(diversity)、动态性(dynamic)和复杂性(complexity),所以政府的角色已经改变了。特别是政府开始寻找如何回应公众对政府质疑的方法,人们所感知到的政府在传统治理结构、过程、工具上存在范围上的失效,政府也需要通过新的方式来回应新世界秩序的挑战。这种回应是一个循序渐进的过程,从传统治理模式到政府—社会相互作用的新模式,这种转变将会激励很多的争论,关于政府—社会交互作用的管理,政府的意义和目的,以及政府的公共机构怎样来评判并且为它们的行为和绩效负责。新社会政治环境的结果是政府成为了一个创造物,即政府不是对于小问题来说太大了,就是对于大问题太小了。[1] 考虑到在政府代理机构和参与到政治过程中的公民社会越来越多地成为了利益相关者,同时,面对要被决定的议题的复杂性同样在上升,所以对治理能力的研究就非常重要了。[2] 面对这些新的挑战,政府现在发现很难做到效率、效益、合理性,正是在这种驱使下,政府不得不重新定义它的角色。随着国家(通过为公民提供的服务)渐渐地希望承担起公共利益托管人的角色[3],现代社会的治理变为一个协调、掌舵、施加影响并且去平衡相关利益体相互行为的过程[4],这对于已经达到的政策目标有什么样的影响?这意味着,执行公共

---

[1] Kazancigil A., *Governance and Science: Market-like Modes of Managing Society and Producing Knowledge*, Paris: LTNESCO, 1998, pp. 67–72.

[2] Maynetz R., "Governing Failure and the Problem of Governability: Some Comments on a Theoretical Paradigm", in Kooiman J., *Modern Governance: New Government-Society Interactions*, London: Sage, 1993, pp. 12–45.

[3] Ott J. S. & Goodman D., "Government: Reform or Alternative Bureaucracy? Thickening, Tides and the Future of Governing", *Public Administration Review*, 1998 (6), pp. 540–545.

[4] Wright V., "Reshaping the State: The Implications for Public Administration", *Western European Politics*, 1994 (3), pp. 102–137.

政策必须考虑从一个连续的系统中去操作服务的提供，而不是依然按照传统的公共—私人二分的方法来进行政策供给。同时，需要做到公众信任，培育协调和合作机制，理解参与是人们行为和相互关系产生的前提，并且成为提供一个社会公正的衡量尺度。

（三）社会中传统观念的变迁

传统的观念认为，一般的人群不被视为是民主的创造者而被视为顾客或委托人，并且需要专家们提供服务。正如美国的专家政治治理模式来源已久，可以说是一种历史的传承。影响其形成的原因很多，其中最为重要的是历史的传递，以及以此为标准进行的实践，最终形成了现在的政治模式和政治格局。[1] 社会存留下来的传统观念具有很强的路径依赖效应，而这种传统很容易让民主的基础受到侵蚀。当我们将这一立场放入一个更加广阔的社会视野就会清楚地看到，当人们不是民主的创造者而只被视为委托人的时候，民主的基础便被操作在精英的手中，从而通过意识形态和授权神化不断地创造出其自身所需要的价值基准。所以，在社会不断发展的情况下，应该存在政治观念上的重构。作为相互影响的公民存在平等的立场，但是却有不同的观点和利益，他们之间存在横向的关联而并不是简单地只与国家存在纵向的联系，并完全依托国家来解决他们的问题、塑造公共价值或在公共生活中进行谈判。[2] 社会传统观念变迁正是要重构这一政治观念，从治理的角度理解这个转变过程：从将公民视为投票者、志愿者、委托人或顾客到将公民视为公共物品的问题解决者和共同创造者。它包含了一种公共职业者的角色转变，比如，公务员、非盈利管理人和事务所的持有人（从服务的提供人和与拍档、教育家共同解决问题者）以及公民行为的组织人。比起层级和控制，治理包括合

---

[1] Boyte G., "Reframing Democracy: Governance, Civic Agency, and Politics", *Public Administration Review*, 2005 (5), pp. 536 - 546.

[2] Boyte G., "Civic Populism", *Perspectives on Politics*, 2003 (4), pp. 737 - 742.

作和授权,并且理论上常常适用社会资本和社会网络等概念。其实暗示了一种对人的强调,包括工具的制造者和工具的使用者以及工具自身。

综合以上的分析,不难看出治理包含着一些关键的元素:分权与授权、合作与协商、多元与互动、适应与回应。但是,单从这些理念中理解治理,我们认为是不够充分的,治理不但是由一些概念和元素构成,其同样是对以往范式的一种整合,试图在治理的框架下构建一个更符合实际的、动态的理论框架。从宏观层面讲,治理构建的是政府、市场、社会相互联系、相互影响的横向框架,构建以此横向连接为条件的公共选择机制;从微观层面讲,治理搭建的是政府内部政治—行政行为的桥梁,是政府行政权力及行为如何运行、如何分配、如何组织的政治—行政过程。对于宏观和微观层面,治理都是一个开放的系统,能够将变量进行内生化的动态系统,进而通过这一框架来形成对理论的发展和实践问题的解释。下面将治理分为政治学和行政学两个部分来分别进行研究,分析治理对于政治学和行政学体系与范式的构架所含有的更深内涵。

二、治理的政治学解读:公共选择理论的复兴?

(一)治理在政治社会学中的运用

在此将治理放在政治社会学的视角下来看待其所具有的特殊意义,是由于治理本身包含了一个政府、市场、社会的分析框架,并在这个框架下整合传统公共选择理论中的相应概念。不仅如此,在传统公共选择理论的基础上,由于治理所融入的政治过程的内生性和主体的多样性,使得整个分析框架更具有动态性并有利于将集体偏好考虑到框架内部。

梅恩茨(Mayntz)[①]指出:在政治学中治理意味着自治的调整和控制,但

---

① Mayntz R., "New Challenges to Governance Theory", in Henrik P. B., *Governance as Social and Political Communication*, Manchester: Manchester University Press, 2003, pp. 27–41.

是相互依赖的参与者或者通过外部的权威或是通过内部机制完成自我管理和自我控制。从政策科学的角度，提出了政策制定的类型学，以及制度化的规则系统。通常这些分类包含了四种规则系统，如果将治理放到一个狭义的范围内定义为政策制定的网络①，分析治理从横向关系的连接，即怎样达成集体选择的结果。② 治理不是指的一种结构或是过程，而是在这个结构和过程中，如何连接两者，也就是"arenas"，即横向关系、层次的概念，也就是在政治学的研究中，不是研究单个个体对政策制定的影响，而是研究怎样将治理的参与方连接起来的横向机制。从社会科学的观点，政府在治理结构中所起的权威作用是不太清晰的，而且也不能说政府就有能力来满足这一角色的需要。治理被定义为，通过相互影响的参与者，政府对于参与者和资源的依赖是控制（control）转向治理的核心。③ 亚瑟·本茨（Arthur Benz）④总结道：在政治学的文献中，治理这个术语通常表现为没有权威机构做出最后决策的集体行为，并且治理同时意味着跨越国家的政策制定，并且与公共和私人参与者广泛的合作，以及私人部门的自我管理。他指出了这样的定义存在的片面性，即没有考虑到治理的横向机制实现问题。事实上，我们所谈论的治理，如果协调和控制发生在参与者之间的水平层面上，那么就必须要研究水平结构的存在和效用，以及将它们连接在一起的机制。比起层级和控制，治理包括合作和授权，并且理论上常常适用社会资本和社会网络等概念，其实是暗示了一种对人的强调，包括工具的制造者和工具的使用者以及工具自身。博伊特

---

① "网络治理"（network governanee）一词是由科勒（Kohler - Koeh）和伊欣（Eising）在1999年及索伦逊（Sorensen）在2002年提出。
② Sorennsen E., "Democratic Theory and Network Governance", *Administrative Theory and Praxis*, 2002（4），pp. 693 - 720.
③ Powell W. W. & DiMaggio P. J., *The New Institutionalism in Organizational Analysis*, Chicago/London: University of Chicago Press, 1991, pp. 2 - 26.
④ Benz A., "Governance in Connected Arenas: Political Science Analysis of Coordination and Control in Complex Rule Systems", in Dorothea J., *New Form of Governance in Research Organizations*, Speyer: Springer. 2007, pp. 3 - 22.

(Boyte)① 提出治理在政治学语境下,应该实现从民主国家(democratic state)到民主社会(democratic society)的转变,在民主社会范式下,政府是一个重要的公民工具,提供领导、资源、工具和规则。但是官员们不是公民世界的中心,政府同样不是在民主国家中居独特的位置。事实上,不能将公共物品和国家视为市场导向和工具导向的,并意识到这种民主可能性要求有政治性的治理,并且重新思考民主政治长时间的实践。在这个层面上的治理是一个政治过程,而不是一个以无党派观念去看待不同利益主体解决问题所存不同方法以及创造公共价值的对话过程。政治是以公民为重心的,具有生产性,以及多元特性。

(二) 治理所隐喻的政治学范式

治理在政治学语境下,首先所展现的是从治理的角度出发,在分析层次上表现为一个政府、市场、社会的分析框架,正如德雷克斯勒(Drechesler)②所表述的,治理是一个中立的概念,它关注特定政治个体的操作和管理的运行机制,并同时强调国家(层次一)、市场(层次二)和社会(层次三)三方的互动。库伊曼(Kooiman)③ 在其专著 *Perspectives on Politics* 中也论述了治理的层次问题,将其分为三个层次的治理 first-,second-和 third-order governance,第一层次的治理是一种日常的问题导向型的治理;第二层次的治理关注制度的维护,是在政府、市场、社会的层面讨论治理问题;第三层次的治理即治理的治理,治理的规范化研究,同时也包括如何评价治理的问题。也有学者提出第三层次的治理实质上就是探讨元治理(meta-governance)的

---

① Boyte G., "Civic Populism", *Perspectives on Politics*, 2003 (4), pp. 737 – 742.
② Drechsler W. "Governance, Good Governance and Government: The Case for Estonian Administrative Capacity", *Journal of the Humanities and Social Sciences*, 2004 (4), pp. 338 – 396.
③ Kooiman J., *Perspectives on Politics*, London: Sage, 2003, pp. 33 – 46.

问题。①

其次,在这一分析框架下,总结治理不同纵向层次的模式组合,即治理的实现机制问题,库伊曼②在总结了治理的三种要素(治理轮廓、治理工具、治理行为)的前提下,指出了通过三种要素的融合,体现了治理是一个连续的有效的过程,并总结了治理的三种模式:自治(self-governance)、共同治理(co-governance)以及科层治理(hierarchical governance)。艾伦·霍尔(Alan W. Hall)③总结了三种主要的治理模式:一是传统的官僚治理系统(traditional hierarchical governance systems),在这种模式下政府主导、控制和关注市场发展以及引导公民行为是其关键词;二是市场导向的治理系统(market-led governance systems)倡导市场作为资源配置的基础机制,解除管制、私有化和管理主义是对这种模式的描述;三是现在通常提出的一种分布治理系统(distributed governance systems),主要通过非正式和自愿的分享权威和责任作为社会管理调解自身的主要方法。分布治理模式试图提供一种在政府管理社会,引导市场和通过社会团体表达社会利益之间的平衡。④ 亚瑟·本茨(Arthur Benz)⑤将治理的模式总结为层级(hierarchy)、网络(networks)、竞争(competition)和协商(negotiation)四种模式,并将四种模式的要素加以组合提出了八种新的组合模式。如:层级协商模式,其特点是在公共管理中引入协商,在法律层面形成参与合作;层级竞争模式,即在区域和地方之间形成统一的基准;层级网络模式,表现为政府、市场、社会的广泛合作协商;层级—层级模式,即形成多层级(multi-level Hierarchy)的管理模式;网络协商

---

① Henrik P. B., "Reviews of Perspectives on Politics", *Public Administration*, 2007 (1), pp. 227 – 253.

② Kooiman J., *Perspectives on Politics*, London: Sage, 2003, pp. 33 – 46.

③ Hall W. A., "Global Experience on Governance", in Anthony R. T., *Governance as a Trialogue: Government – Society – Science in Transition*, Berlin: Springer, 2005, pp. 30 – 38.

④ Rogers P. & Hall A. W., *Effective Water Governance*, Sweden: Elenders Novumi, 2003, pp. 4 – 23.

⑤ Benz A., "Governance in Connected Arenas: Political Science Analysis of Coordination and Control in Complex Rule Systems", in Dorothea J., *New Form of Governance in Research Organizations*, Speyer: Springer. 2007, pp. 3 – 22.

模式，如在联邦政府层级上形成广泛的行政协商网络；网络竞争模式，表现为在政府、市场之间既存在竞争又保证相应的网络依存关系；网络套嵌模式（multi-level Network）；竞争协商模式，如在联邦政府合作的基础上引入竞争机制；竞争—竞争模式，如在区域政治层面引入竞争；协商—协商模式，即在跨区域上形成协商机制。

从对集体行动的实现机制和横向联合方式的重视不难得出，治理要研究的问题在政治社会学上就是要整合权力的分配方式及其实现方式，在这一过程中治理是一个集体行为所达成的结果。更为重要的是其中将治理过程连接起来的机制要怎样实现，从而使得对问题的分析突破了静态和比较静态的分析方法，更加具有动态分析的特点。从治理的层次和模式问题上，突出了治理在政治学的语境下整合了相关的概念，并从政府、市场、社会的层次构建框架，从宏观到微观都建立了治理实现的不同模式和相应的连接机制。由于前述的特点，我们认为在政治学的语境中治理是对公共选择理论的再次重组，并从动态性、多样性的角度，使其所建立的框架可以从权力、集体偏好充实和发展公共选择的理论内核。

三、治理的行政学解读：政治与行政的融合？

（一）治理与行政学范式变迁

公共管理的学者就"治理"及治理结构对公共管理实践存在的影响表现出极大的热诚，并进行了大量的研究。[1] 当代许多著名公共行政学者要么把

---

[1] Peters B. G., Pierre J., "Governance without Government? Rethinking Public Administration", *Journal of Public Administration Research and Theory*, 1998（2）: 223 – 44; Pierre J., *Debating Governance: Authority, Steering, and Democracy*, Oxford: Oxford University Press, 2000, pp. 24 – 56; Iiettl D., "The Global Revolution in Public Management: Driving Themes, Missing Links", *Journal of Policy Analysis and Management*, 1997（3）, pp. 446 – 462; Heritier A., "New Modes of Governance in Europe: Policy-Making without Legislating", in Heritier A., *Common Goods: Reinventing European and International Governance*, Lanham: Rowman and Littlefield. 2002, pp. 185 – 206.

"治理"一词当作"公共行政"的对应术语,要么试图用"治理"代替公共行政这一传统术语。① 不论从哪个角度来看待治理对公共行政带来的冲击,治理存在整合公共行政相应概念的可能,并同时满足着实践中的需要。作为公共行政的治理的第一个和最明确的含义是:它包括了参与公共活动的各种类型的组织和机构。而随之出现的定义与参与使行动网络中的组织,扩大了公共行政的领域。另外还包括公共政策学派的管理专家提出的内涵②:多元制度—组织环境存在的原因,政策企业家将更具政治性、创造性以及更大的解制。另一种关于治理在公共行政中的含义通常是隐含的,治理意味着重要性、合法性,以及一种为达成公共目的而做出的积极贡献。对公共行政的治理来说,治理的概念拓展为一种政治与行政的融合。库伊曼③厘析了在定义治理中的一些共同要素,如:强调系统的质量和规则,合作对于提高合法性、效能以及对新过程和公共—私人管理的关注。弗雷德里克森(Frederickson)④ 提出治理的观念通常包括了公共行政,利益主体多元化,网络管理方法以及合法性。在最近的文献中产生各种治理的概念是由于这样的事实:治理的争论源于国家地位的降低。如果政府是决定并履行集体目标的有效机制,那么如何实现这些目标是争论的一个中心问题。弗雷德里克森⑤回顾并评价了治理概念在公共行政上的发展,"治理"一词广泛地运用在公共与私人部门之间,全国与地方之间,正式与非正式规则之间。所以,当学者将其作为对实现政策和组织

---

① Lynn L. E., Heinrich C. & Hill C., "Studying Governance and *Public Management*: Challenges and Prospects", *Journal of Public Administration Research and Theory*, 2000 (2), pp. 233 – 262; Lynn L. E., Heinrich C. & Hill C., *Improving Governance: A New Logic for Empirical Research*, Washington, D. C. : Georgetown University Press, 2001, pp. 45 – 67.

② Dilulio J., "Principled Agents: The Cultural Bases of Behavior in a Federal Government Bureaucracy", *Journal of Public Administration Research and Theory*, 1994 (3), pp. 277 – 320.

③ Kooiman J., "Social – Political Governance: Overview, Reflection and Design", *Public Management*, 1999 (1), pp. 67 – 92.

④ Frederickson H. G., "Toward a Theory of the Public for Public Administration", *Administration and Society*, 1991 (4), pp. 395 – 417.

⑤ Frederickson H. G., *Whatever Happened to Public Administration? Governance Everywhere*, Oxford: Oxford University Press, 2005, pp. 67 – 89.

目标的重要手段来定义时，会有很多问题变得不清晰，比如：是否涉及组织结构，行政过程，管理判断，激励和规则的系统，行政价值，或者是这些要素的融合。政府在治理中是重要的一方，但与以往相比却不是主导的一方，而是在一个协商和合作的语境下进行公共事务的供给、服务以及监督。可以说，治理的问题与公共行政的某些方面是融合，也就是说，运用治理这一符号或隐喻，从相当程度上改变着政府治理、公共传统理念和方法。

（二）治理所隐喻的行政过程中的政治

政治与行政是分离还是融合一直是行政学争议的焦点，而每一次新范式的出现同样要对这一问题重新展开思考。然而如果说政治行政存在某种分离的话也可能是一种人为的设想，与其说政治行政存在分离，可能更加恰当的是认识到政治和行政如同一个连续"光谱"上的两端。如前所述，治理存在将政治与行政融合的可能，并将行政学的范式统一到一个理论框架下。在政治学中治理的研究是有层次的，宏观和微观，对于行政学来说，治理的微观框架正是行政学得以整合各种行政范式的基础。我们将在行政学语境下的治理视为：在不同的制度环境和制度安排下以及所发生的制度变迁过程中，政府根据市场和社会的变化需要，不断调整其权力分配方式、内部组织结构来适应这一过程，治理从宏观上构建了权力分配方式的机制，从微观上调整政府内部组织结构，使权力运行方式得以实现，从而架起了政治与行政之间的桥梁。在此需要强调的是，治理为什么存在整合行政学范式的可能？微观层面上，治理是使政府内部组织结构适应制度变迁需要的一个过程，制度变迁过程具有异质性和多样性的特点，所以治理的实现方式，即模式的变迁就一定具有多样性。因此，在不同权力分配方式下，治理就可以有不同的模式：科层、市场、混合、网络等。从以上分析可以看出，治理可以在行政学中形成一个将行政学范式整合起来的统一框架，并且这个框架是和政治过程息息相关的，而不是将其割裂开来，所以治理本身就隐喻了行政过程中的政治。

四、治理与政府治理：中西方政府、市场与社会演变路径差异

在对治理进行深入分析后，从治理和政府治理这两个概念的差异就足以透析中西方研究的差异，并可以从治理与政府治理这样的概念中，对中西方政府、市场与社会演变路径的差异作出分析，进而回答中西方政府社会是否存在同样的治理基础这一问题。治理是一个具有其自身时代背景的概念，从治理的理论研究到现实实践都受到异质性的政治制度、经济制度、社会发展的影响，这也就使得在对治理及政府治理的相关问题研究上必须要对制度环境进行深入的分析。从国外学者使用治理一词的方式便可看出与国内学者研究的方向以及方式上的差异，而这种差异的背后恰恰是制度变迁的差异所导致的。国外学者仅使用治理（governance）一词，政府治理（governmental governance）出现只是指很狭义的政府内部的治理，即可理解为治理政府内部的方式。而国内学者通常是在政府治理这一关键词下研究治理问题的。[①] 国内外的研究对应性上是存在偏差的，即国外学者是将政府治理的概念放入治理语境下进行研究，政府成为了与市场、社会并行的主体，所以"治理"本身的涵义便诠释了这一转变过程。而国内学者提到的政府治理则是一个与我国国情相适应的概念，政府治理普遍被认为治理者是政府，而对应政府治理这一主体便有了相应的客体（如社会公共事务）。[②] 从这样一种关键词的差异就可以看出国外学者与国内学者在对"政府治理"问题认识上存在的分歧。

虽然在国外的研究中"治理"依然是一个不断发展不断需要学者去赋予它更准确更深刻内涵的概念，但是从现有的研究层次上看，政府在治理中的作用往往从宏观到微观得到了相应的界定。依托于国外的民主政治体制，在

---

① 马运瑞：《中国政府治理模式研究》，郑州大学出版社2007年版；张成福：《责任政府论》，载《中国人民大学学报》，2000年2月，第2—6页。

② 杨冠琼：《政府治理体系创新》，经济管理出版社2000年版，第1—7页；张国庆：《行政管理学概论》，北京大学出版社2000年版，第3—20页；张立荣：《当代中国政府治理范式的变迁机理与革新进路》，载《华中师范大学学报》（人文社会科学版），2007年2月，第35—43页。

宏观层面：研究政府、市场、社会的横向关系；政治层面的公共选择问题；并以此为基础研究治理的模式、结构问题。在微观层面：研究政府本身，横向结构、纵向结构，并以此为切入点研究治理的模式、结构。国外学者的研究中，治理可以成为一种范式整合概念，并形成了对传统政治学的超越，对行政学而言，也可以将行政学的相应范式用治理来加以表达。国内学者关于政府治理则普遍的认为依然是以政府为主导，政府充当治理中的主导角色，通过"治理"的模式和方法来配置公共资源，通过"治理"的理念来协调公共组织，最终达到治理（而不是统治或管理）社会事务的目的。

用治理的框架来看待这一问题可能是更为清晰的，中西方存在不同的制度变迁路径，即政府、市场、社会的宏观治理方式存在差异。西方一直是以市场为主导形成相应的治理模式，我国则在政府主导背景下开始制度变迁。因此，中外所产生的政府、市场的力量是不同的，而由于政府、市场的博弈关系的差异导致社会的发展也不相同，并形成了各自的发展路径。在这样的格局下，西方可能形成政府、市场、社会较为制衡的博弈关系，所以治理本身的研究就反映了这一平等性。而我国政府主导是制度变迁的起点，在形成的治理结构中，依然是以政府为主导，依然是必须通过政府的力量来塑造市场和社会，所以政府治理这一概念实质上反映了这一过程。我们认为，中西方从治理的分析框架看并不存在相同的治理基础，这是由相异的制度变迁过程所决定的。不过虽然治理是西方学者应对其自身问题提出的理论框架，对于我们依然是有借鉴意义的，只是需要注意的是，在借鉴的过程中需要看到其具有的特殊性而抽象地进行吸收。治理的理论价值和其对政治学、行政学新的范式整合的贡献，远远大于其本身所蕴含的那些概念含义，怎样能够将政治过程在理论分析中内生化，如何能够更加动态地理解制度变迁的过程，如何才能使得宏观的权力分配和微观的政府组织结构相统一，这也许才是运用治理理论所应真正关注的问题所在。

正是基于这样的思路，我们认为治理从宏观层面来讲是一个分析框架，这个分析框架研究的是政府、市场、社会的相互关系及其演化的路径，以及在此关系中的权力分配以及偏好选择的理论问题；在微观层面上，治理要研究的是与宏观治理构架相符合的微观政府结构，也就是需要怎样的政府组织模式来与宏观的治理框架相匹配的问题，以及如何匹配的具体问题。对我国的具体问题而言，由于我国制度背景与西方的差别，要将西方的治理框架套用到我国显然是不科学的，而在现阶段中国社会经济转型的背景下，研究政府治理语境下的各种问题同样是我国现阶段的现实情况所决定的。所以，对待现阶段的中国问题，以政府为主要力量来治理社会的政治社会学视角是更为实际和更加富有解释力的。而对于中国的政府治理问题，不是用几个简单的治理概念就可以分析清楚的，而是需要运用治理的视角来构建一个分析问题的理论框架。中国政府治理的理论框架同样应该注重宏观层面和微观层面的区分，在宏观层面研究我国政府治理的制度基础，即分析我国政府治理的制度变迁路径，并以此来构建一个基于政府、市场、社会的政治社会学的分析框架；在微观层面研究政府治理的模式问题，即从其机制、手段、方法等方面来分析适于我国的政府治理的各种异质性的模式；最后还应该通过大量的案例研究来比较分析这些模式出现的深层次制度原因，为理论研究提供实例的验证，并以此对现阶段我国的政府治理提出模式创新及促进对策。

当代西方政府治理的理论化谱系
——整体政府改革时代政府治理模式创新解析及启示*

曾维和**

  治理是当代西方政府改革的一个热门话语。最早提出治理问题的是1989年世界银行概括当时非洲的情形时使用了"治理危机"（crisis in governmance）一词，此后"治理"被逐步地运用于政府政治社会学领域，尤其是1992年世界银行的年度报告使用"治理与发展"的标题，同年罗西瑙发表了他的代表作《没有政府的治理》一书，"治理"就迅速流行开来，被广泛地运用于社会经济与政府改革领域。政府治理模式创新自20世纪中后期以来逐步成为西方政府改革过程的产物与理论归依。当代西方各国通过政府改革与政府再造运动，积极地探索新型的政府治理模式，涌现出多种政府治理模式，形成了一种政府治理的理论化系谱。分析这些治理理论的缘起、发展与内在联系，并进行系统的理论化解析，归纳其特点、内容与经验，对我国当前的政府改革与治理模式创新具有重要的启示意义。

---

  * 基金项目：广西师范大学青年基金项目（项目编号：0709B011）；广西哲学社会科学规划青年项目（项目编号：08CJY009）。本文原载于《湖北经济学院学报》，2010年第8卷第1期。
  ** 曾维和，广西师范大学经济管理学院讲师。

一、新公共管理的终结与整体政府改革的兴起

20世纪70年代末,西方各国进行了一场以"新公共管理"为内容的声势浩大的政府改革运动。新公共管理从私营部门借鉴一整套管理原则、方法、技术和价值观来寻求管理变革,形成了一种不同于传统官僚制统治模式的政府改革与治理模式。经合组织(OECD)1995年度的公共管理发展报告《转变中的治理》把新公共管理的特征归纳为:转移权威,提供灵活性;保证绩效、控制和责任制;发展竞争和选择;提供灵活性;改善人力资源管理;优化信息技术;改善管制质量;加强中央指导职能。"政府再造大师"奥斯本等人在《改革政府——企业家精神如何改革着公营部门》一书中对各种新公共管理的理念进行了提炼,并使之得以普及。该书阐述了企业家政府理论的十项原则:"起催化作用的政府:掌舵而不是划桨;社区拥有的政府:授权而不是服务;竞争型政府:把竞争机制注入到提供服务中去;有使命感的政府:改变照章办事的组织;讲究效果的政府:按效果而不是投入拨款;受顾客驱使的政府:满足顾客的需要而不是官僚政治的需要;有事业心的政府:有收益而不浪费;有预见的政府:预防而不是治疗;分权的政府:从等级制到参与和协作;以市场为导向的政府:通过市场力量进行变革。"[①] 这十项原则构成了新公共管理的主体内容。由此,新公共管理逐步成为西方政府改革的主导治理模式,在实务界和学术界产生了广泛的影响。

但是,随着西方政府改革向纵深发展,新公共管理作为一种主导政府改革的治理理论模式日渐式微,它的局限性也日益明显,受到了学者们诸多的批判。厦门大学陈振明教授将学者们的批判归结为如下几个方面:(1)批判新公共管理的保守主义倾向,认为新公共管理是披着科学外衣的意识形态;

[①] 戴伟·奥斯本、特德·盖希勒:《改革政府》,周敦仁译,上海译文出版社1996年版。

(2) 批判新公共管理经济学的理论基础,认为新公共管理滥用经济学的假设、理论和方法,是一种经济学的帝国主义;(3) 批判新公共管理的管理主义倾向,认为新公共管理忽视了公私部门的基本差别,照搬私人部门的管理经验、原则、方法及模式,是一种"新泰勒主义";(4) 批判新公共管理的政治化倾向,认为在新公共管理体制下,政治领导人有可能选择那些认同其政治目标或具有相同、相似政治立场的高层文官担任各部门及机构的负责人;(5) 批判新公共管理的实践模式,特别是以市场为基础、公共部门私有化、产出控制、顾客至上等改革措施放弃政府的公共服务职能,逃避政府责任,破坏了政府与公民社会的关系,背离了民主社会的自由、民主、平等、公正等基本价值。①

上述五个方面的批判内容表明新公共管理作为一种管理主义的政府改革途径已经陷入深层困境。不少学者开始从政府治理的视角进一步论证新公共管理已经成为一种过时的或终结的政府治理理论。罗茨从"新的治理"的视角分析了新公共管理四个层面的矛盾:一是新公共管理把注意力集中在"3E"及推崇货币上,接受了一种超组织的观点,忽视了跨组织联系纽带的管理以及在不存在等级控制的情况下如何协调共同目标的问题;二是新公共管理沉迷于目标之中,造成了 20 世纪 80、90 年代目标管理的复兴,忽视了及时地调控和维持信任关系的重要性;三是新公共管理注重结果,但在一个跨组织的网络中,没有一个行为者对结果负责;四是在新公共管理的核心、竞争和调控之间存在矛盾,市场与竞争的话语只能使调控问题复杂化。② 登力维在《新公共管理的终结:数字时代治理万岁》一文中对新公共管理的三个核心要素(分散化、竞争、激励)在西方发达国家的运用情况进行了实证分析,认为"过去 20 年时间里,无论是在学界还是在政府部门,占主导的治理理念——新公共管理已经寿终正寝。尽管这一运动的少部门内容还在进行,但新公共管理的关键部分由于导致组织上的灾难已经

---

① 陈振明:《评西方的"新公共管理"范式》,载《中国社会科学》,2000 年第 6 期,第 79 页。
② 罗茨:《新的治理》,见俞可平主编:《治理与善治》,社会科学文献出版社 2000 年版。

倒转，相当一部分已经停止"①。登力维在对美国、英国、加拿大、澳大利亚、新西兰等国家进行实证分析的基础上，总结了新公共管理的核心部分在这些国家走向终结的变化态势（见表1）。

表1 西方主要国家中新公共管理运用的主要内容及其现状

主题	内容	现状	主题	内容	现状
分散化	购买者—提供者	+	竞争	产品市场自由化	x
	机构化	+		放松管制	x
	分开的政治系统	+		消费者为标记的资助	−
	准政府机构的成长	+		使用者控制	−
	地方微观层面的机构分离	+	激励	重新指定产权	+
	私营化的产业	+		轻度管制	+
	公司化或单个组织的管理	+		项目涉及的资本市场	+
	消解专业化	+		资产所有的私人化	x
	通过比较进行竞争	x		反寻租措施	x
	改进的绩效衡量	−		放松专业特权	x
	结构绩效合约表	−		绩效工资	x
竞争	准市场	+		私人财务创议	x
	凭证计划	+		公私合伙	x
	外包	x		统一的汇报率和折扣率	−
	强制性市场测试	x		推动技术的发展	−
	政府间合同	x		重视公共部门的平等	−
	公私部门两极化	x		强制性效率奖	−

注：+表示部分或整个保留；x 表示基本上停止进行；−表示仍在扩散，其有用性没有受到严重质疑。
资料来源：竺乾威：《公共行政理论》，复旦大学出版社 2008 年版，第 478 页。

由表1可见，新公共管理"分散化"内容大部分得到了保留，而"竞争"与"激励"的内容则更多地被改进或被抛弃。这种状况使新公共管理在政府治理实践上出现"治理危机"，形成了"碎片化治理"（fragmentation of governance）的困境。碎片化治理主要是新公共管理"分散化"改革所造成的

---

① 竺乾威：《公共行政理论》，复旦大学出版社 2008 年版。

机构裂化和权力碎片化急剧发展的产物，它主要表现为如下几个方面[①]：（1）转嫁问题，让其他机构来承担代价。比如学校排斥带来了严重的青少年犯罪问题，而司法系统则不得不出面解决这一问题。（2）互相冲突的项目。一些机构的政策目标互相冲突，或者尽管一些机构从事同一政策目标，但它们的运作却互相拆台。例如，惩治和预防犯罪的机构和教养机构的目标都是减少犯罪，但在一些具体领域中两者常常发生冲突。（3）重复，即重复生产公共物品而导致浪费与生产成本过高。（4）互相冲突的目标，一些不同的服务目标会导致严重的冲突，比如警察寻取证据用以惩罚，但可能会同那些从事青少年服务工作的人发生冲突。（5）由于缺乏沟通，不同机构或专业缺乏恰当的干预或干预结果不理想。（6）在需要作出反应时各自为政。一些机构认为可以在不与其他机构通气的情况下凭自己的力量解决问题，但最后却并没有满足真正的需要。（7）公众无法得到服务，或对得到的服务感到困惑，他们常常不知道到哪里去获得恰当的服务。（8）由于没有考虑到问题的具体原因，而是强调可得的或固有的一套专业干预，从而导致服务提供或干预的遗漏或差距。这些问题都导致治理中的协调、合作、整合或整体性运作举步维艰。

正是由于新公共管理在政府治理中陷入困境，西方主要国家在20世纪90年代中后期又掀起了一场后新公共管理的政府改革运动，即学者们所描述的整体政府（whole of government）改革运动。整体政府起源于1997年英国工党政府的提出的施政方案，并迅速扩展到澳大利亚、新西兰、荷兰等西方国家。此后，美国、加拿大等国家的地方层级政府也进行了类似的改革实践。正如克里斯坦森与莱格雷德（Christensen, I. and P. Legreid）所言："西方各国政府改革的重点已从结构性分权、机构裁减和设立单一职能的机构转向'整体政府'"。[②] 西方公共管理学者和实践家对整体政府进行了多层面、多视角的

[①] Diana Leat, Kinbery Selter & Gerry Stoker, *Towands Holistic Governance: The New Reform Agenda*, New York: Palgrave, 2002, p.39.

[②] Christensen, T. & P. Legreid Rebalancing, "The State: Reregulation and the Reassertion of the Centre", in T. Christensen & P. Legreid (eds.), *Autonomy and Regulation: Coping with Agencies in the Modern State*, Cheltenham: Edward Elgar (forthcoming), 2006.

界定,克里斯托弗(Christopher Pollit)在综合相关文献的基础上对学者们的界定进行归纳,提出了一种综合性的整体政府定义:"整体政府是指一种通过横向和纵向协调的思想与行动以实现预期利益的政府改革模式。它包括四个方面的内容:排除相互破坏与腐蚀的政策情境;更好地联合使用稀缺资源;促使某一政策领域中不同利益主体团结协作;为公民提供无缝隙而非分离的服务。"① 目前,整体政府已成为西方政府改革的新趋向和一种国际性的政府改革思潮,这使后新公共管理改革时代成为一种以整体政府为内容与特征的政府改革时代。

二、当代西方政府治理模式创新的理论化谱系

在整体政府改革时代,随着新公共管理治理模式的终结,西方各国涌现了多种治理模式,形成了一个政府治理模式创新的理论化系谱(见图1)。

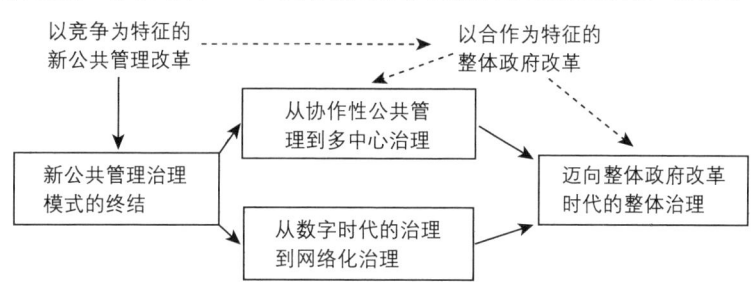

图1 当代西方政府治理模式创新的理论化系谱

1. 从协作性公共管理到多中心治理

协作性公共管理(Collaborative Public Management)是一种把协作作为核心要素的政府治理模式。罗伯特·阿格拉诺夫和迈克尔·麦圭尔在《协作性公共管理:地方政府新战略》一书中把"协作"(collaboration)作为在政府组

---

① Christopher Pollit, "Joined-up Government: A Survey Political", *Studies Review*, 2003, 1(1), p. 35.

织间进行管理的基本描述符号,他们认为,协作性公共管理赋予"政府间的"(inter-governmental)这一术语新的内涵,不仅包括联邦政府—州政府、州政府—地方政府以及地方政府之间的关系,还包括了政府与准政府之间的关系以及政府之外的组织间各种契约、管制、援助、互惠的互动关系。在阿格拉诺夫和麦圭尔看来,协作性公共管理是"描述了在多组织安排中的促进和运行过程,以解决单个组织不能解决或者不易解决的问题。协作是一种用来解决问题的有目的的关系,它在既定的条件下(例如,知识、时间、金钱、竞争和传统智慧等)创造或者发现的一个解决问题的办法。""协作性公共管理的基本特征是纵向和横向活动的复杂结合,其中仅有一些结合可以被认为是协作的,但是所有的结合都是多方参与的。"① 在此基础上,有学者把协作性公共管理划分为五种基本类型②:(1)发生在两个或多个组织间相互调整、相互适应地完成同一目标的政策和程序而进行的间歇性协调。(2)用于建立起来完成一个具体的和有限的目标,并随着目标的完成而迅速解体的临时性工作组。(3)发生在两个或多个组织之间为了完成一个或多个目标而通过正式的安排(如委员会、伙伴关系等)协议参与有限的活动而形成长期的或经常性的协调。(4)发生在相互依赖与战略性的行动之中,其目标是具体的,成员关系以长期承诺为基础,相对稳定的联盟。(5)以长期使命和联合的战略性相互依赖的行动为典型特征,以广泛的任务为基础,各成员承诺在长期内使用重要的资源实现共同目标的网络结构。

多中心治理(polycentric governance)理论一方面对新公共管理忽视公私部门管理的差别、政治过程和市场过程的差别,以及过分强调市场机制的作用而产生的治理困境作出理论回应与对策思考,另一方面也对协作性公共管理的基本内涵进行拓展,引入制度安排与制度设计等内容。有学者认为,西

---

① 罗伯特·阿格拉诺夫、迈克尔·麦圭尔:《协作性公共管理:地方政府新战略》,李玲玲等译,北京大学出版社2007年版。

② Mandell, Myrna P. & Toddi A. Steelman, "Understanding What Can Be Accomplished through Inter-organizational Innovations: The Importance of Typologies, Cotex, and Management Strategies", *Public Management Review*, 2003, 5 (2), pp. 197–224.

方公共管理的某些领域已经经历了从新公共管理到多中心治理的模式变迁过程。①"多中心"是以奥斯特罗姆夫妇为代表的制度分析学派提出的一个核心概念，它表明了一种新的理念和制度安排，是一种与单中心权威秩序思维直接对立的理论。多中心治理意味着由社会中多元的行为主体（政府组织、企业组织、公民组织、利益团体、政党组织、个人）基于一定的集体行动规则，通过相互博弈、相互调适、共同参与合作等互动关系，形成协作式的公共事务组织模式来有效地进行公共事务管理和提供优质的公共服务，实现持续发展的绩效目标。②有学者总结了多中心治理模式的四个基本特征③：（1）多中心治理结构意味着在公共生活中，存在着民间的与公民的自治、自主管理的秩序与力量。这些秩序与力量分别作为独立的决策主体围绕着特定的公共问题，按照一定的规则，采用各种集体行动的组合寻求高绩效的公共问题解决途径。（2）将公民参与与社群的自治作为基本策略，使多中心治理能够有效地运转起来。（3）具有多元化利益与多元独立的决策主体，多元利益在治理行动中经过冲突、对话、协商、妥协，达成平衡和整合。（4）多中心还表现为不同性质的公共物品和公共服务能够通过多种制度选择进行有效的提供。可见，各种自主组织协同起来的自主治理是多中心治理模式的核心特征。

2. 从数字时代的治理到网络化治理

数字时代的治理（digital era governance）是围绕着信息技术变革和信息系统变化而提出的一种政府治理模式。登力维认为数字时代的治理主要包括三大理论主张④：（1）重新整合。数字时代治理的关键特征就是把新公共管理

---

① 甘永涛：《从新公共管理到多中心治理：兼容与超越——西方国家高等教育管理改革的路径、模式与启示》，载《中国高教研究》，2007年第5期，第3—35页。

② 迈克尔·麦金尼斯：《多中心体制与地方公共经济》，毛寿龙等译，上海三联书店2000年版。

③ 孙柏英：《当代地方治理——面向21世纪的挑战》，中国人民大学出版社2004年版。

④ 陈水生：《新公共管理的终结与数字时代治理的兴起》，载《理论导刊》，2009年第4期，第98—101页。

改革分离出去的职能进行再整合,把公民和其他行动者的服务需求整合进同一个包裹中。重新整合主要包括9大要素:逆部门化、协同政府、重新政府化、重建和巩固中央过程、大力压缩过程成本、重塑一些公务支撑功能的服务提供链、集中采购和专业化、混合经济基础上的共享服务、网络简化和一些各自为政的组织。这样,通过重新整合把原来在新公共管理中被分割为单一功能的部门和专门化的技术重新整合起来,形成一种全新的形式。(2)以需要为基础的整体主义。整体化改革旨在简化和改变政府部门和公民之间的整体关系,创建一个更庞大的、更具包容性的管理机构,并与端对端的组织再造过程结合在一起,卸载不必要的流程,控制成本,加强监管并强化规则,从而构建一个更具便捷性的政府。以需要为基础的整体主义主要包含七个组成要素:互动式信息搜寻和信息提供、以顾客和功能为基础的组织重建、一站式服务、数据库、重塑从结果到结果的服务、灵活的政府过程、可持续性。这些组成要素构成了真正的公民导向、服务导向和需要导向的组织基础。(3)数字化变革过程。这是与公共组织的网站、互联网和电子通讯的影响联系最为密切的一个内容。数字化过程是通过政府部门内组织变革,加上外部市民社会行动者的行为改变而发挥影响作用的一种变革过程,它主要包含九个方面的要素:电子化服务提供和电子政务、以网络为基础的公用事业估算、集中的与国家指导的信息技术采购、自动化流程的新形式、减少中间层、渠道分流和细分客户、减少受控制的渠道、加速自我管理、走向透明式管理。这些内容表明,数字化过程使数字时代的治理成为一种不同于传统途径的真正变革和治理模式创新。

网络化治理(governing by network)理论则是应对网络时代和信息技术革命而提出的,对数字时代的治理理论进一步扩展,以跨界性合作服务为基本内容的一种政府治理模式。戈德史密斯和埃格斯在《网络化治理》一书中指出,公共部门具有四种基本发展趋势:一是由公私联合提供公共服务的第三方政府("第三方服务"或"第三方治理");二是联合政府若干机构提供整合服务的协同政府(joined-up government);三是充分运用先进技术,与政府外部公共服务伙伴进行适时合作,推行数字化革命,使以往技术难以解决或不可能解决的公共治理问题得以解决;四是要求多元化和个性化的消费者需求选择。在他们看来,网络化治理代表了上述四种发展趋势的集合,是一种公共部门的新形态,"它将第三方政府高水平的公私合作特征与协同政府充沛的网络管理能力结合起来,然后利用技术将网络连接到一起,并在服务运行方案中给予公民更多的选择权"①。网络化治理把先进技术与依靠各种伙伴关系建立起来的横向合作关系有机地结合起来,把新公共管理松散的组织结构连接成为一个有机整体,在公共服务中进行整体性运作。网络化治理模式有效地克服了新公共管理分散化治理的限度问题,并充分地吸收了其优点。在网络化治理中,"许多优势成为迈向网络化模式的特别强大的驱动力:专门性、创新性、迅捷性、灵活性和扩大的影响力"②。可见,网络化治理提供了一个使相互依赖的行动者互动合作及利益水平协调的框架,把数字时代的治理提升到一个新的层次。

3. 迈向整体政府改革时代的整体治理

整体治理(holistic governance)既是对整体政府改革的基本内容进行理论提升的结果,也是对各种治理理论进行内涵扩展与理论延伸的产物。希克斯等学者指出,从政府组织的架构与形态来观察,整体治理主要涉及三个面向的整合:一是治理层级的整合,如全球与国家层级的整合(WTO 规范的制定与执行)、中央与地方机关的整合、全球层级内环境保护和资讯保护组织的整合;二是治理功能的整合,这主要表现在机关功能的整合,如行政院各部门,或功能性机关之间的整合(保健与社会福利功能的整合);三是公私部门之间的整合,公共部门采取委托代理、民营化、行政法人等做法,运用非营利组

---

① 斯蒂芬·戈德史密斯、威廉·D. 埃格斯:《网络化治理》,孙迎春译,北京大学出版社 2008 年版。

② 斯蒂芬·戈德史密斯、威廉·D. 埃格斯:《网络化治理》,孙迎春译,北京大学出版社 2008 年版。

织与私人公司接轨,形成良好的公私伙伴关系[1]。这三个面向的整合构成了一个以合作为核心理念的整体治理模式。不少学者对新公共管理竞争性治理进行全面修正、对各种流行的治理理论进行系统化理论总结形成如下几个方面内容[2]:

第一,改进了管理主义倾向的价值理念。新公共管理理论是一种以"3E"为基本价值取向的管理主义改革运动,对市场机制、私人部门的管理原则和工具及方法进行极力推崇,从而使协商、沟通及参与的功能失去它们的重要性,严重损害诸如公平与正义、回应性、责任性等民主价值。整体治理以公众需要和公众服务为中心,强调政府的社会管理和公共服务职能,通过协调、联合、整合等方法促使公共服务各主体紧密合作,为公众提供无缝隙公共服务,把民主价值和公共利益置于首要位置。

第二,克服了碎片化治理的困境。新公共管理改革通过结构再造形成了一种不同于传统官僚制等级式的组织结构形式,即扁平化与分散化的组织结构形式,但由于对竞争机制过分倚重,也产生了机构裂化与碎片化治理的困境。整体治理则借助信息技术的优势,通过建立一个跨组织的、将整个社会治理机构联合起来的治理结构,既克服了政府组织内部的部门主义、视野狭隘和各自为政的弊病,又调整、重塑了社会和市场的横向关系,以政府为纽带,发挥其战略协作与统筹服务的作用,构建一种政府与市场和社会通力合作、运转协调的治理网络,提高了应对复杂问题的综合治理能力。

第三,修正了过度分权带来的弊端。新公共管理以分权为基本的改革工具,倡导"分权化政府",但过度分权也造成了组织间信息失真和沟通不畅,使地方利益主体为追求各自利益而加大离心力,降低了政府聚合力量服务公

---

[1] Perrier, Diana Leat, Kinbery Selter & Gerry Stoker, *Towards Holistic Governance: The New Reform Agenda*, New York: Palgrave, 2002, p.39.

[2] 胡佳:《整体性治理——地方公共服务改革的新趋向》,载《国家行政学院学报》,2009 年第43 期,第 106—107 页;曾凡军:《从竞争性治理迈向整体性治理》,载《学术论坛》,2009 年第9 期,第 82—86 页;曾维和:《新公共管理的局限性及改进路径》,载《东北大学学报》(社会科学版),2009 年第3 期,第 246—251 页。

众的能力。整体治理修正了新公共管理过度分权的弊端，提倡一种综合的组织结构，使包括传统的自上而下的纵向层级结构与横向功能结构以及横向功能结构之间协调发展，强化了中央控制能力，为跨部门联系与合作提供了便利。

第四，提供一套全新的治理方式与治理工具。整体治理以整体主义和信息技术论为理论基础，把信息技术作为基本治理手段，对不同的信息与网络技术进行整合，简化基础性网络程序，实行在线治理；推行政府行政业务与流程透明化、整合化的一站式即时服务，提高政府整体运作效率和效能，同时倡导组织整合与重建，注重政府的整体性运行，重新整合功能相近或相同的机构、部门或组织，实行大部门式治理，构建整体性的整理模式，使政府扮演一种整体性服务供给者的角色。通过这些治理工具与方法，整体治理把各种流行的治理理论的优秀因子整合起来，形成了一个迈向整体政府改革时代的政府治理模式。

三、简评与启示

综上所述，在整体政府改革时代，当代西方政府改革通过在对新公共管理竞争性治理模式的反思与批判的基础上进行政府治理模式创新，形成了一个政府治理的理论化系谱。这种理论化系谱与新公共管理的竞争性治理具有典型的区别，它从竞争走向合作，以整体政府与跨部门协同为典型特征，以跨界性合作，解决复杂性公共问题作为基本内容。在我国构建和谐社会、深化行政管理体制改革、建设服务型政府的进程中，当代西方政府治理的理论化系谱对于构建中国特色政府治理模式具有重要的启示意义：

第一，治理模式创新应以本国的公共治理问题的有效解决为归依。在借鉴西方政府治理模式创新的做法与经验的基础上，着力解决和谐社会建设中和社会主义市场经济健全与完善过程中的公共问题，构建一种有利于和谐行政的政府治理模式，这是我国当前政府治理模式创新的基本出发点。具体而言，就是要通过服务型政府的建设，使我们的政府既能以最高效率和最低成本提供服务，又能在运作中实现公共利益的目标，对公民的需求和愿望作出灵敏回应，构建出一个"努力使全体人民学有所教、劳有所得、病有所医、老有所养、住有所居，推动建设和谐社会"的新型政府治理模式。

第二，在深化行政管理体制改革的同时尤其要注重治理机制建设。自"十七大"报告提出大部制改革的论断后，理论界与实务都对大部制倍加推崇，把大部制作为解决当前所有体制性问题和公共性问题的灵丹妙药，但是大部制再大也有边界，超越边界，大部制就会出现"不能承受之大"的问题。正如北京大学的周志忍教授所言："如果大部制改革的目标是精兵简政、理顺关系、提高效能，那国际经验表明，分散化的公共治理结构越发达，大部制就越能够成功。否则，大部制同样会运转不良，最后走向'合而又分'。"①因此，在推进大部制改革的进程中，决不能忽视机制建设，必须把健全部门间协调配合机制作为今后推进大部制改革的一项基础性工作来抓。

第三，建立有利于提供整合服务的治理结构。当代西方政府治理模式创新在公共服务供给中的一个基本特点就是通过跨部门协同提供整合服务。在构建服务型政府的过程中，既要加强公共服务供给主体的多元化，也要整合多元供给主体之间的利益关系，形成一种资源共享、责任分担与组织协同的整合型公共服务模式。具体而言，就是要培育和发展公民社会，使广大的非营利组织及相关企业参与到公共服务的供给过程中来，使政府的职能仅限于核心公共物品和公共服务的提供，而广大非营利组织及相关企业则承载个性化和多样的社会服务职能，建立一个"政府、非营利组织与企业密切合作、协同服务"的治理结构。

---

① 周志忍：《大部制：难以承受之重》，载《理论参考》，2008年第5期，第40页。

政府治理模式变迁：理论范式和实践绩效[*]

唐 娟[**]

一、传统政府治理模式的内涵、特质及其变迁

所谓政府治理，包括两层含义。首先，它意味着政府对人们行使属于社会的权力。政府代表社会施政，从社会获取权力以促使全体社会成员履行自己的社会义务并使他们服从法律。同时，它也意味着政府及其公职人员切实履行社会契约规定的条件，即保障社会利益、促进社会公共意志的实现。[①] 后一层含义表明了政府治理的实质意义。政府治理模式是政府治理理念、治理制度和具体的治理方式的总称，它们都处于动态的发展过程中。

自近代工业革命时期民族国家产生以来，从宏观上划分，政府治理模式变迁可分为两大类型，即传统的政府治理模式和新的政府治理模式。一般来说，传统的政府治理模式被人们看作是一种与西方工业社会的公共事务管理相适应的实践模式，加拿大学者纳德·萨维称之为"工业社会的政府组织模式"，是"19世纪的行政技术"。这种传统的政府治理模式主要有如下七个基

---

[*] 本文原载于《行政与法》，2004年第10期。
[**] 唐娟，北京大学经济学院博士后，深圳大学当代中国政治研究所常任研究员。
[①] 张成福：《责任政府论》，载《公共行政》，2000年第4期。

本特征：第一，政府组织结构及其运作方式应根据韦伯的官僚制原则建立起来；第二，政府机构是公共物品和公共服务的唯一提供者；第三，政策制定（政治）与政策执行（行政）分开；第四，行政管理被看作一种特殊的管理形式，具有永久性和稳定性；第五，实行政治中立的公务员制度；第六，实行公务员永业制；第七，实行政府内部层级管制。

传统的政府治理模式曾在公共事务管理中发挥过重要的、积极的作用，但是，随着西方国家由工业化社会向后工业社会或信息社会的转变，这种模式越来越不适应，它的基本原则受到了严峻的挑战。

首先，经济和政治因素决定了政府治理模式的改革。20世纪70年代石油危机之后的经济衰退，导致西方各国高额的财政赤字，福利国家不堪重负，并面临一系列新的社会问题与政治问题，这是引发政府改革的直接原因。

其次，经济全球化的出现是传统政府治理模式发生变革的一个推动力。全球化趋势加强了各个西方国家对本国经济竞争力的高度重视；政府能力是一国综合国力和竞争力的一种主导性因素，政府如何引导和调控国民经济运作，参与国际经济竞争，促进经济发展，成为人们关注的焦点。经济全球化对政府的公共管理提出了更高的要求。经合组织把政府改革当作其成员国在国际市场上进行有效竞争的一个重要途径，认为顺应经济的全球化和保持国际竞争力的内在需要，为公共部门改革提供了新的强大动力。

再次，新技术革命尤其是信息革命是传统的政府治理模式改革的催化剂。信息技术的快速发展为建立起灵活、高效、透明的政府创造了可能性。信息时代的来临以及"数字化生存"方式要求政府对迅速变化着的经济作出反应，同时，新通讯技术以及接触政府信息的便利使公民和社会团体更容易参与公共管理活动。这要求对政府组织及其运作过程作出变革与调整。

二、新的政府治理模式的理论范式

传统的政府治理模式变迁的过程也就是新的政府治理模式生长的过程，

简言之,也就是当今政府改革和探索的过程。在这一过程中,不同国家的学者从不同的角度对新出现的政府治理模式进行了理论概括,较有影响的主要有以下四种解释范式:

1. "企业化政府"模式

奥斯本和盖布勒在《改革政府》一书中,相对于传统的政府治理模式,提出了企业化政府模式的概念,这一模式包含十大基本原则或基本内容①,即:(1)企业化政府是起催化作用的政府,它的职能是掌舵而不是划桨;(2)企业化政府是社区拥有的政府,它旨在授权而不是服务;(3)企业化政府是竞争性政府,即把市场竞争机制注入提供公共服务的活动中去;(4)企业化政府是有使命的政府;(5)企业化政府是讲究效果的政府,它按效果而不是按投入拨款;(6)企业化政府是受顾客驱使的政府,它满足顾客的需要而不是官僚政治需要;(7)企业化政府是有事业心的政府,它强调收益而不浪费;(8)企业化政府是有预见的政府,它治理公共事务的原则是预防而不是治疗;(9)企业化政府是分权的政府,强调各个层级和部门的参与和协作;(10)企业化政府是以市场为导向的政府,它通过市场力量进行内部变革。

2. E.费利耶的四种模式

英国学者费利耶(E. Ferlie)等人在《行动中的新公共管理》一书中认为,在当代西方政府改革运动中,至少出现了四种不同于传统的政府治理模式的新模式,它们都包含着重要的差别和明确的特征,代表了建立新的政府治理理想类型的初步的尝试。② 这四种模式及其特征分别是:

(1)效率驱动模式。这是当代西方政府改革运动中最早出现的模式,往

---

① 戴维·奥斯本、特德·盖布勒:《改革政府》,周敦仁译,上海译文出版社1996年版。
② E. Ferlie, L. Ashburner, Fitzgerald & A. Pittigrew, *The New Mansas-ment in Action*, Oxford University Press,1996.

往被称为撒切尔主义的政治经济学。它在 20 世纪 80 年代初、中期居于支配地位。这种模式代表了将私人部门管理即工商管理的方法和技术引入公共部门管理的尝试,强调公共部门与私人部门一样要以提高效率为核心。效率驱动模式的基本内容及特征体现在:强烈关注财政控制、成本核算、钱有所值和效率问题,关心信息系统的完善;建立更强有力的一般管理中心,采用层级管理和"命令与控制"的工作方式,要求明确的目标定向和绩效管理,权力向资深管理者转移;发展正式的绩效评估方法;强调对顾客负责,让非公共部门参与公共物品的提供,以市场为基础和顾客为导向,以及在边际上进行类似于市场的实验;解除劳动力市场的规制,采用绩效工作制以及短期聘用合同;雇员自我调节权力减少,权力向管理者转移,吸收部分雇员参与管理过程,采用更透明的管理形式;增加更具有企业管理色彩而较少官僚色彩的授权,但更强调责任制;采用公司治理的新形式,权力向组织战略顶层转移等。

(2)小型化与分权模式。这种模式派生于这样一个论证,即 20 世纪前四分之三(1900—1975 年)组织结构向大型化、合理化、垂直整合等级(科层制)的历史转变已走向它的反面,20 世纪最后的 25 年出现了组织发展的新趋势,包括组织的分散化和分权,对组织灵活性的追求,脱离高度标准化的组织体制,日益加强的战略和预算责任的非中心化,日益增加的合同承包,小的战略核心与大的操作边缘的分离等。这些趋势既出现在私人部门,同样也出现在公共部门。从历史上看,公共机构提供大众服务和大规模提供标准化产品以及控制市场都可看作是一种"福特主义"的生产方式。用组织理论的术语来说,福特主义的企业也可以看作高度官僚化、有着办公室的层级、规章制度和非人的、正式的关系气候,它与公共部门具有同样多的官僚主义的症状。从 70 年代末期以来,无论是在私人部门还是在公共部门,都出现了向"后福特主义"组织结构模式迅速转变的趋势。这种新的组织形式以垂直整合组织形式的解体和组织灵活性的日益加强作为特征,大型的组织缩小规模,合同承包越来越多被采用,并分散为更具自主性的商业单位。

小型化和分权模式的要点是：从早期强调以市场为中心向更精致和更成熟的准市场的扩展，从计划到准市场的转变成为政府部门配置资源的机制；从层级管理向合同管理的转变；较松散的合同管理形式的出现；小战略核心与大操作边缘的分离，市场检验和非战略职能的合同承包；政府部门领取薪金者的大量减少；政府的层级型组织结构向扁平型组织结构转变，组织高层领导与低层职员的减少；公共资助与独立部门供应相对分离，购买者和提供者分离，政府甚至正在作为一种新的购买型组织形式出现；从"命令与控制"的管理方式向诸如影响式管理、组织网络形式相互作用等新风格转变；从标准化的服务向灵活多样的服务系统的转变等。

（3）追求卓越模式。这种模式与20世纪80年代兴起的企业文化的管理新潮相关，它强调价值、文化、习俗和符号等在形成人们的实际行为中的重要性，它对组织及管理的变迁与革新具有强烈的兴趣。这种模式可以分为从下而上和从上而下两种途径。前者强调组织发展和组织学习，将组织文化看作一种组织发展的黏合剂；强调由结果判断绩效，主张分权和非中心化；后者强调将已经出现的东西看作可塑造的、可变化的组织文化，努力促进组织文化的变迁和发展，强调领导魅力的影响或示范作用，并在新型的公共部门中，应用魅力型的私人部门角色模式，强调组织的符号、使命和凝聚力的加强。

（4）公共服务取向模式。这一模式主张将私人部门管理观念和公共部门管理观念的新融合，强调公共部门的公共服务使命，但又采用私人部门的"良好的实践"中的质量管理思想。这一模式关心提高服务质量，强调产出价值，但必须以实现公共服务使命为基础；在管理过程中反映使用者（而不是一般的顾客）的愿望、要求和利益，以使用者的声音而非顾客的退出作为反馈回路，强调公民权理念；怀疑市场机制在公共服务中的作用，主张将权力由指派者转移到民选的地方委员会；强调对日常服务提供的全社会学习过程（如鼓励社区发展、进行社会需要评估）；要求一系列连续不断的公共服务的使命与价值，强调公民参与和公共责任制等。

3. B. 盖伊·彼得斯关于政府未来的治理模式

美国学者 B. 盖伊·彼得斯在《政府未来的治理模式》①中针对传统的官僚制政府治理模式的种种弊端和不适应，提出了当代西方政府改革实践中正在出现的四种治理模式，即市场化政府模式、参与型政府模式、灵活性政府模式、解除规制政府模式。他从理念、组织结构、管理过程、政策制定和公共利益等方面来刻画和比较这四种模式的特征。

（1）市场化政府治理模式。该模式基于以下两个理念：第一，相信市场作为分配社会资源的机制的效率。第二，官僚及官僚机构的自利行为是政府失败的基本原因。鉴于传统的政府治理模式的主要缺陷在于它依赖庞大、垄断、僵硬的官僚机构，因此，市场模式主张打破大政府垄断，分散政府决策和执行的权力。分散权力，可以通过将大的部门分解成若干小的机构或通过将职权下放给较低层的政府机关等方法来实现，并且利用私人组织或半私人组织来提供公共服务。在如何制定公共政策方面，市场化政府治理模式一方面提倡将官僚体制的职能分散给多个企业型机关，这些机关被授权独立自主地制定政策，另一方面又提倡这些拥有半自主权的组织遵守上级部门制定的政策和意识形态方面的命令。

从维护和促进公共利益的角度看，市场化政府模式包含如下内容：一是政府提供公共服务的成本高低是评价政府的标准，公民应该被看成是消费者和纳税人，政府所提供的服务应该符合消费者和纳税人的需求，而公民在市场中也有自由选择所需要的公共服务的权利。

（2）参与式政府模式。它强调政府组织内基层员工应该介入和参与组织决策，认为大部分政府决策并不是取决于政治家或高级公务员，而是取决于大量的低级员工，公共利益正是通过鼓励员工、顾客和公民对政策和管理决策进行最大限度的参与来体现。为此，它认为公共组织的结构应该更为扁平，且应缩减高低之间的层级，建立新的结构，以鼓励官员和公民对政府决策的

---

① B. Guy Peters, *The Future of Governancing: Emerging Models*, Kansas University Press, 1996.

参与。具体地说，这种参与至少可以通过四种机制来实现。第一，进一步开放政府，让公民和员工了解政府部门，尤其是有关政策制定的信息，并保证公民和员工在政府服务不佳或制度运作不当时有权申诉。第二，增强员工独立决策和影响组织政策方向的能力。第三，公共决策应该在决策者和公众之间的对话过程中进行。第四，公民能够有选择政策和公共服务的机会。

（3）弹性化政府模式。该模式是指政府有应变能力，能够根据环境的变化制定相应的政策，能够有效回应新的挑战。此种模式采用可选择性的政府结构机制，不断撤销现有组织以避免组织僵化，使政府拥有较大的弹性，能够快速地对不断变化的社会和经济情况作出反应。这种政府结构要求实行临时雇员制，也即雇用较多的临时员工从事一些政府业务，从而降低政府的成本。

（4）解制型政府模式。该模式在理念上认为公务员大都是由具有奉献精神和有才干的人组成的，他们愿意为公众提供尽可能好的服务。在政府结构上，该模式认为官僚结构是可以接受的，在某些情况下甚至是可取的，但它并不强调集中化的控制结构，而是允许单个的组织制定并执行自己的目标，并赋予官僚组织更强的决策角色。从本质上看，解制型政府模式是用其他的控制形式来代替法令规章式的控制。

彼得斯总结的四种政府治理模式各有不同的理论基础和运作机制，市场式政府强调政府管理市场化，参与式国家主张对政府管理有更多的参与，弹性化政府认为政府需要更多的灵活性，解制型政府提出减少政府内部规则。这四种模式不完全兼容，也不完全矛盾；可单独进行，也可结合进行。同时，新模式也并不完全否定传统的政府模式。

上述各种新的政府治理模式虽名称各异，但它们的共同特点是都处于探索阶段，都存在着争议，都具有不确定性和可塑性。而且，在内涵上，也具有某种程度的共性，主要表现为：（1）均主张政府服务应以社会和公众的需求为导向；（2）更加重视政府的产出、结果、效率和质量；（3）主张放松行政规制，实行绩效目标管理，强调对绩效目标完成情况的测量和评估；（4）主张政府应广泛采用企业中成本—效益分析、全面质量管理、目标管理等管理方式；(5) 主张取消公共服务供给的政府垄断，对某些公营部门实行民营化，让更多的私营部门参与公共服务的供给；(6) 重视公共人力资源管理，提高人事管理的灵活性等。

三、西方国家政府治理模式变革的绩效

20世纪70年代末、80年代初开始的政府治理模式变革运动，在西方国家政府部门管理以及公共服务领域产生了重大变化，主要体现在以下七个方面：

随着许多国有企业卖给工人和股东以及在经济活动中实行大规模的私有化，公共部门已从直接的经济活动中撤离。

在政府部门中保留的社会政策职能已服从于管理化和市场化的过程。

在政府部门及公共服务领域出现了注重"少花钱多办事"、让钱更有所值、竞争绩效和成本指标的使用、加强成本核算和强化审计系统的趋势，相对绩效的评估更加公开化，并受中央指导系统的严密控制。

出现了一种由"维持现状的管理"向"变迁的管理"的转变。人们更强烈地要求透明的、积极的和个性化的领导方式，人力资源管理开始使用战略性的管理方式，组织发展不断地提出各种替代方案和更人性化的管理方式，学习型的组织也开始出现。

政府精简、机构重建，顾客至上原则确立，市场机制引入，以绩效为基础的组织出现，"重塑政府"实验室建立。

政府机构作为公共物品及服务的唯一提供者的垄断地位已经动摇，各种私人公司、独立机构和社会团体参与公共物品及服务的提供，不同的政府机构也为提供相同的公共物品及服务而展开竞争。

公务员政治中立原则和永业制原则被打破。公务员日益卷入政策制定这一政治事务之中，公务员的政治化趋势以及高层公务员的政治任命打破了公务员政治上中立的信条。同时，公务员终身受雇观念已被打破，合同雇佣、临时雇佣成为重要的用人方式。

政府的性质：新制度经济学的视角*

吴金群　耿依娜**

长期以来，有关政府性质的研究一直被视为政治学的专利。兴起于20世纪40年代末的公共选择理论打破了政治学的"垄断"，带着"经济人"分析范式的利器，将经济学的理论视角渗透到了政治领域。然而，公共选择理论主要侧重于探讨公共决策与宪政规则，对作为一种社会组织形式的政府的制度性质鲜有提及。发端于20世纪80年代的交易费用政治学，创造性地利用交易费用的方法来研究政治问题，其中的很多发现弥补了公共选择理论的缺陷。不过，起步较晚的交易费用政治学对政府性质的研究仍有待进一步展开。鉴于政府与企业有着非常相似的制度特点，本文尝试利用新制度经济学的方法来重新审视政府这个"超级企业"的经济性质①。

---

* 基金项目：国家社会科学基金资助项目（项目编号：06BZZ028）。本文原载于《浙江大学学报》，2008年第2期。

** 吴金群，浙江大学经济学院博士研究生；耿依娜，浙江工业大学政治与公共管理学院讲师。

① 科斯在1960年发表的《社会成本问题》一文中也曾明确提出，政府实际上是一家超级企业。当然，我们也注意到，政府与企业在某些方面（如追求的目标）可能存在着差异。这些差异提醒我们在借鉴新制度经济学的方法来研究政府的性质时，需保持一定的谨慎。

一、政府的起源

有关政府起源的研究与争论源远流长,其中影响最为深远的两类理论就是契约论与掠夺论。契约论的典型代表是霍布斯、洛克、卢梭与罗尔斯等。他们的主要观点是,在政府产生以前的自然状态中,人们之间有战争或许多生活的不便。于是,人们通过契约的签订,把原本属于自己的部分权利让渡给政府,由政府承担保护每个结合者的人身和财富的义务。掠夺论的典型代表是马克思主义者和一些新古典经济学者,其主要观点是政府作为某一集团或阶级的代理者,它的作用是代表该集团或阶级的利益向其他集团或阶级的成员榨取收入。政府会利用公共权力来界定一套有利于统治集团利益最大化的产权体系,而无视其对立集团及其整个社会的福利。契约论解释了最初签订契约的得利,但未说明不同利益成员背后的最大化行为;掠夺论则忽略了契约最初签订的得利而着眼于掌握国家控制权的人从其选民中榨取租金。因此,诺斯提出了"暴力潜能"分配理论来统一两者。[①] 如果暴力潜能在公民之间平等分配,就出现契约性质的政府;如果暴力潜能在公民之间的分配不平等,产生的就是掠夺性质的政府。

假设在人类社会产生政府之前存在一个自然状态,这一自然状态到底是像霍布斯所说的"狼对狼"的战争状态,还是卢梭所说的"黄金时期"并不重要,重要的是,在这样的自然状态下,每个人都追求自身效用的最大化,不过在智力与暴力潜能的分配上可能并不一样。一开始,人们之间相互独立,当人们认识到可以从相互作用中获利时,就会进行合作或者是攫取他人资产。人们最终认识到合作关系的总产出要高于攫取关系,为保证协议各方之间进行有效合作,就需要有一种自我实施或第三方实施机制。但自我实施只适用于某些协议,第三方实施可以更好,因为"第三方能向委托人提供一组激励

---

① 道格拉斯·C. 诺斯:《经济史中的结构与变迁》,陈郁、罗华平译,上海三联书店、上海人民出版社1994年版。

措施，使其从中获得的净收益超出他们在自我实施条件下所能获得的净收益"①。于是，在理性的指导下，人们建立了诸多的第三方实施机制，比如氏族首领、原始宗教、犯罪组织等，它们往往通过暴力或者长期关系来对协议各方施加影响。但是由于没有合法使用暴力的单一的终极第三方，社会运作的交易费用依然很高。此时，在使用暴力方面拥有规模经济和比较优势的政府的产生，就符合了多方面利益的需要。于是，人们自愿或被迫地让渡了部分原本属于个体的权力。作为节约交易费用的终极第三方组织，政府负有保护民众人身和财产安全、提供舒适生活和自由保障的义务，民众则以交纳一定的税收作交换。此时，国家就成了各类契约的联合体或者是制度的网络。在这一联合体中，政府为获取收入，以一系列的公共服务作为交换。由于在一个广大的范围内提供公共服务存在着规模经济，所以政府的产生使得社会的总收入要高于无政府状态下每一个社会个体可能拥有的收入之和。因此，"当人们需要在国家（可能具有掠夺性）与无政府之间作出选择时，均选择了前者"②。

也就是说，我们认为政府的起源是人类理性选择的结果，它是一系列有形或无形契约的签订或者是制度网络的形成过程。但这是一种特殊的契约或制度网络，它不应该被看作是在完全自由、共同参与的基础上签订的。因为存在集体行动的困难，指望通过全体社会成员一致同意的形式来形成社会契约是不现实的。而且，它也不应该被看作是在完全平等、自愿的基础上签订的。当权力的分配不均等时，我们就不能期望通过自愿性的社会契约达成最优结果③。因为个体或组织的暴力潜能不同，会在契约谈判中居于完全不同的地位，从而一些拥有更大暴力潜能的"流寇"就会主动地成为"坐寇"，而不是被动地由社会成员根据契约推行出来作为国家的代理人。

张五常曾认为，政府是降低交易费用的组织，即使民主政府并不存在，

---

① 约拉姆·巴泽尔：《国家理论》，钱勇、曾咏梅译，上海财经大学出版社2006年版。
② 道格拉斯·C. 诺斯：《经济史中的结构与变迁》，陈郁、罗华平译，上海生活·读书·新知三联书店、上海人民出版社1994年版。
③ 杨瑞龙、邢华：《科斯定理与国家理论》，载《学术月刊》，2007年第1期，第84—90页。

只要它对社会的价值超过建立并运作民主政府的交易费用,那么它就将从科斯谈判中产生①。实际上,这一逻辑暗含着政治科斯定理的存在,即政治领域中的理性参与人会进行政治谈判直到所有互利交易都穷尽为止。② 这意味着,如果交易费用为零,一旦存在互惠的机会,人们就会进行自愿谈判。即使交易费用为正,只要交易费用没有超过双方通过交易后可能取得的净收益,人的理性依然可以导致资源配置效率的提高。然而,政治科斯定理对政治市场与经济市场的同质性和主体间的自愿交易假定一直广受批评。因自愿参与问题、政治承诺能力的缺乏、政治失败者的阻挠、再分配冲突以及历史偶然性等多种因素的影响,政治科斯定理经常会出现失败的情形。③ 所以,张五常的结论是过于乐观了。

事实上,一个民主法治政府的产生并非那么容易。诺斯曾提出国家理论的两难困境,即第三方实施表示国家发展为一个强制性力量,"如果国家有强制力,使国家运作的人会为了他们自己的利益来利用这一权力,而这又以社会其他人的利益为代价"④。这一困境在漫长的人类历史中曾经困扰着世界上的绝大多数国家。巴泽尔认为这一困境其实有解,因为人们只有在建立相应机制,并能有效制约暴力实施者时,才会授权给政府,从而出现法治国。然而,巴泽尔先验地假定人们有能力控制统治者,并认为国家从本质上说应当是民主法治的,而且历史上的大多数国家是民主法治的,专制独裁只是少数,这一观点显然难以得到历史的证实。直到当今世界,依然有许多非民主国家的公民没有能力捆住政府的掠夺之手。因此,只有公民有权力平等参与政治博弈,并有能力在博弈中占优时,民主法治政府才可能产生。

坚持政府起源的制度主义解释具有非常重要的方法论意义。正如卢梭所

---

① Steven N. S. Cheung, "The Structure of a Contract and the Theory of a Non-exclusive Resources", *Journal of Law and Economics*, Vol. 13, No. 1 (1970), pp. 49–70.

② Avinash Dixit & Mancur Olson, "Does Voluntary Participation Undermine the Coase Theorem", *Journal of Public Economics*, Vol. 76, No. 3 (2000), pp. 309–335.

③ 杨瑞龙、钟正生:《政治科斯定理述评》,载《教学与研究》,2007年第1期,第44—50页。

④ 道格拉斯·C. 诺斯:《制度、制度变迁与经济绩效》,刘守英译,上海三联书店1994年版。

指出的，这些主题的研究是一些假定的和有条件的推理，这些推理与其说适于说明事物的真实来源，不如说是适于阐明事物的性质。① 同样，我们对政府起源的制度主义解释主要也是为了阐明政府的经济性质。正是因为政府起源于一系列特殊的契约或制度网络，所以就产生了政治委托代理关系；正是因为政治代理问题的大量存在，所以就需要构建适当的政府治理结构来保障委托人的权益；正是因为政府以其节约交易费用的优势获得了委托人的认可，所以就需要控制政府的规模与范围来确保节约的交易费用不高于政府的行政成本。

二、政治委托代理关系

政府起源的过程也就是公民与政府间政治委托代理关系的产生过程。在这一委托代理关系中，公民是委托人，代表政府的立法者与政治家、行政官僚等是代理人。更进一步，在政府内部，则是由立法者与政治家充当委托人，行政官僚作为代理人。由此就形成了公民—立法者与政治家—行政官僚这样一个委托代理链条。与一般委托代理问题的关键特征相似，政治委托人与其代理人之间的关系不是外生的，而是由委托人选择的，其目的是使委托人预期的效用最大化。然而，由于人的自利性、有限理性，未来的不确定，信息不对称以及契约的不完备等多种因素存在，政府以权谋私、寻租设租、政治机会主义等代理问题广泛存在，使得政治代理人的目标追求常常偏离委托人的预期。强大到足以保护产权和实施合同的政府也同样强大到足以剥夺公民的财产。② 因此，如果代理关系双方都是效用最大化者，就有充分的理由相信代理人不会总为委托人的最佳利益行动，从而导致委托人的监督支出、代理人的保

---

① 让-雅克·卢梭：《论人类不平等的起源与基础》，李常山译，商务印书馆，1962年。
② Barry R. Weingast, "The Economic Role of Political Institutions: Market-Preserving Federalism and Economic Development", *Journal of Law, Economics, and Organization*, Vol. 11, No. 1 (1995), pp. 1–31.

证支出以及剩余损失等三种代理成本的产生。①

与经济契约中的委托代理关系相比,政治委托代理关系具有以下几个明显的特征:

第一,政治代理关系中对于谁是谁的代理人往往是模糊的,现实中的权力链并不非常清楚。② 在简化的理论模型中,相对于立法者与政治家,公民(或选民)是委托人;相对于行政官僚,立法者与政治家则是委托人。但政治家、立法者以及行政官僚作为国家公民,又都是最终委托人之一。如果在民主国家,作为政府的各种代理机关之间有着复杂的权力制衡关系,其权力链并不非常清楚;如果是在专制国家,虽然其权力链可能会有所简化,但是专制者将会取代广大选民成为事实上的最终委托人,这些运用公共权力并为国家警力所支持的代理人,却总是叫他们的委托人应该如何如何。③

第二,政府的效用函数比企业更为复杂,其目标的多元性使得公民与政府间的委托代理关系成了目标利益间的相互博弈。与一般企业追求单纯的利润最大化目标不同,政府既要使自身的垄断租金最大化,又要在这一目的下努力降低交易费用以使社会产出最大化。因此,在政府的效用函数中,其目标是多元的,既有立法者与政治家追求的选票最大化,又有行政官僚追求的预算最大化。同时,公民又按公共利益最大化的原则对政府提出许多经济、政治、社会与文化目标。如此多维度的目标体系很难激励兼容,政府舍弃公共利益而去追求自身利益的最大化也就不足为奇了。正是在目标利益的相互博弈过程中,出现了多种稳定均衡,即掠夺型政府、合

---

① Michal C. Jensen & William H. Meckling, "Theory of the Firm: Managerial Behavior, Agency Costs and Ownership Structure", *Journal of Financial Economics*, Vol. 3, No. 4 (1976), pp. 305–360.

② Avinash K. Dixit, *The Making of Economic Policy: A Transaction-Cost Politics Perspective*, Cambridge: Massachusetts Institute of Technology Press, 1996.

③ Terry M. Moe, "Political Institutions: The Neglected Side of the Story", *Journal of Law, Economics, and Organization*, Vol. 6, No. 2 (1990), pp. 213–253.

谋型政府和民主型政府。①

第三，政府治理中多重任务代理与多委托人代理现象的存在，使得对政治代理人的激励不足或是效能低下。政治代理人往往要履行多重代理业务，而代理人完成这些任务的次序可能与委托人期望的次序并不一致。因此，委托人就必须制定相应的激励机制来协调代理人的选择。但是，许多政府代理业务的结果实际上很难被准确地观测到。为了避免将投入过度转移到更易观测到的代理业务上，所设计的激励机制就必定是低强度的。② 同时，作为代理人的政府，它面对的是数量众多的委托人。因为部分委托人会免费搭乘其他委托人所提供的激励便车，以及委托人之间利益冲突的大量存在，大致来说，"n 个委托人的纳什均衡激励机制的激励强度就只有由一个真正统一委托人所提供的次优激励机制激励强度的 1/n"③。

第四，政治代理关系中的信息不对称更为严重，导致逆向选择与道德风险更为常见。跟企业相比，政府的内部运行以及公共产品的供给信息更不透明，政府享有绝对的信息优势，并且常常还以保密为由刻意隐瞒真实信息。正是因为政府对信息的垄断与经常是有意的筛选，使得公民对政治代理人的真实信息难以观测，导致逆向选择与道德风险的大量发生。简单地说，逆向选择是指委托人可能不知道雇用哪个代理人是最优选择，不知道如何规定契约条款或职权范围。当一个代理人被雇用后，他改变了行为因而损害了委托人的利益，道德风险就产生了。对于逆向选择，普通公民无力消解。而对于

---

① Barry R. Weingast, "The Economic Role of Political Institutions: Market-Preserving Federalism and Economic Development", *Journal of Law, Economics, and Organization*, Vol. 11, No. 1 (1995), pp. 1–31; Barry R. Weingast, "Constitutions as Governance Structures: The Political Foundations of Secure Markets", *Journal of Institutional and Theoretical Economics*, Vol. 149 (1993), pp. 286–311; Barry R. Weingast, "The Political Foundations of Democracy and the Rule of Law", *American Political Science Review*, Vol. 91, No. 2 (1997), pp. 245–263.

② Bengt Holmstrom & Paul Milgrom, "Multitask Principal-Agent Analysis: Incentive Contracts, Asset Ownership, and Job Design", *Journal of Law, Economics, and Organization*, Vol. 7 (1991), pp. 24–52.

③ Avinash K. Dixit, *The Making of Economic Policy: A Transaction-Cost Politics Perspective*, Cambridge: Massachusetts Institute of Technology Press, 1996.

政府大量的寻租腐败与机会主义行为，又难以建立有效的监督约束机制进行规范。

第五，政治的不确定性更强，政治契约比经济契约更不完备。不确定性是指事物的属性与状态的不稳定性或不可知性，其存在的主要原因是人的有限理性与机会主义行为以及资源和技术等外部环境的刚性约束。因为要在信息更不对称、"理性的无知"广泛存在、利益集团的争斗日益激烈的条件下对社会价值作出权威性分配，政治市场的竞争就带有更大的不确定性。在纷繁复杂、无法准确预测的政治市场中，委托人很难对代理人未来的一切行动作出详细的计划，签订事前契约需要巨大的交易成本迫使委托人对代理人进行广泛的授权。因此，政治契约的不完备就具有必然性，并给政治代理人的滥用职权提供了可能。从这个意义上说，政治契约在抵制代理人对委托人自由与权利的侵犯方面就只能是一个"虚弱的堡垒"[①]。

第六，政治委托人缺乏退出机制，而代理人之间又缺乏有效竞争。在公司治理中，投资者"以脚投票"的退出机制，对管理人员施加了强有力的约束。然而，在政府治理中，公民在某一国家有着很大的专用性投资，如已掌握的该国语言、行为规则、宗教与文化，已投入到其家庭、朋友和业务关系中的成本。公民在一个国家的这类专用性投资比员工在一个企业内的专用性投资更多，从而使得公民很容易被自己的祖国锁定。这意味着政治委托人缺乏有效的退出机制，而这又诱发了政府的机会主义。[②] 另外，虽然总是存在着可以提供同样服务的潜在竞争对手（其他国家或可能成为统治者的个人），但是相对于公司治理中的职业经理人市场给企业管理者带来的有效约束，政治市场中的代理权争夺很不充分（在非民主国家这一问题尤其突出）。竞争的缺乏不仅使得对代理人的约束大大减弱，而且很难形成绩效比较基础上的激励机制。

[①] 柯武刚、史漫飞：《制度经济学：社会秩序与公共政策》，韩朝华译，商务印书馆，2000年版。

[②] 埃里克·弗鲁博顿、鲁道夫·芮切特：《新制度经济学》，姜建强、罗长远译，上海三联书店、上海人民出版社2006年版。

三、政府治理结构

面对政府治理中严重的代理问题，契约的事后支持制度是至关重要的。这些协调政治委托人与代理人之间的责、权、利关系的一整套制度安排，就可以被称作是政府治理结构。高效率的政府治理结构对任何国家都是非常稀缺的资源。几百年来，人类一直在积极探索如何解决政治代理问题，到如今依然还没有完美无缺的方案来协调政治委托人与代理人之间的关系，我们正在朝向更好的政府治理结构迈进，但进展缓慢且任务艰巨。综合各国的政治实践，大体上有如下几种主要的政府治理结构：

第一，全民公决。一般来说，求诸全民公决的内容大多是关系国家前途命运和国计民生的重大问题，比如：大选公决，包括直接选举总统、议员和对是否提前进行总统或议会大选进行全民公决；宪法和改革公决，即以全民公决的方式决定是否通过新宪法，是否赞同经济、政治、文化等重大改革措施等；国际问题公决，包括是否参加国际组织、签订国际条约、加入国际行动等进行公民投票。根据创议者的不同，全民公决大致可以分为两种：一种由政治家提出创议，另一种则是由普通公民提出创议。前者的全民公决程序是自上而下的，后者的程序则是自下而上的。如果作个近似的比喻，全民公决相当于公司治理中的股东大会，它使委托人有权直接决定政府治理中的重大事项，并可以推翻由董事会（立法者与政治家）提出的政治方案。因为"国籍是一种产权"①，全民公决的形式恰如其分地体现了公民的这一产权所有者身份。

第二，筛选代理人。在现代国家，公民不太可能对国家事务进行完全的直接管理，必定要甄别、遴选合意的政治代理人来从事各项公务活动。沿着政治委托代理关系的链条，委托人筛选代理人实际上也是由一系列的过程组

---

① 埃里克·弗鲁博顿、鲁道夫·芮切特：《新制度经济学》，姜建强、罗长远译，上海三联书店、上海人民出版社 2006 年版。

成的。在总统制国家，一般是先由选民直接或间接选举产生立法机关与国家总统，然后由总统任命并由立法机关批准行政机关的负责人。在议会制国家，则一般是先由选民选举产生立法机关，然后由立法机关产生政府首脑，而后由政府首脑任命内阁成员。国家元首或者世袭（君主制国家），或者也由立法机关产生（共和制国家）。在政治代理人的层层筛选过程中，代理人之间的竞争机制设计是颇为重要的。一般来说，民主国家代理人之间的竞争主要是通过政党来进行的。此时，政党就像政治市场中的"政治企业"[1]，竭力地向政治委托人推荐其生产的产品（候选人与竞选纲领）。而委托人也可以通过候选人的政党身份，观测到其政策取向的信息，从而降低了政治市场中的交易成本。

第三，契约设计。当委托人选出代理人之后，代理人就拥有了运用公共权威的"政治产权"[2]。为确保代理人的行为符合委托人的愿望，并促使代理人的竞选承诺能得到有效兑现，委托人就需要设计一套合理的政治契约来激励并约束代理人的行为。在世界各国，这一套契约主要都体现在宪法与行政法当中。对于立法者与政治家，一方面给予他们一个相对固定的任期[3]，授予其在国家立法与内政外交上的广泛权力。如果政绩显著，他们将有机会获得连任或获取更高的声望与地位。另一方面又严格规定他们必须肩负的公共责任与义务，以及如果违规运用职权所应承担的政治甚至法律后果。对于行政官僚，各国基本上都遵循公务员的职业化发展方向，通过完善官僚制与行政程序来对其进行约束。政治家为了保护他们的政治产权，一般都是通过写入法律的详尽要求来限制官僚的自主权。伴随着"新公共管理"运动与政府改革浪潮，许多国家已在行政体系中引入了竞争机制与结果导向，以试图激活僵

---

[1] Philip Jones & John Hudson, "The Role of Political Parties", *Public Choice*, Vol. 94 (1998), pp. 178–189.

[2] Terry M. Moe, "Political Institutions: The Neglected Side of the Story", *Journal of Law, Economics, and Organization*, Vol. 6, No. 2 (1990), pp. 213–253.

[3] 任期只是相对固定的，如果政治纷争僵持不下，会触发议会的提前大选；一个国家的总统也会因腐败、犯罪等原因受到弹劾。

化的官僚制度。甚至主张，为减少公共部门的代理问题，可以构建新的契约形式（如合同），把公共部门的代理关系转变为私营部门的代理关系。①

第四，权力制衡。在政治契约中，权力制衡机制的设计能有效地降低选民在"四处游荡"时，政治代理人的机会主义行为。由孟德斯鸠提出，并在美国宪法中得到尊崇的三权分立体制就是一个著名的例子。行政、立法与司法三权之间互不统属、彼此牵制、相互制约，使得政治代理人没有超越一切的权力而不能为所欲为。同时，某些国家还通过设立两院制议会的方法来进一步分解立法者的权力，以抑制其同时作为公民代理人与行政官僚委托人身份而可能带来的代理问题。除了横向上的分权以外，许多国家还进行了纵向政府之间的联邦制分权。这就是通过宪法安排，在政府中建立若干有着高度自治权的层次（如州政府或加盟共和国）。其好处主要在于：从过于强调上下级政府之间的委托代理关系，转到强调横向的政治委托代理关系，由于时空因素、人际因素、信息搜索及传递的通道便利和成本降低等因素，横向要比纵向的委托代理关系具有不可忽视的成本优势。② 当然，有些国家（如中国）虽然没有实行政治上的联邦制，但是其经济联邦主义已给政治委托人带来了实实在在的实惠。

第五，监督控制。在政府治理中，之所以会产生道德风险，是因为政治代理人在契约签订以后改变了先前承诺的行为。当公民授予立法者与政治家或立法者与政治家授予行政官僚较大的自由裁量权时，道德风险就更容易发生。虽然对代理人的监督控制必然会给委托人带来成本，但如果由此而带来的收益高于成本，就应该加强这方面的投入。关于如何监控的问题，马寇宾斯与施瓦茨（Mathew D. McCubbins & Thomas Schuartz）研究了两种非常重要

---

① 欧文·休斯：《公共管理导论》，彭和平、周明德、金竹青等译，中国人民大学出版社2001年版。

② 陈家泽：《从政府治理结构看服务型政府的建设》，载《经济学家》，2006年第4期，第98—103页。

的方式:警察巡逻与火警①。警察巡逻的监督方式涉及具体的、经常性的巡视、探查和汇报等直接监督方式。然而,这种监督方式的成本是非常高的,因此,在实践中很少实行这样的监督。而所谓的火警机制是指当选民和利益集团感到他们的利益被官僚机构伤害时,他们就会向立法者或政治家大声呼吁。此时,立法者与政治家就可以很容易地获得关于官僚行为的信息。火警机制是一种非常重要的将道德风险引起的交易成本最小化的机制。一旦行政官僚认识到这种火警机制的存在,他们就会考虑和执行政治委托人的意志。因为公开透明的政府信息方便了委托人的监督,因此,为了实现有效的监控,民主国家大都要求实行政务公开。而在专制国家,政府对信息的控制却格外严格。可以说,政府对信息的垄断与控制程度基本上是与民主程度成反比的。

第六,意识形态约束。意识形态是人们对于世界看法的一套信念,不可避免地与个人在观察世界时对公正所持的道德、伦理评价相互交织在一起。②作为长期人力资本投资的结果,意识形态会强烈地影响到人们的个人偏好、价值取向与行为选择。对于政府治理而言,意识形态是一种非常重要的节约交易费用的工具,它会在一定程度上改变政治代理人的效用函数构成,使得他们在作出有利于政治委托人的决策时,在内心产生一种心理满足感,反之则产生一种强烈的负疚感。这也正是世界各国都非常重视对政治代理人进行利他主义与自我约束教育的关键原因。在许多非民主国家,因为其他政府治理结构基本失灵,所以长期坚持的主流意识形态就成了避免整个政治体制陷于崩溃的最后一根救命稻草。

---

① Mathew D. McCubbins & Thomas Schwartz, "Congressional Oversight Overlooked: Police Patrols Versus Fire Alarms", *American Journal of Political Science*, Vol. 28, No. 1 (1984), pp. 165 – 179.

② 道格拉斯·C. 诺斯:《经济史中的结构与变迁》,陈郁、罗华平译,上海生活·读书·新知三联书店、上海人民出版社 1994 年版;林毅夫:《关于制度变迁的经济学理论:诱致性变迁与强制性变迁》,见 R. 科斯、A. 阿尔钦、D. 诺斯等:《财产权利与制度变迁》,生活·读书·新知三联书店、上海人民出版社 1994 年版,第 371—418 页。

四、政府的边界

因为公共权力能够为政府带来无尽的效用,所以政治代理人时时刻刻都会受到各种机会主义的诱惑。克服意志薄弱的最好办法就是对自身的行为边界进行强制约束。也就是说,要对政府的规模、范围及其边界作出合理的选择。所谓政府规模,主要是指一个国家或地区政府的职能、权力、机构、人员以及财政支出的数量大小。政府职能是政府依法对国家政治、经济与社会等公共事务进行管理时承担的职责和任务,可以通过政府所承担的公务数量来衡量。政府权力是政府依靠国家强制力量而具有的对社会公众的影响力,它体现的主要是政府的能力大小。政府的机构规模是指政府为实现对公共事务的有效管理而设置的各级政府机构的结构与数量。政府的人员规模则可以由政府公务员总数、政府公务员占全国总人口的比例、政府公务员占全国就业人口的比例等指标来衡量。财政支出是衡量政府规模的最常用指标,包括政府总支出、政府支出占 GDP 的比例、政府行政开支占财政总支出的比例等。

政府规模的理论边界可以用图 1 得到简要的说明。图 1 的横轴代表政府规模,纵轴代表成本或收益。假定政府的行政成本 C_g 随着政府规模的增加而增加,且满足边际成本递增规律,即 $\partial C_g/\partial G > 0$,$\partial^2 C_g/\partial G^2 > 0$;政府收益是社会总产出的线性函数(如征收比例税)。因为管得太少与管得太多的政府都是坏政府,所以政府规模的适度增长将有利于社会总产出的提高,从而提高政府自身收益 Rg。但到了某一边界 G_0 以后,政府规模的进一步扩展会妨碍社会生产,所以政府的收益将随着政府规模的增加而减少。可以假定,在 G_0 之前,$\partial R_g/\partial G > 0$;在 G_0 之后,$\partial R_g/\partial G < 0$,且 $\partial^2 R_g/\partial G^2 < 0$。因此,从社会福利最大化的角度看,政府的规模应该保持在 G_0 的位置。但对于追求垄断租金最大化的政府而言,其最优规模是 G_1,因为在这个规模上,政府的边际成本恰好等于边际收益。这说明了政府在政治市场上的垄断与企业在经济市场上的垄断一样,其产品的供给水平很可能会小于社会的最优需求。不过,政府内部也有一系列委托代理关系的存在。当立法者与政治家不能很好地控制其

代理人时,行政官僚们就会有一种本能的冲动,推动政府规模走向 G_2 的位置。此时,所有的剩余租金全部被耗损,而官僚们的自身效用则得到了最大的满足。所以,社会公众希望达到的政府最优规模 G_0,往往是在政府中的统治集团与官僚们所偏好的规模之间。在某个国家或地区的政府规模到底会有多大,这实际上是一个公共选择的问题,取决于公民、立法者与政治家、行政官僚在政治市场上的博弈结果。

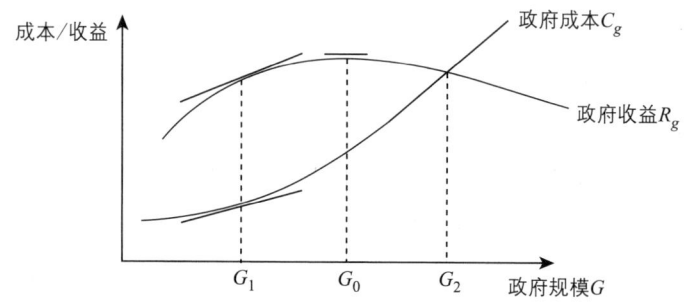

图 1　政府规模的最优边界

接下来看政府范围,它主要是指一个政府发挥作用的地域范围。一般来说,政府范围的扩大(或缩小)会伴随着政府规模的增加(或减小)。但反过来并不成立,即政府规模的增加(或减小)并不必然出现政府范围的扩大(或缩小)。在一个完全封闭的独立社会,政府的范围与国家的领土范围是重合的。但是,自古以来,国家之间的相互作用就不曾停止过,因而政府的力量就会出现相互渗透,并在多种场域进行利益博弈。也就是说,政府的范围与国家领土的范围有可能不一致。一般来说,政府拓展其范围可以采取相互间并不排斥的两种形式:一是政府在其国家内部更频繁地使用第三方实施机制;二是更频繁地与其他国家进行相互作用。① 当然,与其他国家的相互作用,既可能是和平的(如通过自由贸易、国际条约、自愿的合并),也可能是暴力的(如武力征服)。显然,如果政府范围过小,就无法达到第三方实施机

---

① 约拉姆·巴泽尔:《国家理论》,钱勇、曾咏梅译,上海财经大学出版社 2006 年版。

制的最优规模。所以,为了更好地利用规模经济,理性的政府就会在扩大范围所能带来的收益与将会增加的成本之间进行权衡。扩大政府范围可能带来的收益主要包括:大国政府在对抗或征服小国政府时相对容易、更多的外部交易得到内部化后可以节约交易费用、消除原政府边界以外的外部效应可使资源配置效率得到提高、大国政府在国际上的地位往往更高、扩大政府范围可以取得战利品(包括心理愉悦)等。然而,扩大政府范围也会带来不容忽视的成本,比如:目标政府和公民的抵抗、本国政府行政成本的提高、消耗大量国内资源降低了国民的福利等。当扩大政府范围的收益大于成本,政府就会有扩大其范围的冲动。同样,如果缩小政府范围的收益大于成本,政府也会有缩小其范围的冲动,比如多民族国家因为内部政治协调成本太高而可能分裂为多个单民族国家。

诺斯经过对交易费用政治学的开创性研究,曾提醒人们政治市场比经济市场更多地被交易费用所困扰,因此它的运转更没有效率。[1] 就政府范围的边界而言,如果从交易费用的角度讲,政府之间的交往可以被视为某种市场型交易,因而存在政府间的交易费用。政府之间的合并将会降低政府间的交易费用。但是,这种合并又会增加政府内的交易费用。图 2 从交易费用的角度对政府的范围作了规范说明。假定政府内增加的交易费用 ITC 会随着政府范围的增加而增加,而政府间节约的交易费用 BTC 则会随着政府范围的增加而减少。因此,从交易费用的角度讲,政府范围的最优边界就在于这两者相等的地方,即 F_0 的位置。此时,社会的总交易费用 STC 达到最小。需要注意的是,政府不仅可以节约交易费用,而且因为规模经济与范围经济的存在,还可以节约生产公共产品的成本。所以,政府内与政府间这两种交易费用的权衡加上规模经济和范围经济的考虑将决定两个或两个以上的国家是否进行联合,进而决定政府的范围大小。[2]

---

[1] Douglass C. North, "A Transaction Cost Theory of Politics", *Journal of Theoretical Politics*, Vol. 2 (1990), pp. 355 – 367.

[2] Donald Wittman, "Nations and States: Mergers and Acquisitions, Dissolutions and Divorce", *American Economic Review*, Vol. 81, No. 2 (1991), pp. 126 – 129.

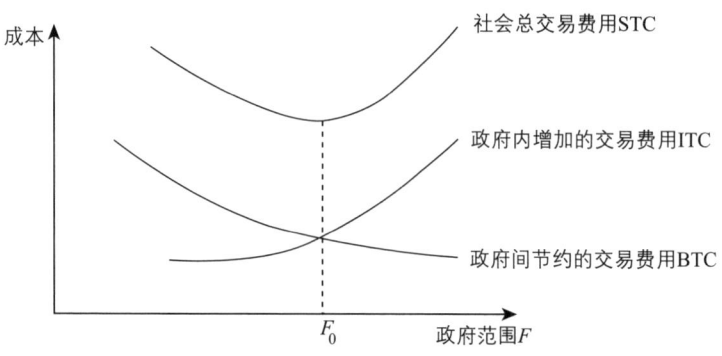

图 2　政府范围的最优边界

五、结论与启示

政府的起源是人类理性选择的结果，它是一系列有形或无形契约的签订或者是制度网络的形成过程。在这一契约网络中，公民与政府之间形成了政治委托代理关系，其委托代理链条可以描述为公民（立法者与政治家）行政官僚。相对于经济契约中的委托代理关系，政治委托代理关系更为复杂，政治代理问题更为严重。因此，政治契约的事后支持制度是至关重要的。这些协调政治委托人与代理人之间的责、权、利关系的一整套制度安排，就可以被称作是政府治理结构，如：全民公决、筛选代理人、契约设计、权力制衡、监督控制与意识形态约束等。然而，政府治理结构并不能完全解决政治代理问题，这就迫使人们对政府的规模与范围作出合理的选择。一般来说，社会公众希望达到的政府最优规模，要大于政府中统治集团的最优选择，而小于行政官僚们所偏好的规模。某个国家或地区的政府规模最终到底会有多大，实际上是一个公共选择的问题，取决于公民、立法者与政治家、行政官僚在政治市场上的博弈结果。对于政府范围而言，其最优边界主要取决于政府内与政府间交易费用的权衡，再加上对规模经济和范围经济的考虑。

本文的主要结论至少给我们提供了以下几个方面的启示：（1）政府的起

源对人类社会是一个明显的帕累托改进过程。既然政府的合法性来源于可以节约社会的交易费用,并为公民提供有效的公共服务,那么构建和谐社会与服务型政府就成了题中应有之义。(2)在政府治理中,有一系列委托代理关系的存在。为了使政治委托代理关系更清楚明了,并使政治代理人的目标尽量与委托人的利益保持一致,就应该理清政府治理中的权力关系链条,大力促进政务信息的公开,合理设置政府的绩效目标,并引入政治代理人之间的适度竞争。(3)在任何一个社会中,政府都可能承担三种不同的角色,即无为之手、掠夺之手与扶助之手。要让政府走上民主法治的轨道,委托人就得设计各种制度安排来捆住政府的掠夺之手。因此,加强宪政民主制度建设、完善政府治理结构是保障公民权益不受政府肆意侵犯的必然选择。(4)政府的规模存在一个合理的边界。对于公民来说,既要防止政府中的统治集团在追求垄断租金最大化过程中的公共产品供给不足,又要防止行政官僚在追求自身效用最大化过程中使政府的规模过度膨胀。(5)政府的范围也存在一个合理的边界,它要受政府内外的交易费用、规模经济与范围经济等多种因素的影响。所以,政府的范围既不是越大越好,也不是越小越好。

新政府治理与公共行为的工具：对中国的启示

莱斯特·M.萨拉蒙 著 李 婧 译

过去的20年里，非同寻常的政府改革浪潮席卷全球。从美国、加拿大、马来西亚到新西兰，为了提高公共部门的绩效，政府不断被重塑、缩减、私有化、权力下放、分权、放松管制、扁平化，实行绩效管理、服务外包等。①联合国发展计划署在最近的一份报告中指出："关于政府角色的讨论已经在各个国家与国际辩论中占据了中心地位"，"问题已经不再是如何削弱政府的作用，而是如何改善政府治理"。②

遗憾的是，这一改革浪潮虽然提出了正确的答案，针对的却是错误的问题，因此使我们忽略了目前公共部门管理所面临的核心挑战。本文中笔者将

---

* 本文原载于《中国行政管理》，2009年第11期。

** 莱斯特·M.萨拉蒙，美国约翰·霍布金斯大学公共政策系教授；李婧，美国约翰·霍布金斯大学公共政策系教授。

① World Bank, *World Development Report 1997: The State in a Changing World*, New York: Oxford University Press, 1997; Kettl Donald F., "The Global Revolution in Public Management: Driving Themes and Missing Links", *Journal of Policy Analysis and Management*, Vol. 16, No. 3, 1997; Plimptre, Tim, "Public Sector Reform: An International Perspective", in *Proceedings of the Canada South – East Asia Colloquium: Transforming the Public Sector*, Ottawa: Institute on Governance, 1993.

② United Nations Development Program, *The Shrinking State*, New York: U. N. Development Program, 1997, p. 1.

首先指出过去 20 年的政府改革运动所着力解决的中心问题是什么，然后说明为什么这是一个错误的问题，最后提出公共部门改革应该集中解决的问题是什么，以及最好应该如何予以解决的建议。由于中国在改革进程中有着不同的起点，笔者的观点未必完全适用，然而，通过了解当前（国际）改革进程中出现的问题，或许能够帮助中国少走弯路。

一、第三方政府的兴起：公共部门改革中，为何新公共管理是正确的答案，然而回答的却是错误问题

过去 20 年间，遍及全球的政府改革浪潮背后的众多理论认为，政府部门有着严格的等级结构和独立于市场的力量，公民的影响力又有限，所以他们得以为所欲为地谋取个人及官僚机构的利益。① 即使支持政府的学者，如戴维·奥斯本（David Osborne）及特德·盖布勒（Ted Gaebler）也承认我们正被所谓的"错误的政府形式"所羁绊，他们认为这种错误的政府形式即产业化时期的"行动迟缓、中央集权、墨守成规、通过层级命令实行控制的科层制管理系统"。② 因此，这些改革着力解决的中心问题是："如何重塑和改造科层制的政府官僚机构，从而提高政府绩效？"

所谓新公共管理对此给出的答案主要包括：把市场原则注入政府实践；把大部门分解为小单位；将服务外包给私人承包者；在政府人事制度中引入绩效激励机制。总之，使政府从划桨变为掌舵。

然而，相关的讨论在很大程度上忽略了一个事实，即现代的政府实践在很大范围内已经体现了新公共管理提倡的众多元素，美国如此，就笔者所知，加拿大政府也如此。其实，公共部门的实践在过去 50 多年中已经经历了实实

---

① See Williamson, Oliver, *Markets and Hierarchies*, New York: Free Press, 1975; Williamson, Oliver, *Working Together: A Government of Canada Voluntary Sector Joint Initiative*, Ottawa: Government of Canada, 1999; Tullock, Gordon, *The Politics of Bureaucracy*, Washington, D. C.: Public Affairs Press, 1965.

② Osborne, David & Ted Gaebler, *Reinventing Government: How the Entrepreneurial Spirit is Transforming the Public Sector Reading*, M. A.: Addison – Wesley Publishing Co. , 1992, p. 12.

在在的变革。这些变革发生在美国，也发生在其他国家。

改革的核心不只是政府管理的范围与规模发生了根本性的变化，政府的基本形式（form）——公共行为的工具（tool），即解决公共问题所使用的手段（instruments）或方法也发生了根本性的变化。

政府以往的行为主要局限于由政府官僚机构直接提供公共产品或服务，现在，政府有各种各样的工具可供选择——包括贷款、贷款担保、政府资助、合同、社会性规制、经济性规制、保险、税收优惠、代金券等等。其中每种工具都有一套独特的操作程序、技能要求和提供机制，有它自己的"政治经济学"。因此，每种工具都会对使用它的项目产生独特的影响。以贷款担保为例，政府向商业银行提供担保，商业银行再向合格的消费者提供贷款。在此过程中，商业借贷机构成为了实施政府贷款项目的代理人。由于私营银行有自身的世界观、决策规则和优先选择，其享有的自由裁量空间使其有可能提供与政府直接贷款完全不同的项目，更不要说政府直接拨款的项目了。另外，与贷款担保类似，应用越来越广泛的许多政策工具有着共同的特征，即高度的非间接性。他们依赖各式各样的第三方机构——商业银行、私立医院、社会服务机构、企业公司、高等教育机构、日托中心、其他层级的政府机构、投资机构、建筑公司等等——来提供政府资助的服务，实现公共政策目标。

这些做法不能简单地等同于把边界清晰的部级职能下放给受到严格规制的州政府机构，后者属于长期以来政府实施管理的一贯做法。许多公共行为新工具突出的特点在于：第三方分享了政府一项更为基本的功能——对公共权力的自由裁量和对公共财政资源的使用。正是由于这些工具的这一属性和当前政府管理的规模和复杂性，导致部分——很多情况下是大部分——公共项目是由第三方而不是负责的政府部门实施的。

这些改革在美国尤其突出，这与美国碎片化的政治制度和人们对政府的普遍敌意有关。在绝大多数政策范围内，为了推进政府项目，典型的做法是把关键利益环节分开，由不同的组织负责。因此，私营医院在政府拨款的老年人健康保险项目——联邦医疗保险计划（Medicare）的执行中发挥了主要作用，私营银行在主要由政府投资的住房项目中成为了关键角色。最近，私营保险公司又被置于负责联邦医疗保险计划中新的药物福利（Medicare Drug Benefit）的地位。

然而，仅仅政治上的必要性并不能解释为何政府管理变得越来越间接。其中也涉及其他因素。一个重要的原因是，政府面临的问题变得越来越复杂，经常需要多样化的技能以及动员多样化的人才。而且，政府的财政资助能力及自身行为能力有着各种限制。间接的政府行为更有利于政府动员其他社会机制以及其他力量实现公共目标。例如，限制分散复杂的污染源不是政府能单独完成的任务，它需要广泛的公民参与，其结果是导致了"公民环境保护主义"（civic environmentalism）的兴起，不同层级的政府部门与多样化的公民团体形成复杂的合作关系，组成诸如分水岭联盟（watershed alliance）、土地信托基金、溪流团队等组织。① 政府部门在致力于关爱老年人、应对药物滥用等问题时，或执行需要广泛人力的任务时，都可能面对相同的挑战。因此，我们就看到了精巧的"第三方政府"的出现。② 一系列的非政府部门或其他政府部门分享了关键的公共权力，结果产生了复杂的合作体系，这样的体系有时复杂得难以理解，更不要说有效的管理与控制了。

这种变化并非是全新的现象。过去几十年来，第三方政府已经成为美国解决公共问题的一大特色。同样的趋势在其他国家也非常明显。在建设铁路、修筑运河、参与战争、成立大学、建立各种文化机构、改革农业、鼓励购房以及管理涌入美国城市的移民等方面，我们一直是这么做的。

我们现在认为19世纪的美国志愿服务盛行，但却忘了其背后是地方政府和非营利组织实实在在的广泛合作。例如，在1898年，纽约市政府将其60%的基金投入到照顾贫民与监狱囚徒的慈善机构，除了四个州外，大部分其他

---

① Siriani Carmen & Lewis Friedland, *Civic Innovation in America: Community Empowerment, Public Policy, and the Movement for Civic Renewal*, Berkeley: University of California Press, 2001.

② Salamon, Lester M., "The Rise of Third-Party Government", *The Washington Post*, June 29, 1980; Salamon, Lester M., "Rethinking Public Management: Third-Party Government and the Tools of Government Action", *Public Policy*, Vol. 29, 1981, pp. 255 – 275.

州均有类似的行为。① 联邦政府的第一个社会服务项目也是通过拨款到一个非营利的社会服务组织和一个致力于社会服务的教派团体——华盛顿特区的一个名叫"穷人的小姐妹"的组织完成的。该项目启动于 1874 年。②

虽然这些合作关系长期以来已经成为美国解决公共问题的特色，但在近十年，其深度和广度均有大幅增加。尽管许多政府改革文献和政治话语都充斥着（传统）公共政策的执行依靠集中化、科层化的政府部门提供标准化服务这样的说法，但实际上大多数公共政策领域存在着各式各样马赛克似的政策工具，使用这些工具使政府机构与第三方部门之间存在复杂的、互相依存的关系。例如，联邦政府超过 3000 亿美元的年住房预算项目几乎没有一项符合传统的说法，即由官僚机构向公民直接提供服务。事实上，联邦政府将接近 1900 亿的预算以贷款担保的形式提供给私营银行，以保证其给公民提供住房贷款。另外 1140 亿以税收补贴的形式通过收入税征收系统补贴了私房拥有者（home owners）。还有超过 200 亿投入到由半自治的地方住房机构管理的住房券，以资助由私人土地所有者（private landlord）开发的住房。

总的来说，政府部门直接提供的物品与服务目前只占美国联邦政府全部行政行为的 5%。即使将收入转移、直接贷款与利率支付纳入"直接政府行为"的范畴，它仍然只占联邦行为的 28%。占更高比例的是各种间接的公共政策工具，如外包、政府资助、代金券、税收优惠、贷款担保、保险和规制。这些仅仅是一小部分。在 1999 年财政年度，使用这些工具涉及接近 2.5 万亿美元的政府项目。这是联邦政府直接管理所涉及的 1 万亿的 2.5 倍，是同年联邦政府财政预算支出总额的 1.5 倍，因为间接的政府行为经常不直接反应在政府财政预算中。③ 虽然政府直接行为更多发生在州及地方一级政府部门，

---

① Fetter, Frank, "The Subsidizing of Private Charities", *American Journal of Sociology*, 1901/02, pp. 359 – 385.

② Warner, Amos, *American Charities*, New York: Thomas Y. Crowell, 1908, p. 402.

③ Salamon, Lester M., "The New Governance and the Tools of Public Action: An Introduction", in Salamon, Lester M. (ed.), *The Tools of Government: A Guide to the New Governance*, New York: Oxford University Press, 2002, pp. 1 – 47.

但州和地方政府中涉及第三方的政府行为也同样普遍存在。

此外，有理由相信其他国家也面临相似的问题。我们最近在欧洲各国做的研究表明，这些国家的非营利部门都在日益壮大，而且它们从公共部门中得到的支持比美国的还要多。① 比如在荷兰，非营利部门雇佣了至少十分之一的劳动力，而且其 60% 以上的资金来自政府，其中大部分是通过代金券的形式。

美国政治学家莫顿·戈洛丁斯（Mortan Grodzins）在 1966 年提出的"大理石蛋糕（蛋糕上的巧克力或其他装饰呈大理石花纹状——译者注）"理论，本来是比喻美国联邦政府、州政府与地方政府在联邦主义实践中的相互作用，现在可以推而广之，它不但存在于各层级的政府之间，也存在于不同的政府部门之间②；不但存在于美国，也存在于其他国家。如同美国非营利协会（National Nonprofit Umbrella Group）前会长布莱恩·科内尔（Brain O. Connell）曾经指出的那样，越来越多的公共行为领域日益紧密地交织成网，公共部门与私人部门的角色以更新颖、复杂的方式互相融合。

总而言之，"新公共管理"运动为提高政府绩效提供了解决方案，并且为时已久。如果我们在解决公共问题方面目前仍然难以取得较好的效果，那么该学派开出的处方就不见得是有的放矢的。

二、间接政府面临的挑战：审视问题的新角度

如前所述，近期的政府改革者在试图改善政府运作的过程中可能提出了错误的问题。至少，在明白如何最有效地解决公共问题以前可能需要回答一个先决的问题，而该问题可能会把我们引向不同的方向。具体而言，我们不

---

① Salamon, Lester M., "Wojciech Sokolowski and Regina List. Global Civil Society: An Overview", in Salamon, Lester M. et al., *Global Civil Society: Dimensions of the Nonprofit Sector*, Bloomfield, Conn: Kumarian Press, 2005, p. 19, 33.

② Grodzins, Morton, *The American System: A New View of Government in the United States*, Chicago: Rand McNally, 1966.

应去问:"如何重塑层级制的政府官僚机构以提高其绩效?"——这是近来大部分政府改革所要解决的问题——而应该研究:"为解决最急迫的社会问题,目前各种解决办法所面临的核心挑战是什么?如何应对?"

笔者认为,目前该问题的答案不在于如何改善政府结构、完善政府管理。至少在全球许多地区,这些问题已经有了答案。那么,为解决急迫的社会问题,我们所面临的主要挑战是什么呢?本文的答案是:学会如何理解并管理在许多国家已经被重塑的政府,学会如何设计并管理近年来逐渐成为解决公共问题之核心的各种复杂的合作体系。因为,这些体系体现的间接政府行为不但没有像新公共管理所标榜的那样成为万能灵药,反而产生了许多严重的挑战。

1. 对管理的挑战

首先是管理问题。公共行为的每一件"工具"都有其自身的决策规则、节奏、代理机构、管理需求以及自身的挑战。更重要的是,越间接的工具将面临越严峻的挑战。随着公共项目在运作过程中权力被分散,且涉及众多半独立的主体,原本在直接政府行为中可以由政府内部临时解决的问题,就变成了必须预先估计到且写入与第三方签订的具法律效力的合同中。类似的,激励机制必须设计合理,既要足以鼓励有益的行为,又不能导致暴利收入;必须在复杂的决策链条的众多节点上达成共识;必须将离散的组织打造成具有共同行动能力的有效网络。这其中的每一项任务不仅需要广博的项目知识,还需要足够的策略技巧、对不同工具在操作过程中涉及的指标的详细了解、对各种工具涉及的多方机构的内在需求有所认识以及对工具应用的具体背景有精细的洞察。

2. 对责任的挑战

与对管理的挑战并行的是对责任(accountability)的挑战。如前所述,许多公共行为新工具都给予为政策结果负责的行为主体之外的组织实质上的自由裁量权,此外它们自身还拥有保证其独立性的权力来源:他们可能是拥有全权的州政府或地方政府、私营的商业银行、独立的非营利机构、逐利的公司、有着强势董事会的大学或医院等等。这些组织与政府机构结成合作关系时都带有自身的条件、期望、目标以及底线。而且,影响这种关系的工具选择常受政治考量以及该工具对政策项目的适用性的左右。

在这种情况下,传统的行政法中定义的责任就远远不够了,因为它仅强调控制政府部门的自由裁量权。很明显,政府部门已不再能充分控制他们所管理的政策项目。其实,第三方政府从根本上改变了对政府项目问责的意义:它使项目目标和意图的多元现象得以制度化和合法化。这样一来,政府资助或外包的全国性项目的结果一旦偏离了原来的目标,这可能并不是一个有待解决的问题,而是项目的运作结构所引致的必然结果。

第三方政府体制并没有通过使各种组织的行为公开透明来控制其自由裁量权,而是先把管理权限分散,然后再给予各个第三方,后者则与政府管理者分享管理权力,共同进行项目运作。①

3. 对合法性的挑战

最后,也可能最重要的是,第三方政府虽然在政治上非常吸引人,但其可能最终对民主理论构成威胁,并影响民众对政府的支持率。在一定程度上,在第三方政府体制中,间接的公共行为工具代替了传统行政管理中的各种民主控制机制。这些机制假定,选举出的官员会根据民意施政,设定政策方向,并且通过对行政机构的层级控制实现对政府管理者的问责。

相反,政府的间接工具割裂了层级控制,使部门管理者及依靠他们进行管理的选举官员缺乏手段来保证所希望的政策结果。自从第三方负责提供政府支付的各种服务以来,公民纳税与享受服务之间的联系变得日益脆弱。因此,第三方政府行为虽然使政府拥有了新的管理手段,却也减弱了其合法性。

---

① Salamon, Lester M., "The Tools Approach and the New Governance: Conclusion and Implications", in Salamon, Lester M. (ed.), *The Tools of Government: A Guide to the New Governance*, New York: Oxford University Press, 2002, pp. 603 – 605.

三、"新政府治理"范式：应对第三方政府带来的挑战

遗憾的是，试图解释公共部门运作的现有范式无一能提供可靠的指引，以解决公共行为新工具所带来的挑战。传统的行政管理理论源自世纪之交进步主义对科学管理的迷信，希望把当时占统治地位的理论框架移植到行政管理的思考与实践中，并且过于强调政府机构内部的管理。相反，近期的私有化与重塑政府浪潮虽然承认市场力量的重要性，强调对第三方的依赖，却似乎轻视了间接政府行为引起的严峻挑战。因此，为了应对新的现实，新范式是需要的，它应该对我们如何应对公共问题提出新的解释。

笔者曾经提出的"工具途径"（the tools approach）或"新政府治理"（the new governance）不失为这样一种新范式的备选。其核心思想有二：首先，公共问题的解决已经需要广泛依靠协作关系，远远不能只依靠政府本身，因此需要用"政府治理"（governance）代替政府管理（government）；其次，与私有化或"新公共管理"理论的观点不同，这些协作关系导致严峻的管理与设计上的挑战，需要公共部门持续且远较以前复杂得多的参与。因此，当代公共管理的核心任务是如何设计上述的参与过程，为公共部门的参与作好准备。

具体而言，"新政府治理"在以下五个方面使政策领域的关注焦点发生了转移：

1. 从机构与项目转移到工具

首先，"新政府治理"提倡，在政策研究和公共管理中，"分析单元"（unit of analysis）应从公共部门或单独的公共项目转移到解决公共问题、追求公共目标的工具上。所谓工具，是指某种清晰可辨的方法，通过该方法，为解决某个公共问题可以形成集体行动。该途径体现了如下构想：各式各样的政策项目所使用的基本操作工具其实很有限，它们有着共同的特征，而与具体的政策领域无关。每种工具都有自身的操作程序、特有的任务、特别的运作法则、以及自身的实施机构。因此，工具的选择也是对项目实施过程中各

个阶段行为主体的选择，这些主体将扮演的角色也会有大致的规定。因为他们各有自己的角度、自己的价值观、标准化的实施过程、技能及激励机制，因此，工具的选择在决定行为主体的同时也会对结果产生重要影响。然而，正因为如此，工具的选择就不单纯是技术性的，从根本上讲是政治性的。选择了某些主体，就是选择了某个角度、某种价值，也就选择了政策将如何被执行。

以上情况说明，在新政府治理中，我们需要的是掌握促进不同组织互动工具的专家，而不是目前培养的仅仅了解政府官僚机构的专家。

2. 从科层转移到网络

"新政府治理"在将解决公共问题的关注点从机构和项目转移到工具时，也把焦点从科层制的机构转移到了组织网络上。如前所述，众多应用广泛并且扩张迅速的工具都具有高度间接性的基本特征，它们在公共部门与一系列第三方主体之间建立了正式的共生关系。结果，政府部门获得了重要的同盟力量，却失去了完全控制自身项目运作的能力。

新公共管理认为这些网络关系易于管理。然而，新政府治理却认为他们带来了严峻的挑战，"委托代理理论（principal-agent theory）"以及"网络理论（network theory）"为此提供了理论依据。

委托代理理论解释了第三方政府体制中合同外包或其他关系中经常出现的关于委托人与代理人关系的一个主要困境：代理人常在与委托人控制力的较量中占上风，尽管委托人掌握着财政大权。[1] 委托代理理论对此的解释是，代理人拥有信息优势，而委托人若想掌握相同信息却必须支付很大成本。因此，出资人不一定能掌控项目运作，除非其作出充分的努力和付出相当的代价。

网络理论对此洞见给出了自己的解释，认为即使代理人认同委托人的目

---

[1] Moe, Terry, "The New Economics of Organization", *American Journal of Political Science*, Nov. 1984, Vol. 28, pp. 739 - 77; Pratt, John W. & Richard J. Zeckhauser, "Principals and Agents: An Overview", in Pratt & Zeck – hauser (ed.), *Principals and Agents: The Strategy of Business*, Cambridge, M. A.: Harvard Business School Press, 1991, p. 1985.

标，委托人在协作关系中仍然难以实现其初衷。究其原因，是因为复杂的网络关系通常具有以下四个属性①：首先是多元性（pluriformity）——他们涉及各种各样的组织和组织类型，其中许多组织并不具备充足的合作经验，也不了解彼此的运作方式；其次是自我参照性（self-referentiality）——通常各组织都有其自身的利益和参照，因此也是从自己的角度与需要参与到网络之中；再次是不对称的互相依赖性——同一网络中的各方，包括州政府在内，尽管互相依赖，但这种依赖关系并不完全平衡，即使各方追求同一目标，他们仍然可能难以全面合作，因为它们对此目标的需求程度不同、排序不同或时间安排不同；最后是动态性——网络即便在实施其愿景时，所有的因素也仍会随时间的变化而发生变化。

因此，管理网络与管理科层机构完全不同。其中涉及的特别任务包括：使网络关系结构化、保证各方对政策目标达成共识、协调价值观/促进互信关系、设定绩效目标、整合激励机制、分享信息/分担风险、评估绩效和管理转变（managing change）。

"新政府治理"及其"工具途径"对网络理论的贡献在于，它清晰地解释了各种网络设置的共同点。从某种意义上讲，是政策工具塑造了网络：它限定了核心的行为主体以及他们的正式角色。例如，当政策制定者选择贷款担保这一工具时，他们就选择了公共部门与商业银行体系之间结构性的互动关系；如果选择政府资助，他们则选择了一个由州或地方政府部门构成的不同网络。"新政府治理"的"工具途径"通过将焦点从科层转移到网络、并且更加明确政策项目所需要的网络类型，为解决具体网络结构将面临的管理挑战提供了明确的线索。

3. 从公共 VS. 私人转移到公共 + 私人

"新政府治理"在将公共管理和政策分析的关注点从机构和项目转移到工

---

① DeBruijin, J. A. & Heuvelhof E. F. , "Instruments for Network Management", in Kickert, Walteretal, *Managing Complex Networks*: *Strategies for the Public Sector*, London: Sage Publications, 1997.

具和网络时，也为政府及其他部门的关系提供了新的视角。

传统公共管理认为政府与私营部门——不管是营利机构还是非营利机构——之间存在着冲突，其许多核心论断都源自该前提，目的是保证行政官员回应公众而不是私人团体的需求。①

然而，新公共行为工具从根本上颠覆了这些论断。工具途径认为公共部门与私人部门不能被清楚地区分，它们谁也离不开谁。因此，协作代替竞争成为部门间关系的基本特征。"新政府治理"将协作视为部门间有利的优势互补，而非对管理实践的偏离。

4. 从命令与控制转移到谈判与磋商

"新政府治理"在强调将重点从由政府部门实施的项目转移到复杂的网络关系的同时，也指出了理解公共管理的另一个新视角。

传统的行政管理强调"命令与控制"是实施公共项目的不二法门，私有化学派完全忽视行政控制的重要性，"新政府治理"则为现已存在的第三方政府提供了实现公共目标的第三条道路——谈判与磋商。

当今的公共管理者必须学会如何为他们只有部分控制权的行为主体设计合理的激励机制以实现预期目标，而不是只会颁布行政命令。其实，对公共行为的目标而言，磋商更有必要性，部分原因是第三方常参与项目的运作，而从实施的角度看，项目中各方的边界并不能清晰界定。

综上所述，我们需要一种新的行政"学说"，以使合作与谈判成为公共管理的常态而非令人遗憾的例外。该观点与长期以来认为应对过度行政裁量权进行限制的观点大不相同。沟通二者实非易事，但对促成这种沟通已经有了一些令人感兴趣的例子，比如"可谈判性法规（Negotiated Regulation，是指相关立法部门通过直接与被监管的社会主体磋商来制定监管这些主体的法

---

① Moe, Ronald, "Exploring the Limits of Privatization", *Public Administration Review*, Nov. 1, Dec., 1987, pp. 453 – 460.

规——译者注)"以及"合作性外包（Cooperative Contracting）"。①

5. 从管理转移到赋能（enablement）

最后，因为"第三方政府"的重点从命令与控制转移到了谈判与磋商，也要求公共部门的管理者及他们的协作方具有显著不同的技能。传统行政管理和"新公共管理"从根本上强调的是管理技能，即控制科层制官僚机构内部的众多人员。古立克（Luther Gulick）提出的经典管理缩写"POSDCORB"——计划（Planning）、组织（Organizing）、人员配备（Staffing）、指导（Directing）、调控（Coordinating）、报告（Reporting）、预算（Budgeting），很好地总结了这些技能。②"新公共管理"虽然把重点从控制过程转移到了绩效上，但仍把对机构的内部控制摆在首位，认为公共部门的管理者对政策项目的成功起着关键作用。③

区别于传统的行政管理与"新公共管理"学说，"新政府治理"将重点从管理技能以及对官僚机构的控制转移到了"赋能"技巧：它需要横向合理安排网络中的各方参与者，整合利益相关者使其在互相依赖中实现共同目标。这样的能力转移需要关注三种不同的技能：

首先是激发能力（Activation Skills）。这是一种解决公共问题越来越需要的、激发网络中行为主体的能力。这些主体包括政府单位，也包括私营的非营利组织、私人企业，还包括越来越多的公民和社区组织。政策工具需要不同主体的合作，然而并非总能给它们提供足够的激励。早年美国政府为大学

---

① DeHoog, Ruth, "Competition, Negotiation or Cooperation: Three Models for Service Contracting", *Administration and Society*, Vol. 22, No. 3, 1990, pp. 317 – 340; Denhardt, Kathryn G., "The Procurement Partnership Model Moving to a Team – Based Approach", in Abramson & Harris (ed.), The Procurement Revolution, Lanham M. D.: Rowman and Littlefield Publishers, Inc., 2003, pp. 59 – 86.

② Gulick, Luther, "Notes on the Theory of Organization", in Luther Gulick et al., *Papers on the Science of Administration*, New York: Institute for Public Administration, 1937, p. 13.

③ Hughes, Owen E., "New Public Management", in Jay M. Shafritz (ed.), *International Encyclopedia of Public Policy and Administration*, Boulder C. O.: Westview Press, 1998, pp. 1489 – 1490; Pollitt, C., *Managerialism and the Public Service*, Oxford: Basil Blackwell, 1993, pp. 6 – 10.

生提供的贷款担保便是一例。因此，专业的政策人员应当了解这些不同的行为主体自身的特点和需求，并且研究如何在复杂的跨部门合作关系中最大程度地动员各方。

另外，为解决公共问题而激发网络主体的任务不仅仅是政府部门的责任，其他行为主体也可以参与其中。有些情况下，非营利机构和社区组织是由基层活动家动员起来的，这些基层活动家常能把其他的利益相关者动员到谈判桌来。在美国，私人基金会正在扮演这种角色，不管是其自身还是通过与社区组织合作。换言之，与其等待政府采取行动，不如私人机构采取主动。实际上，这样一种责任意识的蓬勃发展，正是"新政府治理"大有希望的表现之一。

其次是指挥能力（Orchestration Skills）。这种能力不仅在于网络的创建，还在于网络的运作和维持。它好比是一位乐队指挥，必须使技术高超的不同的音乐家同步且默契地演出给定的曲目，而他自己并不弹奏任何乐器。同样的，该角色也不能仅仅由政府充当。其实，在一些主要的综合性项目中，政府常把指挥协调者的角色外包给一位总承包人，由他动员次级承包人分别负责提供不同的项目内容。我们可以看到，美国最近的福利政策改革正是采取了这样一种模式。

最后是调控能力（Modulation Skills）。该能力要求管理者能合理使用奖惩手段，以促进复杂的政策工具网络中互相依赖的行为主体之间的合作，而又不为其提供任何大举敛财的机会。城市经济发展专家称其为"Enoughsmanship"——为刺激私人主体在经济疲软地区投资提供恰到好处的补偿，又不至于使它们在没有补偿时得到超额利润。尤金·巴达克（Eugene Bardach）和罗伯特·卡甘（Robert Kagan）提出的"好的监管者"概念也包含类似的思想，即希望这些管理者能通过适当行使自由裁量权来克服规制中的不合理行为。[1]

一些项目中越来越多地使用"整套"政策工具（entire "suites" of tools）为调控者提供了特殊的机会，项目管理者既有激励权力也有惩罚权力，这虽

---

[1] Bardach, Eugene & Kagan, Robert A., *Going by the Book: The Problem of Regulatory Unreasonableness*, Philadelphia: Temple University Press, 1982, pp. 123 – 151.

然为权力的滥用提供了机会,但也为真正有效的公共项目管理提供了可能。

然而,有效实行这些方法需要具体管理者适当使用手中的权力,对完成项目如何适当使用奖罚措施做到胸有成竹。正是基于此,公共行为的新工具不但没有减少对公共管理的需求,反而可能还增加了这种需求:它需要更复杂的管理技能,更广泛地进行管理,更充分的绩效和目标信息。这一切都表明,行政管理并没有如私有化理论所倾向于认为的那样逐渐衰退,而是发生了转型,变得更为精细。

四、公共服务涵义的扩展

为了有效推行"新政府治理",我们需要重新界定公共服务的概念,以及指导公共服务实践的队伍。目前我们对公务员的理解过于狭窄:它强调要在特定的组织类型,即政府部门中工作。"新政府治理"承认其他机构在解决公共问题中扮演的角色,重视把不同机构联结在一起的多种政策工具。因此我们需要扩展公共服务的定义,使其符合现实。于是,理解公共服务时应将重点从特定机构的角度转移到职业类型(a type of career)的角度。

1. "职业公民"

在笔者的设想中,这一职业类型可以称为"职业公民"(Professional Citizens)。"职业公民"的概念比传统的公务员范围要广,涵盖了解决公共问题涉及的所有主要职位,包括政府部门的职位,非营利组织、基金会、社区事务项目中的职位,甚至还包括志愿的公民行为。

笔者用"职业公民"这一概念来描述这种职业类型,是因它表达了以下两个主要特点:首先,"公民"表明了该角色的基本内涵——服务于大众的善,辨识并解决公共问题。其次,"职业"指出了一个事实:这些公民角色近年来变得越来越复杂,要想做好需要专门的训练。这一概念还包含这样的看法,即充当这些公民角色应逐渐被认为是有偿性的服务,尽管有偿性并非必然。

因此,"职业公民"是指这样的公共服务人员:他们接受专业的培训,以有薪或志愿的形式为解决公共问题而工作,其中包括对公共问题的辨识、分析,设计解决方案以及实施方案,而不管是受聘于政府部门、非营利组织、甚至营利性公司中关注解决公共问题的部门。

当然,这并不意味着受聘于政府部门和与公共机构合作的私营部门没有差别。同时,这也并不意味着公共部门在第三方政府体制中的角色不再关键和独特。相反,其角色是强化了,但也确实发生了变化,它要求更复杂的沟通技能、把握事务的轻重缓急和各行为主体的内在需求的能力,以及将多样化的行为主体整合为服务于真正的公共目标的团队的能力。

此外,"职业公民"的概念还强调,致力于解决公共问题的组织不管是何种类型,都存在着大量的相似之处,而这些相似之处已经被忽视了很久。

2. 拓宽知识面

然而,这些"职业公民"要在"新政府治理"的体系下有效工作,还需要对政府行为中广泛使用的各种政策工具有深刻和广泛的理解。2002 年由牛津大学出版的"政策工具书"有助于解决该问题。[①] 但仍须作出更多的努力,特别需要了解以下三种类型的知识:

首先是关于工具的知识,如:目前广泛使用的各种工具的标志特征及可能的结果。

其次是关于设计的知识,如:哪种政策工具在哪种情况下最有效,与每种工具相应的设计可能产生的结果是什么。因此,政策工具与近年来公共部门改革中意识形态色彩浓厚的方法不同,后者总假设某些特定的政策工具,例如"私有化"这一概念所体现的政策工具,是"高效政府的关键"。[②] 其实,特定的政策工具会产生特定的结果,工具的选择在很大程度上也取决于所期望的结果。因此,对政策工具的选择应该尊重公共行为所追求的不同价

[①] Salamon, Lester M., *The Tools of Government: A Guide to the New Governance*, New York: Oxford University Press, 2002.

[②] Savas, E. S., *Privatization: The Key to Effective Government*, Chatham N. J.: Chatham House, 1987.

值并予以权衡。这一特点再次使政策工具区别于私有化,后者倾向于认为某些价值比其他的价值更具有内在的优越性,如自由与效率优于公平、效益与参与等价值。

第三是关于操作的知识,如:如何使用不同的政策工具,如何管理相应的复杂系统等。

五、对中国的启示

在运用各种政策工具方面,中国远不如美国与西欧各国走得远,但其迹象也非常明显。那么,"新政府治理"对中国的启示有哪些呢?笔者相信答案会很多。在最近提交给中国民政部的一份报告中有详细的论述,其中主要包括如下内容[1]:

1. 在公共管理中增加政策工具的使用是当务之急。这样做的目的不是为了减少政府财政预算,而是为了提高服务质量,弥补目前公共服务供给体系的不足,鼓励创造性的资助形式,减少繁冗的程序、增加灵活性,并充分利用有助于提高项目效益的各种力量和资源。

2. 第三方政策工具的使用必须是在适当的法律框架内以保证其可持续性。因此必须有分别适应全国和地方层级的规则和法令,以避免欺诈行为,提高工具使用绩效。

3. 外包不只是签约一种形式。可供选择的有多种政策工具,它们各有其优缺点及最佳使用方法。任何一种形式都不能解决所有的问题。一些较常见的工具包括:政府资助、合同、贷款担保、税收优惠和代金券等。

4. 政府在间接服务供给体系中仍然起着重要作用,但是是一种不同于过去的作用。政府必须参与制定绩效标准、激发网络主体、指挥及协调合作关

---

[1] Irish, Lee, Lester M. Salamon & Karla Simon, "Out-sourcing Social Services to CSOs: Lessons from Abroad", A Study Prepared for the Ministry of Civil Affairs, Department of CSO Administration, The People's Republic of China, 2009.

系、落实责任制。其中有些任务更适宜由地方政府执行，但中央政府可以帮助撰写培训手册（training manuals）等。需要重新培训政府官员使其掌握相关的网络技能和各种政策工具的操作知识，包括其特点、运作以及如何使工具配合政策项目的需要。

5. 政府设计的外包制度必须强化而不是削弱使公民社会组织或其他组织成为有吸引力的合作者的特征。以下一些重要的原则有助于实现该目标：（1）政府需要将政策工具涉及的公民社会以及其他组织视为合作伙伴，在项目设计时即把它们考虑在内；（2）合作伙伴应当参与项目和工具的设计，而不是仅仅负责实施；（3）政府必须投资于提高这些合作伙伴的能力，因为他们将成为政府政策的实施方。投资的内容应包括雇员能力、设施设备、战略规划等；（4）政府应当允许对公营与私营伙伴的全额资助，既资助直接成本，也资助间接成本；（5）与政府合作的公民社会组织应该了解政府部门的责任要求；（6）政府监管必须有效，但对公民社会组织来说成本不能太高，尤其是小型的组织；（7）在可能的情况下，绩效的衡量（项目的结果而不是产出）应当比标准的设计得到更多重视；（8）应把激励机制纳入外包，以鼓励节约成本，提高效率和效益。

六、结　论

综上所述，目前全球范围内公共管理的技术正发生着根本性的变革，政府越来越转而寻求新的管理工具。这些工具往往涉及与各种各样的"第三方"形成合作关系。为了适应这一转变，公共管理需要全新的范式，该范式必须充分认识到，从根本上讲，公共问题的解决需要合作，公共管理的技术需要改变，正在兴起的各种政策工具必须予以重视。

中国已经开始试验其中的许多新工具，笔者期望本文提及的经验能为公共部门新的管理实践有所帮助。

中国政府治理研究的回顾与展望*

包国宪　霍春龙**

一、引　言

从政治学角度理解，中国改革开放的过程，同时也是中国国家由传统国家向现代国家转型的过程。① 在这种背景下，政府治理作为一种政府分析框架②，也是中国政治学研究的一部分。回顾和总结中国政府治理研究的进展不仅可以从侧面了解中国政治学研究的程度，解释中国政治发展的实践过程；同时也可以进一步推进未来关于政府治理的研究，促进中国政治的发展，为中国国家转型提供知识基础。

本文主要从政治理论角度，结合中国具体语境，回顾和总结十几年来中国政府治理研究的成果，试图回答以下几个问题：中国学者是如何理解治理和政府治理概念的？中国政府治理研究的内容有哪些？中国政府治理研究的

---

* 本文是国家自然科学基金项目"中国地方政府绩效评价的组织模式及其管理研究"（项目编号：70673031）的研究成果。本文原载于《南京社会科学》，2011 年第 9 期。

** 包国宪，兰州大学管理学院院长、教授；霍春龙，兰州大学管理学院讲师。

① 林尚立等：《制度创新与国家成长：中国的探索》，天津人民出版社 2005 年版。

② 俞可平：《作为一种新政治分析框架的治理和善治理论》，载《新视野》，2001 年第 5 期。

未来应该是什么？

二、治理与政府治理的概念

自 20 世纪 90 年代治理理论传入中国以来，中国学者们对治理涵义的理解仁者见仁、智者见智，至今还没有一个统一的共识。在学界，关于治理的衍生概念有公共治理、社会治理、政府治理、治道变革、多中心治理等。尽管中国学者对治理概念的应用有很多差异，但总结起来大致有两种基本的理解。"治理"的规范定义把重点集中在国家和政府身上，关注的是政治权力的使用方式和效果。这构成了"治理"的狭义定义。而这种狭义用法主要在政治科学和行政学研究领域。另一方面，现在一些组织提出的"善治"或"治理"指标实际上也是围绕狭义定义制定的。而描述定义关注的对象非常广泛，超出了政治领域，涉及的是政治权力与社会权力、经济权力的互动关系，所以在社会科学的诸多领域中都有应用。这构成了"治理"的广义定义。[①] 换言之，中国学者一般从以下两个角度理解治理概念：其一，从政府角度上理解和应用治理概念。这种理解主要从工具意义上理解政府在应对复杂公共环境，回应社会需求过程中政府组织结构和管理创新，以及政府职能的变化。俞可平指出，尽管治理行为体现着一定的政治价值，但与统治行为相比，治理行为是一种偏重于技术性的政治行为[②]；其二，从一般意义上理解治理。在学界，考虑到"治理"的中国语境与西方发达国家的语境有着本质的不同，张康之等学者虽然也经常使用治理这一概念，比如在他们的文章中经常使用诸如社会治理、公共治理、风险治理等概念，但他们并不是在多中心治理层面上理解治理概念的。他们更愿意从一般意义上理解治理概念，而从西方传出中国的多中心治理的概念仅仅是其所界定的治理概念的一个维度。张康之认为，"社会治理"是一个比较宽泛的概念，它包括了人类管理社会的一切活

---

① 杨雪冬：《论治理的制度基础》，载《天津社会科学》，2002 年第 5 期。
② 俞可平：《中国治理变迁 30 年（1978—2008）》，载《吉林大学社会科学学报》，2008 年第 3 期。

动及其物化了的成果①,进而,他把"社会治理"分为三种类型,即统治型社会治理、管理型社会治理和服务型社会治理,而用合作治理表达与治理理论相关的主要内容。②

如何从中国本土角度理解和应用治理的概念是学者必须考虑的问题。实际上,张成福、张康之、俞可平、毛寿龙等学者都是从中国的具体语境出发来使用"治理"这一概念。在这些对治理概念的中国化应用过程中,政府治理这一概念应用得可能更广泛。与治理概念一样,总体而言,中国学者对政府治理的界定大致包含两层意思:其一,从狭义角度来说,政府治理意味着政府内部的治理③,这包括政府体制改革、政府管理创新、政府管理价值理念的创新等诸多内容。俞可平认为中国的政府治理变革主要不涉及基本政治框架的变动,而是以政府管理体制为重点的改革④;其二,从广义上说,政府治理意味着政府对人们行使属于社会的权力。政府代表社会施政,从社会获取权力以促使全体社会成员履行自己的社会义务并使他们服从法律。同时,它也意味着政府及其公职人员切实履行社会契约规定的条件,即保障社会利益、促进社会公共意志的实现。⑤ 这就是说,政府治理意味着政府通过行使公共权力而管理社会公共事务,解决公共问题,创造公共价值的活动。在这一过程中,政府必须处理其与市场和社会的关系。

从学术概念本土化角度来看,政府治理可能是比较适合中国语境的概念。中国的治理实践远非西方发达国家的治理实践。政府治理可能是恰当地概括了中国治理实践的概念。根据对已有资料的分析,这大致可以归纳为以下几种原因:

首先,政府治理最能体现中国转型期的特征。按照治理理论,"治理"能

---

① 张康之:《社会治理的历史叙事》,北京大学出版社 2006 年版。
② 张康之:《行政伦理的观念与视野》,中国人民大学出版社 2008 年版。
③ 包国宪、郎玫:《治理、政府治理概念的演变与发展》,载《兰州大学学报》(社会科学版),2009 年第 2 期。
④ 俞可平:《中国治理变迁 30 年(1978—2008)》,载《吉林大学社会科学学报》,2008 年第 3 期。
⑤ 张成福:《责任政府论》,载《中国人民大学学报》,2000 年第 2 期。

够得以存在需要两个前提,即成熟的多元管理主体以及它们之间的伙伴关系民主、协作和妥协的精神。① 然而,这两个条件在当下中国仍不成熟。一方面,中国"官本位"非常盛行,掌握权力的官员往往不把公民当作社会的主人;另一方面,从我国的公民状况来看,公民还缺乏运用政治权利来保护自己合法正当权益的强烈要求和训练。② 在这种情况下,政府仍然是我们这个时代的核心治理者或管理者。③ 因而,政府治理这一概念似乎更符合中国治理的实际情况,也最能概括中国治理实践的特征。

其次,政府治理是走向现代国家过程中对秩序的需要。抛开治理存在的条件不说,用政府治理这一概念表现中国治理现状还是走向现代国家的需要。根据其他发展中国家转型过程的经验,发展中国家在由传统向现代转型过程中,随着经济的增长,社会秩序失范的危险性也越来越多。因而,亨廷顿强调秩序先于自由④,福山则重申国家构建的重要作用。⑤ 在这种背景下,为保证有一个强有力的政府,强调政府治理是一个必要的选择。而中国在转型过程中保持稳定的原因就是存在着一个治理能力强大的政府。⑥

再次,政府治理是中国经济社会发展的阶段性的结果。从经济社会发展的阶段来看,至今为止,人类历史上共存在三种经济社会形式,即农业社会、工业社会和后工业社会。与三种社会发展阶段相适应的社会治理模式分别为统治型社会治理、管理型社会治理和服务型社会治理。社会的低度复杂性决定了政府能够有效地治理一个社会,即使需要社会自组织参与社会治理过程,也是政府为中心,而当人类进入后工业社会,随着社会经济的复杂性和不确定程度的增加以及多元主体的出现,仅靠政府自身管理社会经济事务已经变

---

① 臧志军:《"治理":乌托邦还是现实?》,载《探索与争鸣》,2003 年第 3 期。
② 李景鹏:《中国走向"善治"的路径选择》,载《中国行政管理》,2001 年第 9 期。
③ 张成福:《公共管理:现时代的挑战》,载《中国行政管理》,2000 年第 5 期。
④ 亨廷顿:《变动社会中的政治秩序》,上海人民出版社 2008 年版。
⑤ 弗朗西斯·福山:《国家建构:21 世纪的国家治理与世界秩序》,中国社会科学出版社 2007 年版。
⑥ 周端明、蔡敏:《政府治理能力与转轨绩效中俄比较》,载《当代经济研究》,2009 年第 4 期。

得越来越困难，政府必须转变角色，与社会自组织一道进行合作治理。① 中国目前正处在由农业社会向工业社会转型的过程，虽然中国社会具有了一些后工业社会的特征，但主要还处于工业社会阶段，因此，中国社会经济发展阶段决定了中国仍然是政府治理。

最后，政府治理也是政府转型的需要。在走向现代国家的过程中，政府职能的转变和创新是关键。面对复杂的、不确定的环境，一方面，政府只有不断地进行自身的改革和创新才能获得自身存在的合法性；另一方，政府必须妥善处理其与市场和社会的关系才能更好地应对复杂的公共事务。就中国目前的现实情势而言，前者较之于后者更具有前提性和基础性，因此，中国的治理只能是政府治理，而不可能是社会自治。

总之，中国学者在研究治理过程中，并没有不加批判地吸收和借鉴西方治理理论，而是根据中国治理实际，批判地借鉴西方治理基本理念来理解治理的涵义。主流的学者似乎都认为，政府治理似乎更符合中国转型阶段的需要，更能够概括中国治理实践过程中所出现的种种现象。

三、中国政府治理研究的主题

在国家转型的背景下，我国学者在不断引介西方治理理论成果的同时，也针对在转型过程中，中国所面临的具体问题展开了治理的本土化研究。总结这些研究成果，我们可以归纳出以下几个主题。

1. 政府治理与国家

自现代民族国家产生以来，国家一直都是社会治理的唯一主体。治理理论强调治理主体的多元性，这打破了政府是管理社会事务唯一主体的观念。由于政府权力是国家权力的一部分，因此，治理理论与国家理论有了交集。治理理论的出现不可避免地影响了国家理论。这表现在以下几个方面：

---

① 张康之：《行政伦理的观念与视野》，中国人民大学出版社2008年版，第347页。

首先，从国家与社会的关系理论来说，治理理论塑造了一种新型的国家与市民社会关系的范式。[①] 在国家与市民社会关系的理论架构上，洛克和黑格尔分别开创了自由主义传统和国家主义传统。然而，这两种理论建构在对国家与市民关系的认识上所陷入的零和博弈的困境。实际上，国家与市民社会两者互为条件，缺一不可，因而必须走出零和博弈的困境，建立一种合作互补的关系。在此背景下，治理理论为重塑国家与市民社会关系理论建构提供了可能。在政府—市场—社会三元框架下，治理理论强调国家与市民社会在各自的边界领域内保持良好的合作，已达到社会稳定和经济发展之目的。

其次，从国家建构角度来看，治理理论对国家建构理论提出了必要的补充。在国家转型的背景下，无论从政府能力角度还是从现代国家角度都必须进行国家建构。国家建构强调国家在获得稳定、秩序和规制过程中的重要作用，强调在国家制度转型过程中实现国家职能的现代化转型和国家能力的提高。而治理从公民社会角度提出多元、协商和合作。从两者的理论主张来看国家建构理论与治理理论之间存在着辩证性的张力，而且这种张力是必要的：国家建构是为了使国家更有效地承担起元治理的角色，成为多中心治理体系中的中坚力量；治理则为国家建构提供善治结构，培育发达的公民社会和市场力量。[②] 可见，治理理论在对构建理论提出挑战的同时，也对国家构建理论提供补充。

最后，从国家主权理论来看，治理理论对国家主权理论提出了挑战。近代国家经历了从主权国家向法治国家演进的过程。法治国家是对主权国家的一种超越，而作为现代社会治理基本框架的法治国家存在着固有的内在矛盾，即在法治框架下参与治理不仅不会对正在生成的非政府组织以及社会自治运动提供社会治理的机遇，反而会成为阻碍它们进入社会合作治理体系的障碍。因此，在面向未来的社会治理变革中，近代资产阶级的主权国家理论以及法治国家实践，都不是新生社会治理模式的真正解，真正的社会治理体系变革，

---

① 郁兴建、吕明再：《治理：国家与市民关系理论的再出发》，载《求是学刊》，2008 年第 7 期。
② 郁兴建：《治理与国家建构的张力》，载《马克思主义与现实》，2008 年第 1 期。

是包含在对主权国家和法治国家这两种近代国家形式的否定之中的。① 此外，从治理理论的内容来看，治理理论本质上反映了其对现代性绝对主权的消解，因而其体现了现代性与后现代的某种交融。② 随着后工业化的来临，随着市民社会的复兴，社会治理将进入"后国家主义"时代，即用一种合作主义的治理模式取代"政府垄断"的单一治理。③

2. 政府治理的结构

从政治学角度来看，面对经济增长正当性的压力，调整公共权力的结构和运行机制，进而满足经济增长的需要，避免合法性危机，这是现代政治学的基本问题。④ 从这一意义来说，政府治理结构的改变具有根本性，是政治学知识的转向。这种结构既包括治理的组织结构也包括治理的主体结构。在组织结构层面上，朱光磊批判了政府间关系的"职责同构"模式，认为只有打破"职责同构"模式才能建立新型的政府间关系。⑤ 吴帅、陈国权分析了地方政府关系的"市管县"模式的发展历程，认为"市管县"模式因为其收益递减和成本提高而将会逐步退出行政管理体制的历史舞台。⑥ 现代公司治理结构和运作机制与大部制改革有相似之处，按照决策权、执行权和监督权既相互制约又相互协调原则进行的大部制改革需要借鉴现代公司治理结构和运行机制。⑦ 在政府治理的主体结构层面上，王惠岩从管理主体与公共权力的距离角度把公共管理的主体分为六类，即国家机关、执政党、政治

---

① 张康之、张乾友：《近代国家的演进逻辑》，载《社会科学战线》，2008年第10期。
② 郁兴建、刘大志：《治理理论的现代性与后现代性》，载《浙江大学学报》（人文社会科学版），2003年第2期。
③ 张康之：《论"后国家主义"时代的社会治理》，载《江海学刊》，2007年第1期。
④ 孔繁斌：《政治学知识转向：治理理论与公共管理》，载《南京社会科学》，2001年第9期。
⑤ 朱光磊、张志红：《"职责同构"批判》，载《北京大学学报》（哲学社会科学版），2005年第1期。
⑥ 吴帅、陈国权：《中国地方府际关系的演变与发展趋势》，载《江海学刊》，2008年第1期。
⑦ 杨兴坤：《论大部制的治理结构与治理机制》，载《武汉大学学报》（社会科学版），2009年第6期。

团体、法律或政府授权管理公共事务的公共部门、自治组织和民间组织。①包国宪则进一步从社会结构的角度出发,论述了"政府—市场—社会"新三元结构是行政体制改革的方向和政府治理的基础。② 这种治理主体结构有利于社会主义和谐社会实现③,同时也是中国社会利益结构多元化的必然要求。④

3. 政府治理主体之间合作的基础:伦理还是利益?

在政府治理框架下,治理主体之间合作的基础是什么?这是政府治理理论的核心问题,也是政府治理理论的难题。在这个问题上,中国学术界大致有两种看法,一是建构一个以利益为基础的合作机制;一是建构一个以伦理为基础的合作机制。从经济基础角度看,中华人民共和国建国后经历了从伦理经济到市场经济的发展历程。⑤ 市场经济的政治意义在于,它使人们认识到追求个人利益的正当性,在追求个人利益的同时,市场制造了现代政治意义上的个人,即自主的、在讨价还价中追求利益最大化的个人。在流动性的陌生人社会里,传统的伦理为基础的社会治理模式已经不能满足社会秩序的需要。在此背景下,建构一个利益为基础的政府治理机制是社会经济发展的需要,也是中国共产党人主动选择的结果。这是因为以利益为基础的社会更容易治理;可以使个人行为具有稳定性和可预见性;与经济发展结合起来的利益为基础的治理模式可以使个人行为不断趋于平等。⑥ 然而,市场机制虽然制造了现代政治意义上的个人,割断了人们与种种社会群体之间的伦理纽带,使他们成为原子化的个人,但是,却增加了不确定、不安全性和易变性。这

---

① 王惠岩:《公共管理基本问题初探》,载《国家行政学院学报》,2002年第6期。
② 包国宪、潘旭:《"新三元结构"与公民社会发展——从政府体制改革的视角分析》,载《湘潭大学学报》(哲学社会科学版),2007年第6期。
③ 栾晓峰、李涛:《转变公共治理主体,促进和谐社会建构》,载《新视野》,2006年第5期。
④ 韩朝华:《利益多元化与社会治理结构转型》,载《中国特色社会主义研究》,2007年第1期。
⑤ 王绍光:《大转型:1980年代以来中国的双向运动》,载《中国社会科学》,2008年第1期。
⑥ 郑永年:《全球化与国家转型》,浙江人民出版社2009年版,第65—88页。

个背景下，保护性反向运动应运而生，把市场重新"嵌入"社会伦理关系之中。① 在后工业社会，日益增加的复杂性和不确定性需要以信任为基础的多中心合作治理。这种治理模式实质是以伦理为基础的治理机制。② 中国政府治理到底是以利益为基础还是以伦理为基础？这也许是未来政府治理模式必须要回答的问题。就中国当下的情势而言，建构以利益为基础的政府治理机制也许是当务之急，但在此过程中，以社会公正为核心价值的伦理也必不可少。

4. 政府治理模式的研究

国家的产生意味着人类的社会秩序成功地由自然秩序走向人为秩序。自然秩序是别无选择的，但人为秩序意味着可以选择多种可能性。③ 就处于转型期的中国政府治理模式而言，也可以有很多种可能的选择。国内的学者从各自的理论偏好出发，根据中国的具体实际和时间需要，分析了政府治理模式的类型与选择。徐勇从西方社会和中国不同的历史进程和语境考察了治理的涵义与治理转型，他主张以竞争—合作主义理念处理治理过程中的权力分化和整合。④ 张康之从人类社会发展的历史过程中辨识出三种社会类型，即农业社会、工业社会和后工业社会，进而，他认为在社会历史的发展过程中有三种不同的社会治理模式，即统治型社会治理模式、管理型社会治理模式和服务型社会治理模式。这三种社会治理模式的治理途径分别是权治、法治和德治。⑤ 作为一种新型社会治理模式的服务行政理论是建设社会主义和谐社会的组成部分，是政治体制改革的目标，也是政治文明的目标。服务型治理模式主要是以信任为基础的合作治理，合作制组织是服务型治理模式的组织模式。

---

① 王绍光：《大转型：1980年代以来中国的双向运动》，载《中国社会科学》，2008年第1期。
② 张康之：《行政伦理的观念与视野》，中国人民大学出版社2008年版。
③ 赵汀阳：《坏世界研究：作为第一哲学的政治哲学》，中国人民大学出版社2009年版，第51页。
④ 徐勇：《治理转型与竞争——合作主义》，载《开放时代》，2001年第1期。
⑤ 张康之：《寻找公共行政的伦理视角》，中国人民大学出版社2002年版；张康之、程倩：《作为一种新型社会治理模式的服务行政》，载《学习论坛》，2006年第5期；张康之：《行政伦理的观念与视野》，中国人民大学出版社2008年版；张康之：《合作制组织及其治理功能》，载《中共宁波市委党校学报》，2009年第1期。

王浦劬、李风华认为，应该从现代性的角度来探讨中国治理模式问题，而既定历史背景下为实现特定目标而选择的权力与权利结构是政府治理基本要素，吸纳不同社会力量和减少决策成本是衡量不同治理模式的两个基本维度。以美国、印度为代表的政府—市场模式与以东亚、拉美为代表的政府—生产者模式均不适合中国，中国的治理模式是以贫穷和落后为历史背景，以发展为目标，以社会主义基本政治制度为平台的治理模式。① 张立荣以麦肯锡 7 - S 系统思维模型为框架，探讨当代中国政府治理范式变革的进展和取向，他进一步从历时态、关联性的视角考察当代中国政府治理范式的变迁机理，进而探讨中国可预见未来政府治理范式的革新进路，即构建"政府主导—官民协同"的多中心社会公共事务治理范式，并详细论证了这一模式的内容构想与构建进路。② 俞可平认为，中国治理模式有四个特征，即以党组织为主导的多元治理结构；条块结合的治理格局；稳定压倒一切的核心价值；法治和人治同时起重要作用的治理方式。③ 胡国进、赖经洪在对治理理论进行探源的基础上，以治理理论作为新时期政府治理模式的逻辑分析起点，从目标层面、结构层面、技术层面三个层面进行分析，构建了新时期政府的治理模式：即以电子政务为依托，发展强政府—强社会，建设管制—服务型政府。④ 曹海军、文长春在分析了自由主义的"市场至上论"和计划经济时代的"国家全能论"的基础上，提出国家或政府通过中介机构发挥渗透、汲取、协调能力，从而实现国家或政府的间接管理职能的"统合主义"政府治理模式，并对其优劣和可能性进行了分析。⑤ 概而言之，中国学者似乎都认为多中心合作治理

---

① 王浦劬、李风华：《中国治理模式导言》，载《湖南师范大学社会科学学报》，2005 年第 5 期。
② 张立荣：《当代中国政府治理范式变革探析——以麦肯锡 7 - S 系统思维模型为框架》，载《中国行政管理》，2006 年第 6 期；张立荣：《当代中国政府治理范式的变迁机理与革新进路》，载《华中师范大学学报》（人文社会科学版），2007 年第 2 期；张立荣：《论中国未来政府治理范式的特质与进路》，载《江海学刊》，2007 年第 3 期。
③ 俞可平：《中国治理变迁 30 年（1978—2008）》，载《吉林大学社会科学学报》，2008 年第 3 期。
④ 胡国进：《新时期政府治理模式探析》，载《江西社会科学》，2005 年第 8 期。
⑤ 曹海军、文长春：《"统合主义"政府：一种新型的政府治理模式》，载《理论探讨》，2006 年第 4 期。

是未来社会治理的主要模式,只不过在合作模式上有差异。

5. 政府治理的评估

在理论上,作为一种民主形式的政府治理,是推动政治体制和行政体制改革的重要理论基础。在实践上,对政府治理有效评估是推动政府体制改革主要途径,是推动中国民主进程的主要途径,同时也能进一步促进政府治理的完善和发展。因此,很多中国学者在研究政府治理理论的同时,也在研究政府治理评估体系的理论建构。俞可平试图从中国实际出发建构一套中国治理评估框架,即以公民参与、人民主权、党内民主、合法性、法治、社会公正、社会稳定、政府公开、行政效益、政府责任、公共服务、廉政为指标体系的治理评估框架。① 何增科提出了三套中国治理评价体系:一套是体系较为严整的中国善治评价指标体系框架;一套是低收入人群优先和性别敏感的民主治理评价体系;一套是中国公共治理评价指标体系。② 褚松燕提出,权力配置、公民参与和满意度是治理评估的核心要素。这三要素可以以制度—过程—结果为逻辑构建出一个治理评估的网络,反映一个国家所追求的治理状态与其治理现实之间的对比程度,为治理的改善提供基础性支持。③ 包国宪则指出,实施公共治理评价中,需要注意中西方文化差异、治理基础差异、地区发展差异。④

四、政府治理研究未来的展望

从某种程度上,部分中国学者对治理理论的兴趣有所降低。然而,政府治理始终是以问题为导向的,就此而言,尽管有些学者对治理理论失去了研究兴趣,但这并不意味着中国政府治理实践终止了。实际上,很多学者从中

---

① 俞可平:《中国治理评估框架》,载《经济社会体制比较》,2008 年第 6 期。
② 何增科:《中国治理评价体系框架初探》,载《北京行政学院学报》,2008 年第 5 期。
③ 褚松燕:《我国公共治理评估之核心要素》,载《中国行政管理》,2008 年第 9 期。
④ 包国宪、周云飞:《中国公共治理评价的几个问题》,载《中国行政管理》,2009 年第 2 期。

国政府治理的实践着手，仍然致力于中国政府治理的研究。对于中国政府治理的未来，我们需要回答以下几个问题，即中国政府治理走向何处？未来中国政府治理研究的重点在哪？

就第一个问题而言，随着中国步入现代国家，以及后工业社会的程度不断提高，我们有理由相信，中国社会未来的治理模式一定会走出政府治理，而走向合作为基础的多中心治理。这一点张康之已经有很多的论证。需要进一步指出的是，多中心治理并不意味着不要政府，确切地说，多中心治理是在政府—市场—社会三元框架下的合作治理。这就意味着三者在各自的边界范围内履行治理职能，行使权力。而且三者缺一不可，在处理公共问题过程中三者相互依赖，相互补充和相互协调。就第二个问题而言，根据中国经济社会发展的实际需要和出现的公共问题，我们可以预见中国未来治理的重点领域。

首先，中国政府治理实践过程中所面临的具体的、具有深远影响意义的公共问题。政府治理是以公共问题为导向的，因而公共问题是政府治理研究未来发展的动力。很多学者已经开始着眼于中国治理实践过程中的公共问题进行治理研究。比如徐勇[1]、党秀云等[2]对乡村治理的研究；于建嵘从社会稳定角度展开对社会群体性事件以及群体性泄愤事件的研究[3]；杨光斌[4]、孙柏瑛[5]对公民参与的研究；俞可平[6]、党秀云[7]等对公民社会以及公民精神的研究。

其次，政府治理主体之间的合作问题。如前所述，中国政府治理研究的

---

[1] 徐勇、项继权：《现代国家建构中的乡村治理》，载《华中师范大学学报》（人文社会科学版），2007年第5期。

[2] 党秀云、朱明领：《村民自治的权力结构研究》，载《国家行政学院学报》，2007年第4期。

[3] 于建嵘：《社会泄愤事件中群体心理研究：对"瓮安事件"发生机制的一种解释》，载《北京行政学院报》，2009年第1期。

[4] 杨光斌：《公民参与和当下中国的治道变革》，载《社会科学研究》，2009年第1期。

[5] 孙柏瑛：《我国公民有序参与：语境、分歧与共识》，载《中国人民大学学报》，2009年第1期。

[6] 俞可平：《中国公民社会：概念、分类与制度环境》，载《中国社会科学》，2006年第1期。

[7] 党秀云：《公民社会的精神与时代意义》，载《中国人民大学学报》，2008年第2期。

突破口在于政府治理过程中所面临的需要。在治理框架下，政府治理主体之间的合作机制是政府治理实践中必须解决的问题。特别是进入后工业化社会后，社会亟须建立全新的合作治理体系。① 治理主体之间的合作何以可能？合作制度如何设计？这些都是政府治理实践过程中迫切需要解决的现实问题。再次，政府治理的结构和模式问题。尽管学界已经对这一问题有了一定程度的研究，然而从有效性角度来看，这些研究大都仅停留在规范性讨论上，似乎更具有理论价值，而实践价值则不多。如何从中国治理的制度基础中寻找适合中国国情的治理结构和模式是中国未来社会治理必须要解决的重大理论问题和实践问题。

最后，政府治理的评估问题。也就是以对政府治理的评估推动中国政治体制改革的发展，推动政府治理向多中心治理的转型，最终实现推动中国民主进程的目标。从实践意义上说，政府治理评估担负着促进和完善政府治理实践的重任，因而，如何建构科学的政府治理评估体系是未来中国政府治理研究的重点和难点。在学界，俞可平、何增科、包国宪等学者已经敏锐地意识到政府治理评估体系对于政府创新，推动中国政府体制改革进程的重要作用，开始了建构政府治理评估体系的探索。

---

① 张康之：《后工业化进程中的合作治理渴求》，载《社会科学研究》，2009 年第 2 期。

政府治理评估

国际治理评估指标体系研究述评*

周红云**

一、国际上主要治理评估指标体系回顾

1. 治理指标项目（governance indicators project）是 UNDP 治理评估领域的一个招牌项目

作为提升成员国民主治理能力计划的一部分，该项目让成员国自己评估本国的民主治理并为其提供援助。该项目由联合国奥斯陆治理中心（Oslo Governance Center）负责，其价值在于为本土的管理者尤其是公民和非国家行动者而非项目资助者提供一种责任机制，这不仅能在国家内部形成自下而上的改革压力，同时也能提升民主过程中的公民参与以及政府效率。该项目的指标体系具有八大特征：（1）评价体系嵌入国家发展计划或者其他政治责任之中；（2）指标是通过透明、参与等过程选取和产生的；（3）在信息搜集、储藏和公开方面存在着制度化程序；（4）所有的重要利益相关者都能获取资料来源；（5）在数据来源中专门考虑到了贫穷和性别两大因素；（6）一些机构的相关研究被用于指标体系中以增强国家能力；（7）在提升国家能力上存

---

* 本文是联合国开发计划署和商务部委托课题"中国治理评估框架"的阶段性成果之一。本文原载于《经济社会体制比较》，2008 年第 6 期。

** 周红云，中央编译局世界发展战略研究部副主任，比较政治与经济研究中心研究员。

在着一个目标途径;(8)通过多次反复的评估以保持指标体系的可持续性。UNDP 认为,为实施本国治理评估提供援助的活动主要包括:(1)通过使用和发展治理指标提升国家能力;(2)围绕国家发展计划为指标的发展提供便利;(3)通过关注贫穷和性别两大因素来加强现有和发展新的指标。在这一领域,UNDP 出版了《治理指标使用者指南》、《千年发展目标指标》等综合性文献,以及《评估民主治理:挑选对贫穷和性别敏感指标的框架》、《知情权的影响评估》等专门文献。

2. 世界银行在治理评估领域进行了若干重要研究

其中最具影响力的有"世界治理指标"(The Worldwide Governance Indicators),该项目主要由世界银行的考夫曼(Kaufmann)、克雷(Kraay)和马斯特鲁齐(Mastruzzi)负责,因此这项指标通常也被称为"KK"、"KKZ"或"KKM"指标。世界银行在言论和责任、政治稳定、政府效能、管制质量、法律、控制腐败这六个治理领域,通过大量调查和跨国评估发展出了包括集成指标和单一指标在内的指标体系,并依据这套指标体系对 212 个国家和地区的治理质量进行了评估。这套指标及其运行结果再次增强了改革者、公民社会和私营部门对"善治是发展的关键"的认识。

世界银行还主持了"国家政策和制度评估项目"(The Country Policy and Institutional Assessment),主要评估一国的现有政策和制度的框架的质量,其中质量专指该框架怎样有利于消除贫穷、可持续增长和有效利用援助。该项目在 1970 年代末启动,目的是为国际开发协会(IDA)分配援助资源提供指导。

此外,"治理和反腐败的国家调查"(Governance and Anti-Corruption Country Survey)是世界银行组织的治理和反腐核心项目的重要组成部分,这一项目旨在为提高公共部门治理和效率及预防腐败的制度变革提供支持。其诊断工具的主要特征有:(1)关注制度而非个体产生绩效和治理的制度数据;(2)强调经验而非主观感受上的数据;(3)包含了封闭的和间接的问题,以提高调查回应率;(4)调查由当地独立的 NGO 等组织进行。该调查包括了分别针对政府官员、家庭和企业的三次调查。

3. "Metagora 项目"是"巴黎 21"的前导项目,关注民主、人权和治理评估的方法、工具和框架

该项目在范围上以政策为主导、在方法上采用多学科,在手段上采用包容和参与手段。与其他现存国际项目相比,其独特性在于自下而上的发展指标及其相应的评估手段:Metagora 的所有合作伙伴都使用了专为特定背景下特定问题所设计的工具和方法,但是,这些工具将会根据它们产生政策结果的能力受到评估,因此这为在世界上其他地区的应用提供经验。特别值得注意的是,Metagora 开发了一套在线指标目录,提供了人权、治理和民主评估的大量信息和工具。目前该目录收录了 231 个指标体系,从地区来看,既有专门针对某个国家的指标,如澳大利亚的民主审计,又有针对某个地区的指标,如非洲的民主指数;从评估领域来看,既有针对某个单一领域的评估,如蒙古与东亚的民主比较研究,又有针对多个领域的评估,如以色列民主评估包含了民主、治理和人权三方面内容,资料比较丰富。

4. 伦敦海外发展研究所(ODI)的"世界治理评估"(World Governance Assessment)

该项目分为两个阶段,第一阶段(2000—2002 年)主要对 16 个国家进行研究从而测量出治理的 6 个领域,第二阶段(2005—2007 年)在 10 个国家中应用了经过改进的方法和调查。事实上,该项目是基于对一国知名人士(well informed persons)于 2001 年和 2006 年展开的两次调查,调查中抓住了与治理概念有关的指标,其重要参数包括政府的六大领域以及善治的六大原则。ODI 认为,与其他治理评估项目相比,该项目的独特优势在于:(1)产生了原始数据;(2)在关注原始定量数据的同时抓住了定性的评价;(3)提供了国家层面的大量具体细节;(4)能够进行跨国比较。

5. 美国国际发展署的"民主与治理评估框架"（Democracy and Governance Assessment Framework）

美国国际发展署认为，民主必须是土生土长的（home-grown），通过发展出一套指标体系，指出国家在民主治理中的核心问题，并确定主要的行动者和制度领域的行动者，对于实现一国民主的转型和巩固尤为必要。在构建该指标体系上，有四个主要步骤，第一步是界定一国在民主治理上存在的问题，第二步是确定关键的行动者和同盟者，第三步是确定关键的机构，最后是提炼出策略。该指标体系主要集中于法律、民主和责任政府体制、政治自由和竞争、公民参与和建议四个方面。

6. 荷兰的"治理和腐败的战略评估"（Strategic Governance and Corruption Assessment）

该评估是荷兰外交部对伙伴国家的治理环境进行分析的工具，Clingendael机构进一步发展了这一评估体系，使它更加切合国家的个体情况。除了正式因素之外，该评估还集中于治理环境中非正式、社会和无形的因素。该评估的特点在于，它并没有像其他指标体系一样通过划分出不同治理领域进而对这些领域进行评估，而是从三个范围对权力和变化进行分析。首先是对基本要素进行介绍，例如领土完整、国家形成的历史等；其次阐述了游戏规则，例如政治竞争、权力分立等；最后是对现状进行分析，例如背景、行动者等。

7. 自由之家的"自由指数"（Freedom Index）

自由之家是美国的一个国际非政府组织，主要从事民主、政治自由和人权方面的研究，因对各国的民主自由程度进行年度评估而声名远扬。自由之家根据政治权利和公民权利这两大类对自由进行评估，在评估的基础上提供全球自由评估的年度报告。它在所采用的调查方法中确立了最基本的一套标准，这些标准适用于所有国家和地区，而不考虑各国的地理位置、种族及宗教状况或者经济发展水平等差异因素。调查包括192个国家和18个地区的分析报告等，在评估结果中每个国家或地区被赋予1—7中间的一个数值，其中

1 代表自由度最高，7 代表自由程度最低，也就是所谓的自由指数。值得注意的是，该评估并不关注政府或者政府绩效本身，而是对个体在现实中所享有的权利和自由进行评估。

8. IDEA 的"民主评估"（Democracy Assessment）

IDEA 是瑞典一家国际组织，以促进世界范围内的民主为己任。该项目发展了一套评估民主的综合性方法工具，让世界任何民主国家的公民都能运用这个工具对本国的民主体制进行评估。该评估并未对各国进行民主排名，而是集中于一国在民主方面的进步或者退步。该方法已经在 8 个国家进行了测试。IDEA 认为，该民主评估具有如下几方面的独特性：原则的清晰、指标框架的综合、评估的弹性、评估过程的本国主导、适用范围的广泛等。

9."政治 IV 项目"（Polity IV Project）

该项目已经成为研究政体变化和政体权威影响的最常用数据来源，它延续了政治研究的传统——以比较和定量分析为目的对国家权威特征进行解读。其独特性在于，它剖析了民主和专制政体的共生品质，而非治理的各种离散和相互排斥的形式。该分析将统治权威的谱线描绘成从完全独裁到混合政体再到完全民主的连续图景。"Polity Score"将政体权威的区间设定为 –10（世袭君主专制）到 +10（稳定的民主制）。

政治 IV 项目是从之前三个研究阶段中演进而来的，这些研究都由 Ted Gurr 负责，其中，政治 III 项目基于 1992 年和 1998 年更新的数据形成了 Polity98 报告。在项目的演进过程中，Polity 的数据格式已经从原来的政体"持续和变化"（即政体—案例格式）的分析单元转为当前的国家—年份案例格式。最初的第一代政治项目经过格莱迪奇（Nils Petter Gleditsch）等人的再次利用，并基于 1994 年的数据更新，后来又以政体—案例格式即 Polity IIId 报告的面目出现。在 1990 年代，Polity 成为美国政府的国家失败任务（State Failure Task Force）的核心项目，该项目需要国家的延续和变化（即国家—年度格式）以及政体的延续和变化（即政体—案例格式）两方面的信息。因此，第四代政治项目将这两种格式融合为一个数据资源。

10. 透明国际组织的腐败识别指数（Corruption Perception Index）

透明国际组织是研究腐败问题的国际非政府组织中的领头羊，所开发的腐败识别指数是该领域使用最广泛的指标之一。自 1995 年以来，透明国际组织每年都发表年度腐败识别指数、全球腐败报告、全球腐败晴雨表和行贿指数。该指数依据专家评估和调查对 180 个国家的腐败情况进行排名，其精确程度比较高。

11. 贝塔斯曼基金会（Bertelsmann Foundation）的转型指数（Transformation Index）

该指数支持宪政民主和市场经济的变革。在框架范围内，BTI 发布了状态指数（Status Index）和管理指数（Management Index），二者均基于对 125 个国家的深度评估，状态指数对国家的民主和市场经济状况进行排名，管理指数对国家领导者的管理绩效进行排名。

12. 易卜拉欣基金会（Mo Ibrahim Foundation）的非洲治理评估（African Governance Assessment）

该指数专门对撒哈拉以南 48 个非洲国家的民主状况进行了评估，通过评估，该指标能够提供各国在治理方面的进步或者倒退情况。该指数的重要特征有：指标具有综合性、地理上涵盖了撒哈拉以南的非洲国家、根据治理质量进行国家排名、持续的年度评估等。

ODI 在 2007 年发表了一份关于 WGA 项目的研究报告，在这份报告中，它根据发起治理评估工作的机构和组织的性质，将治理评估指标分为三种不同类别：由多边机构发起的、由双边机构发起的和由独立研究机构发起的。下面我们根据其分类并进一步整理和补充了一些治理评估指标体系（见表 1、表 2、表 3），以展示国际上在治理评估指标体系方面所进行的主要工作。

二、背景：国际治理评估指标体系的兴起与发展

面对如此众多的国际治理评估指标，我们要问，为什么会有这么多的治理评估指标体系在国际上兴起并不断发展呢？阿尔恩特和欧曼在《治理指标的使用与滥用》一文中，给出了治理受到关注的四个原因①：

表1 多边援助机构发起的治理评估指标体系

	范围（where）	内容（what）	方法（how）	目标（why）	组织者（who）
WGI（Worldwide Governance Indicators）	213个国家	六个维度：声音和责任；政治稳定；政府有效；规则质量，法治；控制腐败	根据二手资料的排序	国际基准	世界银行学院
UNDP（Governance Indicators Project）	4个国家	议会发展；选举体制；人权；公正；信息获取；分权；地方政府与行政改革	不同国家测量方法不同；公民抽样调查	国别分析	联合国开发计划署设在蒙古、菲律宾、马拉维和阿富汗的办事处
Metagora	8个讲法语的非洲国家 5个拉丁美洲国家	腐败（概念、经历、分配和趋势），法律（宪法、控制和尊重）；商业环境（自由市场的有效性）	定性和定量评估；具体问题/情况，一些多国家的工作；公民抽样调查	确定指标的标准并提供当地资源目录	在加拿大、欧盟、法国、瑞典和瑞士支持下的经济合作组织
WGA（World Governance Assessmeng）				ODI（伦敦海外发展研究所）	

资料来源：Governance Assessment：Overview of Governance Assessment Frameworks and Results from the 2006 World Governance Assessment, Report from ODI Learning Workshop, 15, Feb 2007.

---

① 克里斯蒂纳·阿尔恩特、查尔斯·欧曼：《政府治理指标》，杨永恒译，清华大学出版社2007年版。

表2 双边援助机构发起的治理评估指标体系

	范围 (where)	内容 (what)	方法 (how)	目标 (why)	组织者 (who)
英国国际发展部 CGA (Country Governance Assessment)	针对英国国际发展部的伙伴国家	能力（稳定、规则、贸易/增长、有效、安全）；责任（透明、媒体自由、法治、选举）；回应（权利/自由、保护弱势群体、公平、规则、腐败）	主要根据已有（二手）资料	为国别项目提供信息	英国国际发展部与世界银行和经合组织等合作
荷兰 SGACA (Strategic Governance and Corruption Assessment)	针对荷兰35个伙伴国家	权力和变迁分析；关注基础因素（政治稳定）；游戏规则/制度规则；重要行动者/当前问题	基于现有的资源，加上国内分析	为国别项目提供信息	有顾问支持的荷兰大使馆
美国国际发展部 (Democracy and governance Assessment Framework)					ODI（伦敦海外发展研究所）

资料来源：Governance Assessment：Overview of Govemance Assessment Frameworks and Results from the 2006 World Govemance Assessment, Report from ODI Learning Workshop, 15, Feb 2007.

表3 研究机构以及独立组织发起的治理评估指标体系

	范围 (where)	内容 (what)	方法 (how)	目标 (why)	组织者 (who)
GII (Global Integrity Index)	43个国家	关注反腐败；考虑基础维度（公民社会、媒体和监督等）	一个主要作者（当地的）以及同行评估	国际基准国别分析	全球廉政研究所；由各种援助机构提供资助
IDEA (Democracy Assessmem) (Institute for Democracy and Electoral Assistance/Human Rights Center)	8个试验国家；加上4个南亚国家；计划进一步评估；加上独立使用方法的国家	一般框架（法治、政治经济社会权利）；制度（选举、政党、政府效率、公民控制、腐败）；公民社会（媒体、公民参与、分权）；国际影响和政府自治	由本土专家提供定性报告；地区晴雨表的合作	国别分析：监督和促进国家层面的变化	民主和选举研究所和其他伙伴一起合作；独立的使用者（如波斯尼亚和黑塞哥维那的开放社会研究所）
BTI (Bertelsmann's Transformation In-dex)	119个国家	民主（法治、稳定、整合）；市场经济（发展、竞争、稳定、财产所有、福利、绩效、可持续发展）；管理（能力、效率、共识、合作）	根据地方和外部专家的理解进行排序	国际基准国别分析	Bertelsmann 基金会

续表

	范围 (where)	内容 (what)	方法 (how)	目标 (why)	组织者 (who)
自由之家 (Freedom in the World)		主要评估政治和 公民自由			

资料来源：Governance Assessment：Overview of Governance Assessment Frameworks and Results from the 2006 World Governance Assessment，Report from ODI Learning Workshop，15，Feb 2007.

（1）随着发展中国家成为国际投资者的重要投资地，一些直接投资者和来自主要的养老基金和大型机构投资者的国际组合投资大量进入"新兴市场经济体"（即中低收入国家）。对许多直接投资者和组合投资者来说，发展中国家在政策执行可信度上的差别，尤其是治理系统（包括政府治理和公司治理）的质量差异，极大地影响着投资者对政策可信度的预期，因而成为投资者进行投资决策的最重要影响因素。OECD 商业顾问委员会在 2002 年 12 月份的一份报告中提到，良好的治理水平是吸引外国直接投资的最重要因素；有了良好的治理，不需要其他的手段去吸引国内外直接投资。

（2）冷战的结束。"二战"后，OECD 成员国政府及其国内或多边援助机构对发展中国家的态度和行为发生改变，他们始终致力于推动第三世界国家的经济和社会发展，包括消除贫困，提高生活水平和杜绝一些意识形态方面的概念在发展中国家的蔓延；苏联解体后，OECD 成员国的态度和行为出现了实质性变化，世界银行于 1996 年首次调整了其长期坚持的政策，不再无视借款国恶劣的治理水平和体制，从此，援助机构逐渐采用治理指标去甄别和奖励那些治理质量得到改善的发展中国家。

（3）1980 年代和 1990 年代发展政策改革的失败。发展政策改革的失败让多边机构和那些市场化体制的忠实拥护者逐渐认识到：健康的市场需要良好的治理，1980 年代到 1990 年代的改革失败或许正是由于低劣的治理水平。

（4）对政治在经济发展和政策改革中的重要性有了新的认识。以诺斯为代表的新制度经济学有力地证明了国家治理体系有助于推动经济的长期增长、人类福祉的不断提升和社会的持续进步。

由于国际投资者和国际发展援助机构对于新兴经济体国家和受援国社会政治环境的重视以及市场和政府在社会发展中的双重失效等更深刻的原因，在治理受到普遍关注的同时，治理评估和治理评估指标体系便应运而生。首先，国际投资者在贷款和投资决策中越来越倾向于依赖治理指标，一些国际投资者编制和使用自己内部的国别风险评级体系时也越来越强调治理指标。其次，一些西方国家官方发展援助机构在对外援助过程中，从他们的角度出发，为使援助能被更好地利用和使援助更为有效，或者为了确定援助的方向和领域等原因，而对受援国的治理状况进行评估。一项题为"援助、政策和增长"的研究表明，受援国的治理质量和官方发展援助的有效性高度正相关，而这项研究成果已经成为世界银行根据治理标准进行援助分配的基础。最后，一些独立的研究机构也编制了大量的治理指标和一些与治理相关的分主题指标。虽然这些治理指标的编制不是直接用于决策分析，但是，学者和其他分析师的发展分析报告对决策的潜在影响是相当大的。

在这里，有两点需要特别指出：

第一，从阿尔恩特和欧曼给出的这些原因和背景来分析，我们可以看出，所谓对治理质量的关注和治理评估指标体系的兴起，大多是西方发达国家从自身的立场出发的，多数治理评估也都是西方发达国家对发展中国家治理质量的评估，是发展中国家以外的观察家和决策者对发展中国家国内治理质量的评估。这样的治理评估往往可能带着评估者自己的有色眼镜来看待发展中国家的发展。

第二，国际上已经开始有一些为推动发展中国家依靠国内力量进行本国治理评估指标的设计而作出的努力，例如，后面我们介绍到的联合国开发计划署进行的开创性工作，他们支持和鼓励发展中国家的政府、私人部门、公民社会组织以及其他国内利益相关者（stake holders）共同制定符合本国实际的治理指标，以推动本国治理质量的实际改善和社会的发展。

三、评估什么：治理与善治概念

治理（Governance）概念的起源有着很悠久的历史，从亚里士多德时代至今，一直受到学者和实践者的关注。然而，从1980—1990年代以来备受关注，则是因为人们认识到治理对于发展的重要性，以及治理在指称"一个社会被管理"的含义时以一种"无政治含义的"（apolitical）概念出现而容易被人接受。下文中我们来分析，在上述一些治理评估机构和治理评估指标体系中，他们理解和使用的治理和善治概念到底是什么，他们试图评估的治理内容到底又是什么。

全球治理委员会在1995年发表的一份题为《我们的全球伙伴关系》的研究报告中提出了治理的概念：治理是各种公共的和私人的个人和机构管理其共同事务的诸多方式的总和。它是使相互冲突的或不同的利益得以调和并采取联合行动的持续过程。这既包括有权迫使人们服从的正式制度和规则，也包括各种人们同意或认为符合其利益的非正式的制度安排。它有四个特征：治理不是一整套规则，而是一个过程；治理过程的基础不是控制，而是协调；治理既涉及公共部门，也包括私人部门；治理不是一种正式的制度，而是持续的互动。①

世界银行在1992年提出了一个更早期和较狭义的公共部门治理的概念：治理是对一个国家用于发展的经济和社会资源进行管理过程中的权力实施方式。在世界银行近期进行的"治理与反腐败策略"项目中，1992年提出的治理概念稍有了一些变化：治理就是为形成公共政策、提供公共产品和公共服务，公共官员和公共机构获取和实施权威的方式。世界银行在其《减贫策略文件》手册中所使用的治理概念是：治理就是通过一个国家的经济、政治和社会制度而使权力实施的方式。一些相关的地区银行（如亚洲发展银行、美洲发展银行以及非洲发展银行）在使用治理概念时，也与世界银行的治理概

---

① 俞可平主编：《治理与善治》，社会科学文献出版社2000年版。

念基本类似。世界银行学院的丹尼尔·考夫曼等人在开发被称为 KKZ 的治理指标过程中所使用的治理概念是：治理就是一个国家的权威实施的传统和制度。它包括政府被选举、监督和替代的过程；政府有效制定和执行合理政策的能力；以及公民和国家得到规范经济和社会互动的制度的尊重。KKZ 治理指标体系测量了治理的六个维度：法治、表达权和问责、政府效能、监管质量、政治稳定性、腐败控制。世界银行在讨论善治时认为，善治通过以下内容来体现：可预见的、公开的和开明的决策制定过程；具有职业伦理的科层组织；对其行为负责的政府行政；参与公共事务的公民社会；以及所有人都依法治而行动。世界银行发展报告（1997）曾指出：确保善治的机制包含三个关键因素：内部规则与限制（如，内部监管系统、司法独立以及中央银行、公民服务和预算规则）；"表达权"和伙伴关系（如公私协商委员会、收集客户反馈的公共服务调查）；以及竞争（如竞争性的社会服务供给、私人对基础设施的参与、多种争议解决机制、某些市场取向活动的完全私人化）。世界银行的国家政策和机构评估（Country Policy and Institutional Assessments，CPIA）指标体系测量了治理的以下方面：财产权和基于规则的治理；预算和金融管理质量；税收动员效能；公共支出的效率；以及透明、问责和腐败控制。

联合国开发计划署所使用的治理概念所包含的内容在广度和深度上都要宽泛得多：治理就是通过国家、公民社会和私人部门之间的互动，一个社会管理其经济、政治和社会事务所依靠的价值、政策和制度体系。它是一个社会自我组织做出决策并执行决策以取得相互理解和共识并采取行动的方式。它包含公民和群体表达利益、求同存异以及行使合法权利和义务的机制和过程。它是为个人、组织和公司设定界限和提供激励的规则、制度和实践。治理包含社会、政治和经济维度，存在于人类事业的各个层面，无论是家庭、村庄、都市、国家、地区或全球。联合国开发计划署所使用的善治概念是：它"……尤其重要的是参与、透明和负责任。善治也应该是有效率的和公平的。而且它促进法治。善治确保政治、社会和经济的优先发展是建立在一个社会的广泛共识基础上的，而且确保一个社会在作出发展资源的分配决策过程中最穷和最弱势人群的声音被听见"①。

欧盟委员会所使用的善治概念是：善治就是为一个国家的公平、可持续的经济和社会发展而对一国所有资源进行的透明和负责任的管理，它涵盖六个方面的内容：人权、民主化、法治、公民社会的强大以及公共管理改革。②

经济合作与发展组织在 1995 年提出了他们所使用的治理定义：治理是在对一个社会的社会和经济发展资源管理过程中使用政治权威并对社会实施控制。经济合作与发展组织的善治概念是：它包含不同公共权威在制定经济运行环境过程中以及在决定利益分配和统治者与被统治者之间的关系中所起的作用。

欧洲援助的治理定义关注国家为其公民服务的能力：它指的是一个社会中利益诉求、资源管理以及权力实施所依赖的规则、过程以及行为。

国际货币基金组织所使用的治理概念是：治理包含一个国家被管理和统治方式的所有方面，包括其经济政策和规则框架。

还可以列举出很多治理和善治的概念。除了上面列举出来的一些主要的治理指标体系开发者所使用的治理和善治的定义外，还有一些国家的援助发展机构在使用治理和善治概念时，其理解和含义也各不相同（具体见表4）。从上面的介绍可以看出来，治理和善治的内涵极为丰富，到目前为止，对治理和善治概念的理解，还远没有达成一致认识，更没有形成关于治理评估的一套统一的标准体系。然而，如果仔细推敲，在治理评估领域，关于治理和善治仍然可以归纳出以下两点共识性知识：

---

① 联合国开发计划署：《2002 年人类发展报告》，中国财政经济出版社 2002 年版。

② Good governance is defined as the transparent and accountable management of all a country's resources for its equitable and sustainable economic and social development'(European Commission, 1998) and as comprising six components: human rights, democratization, the rule of law, the enhancement of civil society and public administration reform (including decentralization) (Draft EC Good Governance Manual, version created 04/02/2003).

表 4　治理和善治的国别概念

国家	治理（善治）的定义
澳大利亚	善治就是对一个国家的资源和事务以一种开放、透明、负责、公平和回应人民需要的方式进行有效的管理（AusAid 2000：3）
奥地利	善治就是为达到公平和可持续发展而对人力、自然、经济和金融资源的透明和负责任的管理（ADC 2006：5）
加拿大	"善"治就是各层级政府施行权力的有效、诚实、公平、透明和负责任（CIDA 1999：21）
丹麦	治理就是国家/社会/组织组织起来的方式，目标在于保护人权：选举政府、任命官员和促进责任性；通过公共部门为人民提供冲突解决方案以及社会服务和其他服务（DANIDA 2004：1）
芬兰	治理就是亚部门处理行政改革或者重要问题的过程："民主治理"通常与"善治"或"治理"概念同义使用（MOFA Finland 2001：50）
德国	加强善治意味着民主化、法治、采取反腐措施以及公民社会的参与（BMZ 2002：6-7）
爱尔兰	治理就是管理一国发展所需的经济和社会资源的权力之实施方式（IrishAid 2007）
瑞典	公共权威基于法治、回应、公开、整合、有效……负责和透明的权力实施以及公共权威和公民之间的关系（SIDA 2003）
荷兰	政府、公民和企业之间的规则和协议（MOFA Netherlands）
瑞士	一个国家各个层级的经济权威、政治权威和行政权威的施行（SOC 网页）
英国	权力和权威的使用以及一个国家管理其事务的方式；在政治的和经济的制度与组织中反映出来的公民与国家之间的关系；解决物质贫乏和无权的方式（DfID 2007：6）
美国	政府形成一个有效、负责任的公共管理过程的能力，这一公共管理过程是对公民参与开放的，是加强而不是弱化政府民主体制的（USAID 1998：19）

资料来源：University Of Essex：Preliminary Survey Donor Use of Governance Assessments.

（1）广义上看，治理有两个基本含义："由人民对社会进行的管理"（Albrow，2001）和"与一个社会中促进社会、经济发展所需资源的管理相联系的权威的实施和控制"（Schineider，1999）。

（2）善治首先被认为是政府、公民社会和私人部门之间的相互支持和合作关系，三者之间关系的性质以及加强促进三者之间互动的机制被认为具有极为重要的意义；善治被认为包含以下部分或全部因素：参与、决策透明、负责任、法治和可预测性，有时候信息获取、公民自由以及授权和能力建设等因素也被发展援助机构所强调。

四、特点与问题：比较的视角

由于国际上治理评估指标体系多如牛毛，甚至有时候人们很容易迷失在治理指标体系的丛林中，但是，从总体上看，国际上治理指标体系依然遵循着一定的发展路径，体现出不断演进的特点。抓住这条不断演进的主线，则有利于我们定位和认清不同治理指标体系的特点和问题。下面我们从治理评估的主体、对象、内容、工具与方法、用途等方面，通过比较的视角，来看一看国际治理指标体系的演进特点和其中存在的问题。

1. 治理评估主体

对治理评估体系进行分类可以有多种方式，从广义的角度看，治理评估领域包括评估（assessments）、指标（indicators/indices）和倡议性评估项目（initiatives）。从中文来看，这几个词之间存在很强的相关性，因此，其中的区别很难被我们体会到。其实，从国际治理评估领域来看，评估（assessments）主要都是一些评估方法和框架，可能包括一些案例研究，但并不对被评估的国家进行比较或者排名；指标则主要包括那些旨在进行全球比较的全球性的数据库，一些全球性的研究和区域性的研究也应该属于这一类，如，自由之家对政治自由和公民自由的排名、易卜拉欣基金会进行的非洲治理评估等；而倡议性评估项目则主要是通过某些原则、路径和方法（如关注弱势群体、关注性别因素等）的倡导而促进主权国家的自我评估。当然这种分类也不是绝对的，不同治理评估之间也有互相交叉，例如，目前由英国海外发展研究所和佛罗里达大学共同开展的 WGA（World Governance Assessment）评估项目就具有一种混合的特征，它既进行跨国比较，也产生和收集一些原始数据，而且在进行定性研究的同时还主要关注定量的数据。

依照治理评估主体来分类，也可以有两种类型：

（1）一种方式就是以发起治理评估体系的主体为维度，分为多边机构发起、双边机构发起以及独立研究机构发起和商业机构发起等几种不同治理评估体系（参见前文表 1、表 2 和表 3）。国际上大多数评估指标体系都可以纳入到这些分类中。所谓多边机构发起的治理指标体系主要是指一些国际发展组织，如联合国开发计划署、世界银行、经合组织等发起确立的一些治理评估标准，以对世界范围内多个主权国家的治理状况进行整体性评估或者提供国别分析。所谓双边机构发起的治理指标体系主要是指一些双边援助国家发起确立的治理评估指标，这样的评估仅限于这些援助国的伙伴国范围内，主要是为了给这些援助国开展国别项目提供相关信息，它们多为基于现存资料的定性分析，如美国国际发展部设立的民主与治理评估框架、荷兰设立的策略治理与腐败评估以及英国国际发展部的国别治理评估。还有一类为一些独立研究机构发起设立的评估指标体系，也主要是对世界范围内或部分区域范围内多个主权国家的治理状况进行整体性评估或者提供国别分析，比较著名的有自由之家的世界自由度评价、IDEA 人权研究中心的民主评估、透明国际的腐败指数和全球廉正指数等。另外还有一类则是一些商业机构发起设立的评估指标体系，比较知名的如 PRS（Political Risk Service）Group 的国际国别风险指南、国际金融合作组织的商业环境评估及世界经济论坛发起的全球治理评估等。

（2）根据主权国在评估中的角色，评估又可以分为三种不同类型，即：外部评估、同行评估和自我评估。外部评估（主权国被评估）是目前评估领域的主要形式，而且大多是由发展援助机构和独立研究机构对主权国进行的评估，例如，美国国际发展部进行的"民主治理评估框架"项目、荷兰发起的 SGACA 项目等；同行评估在评估领域很少见，也是较新出现的，最著名的就是非洲同行评估机制，作为非洲自我评估机制，它是由非洲联盟的成员国自发进行的旨在促进民主和政治善治的一项工具；而由主权国发起的自我评估则很少，较有名的就是 IDEA/艾塞克斯大学发起的民主状况评估，以及 OECD 的 Metagora 项目和 UNDP 的治理评估指标项目（GIP）——旨在促进主权国进行自我评估的工具、方法和框架的项目。

2. 治理评估对象所涉及的范围

从被评估对象所涉及的范围来看，治理评估指标体系可分为全球层面、地区层面和国家层面等三种不同指标体系。所谓全球层面的治理评估指标体系是指所设置的治理评估指标体系主要适用于世界范围内多个不同主权国家治理状况的评估，如前面提到的世界银行的 KKZ 指标体系、透明国际的全球廉正指数就是这样的指标体系；而地区层面主要指所设置的治理评估指标体系仅适用于世界某一地区范围内不同主权国家治理状况的评估，如前面提到的易卜拉欣治理指标则是专门针对撒哈拉以南 48 个非洲国家的民主状况进行的评估。国家层面的治理评估体系主要是指所设置的评估体系仅用于单个主权国家治理状况的评估，这样的评估体系的设立通常从该主权国的实际情况出发，而且也只适用于评估该国的治理状况，如联合国开发计划署开创的治理指标项目（GIP）旨在帮助试点国家开发一套不用于排名、既能反映所有国家普遍存在的治理问题的"核心"治理指标，又更具有国别特色的治理指标体系，用于指示该国治理进程和治理状况的改善。

3. 治理评估内容

初涉治理评估领域，我们会发现，治理评估和人权评估、民主评估是在一定程度上分开进行的，因此会产生这样一个疑惑：难道治理评估并不包含人权和民主的内容？

其实，如果看一看评估领域的历史，我们就会发现，与对民主和人权进行评估的活动相比，治理评估的历史要短得多，也就是说，在人们对人权、民主进行评估时，治理的概念还没有流行，对治理进行评估就更无从谈起了。在当下的治理评估领域，对人权、民主和治理的评估仍然保持这种三分的态势，同时，仔细考察治理评估的变化，我们发现，随着治理和善治概念的引入和演变，始于 1980 年代末的治理评估也经历了不同的阶段。

正如前文提到的，治理之所以受到关注、对治理评估需求之所以增强，主要是因为一些国际投资机构和国际发展援助机构出于改善投资国或受援国社会政治环境的努力。而且，有些经验研究表明，治理、善治与经济绩效之间存在一种正向关系。因此，那时的治理评估是与经济发展因素密切联系在一起的。例如,"善治"这个词最早出现在 1980 年代晚期和 1990 年代初期,主要为世界银行所应用,主要涉及治理影响经济绩效的方式。在这种情况下,对治理和善治的测量较多强调了经济维度。治理和善治的经济维度内涵也很丰富,包含了公共部门管理、组织问责性、法治、决策的透明以及信息获取和公开。这一概念被 OECD 和欧盟采用并逐渐与其发展援助的需求联系起来。在发展援助领域,治理和善治的评估通常成为援助国和发展援助机构做出援助分配决策的依据或者作为确定援助领域的工具,虽然也有经验研究表明受援国的治理质量与援助分配之间存在复杂的关系。

除了政府间援助机构对治理和善治经济维度关注以外,治理和善治也逐渐被越来越多的主权国家作为一种一般政策领域来使用,治理和善治既是目的本身,也是取得成功的和均衡的经济发展的一种手段。

在这些援助机构和主权国家将治理和善治的概念以一种技术性的和非政治性的方式来使用的同时,联合国和另一些主权国家却将民主纳入到治理和善治的内涵中来,或者使用"民主治理"这个概念。联合国开发计划署逐渐扩大了治理和善治的概念内涵,加入了治理和善治概念的政治维度,包括如政府合法性、政府责任性、政府能力以及通过法治对人权的保护等内容。经过一些年的发展,联合国开发计划署将原来仅指向国家制度和国家能力的治理与善治概念逐渐发展到包含公民社会和私人部门的作用。

在联合国开发计划署发展治理评估的政治维度的同时,随着联合国千年发展目标在世界上主权国间达成共识,援助机构和政府间援助组织也逐渐重视治理评估的政治维度,它们越来越多地使用治理作为一种概念性和应用性工具,以设计不同的援助领域和更好地实现其援助责任。例如,2002 年,布什政府启动了千年挑战账户(the Millennium Challenge Ccount),以受援国的绩效为基础来分配美国的对外援助资源,而测量受援国表现的维度之一就是治理。

随着治理和善治概念的发展,对治理和善治的评估也经历了由原来关注其经济维度扩展到政治维度甚至扩展到"民主治理"内涵的变化,经历了由原来技术的、非政治的治理扩展到带有价值取向的治理内涵的变化。

4. 治理评估工具与方法

不同类别的治理评估，所使用的评估工具和方法也不一样。联合国开发计划署曾在 2002 年人类发展报告中指出，用于测量人权、民主和善治的各种评估项目目前面临着巨大困境，即基本上不存在互不矛盾的测量工具。[①] 不同的治理评估类型和不同的测量工具决定着不同的评估数据收集方法，收集原始数据的方法有很多：国家人口普查；入户调查；公众评价。公众评价的方法又有很多，如通过国际评判小组、民意调查、重点群体和专家意见等作为收集公众评价的方式；依靠开展评估项目的那些机构内部专家意见；由政府和政府间机构收集的官方统计数据、对政府义务的监控以及对促进或阻碍民主、人权或善治的个别事件的监控。另外，还有大量的二手资料的收集方法，主要是一些学术机构使用大量一手资料而对民主、人权和善治进行比较测量后形成的数据。

来看一看另外一种对治理评估取向进行的分类：（1）依靠对个别专家或一小群专家（可以是国际的也可以是国内的专家）进行测量，例如，BTI、ICRG、GII 和自由之家的评估；（2）公民的样本调查，如 UNDP 的 GIP 项目，OECD 的 Metagora 项目以及各种各样的晴雨表调查项目；（3）以二手资料为基础，综合各种现存的调查以获得覆盖某个国家范围的数据，如世界银行的 WGI 指标和透明国际的 CPI 指数就是这样；（4）对地方专家和重要利益方的调查，采用这种评估方法的多数评估项目关注的都是治理的商业维度，覆盖的人也都是与商业相关的群体，如 WEF、BEEF 和 IFC 的一些相关评估项目。

不同的方法论导致不同类别的数据，主要有三类[②]：

（1）以调查为基础的数据（survey-based data），主要是用于测量民主、人权和善治的感知水平，例如，使用标准化的入户调查测量，这种测量需要

---

① UNDP, Human Development Report, 2002, p. 36.
② Final Report of "Map－making and Analysis of the Main International Initiatives on Developing Indicators on Democracy and Good Governance", University of Essex－Human Rights Centre, 2003.

一组相关问题，以确定大众的感知水平。大部分调查使用对目标群体进行随机抽样的做法，然而，对治理和善治的评估却主要不是使用随机抽样，而是采用一个国家范围内的"重要人物"（important persons）这样的小样本（大于20，小于50个样本），如该国来自商业、政府和工业界的重要人物，如联合国大学的世界治理调查、透明国际的腐败感知指数就使用这种方法收集资料。使用随机抽样方法而得到调查数据的评估项目，如全球晴雨表调查、新欧洲晴雨表调查（始于1991年）、拉丁美洲晴雨表调查（始于1995年）和非洲晴雨表调查（始于1999年）以及东亚晴雨表调查（始于2001年）、世界价值观调查（1997年）、盖洛普千年调查等。

（2）以标准为基础的数据（standards-based data），主要是基于一种框架性理念而设立，然后以一些资源信息为基础，通过这种框架来判断理念被实现的程度。这样的测量使用标准化的量表（顺序的、区间的、名义的）来赋予一个国家一定分值。这种量表通常被聚合成一个单一的指标。例如，自由之家的公民和政治自由分值就是一种以标准为基础的数据，它采用1—7的顺序分值。

（3）以事件为基础的数据（events-based data），这种数据主要是以统计一些特殊事件为基础，获得这些特殊事件的资料来源可以是新闻报纸、非政府组织的信息网络、政府绩效的商业性评估等，事件又可以分为积极事件和消极事件。

5. 治理评估指标

治理评估指标大致可以分为客观与主观指标；投入、过程与结果指标；绩效指标和过程指标；聚合和分解指标等。

（1）客观与主观指标。客观指标如投票率、社会经济绩效、人权条约签署与否；主观指标如，基于专家意见调查或者大众民意调查而得到的数据，某个国家的自由表达程度或者公众对官员腐败程度的感知水平。

（2）投入指标、过程指标和结果指标。投入指标旨在测量义务和责任承担者的表现情况（也即为实现责任和义务而投入多少）；过程指标旨在测量政策执行的过程；而结果指标则旨在测量取得进步的程度。

（3）绩效指标和过程指标。绩效指标主要是指依据标准结果来测量治理的质量，如腐败程度；过程指标主要是指依据结果如何产生来测量治理的质量。

（4）聚合指标和分解指标。聚合指标可以用于不同国家的排名和国别比较，而分解指标可以用于指出并支持政治改革过程中的问题所在。

从方法论的角度看，治理评估指标存在如下问题（University of Essex，2003）：（1）有效性（validity），即该指标是否测量了它希望测量的内容；（2）可靠性（reliability），即指标能不能由不同人群使用相同的编码规则和资源而被制定出来；（3）测量偏差（measurement bias），即是否有些问题具有系统的测量误差；（4）指标设置缺乏透明（lack of transparency）；（5）代表性（representativeness），即对于调查资料来说，个体样本的性质是什么；（6）方差误差（variance truncation），即量表的分类合理程度；（7）信息偏差（information bias），即什么样的信息资源被使用；（8）聚合问题（aggregation problem），即对于综合打分，综合规则在逻辑一致性上的程度如何。

有学者跟踪治理指标的演进过程，把治理指标分为第一代和第二代指标，指出第一代和第二代治理指标之间的根本区别在于，第一代治理指标有助于引起人们对一些重要问题的关注，但并不能为实际的改革进程提供有建设性意义的洞见，而第二代指标体系却指向推动实际进步的努力。与第一代指标体系相比较，第二代指标体系具有如下四个特征：（1）产生过程透明。提出来的指标应该经过很完整的记录过程而是可复制的，这些数据应该来自政治可接受的资源；（2）可获得多个国家和多个时间段的数据。为了测试指标和有价值的结果之间的关系，覆盖大范围的国家是必需的，而且，理想地说，应该建立一种将来可以根据指标而收集资料的制度化程序；（3）高质量和准确。指标应该是以一种一致的方式在多个国家间测量，而且指标应该反映其试图测量的内容；（4）具体化。指标应该要么测量一套具体的治理制度，要么测量某种固定的结果。①

6. 治理评估指标的使用（目标与用途）

从广义的角度来说，治理评估的目标有四种：用于治理状况的国别比较或总体水平的比较；用于分析一个国家范围内的治理总体状况或一般趋势；用于测量或跟踪某一主权国政府实现其应有的义务和责任的程度，或者跟踪其一段时间内取得治理进步的程度；用于测量主权国在某一方面或某一领域的实际治理状况，如该国人权的享有程度。

在国际治理评估领域，治理评估指标的使用者主要是投资者、援助机构、媒体、学术机构或者公民社会倡导组织，其用途则在于给投资者、援助机构、媒体、学术机构或者公民社会倡导组织提供相关信息，为投资者的投资决策、援助机构的援助分配决策以及公民社会的倡导等提供依据。

从以上介绍我们可以看出治理评估领域的演进过程：（1）从关注治理的经济维度过渡到关注治理的政治维度，从关注治理的技术层面过渡到倡导治理的核心价值；（2）从治理评估服务于援助分配、投资决策和价值倡导到重视促进和改善治理的实际过程以实现真正的善治；（3）从外部评估的国别比较逐渐转向倡导和促进国内评估。

除了前面提到的治理评估指标存在的具体问题外，从总体来看，治理评估领域存在如下三个问题：（1）尽管近些年来治理评估取得不少进步，但是，现存的数据在提供关于治理的完整画面方面（尤其是关于发展中国家的治理状况方面）仍然非常有限；（2）覆盖世界范围内的治理数据的来源仍然非常少，多数仅限于有限的样本国家；（3）每个机构都使用不同的方法和方法论来采集数据，因而缺乏一套可以共享的考虑到治理主要方面的整体性的治理评估。

---

① Knack, Stephen, Kugler, Mark & Manning, Nick, "Second-generation Governance Indicators", *International Review of Administrative Sciences*, p. 69.

五、初步结论

前面的论述试图给读者提供关于国际治理评估领域的主要面向。从前文的回顾中，我们至少能得出这样几个初步结论：

第一，在国际治理评估领域，关于治理和善治概念并没有达成一致认识，更没有形成治理和善治评估的统一标准。这也是国际治理评估领域的共识。关于治理和善治的概念，甚至有人认为，还远没有达成共识：比如，第一代和第二代指标的演变情况反映出来，尤其是那些建立一套统一标准对国际上许多国家的治理状况进行评价的那些指标体系的做法，大家其实还没有一致看法。虽然有人认为进行各国治理状况的排序非常重要，但是，前提是需要一套公认的、科学的、客观的评价指标，但是实际上还没有一套公认的指标。另外，关于评价的方法、工具、过程以及指标体系，进行治理评价的机构和研究者也经常进行反思。

第二，关于治理的重要因素和核心价值。在国际治理评估领域，无论不同的治理评估项目在治理和善治概念上如何混乱、在方法论上如何不一致，关于治理的关键因素和核心价值仍然有一个基本的认识，即治理必定是政府、公民社会和私人部门三方的合作互动，善治所涉及的主体价值必定包括民主、人权、法治、平等、透明、负责任等基本内容。因此，只要有了关于治理的核心价值的共识，在这些核心价值之下，具体指标的制定则需要依据各个国家的实际情况。西方治理和善治的标准可能有时候并不适合用来评价其他国家，这也是外部评估所遇到的困境。

第三，治理指标的设置需要指向改善治理状况。正如前面提到的，国际上治理评估在方法论、工具等方面依然面临很多的挑战，但是，如何通过评估加强和达到善治可能是一个更重要的问题。治理评估的目标不应该仅仅限于援助分配的决策依据，也不应该是通过采取撤销援助款而用来惩罚那些治理不好的国家，而是如何通过治理评估发现治理现状中的问题，支持并促进治理和善治的完善。目前，在巴黎宣言和联合国的千年发展目标的倡导背景下，国际上也已经开始有一些促进主权国进行自我评估的努力，而且这样的评估目标在于指向改进治理中的问题，中国与联合国开发计划署合作的中国治理评估项目就是这样的努力之一。

当然，对于这些新兴的治理评估项目来说，仍然面临新的挑战，如有人提出这样一个问题①：国际上一些促进主权国进行自我评估的努力，虽然强调主权国的自我评估，强调评估应该与国家发展计划和其他政治责任相一致，强调国内不同利益相关者参与评估过程，强调评估过程的透明等，但是，与此相关的一个重要的困境是：毕竟这样的评估项目从方法、资金资助和知识来源方面主要还是外部启动的。如何克服这样一个困境，这种外部支持者的存在对发展和建立主权国自己的数据库和发现到底意味着什么，仍然是个不得不问的问题。

---

① Rakner, Lise & Wang, Vibeke, "Governance Assessments and the Paris Declaration", A CIM ISSUES Paper Prepared for the UNDP Bergen Seminar September, 2007.

治理评价体系的国内文献述评[*]

何增科[**]

一、国内与治理相关的宏观评价体系述评

治理评价体系反映的是政治发展、政治现代化和现代政治文明的实现程度。目前，国内学界有关治理的宏观评价体系包括现代化评价指标体系、全面建设小康社会进程统计监测评价体系、和谐社会评价指标体系、全国文明城市测评体系等。

（一）现代化评价指标体系

改革开放后，邓小平同志领导中国共产党确定了"三步走战略"，提出到21世纪中叶基本实现现代化，进入中等发达国家的行列。为了科学地测量我

---

[*] 本文是笔者参加俞可平教授主持的"中国治理评估框架"项目的一个研究报告。该项目得到了联合国开发计划署的资助。联合国开发计划署奥斯陆治理中心为项目组成员到访培训进行了精心的准备，他们所介绍的治理评价方法和知识使笔者受益良多。俞可平教授对报告的修改提出了指导性意见。笔者特此致谢！本文原载于《经济社会体制比较》，2008年第6期。

[**] 何增科，中央编译局比较政治与经济研究中心主任、研究员。

国整体及各地区现代化的具体进展，我国学术界和各级政府在建立现代化评价指标体系方面进行了积极的探索，取得了不少成果，例如中国科学院何传启为主完成的两次现代化指标体系、中国社会科学院朱庆芳为主完成的现代化指标体系、原国家计委宏观经济研究院提出的指标体系、中国人民大学的指标体系，以及广东、江苏、浙江、天津等省市提出的指标体系。这些评价指标体系在具体指标选择上虽有差异，但评价维度却大同小异。评价标准多依据1990年代中期中上等国家的现代化指标作为参照系，确定我国到21世纪中叶基本实现现代化的标准值，并据此逐年和分地区测量我国现代化的实现程度，定量评估现代化的实际进展。

　　现代化的内涵决定着现代化的评价框架的基本要素或维度。随着我国学术界在学习借鉴国际现代化理论基础上对现代化内涵的理解日益加深，现代化的评价维度日益丰富。目前我国现代化的评价维度主要包括：经济现代化、社会现代化、科技现代化、城市化、信息化、国民素质现代化（人的现代化）、生活质量现代化、生态现代化等。① 我国现代化评价体系所依据的现代化理论提到了政治的现代化，即从传统的政治形态走向现代民主和法治政治。② 但在各种现代化评价指标体系的二级指标体系中却唯独缺少政治现代化这个基本维度或要素，尽管在个别评价体系的三级或四级评价体系中包含了诸如腐败程度等个别具体的治理指标。如《中国现代化报告》作者提出的衡量第一次现代化实现程度的10个指标包括人均GNP、农业增加值比重、服务业增加值比重、农业劳动力比重、城市人口比重、医疗服务、婴儿存活率、预期寿命、成人识字率、大学普及率；第二次现代化指数包括知识创新指数、知识传播指数、经济质量指数和生活质量指数。这些指标和指数中缺乏反映政治发展和政治现代化的治理指标或指数。生态现代化理论的倡导者提出了民主参与的原则是解决生态环境问题的十大指导原则之一，但在具体的指标

---

　　① 姜玉山、朱孔来：《现代化评价指标体系及综合评价方法》，载《统计研究》，2002年第1期，第50—54页。
　　② 中国现代化战略研究课题组、中国科学院中国现代化研究中心：《中国现代化报告2003——现代化理论、进程与展望》，北京大学出版社2003年版。

上却没有反映出来。何传启领导的课题组每年发表一份《中国现代化报告》，定期公布中国现代化的年度进展和各地区进展情况，产生了较大的影响。他们的现代化评价指标体系主要由客观指标和客观评价组成，不包含主观指标和主观评价，成本的考虑使他们舍弃了问卷调查法，这或许是一大遗憾。

（二）全面建设小康社会进程统计监测评价体系

1987年10月召开的党的"十三大"正式确立了将人民生活达到小康水平列为"三步走"发展战略的第二步目标。1991年国家统计局联合其他有关政府部门组成课题组，于1992年制定了小康社会指标体系，分为宏观经济条件、生活质量和生活效果三大领域12项指标。此后，国家计划委员会与国家统计局于1995年联合提出了全国人民小康生活标准的综合评价体系，该体系包括经济水平、物质生活、人口素质、精神生活、生活环境等五大领域16项分指标。

进入新世纪后，党的"十六大"明确提出了今后20年全面建设小康社会的奋斗目标，全面建设小康社会成为我国党和政府确定的基本实现现代化战略目标中的一个阶段性目标。"十六大"提出的全面建设小康社会的目标，包括经济发展、民主法制、国民素质、生态环境等四大方面的目标。"十七大"进一步提出了在经济建设、民主政治建设、文化建设、社会事业发展、生态文明建设五大方面的奋斗目标。根据一些专家的研究，小康社会的底限（进入小康社会的门槛），相当于国际上通常的中下等收入国家的平均水平，而小康社会的上限（走出小康的标准），则相当于国际上通常的中上等收入国家的平均水平。① 目前国家发展和改革委员会课题组正在研究制定新的全面小康评价指标体系。国家统计局则在原有小康社会统计指标体系基础上研究开发了全面建设小康社会进程统计监测指标体系，该体系由经济发展、社会和谐、

---

① 黄应绘：《全面小康指标体系研究》，载《生产力研究》，2004年第1期，第19页。

生活质量、民主法制、科教文卫和资源环境六个领域25个指标组成。具体指标包括：人均国内生产总值、居民人均可支配收入、平均预期寿命、第三产业比重、城镇人口比重、城乡居民收入比、恩格尔系数、五岁以下儿童死亡率、平均受教育年限、高中阶段毕业生性别比、基本社会保障覆盖率、常用耕地面积指数、居民人均生活用电量、公民自身民主权利满意度、家用电脑拥有量、社会安全指数、民用载客汽车拥有量、研究和开发经费支出占GDP比重、万元GDP用水量、单位GDP能耗、环境质量指数等。他们还根据中国国情确定了这套指标所要达到的目标值，为具体衡量全面小康社会进程提供了比较科学的依据。国家统计局运用这套指标体系对2000年到2006年我国全面建设小康社会进程进行了统计分析，提出2006年我国全面建设小康社会的实现程度达到69.05%，而其中民主法制实现程度高达88.18%，为六大目标中的最高值，2006年全面小康实现程度总体比上年提高了3.28个百分点。民主法制类指标只有一项主观指标，即公民自身民主权利满意度，显得非常单薄，而且从评价得分来看明显偏高，存在着一定的片面性。这套指标体系特别是其中有关民主法制的指标还有待在实践中进一步加以完善。

此外，一些省市也相继推出了自己的全面小康指标体系。《江苏全面建设小康社会指标体系》由经济发展、生活水平、社会发展、生态环境等四大类18个项目25个具体指标组成，其中社会发展类包括了人民群众对社会治安满意率、城镇社区和农村村委会依法自治达标率等政治发展状况指标。吉林省统计局也提出了自己的《全面建设小康社会的统计监测指标体系》，他们将指标体系的构成要素确定为六类，即经济发展类、民主健全率、科教进步类、文化繁荣类、社会进步类、人民生活类共42项指标，其中民主法制类具体包括刑事犯罪率、每万人拥有律师数、社区居委会选举参选率等3项指标。①

---

① 张建华、卞亚萍、王宏阳：《全面建设小康社会的统计监测指标体系》，载《统计与决策》，2003年第8期，第9—11页。

(三)和谐社会评价指标体系

党的"十六大"把"社会更加和谐"作为全面建设小康社会的目标之一提了出来,十六届六中全会又提出了社会主义和谐社会的六大特征即民主法治、公平正义、诚信友爱、充满活力、安定有序、人与自然和谐相处,并全面阐述了构建社会主义和谐社会的具体要求。和谐社会就其内涵或特征来说与政治发展、政治现代化的关系更为密切,与治理评价体系的关联度也更高。全面建设小康社会和构建社会主义和谐社会相互包含、相辅相成,同时构建社会主义和谐社会比全面建设小康社会时间跨度更长、要求也更高。制定和谐社会评价指标体系,对社会和谐程度进行定量化的统计监测,对于提高党构建社会主义和谐社会的能力具有重要的意义。建设和谐社会思想提出后,有不少政府部门、研究机构和研究人员开展了对和谐社会的定量分析工作。齐心、梅松的研究表明,目前至少已经有18个和谐社会综合评价指标体系,其中3个是由统计部门包括国家统计局、北京市统计局和湖北省统计局,4个指标体系由研究机构包括中国社会科学院、中国科学院、深圳社会科学院和江苏社会科学院,其余11个指标体系以研究者个人名义提出。这18个指标体系有2个以全国层面为评价对象,9个以地区层面为评价对象,其余指标体系没有明确评价对象层面。18个指标体系中采用广义的和谐社会概念的有10个,采用狭义的和谐社会概念的有8个。18个指标体系的指标数量在6到42个之间。①

国家统计局课题组于2006年提出了到2020年我国全面建设小康社会进程中的和谐社会统计监测指标体系。该项研究将"社会和谐指数"分解为6个层次的子目标,即民主法治、公平正义、诚信友爱、充满活力、安定有序、人与自然和谐相处,并提出了25个三级指标。该指标体系采用平均赋权的方

---

① 齐心、梅松:《大城市和谐社会评价指标体系的构建与应用》,载《统计研究》,2007年第7期,第17—18页。

法，6项分层指标重要程度相当于大体平均赋权，层内也采取平均赋权的方法。此外，一些地方政府也建构了自己的和谐社会指标体系。

国家统计局直接将和谐社会的六个特征作为社会和谐指数的六个子目标或评价维度，对它们之间的关系缺乏科学的论证，失之于简单化。三级指标设置上，将基层选举投票率归类于"充满活力"是否妥当值得商榷。民主法制类指标只有一项公民自身民主权利满意度，仍显薄弱，廉政指数和社会安全指数仍是空缺。

不少研究机构和研究者也提出了和谐社会评价指标体系。这些研究者提出了各自的和谐社会二级指标，不同的二级指标体系反映了他们对和谐社会内涵的不同理解。这些和谐社会的二级指标中有些子项和治理评价体系的基本要素直接相关，如民主法治、公平正义、安定有序、政治文明、制度建设等。而三级指标中除个别指标如民主制度健全程度、法制完善程度无法测量外，其余指标都比较容易测量和计算。这些指标既包括了客观的统计指标，也包括测量公众满意度的主观指标，后者需要通过抽样问卷调查方法来获取数据。这些具体的指标对于将来治理评价指标的选取具有一定的参考价值。

（四）全国文明城市测评体系

在全国各类城乡达标评比活动中，影响最大、生命力最强的是全国文明城市评比活动。为了适应精神文明创建和评比活动的需要，中央文明委于2006年9月正式颁布了他们组织众多专家学者集体研制的《全国文明城市测评体系》。该体系从廉洁高效的政务环境、公平公正的法治环境、规范守信的市场环境、健康向上的人文环境、安居乐业的生活环境、可持续发展的生态环境、扎实有效的创建活动等七个方面的119项具体指标对城市文明程度进行综合评价。该体系中廉洁高效的政务环境、公平公正的法治环境等方面的具体指标与治理评价基本要素直接相关。该指标体系采取现场观察法、问卷调查法、数据材料审核法等多种方法进行综合评价，指标的权重和标准值都进行了精心的论证。该指标体系无论从指标设置、评价标准、评价方法、权重设置等方面都比较科学、可行，涉及的地方党政众多部门也给予积极的配合。定期开展的全国文明城市评比活动在实践中也产生了很大的影响。该指标体系的成功经验有三：第一，它是学术界与全国性党政部门合作开发评价指标体系的成功范例；第二，该指标体系兼顾了文明程度评价的科学性与实际评比中的可操作性；第三，它由权威性的和综合性的党的领导部门加以推动，容易得到地方党政领导的重视和配合。实地考察、问卷调查、多部门提供数据，是一种成本较高且需要得到地方政府主动配合的评价方法，它对评价机构的权威性和经济实力都提出了很高的要求。

二、国内与治理相关的中观和微观评价体系述评

国内目前与治理评价直接相关的中观和微观的单项评价体系已有不少，包括城市法治环境评价体系、妇女参政指标体系与性别平等指标、社会稳定指标体系、政府绩效评价指标体系、党政领导干部政绩考核评价体系、公共部门或政府服务公众满意度评价指标体系。

（一）城市法治环境评价体系

北京市"城市法治环境评价体系与方法研究"课题组经过多年研究，于2002年提出了城市法治环境评价指标体系。该指标体系遵循科学性、操作性、可比性、典型性的原则，从存量、质量、结构、变动度四个维度对城市法治环境进行综合评价。① 他们提出的城市法治环境评价指标体系见表1：

---

① 秦立强、王长松：《构建城市法治环境评价指标体系的设想》，载《公安大学学报》，2002年第5期，第12—18页。

表 1　北京市课题组"城市法治环境评价指标体系"

	立法	执法与司法	投入	公民权利保障
存量	1. 法规规章总量（万件） 2. 年制定、变更及废止法规规章数	1. 法院一审人均年收案人数（万件/万人） 2. 行政机关人均年查处案件数（万件/万人）	1. 人均年政法经费数（万元/万人） 2. 人均诉讼费（万元/万人）	1. 人均年行政复议案件总量（万件/万人） 2. 人均年行政诉讼案件总量（万件/万人） 3. 万人律师数
质量		3. 法院二审改判、发回重审案件占总收案件数的比例（%）		
结构		4. 法院年强制执行案件数（万件/万人） 5. 法院年申请强制执行案件数（万件/万人）		4. 人大代表直接选举选民投票率（%） 5. 离婚率（%）
变动度		6. 法院年收案数增长率（%） 7. 行政机关年查处案件增长率（%）	3. 政法经费的年增长率	6. 行政诉讼案件年增长率（%）

资料来源：录自"城市法治环境评价指标体系"。

该指标体系的优点是从立法、执法与司法、投入、公民权利保障等四个方面，按照存量、质量、结构、变动度四个维度评价城市法治环境，照顾到了过程指标和结果指标，兼顾了投入指标和效果指标，是一种立体的、全方位的评价体系。它对于评价全国范围的法治水平也具有借鉴作用。这一指标体系如能在多个城市进行测评检验并加以完善，其影响将更大。

（二）性别平等指标与妇女参政指标

近年来，一些妇女研究机构和学者积极从事性别平等指标、妇女参政指标、妇女发展指标研究开发工作，并积极呼吁将性别平等与妇女发展指标纳入全面建设小康社会指标体系，实现国家发展决策中的性别平等主流化。[①] 国内妇女研究机构和学者在借鉴国际上有代表性的性别平等衡量指标基础上开发出了一些衡量妇女社会地位和妇女发展的评价指标体系。全国妇联妇女研究所提出了自己的性别平等与妇女发展指标体系，它包括教育、经济就业、政治决策、生命健康、家庭和生活方式、法律和社会环境等6个子指标组和40—60个具体指标构成，初步选定了城镇单位就业人员的女性比例、人大代表中的女性比例、高中毕业生中的女性比例、出生性别比四个指标作为核心指标，建立了"性别平等指数"和"妇女发展指数"两个综合评价指数，并对全国各地区性别平等与妇女发展程度进行了初步评估。郭砾开发出了一套妇女参政指标体系，包括妇女参政的客观指标和主观指标以及妇女执政指标。他的妇女参政客观指标包括：女干部占干部总数的比例；中共党员中女党员的比例；民主党派中女成员的比例；各级国家机关、党群组织、企事业单位女领导干部比例；各级人大代表中女性比例；各级政协委员中女性比例；司法机构中女性比例，立法、执法机构中女领导干部比例；县（市）、省直厅局和中央各部委女后备干部比例；享有选举权的女性在政权选举中的公民投票率、村委会选举中女性投票率。[②] 这些指标体系对于构建性别敏感的治理评价体系很有参考价值。

（三）社会稳定指标体系

近年来，为了有效应对各种危机和风险，国内一些学者和政府部门分别开发出了社会稳定指标体系，比较有代表性的有宋林飞的社会风险指标体系、阎耀军的社会稳定指标体系和上海市开发的"上海社会稳定指标体系"。

宋林飞的社会风险指标体系的主要构成有三项：从警源指标来看，包括

[①] 姜秀华：《将性别平等与妇女发展指标纳入全面建设小康社会指标体系》，载《妇女研究论丛》，2004年第3期，第64—67页。

[②] 郭砾：《建立中国妇女参政指标体系的构想》，载《学术交流》，2001年第6期，第123—124页。

经济方面的失业率、通货膨胀影响率、贫困率、企业亏损率、城乡居民收入差距、城市居民收入差距、农村居民收入差距；政治方面的干部贪污、干部渎职、政策变动频率、政策后遗症；社会方面的犯罪率、离婚率、人口流动率；自然环境方面的严重灾害；国际环境方面的世界经济衰退、严重物价波动、意识形态对立。从警兆指标来看，包括经济方面的抢购风、挤兑风、怠工、抛荒；政治方面的牢骚、激进言论；社会方面的小道消息、劳动争议、污染与破坏事故、非制度化团体；自然环境方面的农业食品短缺；国际环境方面的经济摩擦和政治争论。从警情指标来看，包括经济方面的集体上访、集体静坐、集体罢工；政治方面的行政诉讼、政治集会、游行示威；社会方面的恶性侵犯事故、暴力群斗、团体犯罪、宗教冲突、民族冲突、动乱；以及生命损失、财产损失、生产损失、经济制裁、政治干预、敌对行动等指标。[1]

阎耀军社会稳定指标体系包括生存保障指数（个人保障指数、社会保障指数）；经济支撑指数（经济增长指数、协调发展指数）；社会分配指数（空间差距指数、阶层差距指数）；社会控制指数（硬性控制指数、软性控制指数）；社会心理指数（民众满意指数、民众容忍指数）；外部环境指数（域外扰动指数、灾害扰动指数）。[2]

上海社会稳定指标体系包括社会稳定一般状态指标（社会痛苦指数、公共安全指数、精神卫生指数、社会紧张指数、利益保障指数）；社会稳定突变状态指标（社会冲突指数、社会腐败指数、社会分裂指数）；社会稳定解释性指标（经济总量指数、生活水平指数、贫富差距指数、社会保障指数、人口和家庭指数、社会参与指数、政治透明度指数、社会间距指数、价值观念整合指数）。[3]

---

[1] 宋林飞：《社会风险指标体系与社会波动机制》，载《社会学研究》，1995 年第 6 期，第 90—94 页。

[2] 阎耀军：《社会稳定的计量及预警预控管理系统的构建》，载《社会学研究》，2004 年第 3 期，第 1—10 页。

[3] 上海《社会稳定指标体系》课题组：《上海社会稳定指标体系纲要》，载《社会》，2002 年 12 月，第 8—12 月。

这些社会稳定评价指标体系与治理状况测量直接相关，可以在开发治理评价体系时加以吸收和借鉴。

（四）政府绩效评价体系

对政府部门和工作人员的工作绩效进行科学的评价，是党政机关工作考核和人事考评的重要内容，同时也是人事奖惩、升降的重要依据。国家人事部正在部分省市开展政府绩效评价试点工作并将适时推出政府绩效评价的指导性意见。在国家人事部（现为人力资源和社会保障部）等部门的大力推动下，我国不少省市开发了政府绩效评价体系，开展了政府绩效评估工作，杭州市政府还专门建立了考评办公室从事政府绩效考评工作。一些学者也在积极从事政府绩效评价的研究工作。政府绩效评价体系与治理评价特别是治理绩效评价有着密切的关系，值得认真加以考察。

有的学者将我国政府绩效评价指标体系分为三大类：以政府内部管理为视角测量组织绩效；以关键议题解决为核心的目标责任制考核体系；外部公众参与的评价模式，包括公众评价机关活动和行风评议活动等。一些学者认为理想的政府绩效指标设计模式应该综合利益相关者满意、关键议题解决和管理能力等内外两方面的绩效指标维度。[1] 白景明认为，确定政府绩效评价标准首先要考虑到行政行为的合规性，依法行政、照章办事就是成绩；其次是考虑政府工作的效益性，包括公共产品的数量和外部正效应等。他还建议吸收政绩考核的有用之处推行绩效预算。[2] 温美琴则从完善绩效审计的角度设计了一套政府绩效审计评价指标体系，对政府工作的经济性、效率性和效果性进行全面的评价。[3] 不同的学者对政府绩效评价提出了不同的维度，有的指标体系从职能指标、影响指标和潜力指标三个维度衡量政府的投入、产出、效

---

[1] 吴建南、杨宇谦、阎波：《政府绩效评价：指标设计与模式构建》，载《西安交通大学学报》（社会科学版），2007年第5期，第79—85页。

[2] 白景明：《如何构建政府绩效评价体系》，载《地方财政研究》，2005年第9期，第26—29页。

[3] 温美琴：《政府绩效审计评价指标体系的设计》，载《统计与决策》，2007年第19期，第67页。

果、效益；有的指标体系则从政府公共服务、公共产品、政府规模和居民经济福利等四个评价维度衡量政府职能履行情况；有的指标体系从经济建设、社会发展和精神文明、党的建设等三个方面设置具体指标；还有的指标体系运用平衡记分卡模型，从财务、学习与成长、顾客和相关利益主体、内部经营管理四个维度进行指标设置。

众多政府绩效评价体系中真正有影响的还是各级政府自己制定的政府绩效评价指标体系，其中比较有代表性的有杭州市考评办制定的市直单位综合考评体系和厦门市思明区制定的公共部门绩效评估体系。浙江大学和厦门大学等当地高校公共管理学者参与了相关政府绩效评价体系的制定工作。杭州市直单位综合考评内容包括目标考核、领导考评和社会评价三个部分。目标考核主要考核各部门职能工作目标和共性工作目标，后者包括领导班子建设、党风廉政建设、机关文明和效能建设，考评主体是市考评办和专门监督机关。领导考评主要内容是考评各单位工作目标和市委、市政府交办任务完成情况来对总体工作实绩进行评价，由市考评办组织实施，领导评价仅占 5 分。这两部门考核内容合计为 50 分加减，而社会评价分数则高达 50 分，由市考评办组织公众来完成，社会评价内容包括服务态度和工作效率、办事公正和廉洁自律、工作实效和社会影响三项内容。杭州市政府绩效综合考评体系有两个突出特色：一是将各单位创新、创优纳入目标考核，鼓励各单位创造性地完成本职工作；二是将社会评价放在综合考评的突出位置，为公众参与政府绩效评价提供了有效的渠道。厦门市思明区在厦门大学公共管理学教授卓越帮助下制定了公共部门绩效评估评分表和群众满意度调查表，它们共同构成了公共部门绩效评估体系。公共部门绩效评估评分表的评估维度包括基本建设、运作机制、业务实绩，评估主体包括综合评估组织、有关职能部门、行政相对人、直接领导、投诉中心和被评估对象。基本建设评价维度包括的指标有思想建设、组织建设、政风建设、制度建设、计划生育一票否决、社会治安综合治理一票否决、重大责任事故一票否决，运作机制包括由行政相对人评价的依法行政、举止文明、环境规范、务实高效、程序简明以及由直接领导评价的班子素质、工作质量、政令畅通、整体形象和投诉中心评价的投诉成立率和整改程度等指标，被评估对象自我评价的各自业务实绩指标占 40 分。群众满意度调查表则对行政相对人评价的五项内容设置具体的指标要素，满意程度按照非常满意、满意、比较满意、一般、不满意五个等级进行评价。由行政相对人（公民）定量评价政府工作是该评价体系的一大优点。不足之处是行政相对人评价所占的分数不高，他们与直接领导、投诉中心共享 36 分，而被评估对象自我评价独占 40 分，后者所占评价比例明显过高。

（五）党政领导干部政绩考核评价体系

按实绩用干部是改革开放以来中国共产党提拔任用党政领导干部的一条重要原则。为了贯彻这条原则，中组部和地方各级党委组织部门积极探索建立科学的党政领导干部政绩考核评价体系。中组部 1998 年制定了《县级党政领导班子政绩考核办法及考评标准体系》并在全国部分县市试点。这个考评体系共分三大类 18 个指标体系：一是经济发展指标；二是社会发展指标；三是精神文明建设和党的建设指标。[①]

新一届中央领导人提出科学发展观的要求后，中组部和各级地方党委组织部门积极探索建立体现科学发展观要求的党政领导干部综合考核办法与考评标准体系。2006 年中组部印发实施了《体现科学发展观要求的地方党政领导班子和领导干部综合考核评价试行办法》，该办法要求综合运用民主推荐、民主测评、民意调查、实绩分析、个别谈话和综合评价等方法对干部进行综合考核评价。领导班子民主测评设置了 14 个评价要点，包括政治方向、精神面貌、贯彻落实科学发展观、执行民主集中制、选人用人、处理利益关系、处理突发事件能力、经济建设、政治建设、文化建设、社会建设和党的建设以及党风廉政建设等。领导干部个人的民主测评按照"德、能、勤、绩、廉"要求设置测评内容，共有 12 个评价要点。对领导班子民意调查设置了"群众

---

① 张青：《科学的领导干部政绩考核评价体系》，载《行政与法》，2005 年第 5 期，第 65 页。

物质生活改善状况"、"依法办事、政务公开情况"、"公民道德教育情况"、"城乡扶贫济困情况"、"社会治安综合治理情况"等 12 个评价要点，以了解当地居民对领导班子工作成效和形象的社会评价。实绩分析具体包括上级统计部门提供的本地人均生产总值及增长、人均财政收入及增长、城乡居民收入及增长、资源消耗与安全生产、基础教育、城镇就业、社会保障、城乡文化生活、人口与计划生育、耕地与资源保护、环境保护、科技投入与创新等方面的统计数据与评价意见，以及上级审计部门提供的有关经济责任审计结论和意见以及群众的评价（人民网，2006 年 6 月 7 日）。

一些学者也对党政领导干部政绩考核评价体系进行了积极的探索，产生了不少有益的成果。吴江提出，党政领导干部工作绩效应当包括工作效率和工作成果与所提供的公共产品和公共服务的社会效益和社会影响两个方面，考评指标体系设计必须遵循价值导向、职能依据和公众满意等三个原则。① 张青认为，领导班子考核指标应当包括通用指标、专用指标、动态指标和公众评议指标四大类。通用指标包括行政效率指标、廉洁度指标、民主政治建设和党建工作指标、人力资源与人文指标、社会稳定指标等。专用指标则根据各个部门目标责任内容设定。动态指标包括安全生产控制指标、防病指标、重特大交通事故发生率指标等。公众评议指标包括群众满意度指标等。② 学者们所制定的党政领导干部政绩综合评价体系主要发挥一种启发和引导的作用，只有为各级组织部门所采纳才能真正发挥测评作用。

（六）公共服务公众满意度评价体系

近年来，在政府绩效评估中引入公民评议或社会评价已经成为一种普遍的趋势。对政府公共服务进行公众满意度测量是实现公民评议政府科学化的重要手段，同时它也是一种重要的治理评价体系。我国一些学术机构在借鉴

---

① 吴江：《领导干部绩效考评体系的设计思想》，载《城市管理》，2005 年第 3 期，第 13—15 页。
② 张青：《科学的领导干部政绩考核评价体系》，载《行政与法》，2005 年第 5 期，第 65 页。

国外测评方法基础上积极构建适合我国国情的公众满意度测评理论和测评指标体系。尤建新等人构造了一个公众满意度指标体系并运用这一指标体系对上海世博会动迁工作公众满意度进行了实际测评。吴建南等人建立了一个公共部门公众满意度测评模型并进行了实证分析。刘娟等人设计了一个公共服务满意度指标体系并据此对北京市公共服务满意度指数进行了实地调查研究。

刘娟的公共服务公众满意度指标体系比较适合于对城市公共服务进行公众满意度的测评，而且也经过了北京市测评的实际检验，具有较强的可操作性。尤建新的公众满意度评价体系可用来对政府某一项具体工作或工程项目的公众满意度进行全方位的满意度测评，有利于政府发现不足，以改进自身工作。吴建南的公众满意度评价体系充分吸收和借鉴了美国顾客满意度模型优点并加以改良，从公众信息、公众期望、感知质量、感知价值、公众满意度、公众抱怨、公众信任等七个维度全面考察公众对公共服务的满意度，这一模型更加科学、合理，学术价值很高。

三、国内四套治理评价框架或评价体系述评

改革开放以来，中国在民主政治建设方面取得了很多成就，如何科学地、全面地展示这些成就并明确下一步的努力方向，是我国政治学界在认真思考的一个问题。近年来，国内有一些研究机构和学者在借鉴国外治理、善治和民主治理的理论和评价体系基础上，开始对治理评价体系进行积极的探索。

（一）俞可平"中国民主治理的主要评价标准与指标或关注重点"

俞可平教授是国内最早探讨民主治理评价标准的学者。他在《增量民主与善治——对民主与治理的一种中国式理解》一文中提出了中国民主治理主要评价标准和指标（见表2）。

表2 俞可平"中国民主治理的主要评价标准及指标"

评价标准	指标或关注重点
法制	国家的立法状况;公民和官员对法律的了解和尊重;法律在实际政治生活中的作用;立法活动和司法活动的自主性和权威性;法律在全国范围内和各个部门中的普遍适用性。
公民的政治参与	选举法规;直接选举的范围;选举的方式;秘密投票的范围;候选人产生的方式;候选人的差额;选民登记率;实际参选率。
多样化	妇女参政;少数民族参政;民主党派参政;党政官员的职业代表性;党政官员的区域代表性;党政官员的年龄构成。
政治透明度	政治传播渠道的数量和质量;决策过程的公开;政府、法院、检察院、公安部门等活动的公开化程度;公民对政治事务的认知;新闻媒体的自主性;公民获取政治信息的权利。
人权和公民权状况	法律对公民权利的保护;公民权利的实现程度;对少数民族的尊重;对少数派和不同意见者的保护和宽容;公民的人权意识;官员的人权意识;公民的自我保护能力。
对党和政府的监督	公民抵制政府不公正行为的合法权利;权力的相互制约;公民对政府权力的制约;新闻监督渠道;舆论监督的方式;党和政府的自律。
党内民主和多党合作	党内的选举制度;各级党委领导人的产生方式;党委的决策程序;党与政府的关系;党与普通群众的关系;共产党与其他民主党派的关系。
基层民主	村民自治率;居民自治率;社区自治;职工代表大会的作用;工会的政治参与;妇联的作用;乡镇长直接选举。
民间组织的状况	民间组织的数量;民间组织对党和政府的影响;民间组织的政治参与;民间组织对社会政治经济事务的影响力;民间组织的外部生长环境。
合法性	政府行为的公正和正当程度;公民对政府和政党的认同;价值分配的公平程度;政党是否在法律范围内活动;违法官员的比率。
责任性	官员的廉洁;官员对其行为的负责性;对渎职官员的惩罚;官员与公民的沟通;官员对公民意见的尊重;党和政府接收和处理公民政治需求的机制;官员的轮换和选举程序。
回应	党和政府的咨询机制;党政机关工作的主动性;政府制度创新;党和政府听取公民意见的情况;决策部门对政策的修订;政策反映或代表公民要求的程度。
效率	公民意见对政府决策的影响;政府行为的成本;决策失误的概率;决策的效益;决策的周期;政府的快速反应和处事能力;公民对政府决策和处事效率的满意程度;科层结构。

续表

评价标准	指标或关注重点
秩序	法律的权威和适用性；党和政府的权威；对政府的信任；政策指令信息的传送机制；社会规范；公民对政府和国家的认同。
稳定	犯罪率；民族矛盾；地区冲突；两极分化；中央与地方的关系；干部群众关系；上访；游行示威；社会危机感。

资料来源：引自俞可平：《增量民主与善治——对民主和治理的一种中国式理解》，见俞可平：《增量民主与善治》，社会科学文献出版社 2003 年版。

俞可平提出的中国民主治理的主要评价标准有 15 个：法治、公民的政治参与、多样化、政治透明度、人权和公民权状况、对党和政府的监督、党内民主和多党合作、基层民主、民间组织的状况、合法性、责任性、回应性、效率、秩序、稳定。具体的评价指标和关注重点有 98 个。这项研究具有开创性，他所提出的评价标准和评价指标具有很强的引导作用。但作者没有对这 15 个评价标准之间的逻辑关系作出说明，这 15 个标准本身还可以进一步加以整合与简化。98 个评价指标的具体评价方法、数据来源、分值计算方法也缺乏必要的说明，有些还只是关注重点，尚未转换为具体的评价指标。作为一种民主治理评价框架，它还需要通过进一步的深入研究，转化为可以操作的指标体系。此外它尚未被用来进行实际测评。因此这项研究需要进一步深化和进行测评检验。

（二）包国宪"中国公共治理绩效评价指标体系"

包国宪教授在多年来从事政府绩效评估研究的基础上，借鉴国内外相关治理评价体系，提出了中国公共治理绩效评价指标体系。具体内容见表 3：

表 3 包国宪"中国公共治理绩效评价指标体系"

目标	指标	指标要素
善治	法治	国家的法律体系的完备状况 公民和官员对法律的了解和尊重 法律在全国范围内和各个部门中的执行情况 法律对公民权利的保护情况
	参与	公民参与国家立法、公共政策制定渠道的数量与质量 地方自治的范围和层次 民间组织对公共事务的参与程度和影响程度 公民和民间组织对公共部门政策的自觉执行程度
	透明度	公共信息传播渠道的数量和质量 公民对公共事务的认知程度 公民知情权的尊重情况 公共部门活动的公开化程度
	责任	公共部门对公民需求的回应情况 公共部门对突发事件的应急处理能力 官员的廉洁程度 公共物品的供给质量
	效能	行政成本高低的情况 公务员工作的绩效水平 公民对公共部门工作的满意度 公共部门服务承诺的兑现程度
	公平	公共部门行为的公正程度 价值分配的公平程度 社会保障的覆盖率 公民迁徙的自由程度
	可持续性	公共部门政策的连续程度 公共部门的学习创新能力 社会秩序的稳定程度 公共部门对环境变化的感知与自身部门的适时调整

资料来源：包国宪、周云飞：《中国公共治理绩效评价的几个问题研究》，见中央编译局比较政治与经济研究中心：《治理评估的理论与实践学术研讨会论文集》，2008 年 4 月 26 日。

这套指标体系紧紧围绕善治这个公共治理的根本目标，从法治、参与、透明度、责任、效能、公平、可持续性等七个维度评价达成善治目标的进展，符合国际国内学术界对善治标准的期待。包国宪明确指出自己的指标体系使用主观指标法，主要通过专家、企业家、普通公民等利益相关者的主观感知来对治理绩效作出综合的评价。他主张让独立于政府以外的组织来从事公共治理评价以保证其客观性和公正性。这些建议都是富有价值的、建设性的意见。该套指标体系的不足之处包括：指标体系没有充分体现穷人优先、性别敏感等价值导向，注重结果指标而相对忽视过程指标和投入指标；廉洁、稳定、和谐等基本价值在该指标体系中体现不够；一些指标和指标要素之间不相匹配；七个指标及各项指标的权重、计分方法缺乏说明；单纯采用主观指标而舍弃客观指标法，会影响到评价结果的客观性和公正性。该套指标体系也没有经过实际测评的检验和修正。

（三）天则研究所"中国省市公共治理指数"

天则研究所近年来积极开展公共治理指标体系的研制，并运用自己的指标体系进行了首次实际测评。贾西津在"中国治理评价的理论与实践学术研讨会"上首次公开了该课题组的初步研究成果，其公共治理指标体系具体内容可见表4：

表4 天则研究所"中国省市公共治理指数"

一级指标	二级指标	三级指标
省市公共治理指数	公民权利	收入和财产权；言论自由；新闻出版自由；人身权利；出行自由；权利救济。
	公共服务	公共服务；基础教育；公共卫生；就业、医疗和养老社会保障；环境；公共安全；公共道路和交通。
	治理方式	治理方式；选举；透明；多元；参与；廉洁；信任。

资料来源：引自贾西津：《省市公共治理指数探讨——基于天则项目的思考》，见中央编译局比较政治与经济研究中心：《治理评估的理论与实践学术研讨会论文集》，2008年4月26日。

他们的第四级指标是将每个指标具体化为若干个问卷问题，对每个问题采用逆向赋值的方法，依据问题答案的程度换算为等级数值，计算每道问题的得分，平均分值即为三级指标的分值，随后再采用等权重法加总计算出二级指标分值和治理指数值。天则所这套指标体系简单明了、重点突出，各个评价维度之间交叉程度低，研究对象明确，方法简便可行。天则所还应用这套指标体系进行了首次测评工作，为今后进一步修改和完善指标体系奠定了良好的基础。这套指标体系的不足之处包括：三个评价维度之间的逻辑关系需要进一步厘清；部分三级指标的归类仍可商榷；缺乏客观指标影响评估的质量。

（四）胡税根、陈彪"治理评估通用指标"

胡税根和陈彪从输入、过程、输出、结果四个环节入手，提出了治理评价的 13 个维度，即：竞争、成本、能力、透明、公平公正、时限、效率、质量、责任、创新、环保、效果、满意度，进而提出了自己的治理评估通用指标。其具体内容见表 5：

表 5　胡税根、陈彪"治理评估通用指标"

评估环节	评估主体	基本指标	指标要素
输入	政府、公众代表、第三方独立检测机构	竞争	准入门槛低、基于民主、自愿的选择
		成本	具有成本优势
		能力	能够有效提供服务
过程	第三方独立检测机构	透明	制度健全、流程完善、公开透明
		公平公正	过程合乎正义
输出	第三方独立检测机构、政府审计部门	时限	及时到位
		效率	务实高效
		质量	优质
结果	政府、公众代表、第三方独立检测机构、媒体	责任	杜绝腐败、向公众负责
		创新	可持续性
		环保	可持续性
		效果	符合期望
		满意度	公众评价

资料来源：引自胡税根、陈彪：《治理评估的主要维度和通用性指标框架研究》，见中央编译局比较政治与经济研究中心：《治理评估的理论与实践学术研讨会论文集》，2008 年 4 月 26 日。

这一指标框架考虑到了治理的主体、过程和结果，所设计的指标框架富有启发性。但这一研究仍是初步的，一些指标的设置与治理评价的关系需要进一步加以论证，评价方法、权重、评价标准等尚付之阙如。

四、结　论

改革开放以来，建设社会主义现代化强国成为党和政府与全国人民的奋斗目标，邓小平同志确立了三步走的现代化建设路线图。小康社会、全面小康社会先后成为现代化建设进程中两个阶段性的目标。对全国和各地区现代化进展、小康社会建设进程以至全面建设小康社会进程进行定期统计监测成为一项重要的任务。现代化评价体系、小康社会建设统计监测系统、全面建设小康社会统计监测体系先后应运而生。与早期开发的现代化评价体系相比，小康社会评价体系、全面建设小康社会评价体系包括了民主法制等政治发展和政治现代化内容，这无疑是一大进步。十六届六中全会提出建设社会主义和谐社会目标后，建立和谐社会评价体系，对社会和谐程度进行统计监测评价分析，发现问题，提出对策，成为党和政府有关职能部门与学术界高度关注的一大课题。和谐社会评价体系中涉及的民主法治、安定有序、社会公平等政治文明评价维度与治理、善治、民主治理的评价维度具有更高的相关性。在精神文明创建和评比活动中，由中央文明委组织众多专家学者开发出的《全国文明城市测评体系》和运用这套测评体系定期开展的文明城市评比活动在社会上产生了广泛的影响，这套指标体系中廉洁高效的政务环境、公平公正的法治环境等方面的具体指标与治理评价基本要素密切相关，有关的评价方法也有值得借鉴之处。

我国党和政府以及各级领导人在现代化建设中发挥着主导作用。出于对下级政府和党政领导人进行目标考核的需要，各级政府逐步开发出政府部门及其领导人目标责任考核体系。组织人事部门也在探索建立地方党政领导人政绩考核评价体系。随着公共管理学的兴起和发展，我国学术界也积极参与到政府绩效评价体系和党政领导干部政绩考核评价体系研究开发工作中来，促进了相关工作的科学化。一些学者还与有关政府部门合作将公众满意度评价理论和测评模型引入公民评议政府工作中，从而使政府绩效评价工作中的公民参与和社会评价地位更加突出、方法更加科学。对法治、社会稳定、性别平等等某一方面治理相关领域的评价工作这些年来也取得了不少有价值的成果。这些都为开展治理评价奠定了良好的基础。国内已有的几套治理评价框架或评价体系更是起到了开路先锋的作用。

总体来看，我国治理评价体系的研究开发工作仍处于起步阶段。总结国内治理相关评价体系和已有的治理评价研究工作，既取得了不少成绩，也存在着不少问题，有不少经验教训值得总结。首先，单独由学术界开发的各种与治理相关的评价体系或治理评价体系大多停留在发布阶段，很少进入实际测评应用，因此主要发挥一种引导作用。其次，单独由统计部门开发的一些与治理相关的评价体系尽管进入了测评应用阶段，但由于缺乏学术界的充分参与，因此其科学性和合理性受到多方面的质疑，测评效果争议颇多。第三，由党政领导部门与学术机构合作研制的治理相关评价体系往往同时具备了科学性和操作性两个方面的优点，在实际应用过程中也产生了较好的反响。第四，国际经验表明，由政府资助，委托非营利性的学术机构开发治理评价体系，进行独立的治理评价，其结果更加令人信服。第五，单独采用主观评价法或客观评价法进行治理相关领域的评价均存在一定的局限性。

建立以善治和民主治理为导向的公共治理评价体系，有助于客观地、动态地监测和评估中国政治发展和政治改革的进展，分析其薄弱环节，向决策者提出有针对性的改进建议。在建立中国治理评价体系过程中，可以先着手建立中国治理评价框架，明确治理评价的基本维度，确定各个维度下的主要关注点。而这一过程需要采取开放和透明的方法，鼓励利益相关者包括学术界、党政官员、民间人士广泛参与讨论，充分发表意见，在达成共识的基础上提出中国治理评价框架，从而为下一步开发中国治理评价指标体系奠定良好的基础。

[参考文献]

1. 《2006 年中国全面建设小康社会进程统计监测报告》，引自 http://www.stats.gov.cn/

tjfx/fxbg/t20071121_402446584.htm。

2.《杭州市综合考评内容一览表》,引自http://kpb.hz.gov.cn/kpb/zhkp/khnr。

3.《〈江苏全面建设小康社会指标体系〉包括哪几个方面?具体由哪些指标组成?》,引自http://www.cztjj.gov.cn/node/Tjzs_Tongjiwenda/2007-5/24/14_19_16_272_2.html。

4.《体现科学发展观要求建设高素质干部队伍》,引自http://politics.people.com.cn/GB/1027/4567774.html。

5.《中国现代化报告2007——生态现代化研究》,引自http://www.modernization.com.cn/CMR200702.HTM。

政府质量：国家治理结构性指标研究的兴起[*]

臧雷振　徐湘林[**]

一、导　语

探寻国家治理过程可资运用的工具和技术，提升国家治理发展可资比较的质量和能力，并最终实现国家治理有效性的学术探索，鉴于其重要的理论价值和现实意义近年来逐步受到关注（图1）。从当前国内研究文献来看，主要集中在以下几方面：一是国家治理分析框架的构建和完善，如包含国民价值文化观到经济绩效到社会发展等国家治理体系建构[①]；二是国家治理相关命题的类型学分析，如不同国家形态对国家治理实践的选择与影响[②]，不同类型治理概念背后所蕴含的的国家治理本源[③]；三是国家治理目标的实现，如府际

---

[*] 基金项目：国家社会科学基金（项目编号：06AZZ004）；教育部人文社会科学重点研究基地基金（项目编号：06JJD810160）。本文原载于《公共行政评论》，2013年第5期。

[**] 臧雷振，北京大学政府管理学院博士研究生；徐湘林，北京大学政府管理学院教授，北京大学中国治理研究中心主任。

① 徐湘林：《转型危机与国家治理：中国的经验》，载《经济社会体制比较》，2010年第5期。
② 杨光斌、郑伟铭：《国家形态与国家治理》，载《中国社会科学》，2007年第4期。
③ 臧雷振：《治理类型的多样性演化与比较》，载《公共管理学报》，2011年第4期。

关系重构[1]，国家审计作用的发挥[2]，激励制度安排[3]，基层社区建设等[4]，四是基于本土化视角的中外国家治理比较，如美国进步时代国家治理转型对中国的启示[5]，反映中国政治体制特征的"项目制"在国家治理中作用[6]，运动型治理及成本分析[7]等。

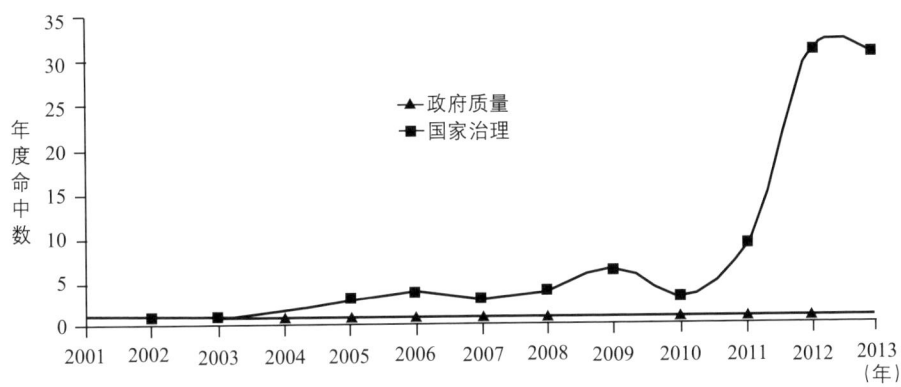

图1 中文学界政府质量与国家治理研究趋势

资料来源：万方学术数据库知识脉络分析，纵轴表示年度命中文献数[8]。http://trend.wanfangdata.com.cn/Compare?wd=国家治理，政府质量（访问时间：2013年10月25日）。

上述研究为国家治理的进一步探讨奠定了基础，初步给出国家治理分析的框架轮廓，但多是一种基于经验性的观察，而非有效性测量。当然也

---

① 林尚立：《重构府际关系与国家治理》，载《探索与争鸣》，2011年第1期。
② 刘家义：《论国家治理与国家审计》，载《中国社会科学》，2012年第6期。
③ 任剑涛：《在正式制度激励与非正式制度激励之间》，载《浙江大学学报》（人文社会科学版），2012年第2期，第42页。
④ 杨敏：《作为国家治理单元的社区》，载《社会学研究》，2007年第4期。
⑤ 马骏：《经济、社会变迁与国家治理转型：美国进步时代改革》，载《公共管理研究》，2008年第6期。
⑥ 渠敬东：《项目制：一种新的国家治理体制》，载《中国社会科学》，2012年第5期。
⑦ 周雪光：《运动型治理机制：中国国家治理的制度逻辑再思考》，载《开放时代》，2012年第9期；周雪光：《国家治理规模及其负荷成本的思考》，载《吉林大学社会科学学报》，2013年第1期。
⑧ 年度命中文献数为网站所使用的名称。

许有人会说国家治理作为一抽象概念难以有效地进行数理测量，或称国家治理相关可直接测量的变量及样本选取困难，进而导致此类测量成本太高。其实现代社会科学研究中大多数概念解析均存在上述情况，但又如何实现对这类概念的数量化分析呢？此时"替代性指标"变得十分重要，一般而言有效的替代性指标包括结构指标（Structural Indicator）、过程指标（Process Indicator）、结果指标（Outcome Indicator）。如常用 GDP/GNP 作为衡量国家或地区经济发展水平就是结果性替代指标使用的体现，而企业生产活动中的流动资产周转率、员工满意度等则是过程性替代指标使用的表现。

政府作为国家治理中重要的结构性要素，是推行国家治理过程的重要参与者，是国家治理政策实践执行者。政府组成的数量比例与结合方式、政府行为的次序选择与发展变化反映国家治理的理念与特征，因此政府质量（Quality of Government，QoG）高低也就可以客观反映国家治理水平的高低。此外由于现代政府对经济社会个人的渗透与影响无处不在，其深嵌国家与社会联系的结构之中，所以将政府质量作为国家治理分析的结构性指标再恰当不过。基于此，本文从近年来国际 SSCI 刊物等主要英文研究文献中梳理政府质量相关议题，并将其与相关"竞争性概念"如治理、国家能力、政府绩效等进行对比，凸显研究价值，指出借助政府质量作为结构性指标，从技术层面分析比较国家治理的意义。以期开阔国家治理研究视野、奠定深化国家治理研究基础。

二、什么是政府质量

不良政府机构的危害已被广泛认知。[①] 建设一个公正廉洁效能胜任的高质量政府是应对环境改善、经济发展及社会和谐的关键。回顾最近三十余

---

① Holmberg, S., Rothstein, B. & Nasiritousi, N., "Quality of Government", *Annual Review of Political Science*, 12 (2009), pp. 135–161.

年全球范围的政府改革也可见始终以追求政府质量提升为目标,如改革路径大多强调寻求制度的合理化、财产权确认、法制实施、廉洁与反腐败、公共产品提供、投资环境转变等框架性调整。除了这种实践层面对政府质量改善的探索外,理论研究中,政府质量也构成新崛起的研究焦点。在汤姆森科技信息集团开发的数据库(Web of Science)中以"政府质量"为主题检索英文世界 SSCI 文章,可以获得 5899 份记录。若将研究方向设定为公共管理(Public Administration)方向则可进一步精炼到 451 篇论文,接近文献总数的 8%。其相应的每年出版文献和文献被引用率呈现逐年稳定增长趋势(图 2、图 3),尤其在被引用频率上超过公共管理领域研究论文每篇均八次被引用率,体现这类研究主题逐年攀升的学者关注度。

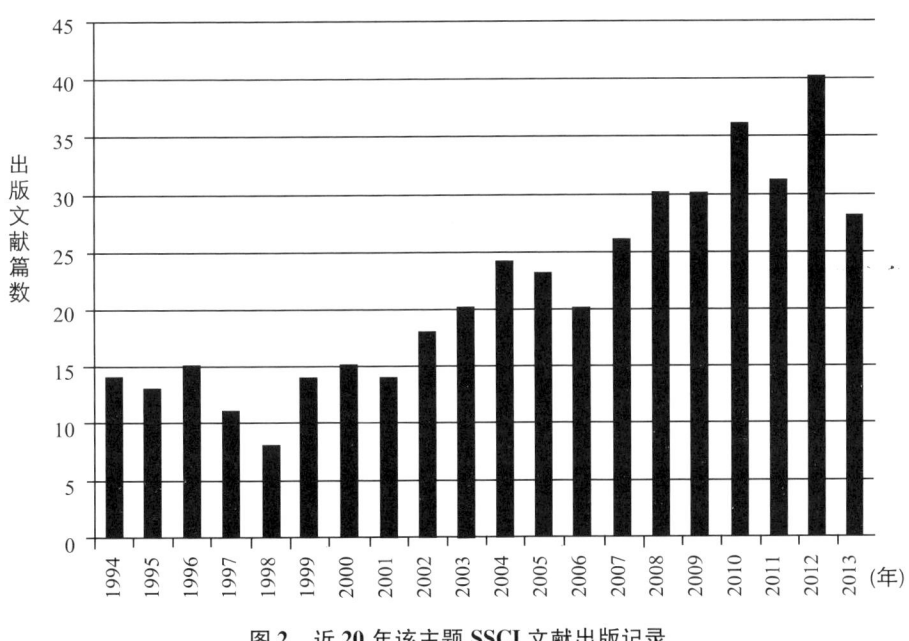

图 2　近 20 年该主题 SSCI 文献出版记录

资料来源:作者根据网站 http://apps.webofknowledge.com/数据整理得出(访问时间:2013 年 7 月 1 日)。

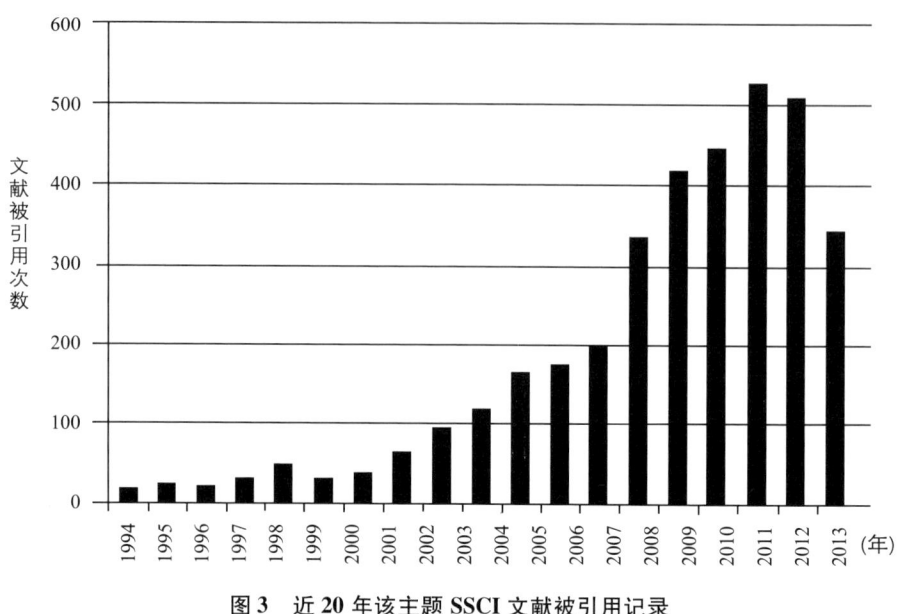

图3 近20年该主题SSCI文献被引用记录

数据来源：作者根据网站 http://apps.webofknowledge.com/ 的数据整理得出（访问时间2013年7月1日）。

（一）政府质量的内涵特征与功能意义

但什么是政府质量呢？对其内在特质的解析有助于进一步澄清与相关概念的区别及对学术研究的意义。政府质量的定义最初延展自世界银行对治理的界定：权力在一国运行的传统和制度，包括选举、监督和替换政府的过程，政府有效制定和实施良好政策的能力以及对管理经济社会互动的制度和公民的尊重等。所以，早期研究中政府质量没有摆脱"治理"等研究框架的影响，诸多学者认为政府质量的功能主要在于促进经济增长[1]，同时将政府质量与政府绩效[2]，

---

[1] Williamson, J., "What Should the World Bank Think About the Washington Consensus?" *The World Bank Research Observer*, 15 (2), 2000, pp. 251 – 264; Acemoglu, D., Johnson, S. & Robinson, J. A., "Reversal of Fortune", *The Quarterly Journal of Economics*, 117 (4), 2002, pp. 1231 – 1294.

[2] La Porta, R., Lopez – de – Silanes, F., Shleifer, A. & Vishny, R., "The Quality of Government", *Journal of Law, Economics and Organization*, 15 (1), 1999, pp. 222 – 279; Knack, S., "Social Capital and The Quality of Governmen", *American Journal of Political Science*, 46 (4), 2002, pp. 772 – 785.

制度质量①等混合使用。随着研究推进，近几年越来越多学者开始着重分析并区分政府质量对社会及公众个体的影响，如公民幸福感、信任与支持②，政治合法性和政府信誉③，社会冲突、社会凝聚力④，对政府支持度、民主化的稳定度⑤，公共环境⑥，公共服务提供效率⑦，公民福利、移民福利⑧，公共部门效能⑨，健康与死亡率⑩等。

上述研究的转变和深入使得学者愈加发现政府质量是理解一国经济发展

---

① Rothstein, B., "Social Capital, Economic Growth and Quality of Government", *New Political Economy*, 8 (1), 2003, pp. 49–71.

② Frey, B. S. & Stutzer, A., "Happiness, Economy and Institutions", *The Economic Journal*, 110 (466), 2000, pp. 918–938; Delhey, J. & Newton, K., "Predicting Cross-national Levels of Social Trust", *European Sociological Review*, 21 (4), 2005, pp. 311–327; Anderson, C. J. & Tverdova, Y. V. "Corruption, Political Allegiances and Attitudes Toward Government in Contemporary Democracies", *American Journal of Political Science*, 47 (1), 2003, pp. 91–109; Helliwell, J. F. & Huang, H., "How's Your Government?" *British Journal of Political Science*, 38 (4), 2008, pp. 595–619; Rothstein, B. & Eek, D., "Political Corruption and Social Trust An Experimental Approach", *Rationality and Society*, 21 (1), 2009, pp. 81–112.

③ Kumlin, S., "Institutions-experiences-preferences", in B. Rothstein & S. Steinmo (eds.), *Restructuring the Welfare State*, London: Palgrave, 2002; Gilley, B., "The Determinants of State Legitimacy", *International Political Science Review*, 27 (1), 2006, pp. 47–71.

④ Fearon, J. D. & Laitin, D. D., "Ethnicity, Insurgency, and Civil War", *American Political Science Review*, 97 (1), 2003, pp. 75–90.

⑤ Mungiu, A., "Corruption: Diagnosis and Treatment", *Journal of Democracy*, 17 (3), 2006, pp. 86–99.

⑥ Morse, S. "Is Corruption Bad for Environmental Sustainability", *Ecology and Society*, 11 (1), 2006, pp. 22.

⑦ Collier, P., "African Growth: Why A 'Big Push'?" *Journal of African Economies*, 15 (suppl 2), 2006, pp. 188–211.

⑧ Holmberg, S., Rothstein, B. & Nasiritousi, N., "Quality of Government", *Annual Review of Political Science*, 12, 2009, pp. 135–161; Rothstein, B., *The Quality of Government*, University of Chicago Press, 2011; Agnafors, M. "Quality of Government and the Treatment of Immigrants", *Ecumenical Review Sibiu*, 5 (1), 2013, pp. 25–41.

⑨ Angelopoulos, K., Philippopoulos, A. & Tsionas, E., "Does Public Sector Efficiency Matter?" *Public Choice*, 137 (1–2), 2008, pp. 245–278.

⑩ Holmberg, S. & Rothstein, B., "Dying of Corruption", *Health Economics Policy and Law*, 6 (4), 2010, pp. 529–547.

和社会福利的关键因素,没有像其他分析概念一样过于偏重关注经济增长,还展现出对社会发展和个体福利的强烈价值关怀,并赋予与经济发展同样的比重,这一视角已经跳出对政府和政治研究中过于关注如实物资本、自然资源和人力资本等分析的拘囿;还跳出了以往关注政府文化特征和社会资本等思辨研究的争论;也跳出传统思维中对政府判断"小即是美或大即是美(Small is Beautiful or Big is Beautiful)"的武断。这里面涉及两个层面,一是政府规模的大小,二是政府实施政策的多少。所以,政府质量是有关政府提供政策和实施政策质量(而非数量)的反映,通过以政府质量作为整体分析对象,代替以往研究中对腐败控制、政府绩效、法制、治理等个体分析,这既是源自经验总结,又是因为这些个体性指标高度联系和相互影响,难以确保分析结果的客观性和公正性。

如罗斯坦和特奥雷尔[1]强调政府质量评价不受社会公民的经济政治文化种族等差异影响。而诸如腐败、法制等指标,显然部分人由于行贿或隶属于特定政党及社会网络而会获益,这类受益者在对此现象进行评估时难以客观。政府质量还可以体现为政治权力被公正地运转。一般而言,公民在两个维度与政治密不可分,一是在输入端参与政治,二是在输出端受政府政策实施的影响。而其他概念如民主仅仅强调起点或者说是输入端的公正,至于权力当选之后如何被公正运作则被忽略了。前美国中央情报局(CIA)分析师皮勒[2]新近在《国家利益》*National Interest* 的博客中发问:为什么民主国家近年来街头抗议活动愈演愈烈呢?如当前的土耳其和巴西。这就是典型的民众在享受政治输入端公平之后,当选者随后的政策制定和执行等输出端中忽略公民的利益诉求而招致新的社会抗争。所以,罗斯坦和特奥雷尔认为政府质量所意涵政治权力运行的公正性特征重新重视了其他概念所忽略的诸如贫富差距等社会公正问题,且是基于政治过程的公正。

---

[1] Rothstein, B. & Teorell, J., "What is Quality of Government?", *Governance*, 21 (2), 2008, pp. 165–190.

[2] Pillar, P. R., "Revolts in Democracies", *The National Interest Blog*, June 20, 2013.

除了上述基于公正视角对政府质量概念和功能进行解读外，还有基于效能给出的定义和实证观察的定义。这些定义指出了政府质量的特征与其他相关概念的差异，但也有学者指出这类概念界定要么过于狭隘，如公正论调依然拘囿于从康德到罗尔斯的义务道德论调（Deontological Moral Theory），忽略其他道德视角；要么忽略定义的要求，仅仅描绘实证经验中感知性轮廓，所以最新研究中学者试图给出更为复杂、更为全面和可被接受性的概念，指出政府质量界定应该通过对道德与概念界定的语言规范、普世性理论与特定价值取向等方面审慎思考、权衡和调试达到一种平衡。在这样的考量下有学者给出政府质量构成要素包括：公共精神、良好的政策制定、信息公开（政策制定原因的说明，比透明度更高的层次）、善的原则（更高的秩序性原则）、法制、效率和稳定性。当然这种解释包含诸多构成要素，而对于这些要素之间比重在政府质量概念中如何分配则难以给出准确的界定。[①]

由此可见，虽然近年来对政府质量研究兴趣持续增加，但找到政府质量恰当的定义依然困难，大多数学者从比较政治学、发展研究等专业领域视角给出定义，这种定义也反映这类学科的研究取向，强调结果产出，可测量性，或者政治过程。虽然概念界定是多元的，但相关政府质量研究所体现的功能和意义则是确定性的，而这种确定性也进一步反映在其影响因素及测量上。

（二）政府质量的影响因素及测量

上述分析中体现了政府质量的研究意义，但什么因素关系政府质量呢？只有明晰影响政府质量高低的因素，才能有针对性地进行改进。当前民众对公共服务不断增长的需求和政府质量萎缩的不匹配，在全球化背景下使世界各国遇到空前的危机，特别在全球化进程中各国相互依赖稀释了传统国家政

---

① Agnafors, M. "Quality of Government: Toward a More Complex Definition", *American Political Science Review*, 103 (3), 2013, pp. 433–445.

策工具的影响力。对于政府质量影响因素可分为外生性影响因素和内生性影响因素。外生性影响因素主要指来自国际社会、市场、社会发展过程中对政府质量变迁的压力和促进，内生性影响因素主要有政府部门内部组织、制度和文化变迁带来政府质量的改变。

从外生性影响因素来看主要体现在以下方面：首先是伴随国际组织发展，其对于政府质量的提升促进作用愈加明显。如国际组织可以降低国家机构的腐败。[1] 其次，信息技术发展带来政府质量的转变。计算机促进了信息的存储和扩散，带来政府透明度提升的独特新形势，减低腐败，提升政府质量。[2] 当然独裁者官僚机构也可能通过限制自由媒体使得政府质量提升空间被扼杀。[3] 再次，经济发展与人均收入。有学者[4]通过考察130个民主政体和非民主政体发现，从政府质量供需（政府作为提供方而国民为需求方）函数来看，经济发展可以形成政府质量转变的需求，但人均收入的提升并不会反过来促进政府质量改善，特别是在精英集团和既得利益影响下，收入增长对政府质量的负反馈甚至产生国家俘获现象，此时经济增长和政府质量提升存在非线性关系。

政府质量的内生影响因素首先体现在制度层面。因为制度结构的根本性和稳定性决定惩罚和激励实现，塑造社会行为，形成集体行动。制度的静态效能（Static Efficiency）和动态效能（Adaptability or Dynamic Efficiency）可促进有效均衡以实现技术保障下的最大社会收益和以规范性框架有效调节社会主体行为，并使社会信用内化于社会主体奖惩措施中，通过降低人际交往和

---

[1] Sandholtz, W. & Gray, M. M. , "International Integration and National Corruption", *International Organization*, 57 (4), 2003, pp. 761 – 800.

[2] Meijer, A. , "Understanding Modern Transparency", *International Review of Administrative Sciences*, 75 (2), 2009, pp. 255 – 269.

[3] Egorov, G. , Guriev, S. & Sonin, K. , "Why Resource-Poor Dictators Allow Freer Media", *American Political Science Review*, 103 (4), 2009, pp. 645 – 668.

[4] Charron, N. & Lapuente, V. , "Does Democracy Produce Quality of Government?" *European Journal of Political Research*, 49 (4), 2010, pp. 443 – 470.

互动中的不确定性和风险，促进社会主体适应社会变迁。① 就具体性制度影响而言，如一党制国家强劲经济增长会令人认为相比其他类型政府，其更倾向建立高质量的政府。② 因为一党集权制由于存在结构性机制来传递公民诉求，比其他极权体制能够更好地回应公民诉求，对政府质量确实有正面作用。所以实证研究表明一党制国家的人均收入高时，政府质量也高，反之亦然，但君主和军事极权国家领导者只有具备长远执政目光时，其政府质量才高。③ 其次，体现在历史文化层面的内生性因素。如在拥有相同政治制度的国家却常呈现不同区域差异化的政府质量表现，如南部意大利和北部意大利地区差异④，说明地方传统文化中保护主义网络带来的路径依赖最终导致不同地区的政府质量差异。因此对不同政治经济文化背景下的政府质量分析将成为未来重要研究焦点，对特定背景下的政府质量分析也有助于澄清其政策效应。

政府质量影响因素的确立既有利于明晰提升政府质量的努力方向，又有利于对其更好地衡量。当然目前对一国行政部门和官僚机构的评定多是概念性的。福山新近从理论层面提出四种测量国家政府质量的路径：程序性测定，如韦伯式现代官僚制标准；国家专业化运用资源的能力和水平；产出水平；官僚自主性水平。⑤ 他推荐采取政府能力和自主性作为行政机构的测量标准，一般而言低收入国家需要降低其行政机构自主性，而高收入国家需要增强机构自主性。

而在实践测量检验中通过不断剔除不显著影响因素，新增显著性影响因素以逐步完善政府质量的测量。比如有学者指出政府质量的测量由民主发展

---

① Alonso, J. A. & Garcimartín, C. , "The Determinants of Institutional Quality", *Journal of International Development*, 25 (2), 2013, pp. 206 – 226.

② Wright, J. , " Do Authoritarian Institutions Constrain?" *American Journal of Political Science*, 52 (2), 2008, pp. 322 – 343.

③ Charron, N. & Lapuente, V. , "Which Dictators Produce Quality of Government ?" *Studies in Comparative International Development*, 46 (4), 2011, pp. 397 – 423.

④ Schmidtlein, F. A. , "Assumptions Commonly Underlying Government Quality Assessment Practices", *Tertiary Education & Management*, 10 (4), 2004, pp. 263 – 285.

⑤ Fukuyama, F. "What Is Governance?" *Governance*, 26 (3), 2013, pp. 347 – 368.

层次和非制度化影响机制组合而成①，也有通过实证检验分析政府质量受区域经济发展、社会信任感、分权影响，而与人口和国家面积大小等变量无关。②最新的研究则强调影响政府质量的核心三要素是公民对教育、医疗、法制等公共服务水平的评价，这三要素也分别体现了政府的官僚制水平、公正性和寻租空间。此时对政府质量的测量主要从腐败控制、公平、政府效能、产权保护、法制等变量出发。③ 总之，伴随对政府质量议题研究的重视和扩展，这方面的检验和测量还将继续带来新的认识和知识。

（三）以政府质量替代国家治理测量的实现

上文初步展现政府质量研究的现状，诚如文初所提到政府质量可以恰当地作为国家治理分析的结构性替换指标。那么政府质量究竟是如何实现这种技术性替代反映的呢？而政府质量作为国家治理测量的替代性指标的执行和实现首先需要建构二者之间的桥梁以达成相关测定内容的传导及相互映射，其次还要保证这种传导机制的稳定性、可靠性和可比性。

从前一要求来看，社会科学中概念测量多是难以做到的，并需要借助替代性概念测量来实现数量化的表达。如经济学家很想测量家庭消费值用作反映家庭经济状况的一个指标，但许多社会统计调查并不包括家庭所有消费信息，研究者多根据家庭拥有的资产如白色电器等作为反映家庭消费指标的替代品，因为收集有关这类资产量的数据要容易得多。在采取这种变通做法的时候，其相应的假设就是家庭拥有特定的资产量能够可靠地预估出家庭整体消费水平，当然这其中还需要去验证和评估用替代品来预测类似消费支出这

---

① Adsera, A. Boix, C. & Payne, M., "Are You Being Served?" *Journal of Law, Economics and Organization*, 19（2），2003, pp. 445 – 490.

② Schmidtlein, F. A., "Assumptions Commonly Underlying Government Quality Assessment Practices", *Tertiary Education & Management*, 10（4），2004, pp. 263 – 285.

③ Charron, N. & Lapuente, V., "Why Do Some Regions in Europe Have Higher Quality of Government", *The Journal of Politics*, 75（3），pp. 2013, pp. 567 – 582.

类变量的信度和效度。① 此外，对理论概念的测量必须嵌入理论，如此方能充实概念并使测量变得有意义，进而将概念置于学者整体建构的意义矩阵当中，否则容易陷入对一个理论性概念的非理论性测量。这就要求对需要测量的概念公开反复的评估和理论修正，而且研究计划的每一部分，如理论推导、假设形成、实证检验等，都必须准备接受评议。量化在遇到自相矛盾的地方时，只有通过在普世的客观方法面前放弃学者的主观判断，让数字"自己为自己说话"，此时的结论才会变得合法并易于接受，才能达到科学测定的目标。虽然社会科学定量研究存在上述困难，但伴随社会科学量化研究的理论推进，以及统计学在社会科学领域的进一步应用和各种统计软件的风靡，众多技巧和工具被用在概念测量检验的过程中而有所克服，为提升概念测量的效度和信度提供了有力帮助。

就后一稳定性和可靠性要求来看，这里又蕴含两个层面的问题，第一是政府质量测量的稳定性，第二是传导机制反馈的稳定性和可靠性。前者我们可以通过一案例来说明，基于 2008 年欧洲社会调查（Europe Social Survey, ESS）的 29 个国家数据分析表明，对于政府质量的专家判断结果和普通公众对其认知具有高度一致性②，为什么专家评价和公众评价一致性非常重要？因为无论是公众还是专家可能会忽略公共事务的本源，夸大或低估政府质量；或者基于个体的偏见给出不实的政府质量反馈；再者就是实施这方面测量过程中所使用的国际调查问卷在不同语言之间转译后可能存在意义失真导致测量的误差。但从欧洲社会调查实践来看政府质量的测量反馈具有较高的测量稳定性。而就第二个传导机制的稳定可靠性来看，政府质量较高的测量稳定性提供了良好的传导基础。学者指出国家治理包括"大众认同的核心价值体系、良好的决策支持系统及政府执行体制、政治互动和政治参与、适度的经

---

① 臧雷振：《治理定量研究：理论演进及反思》，载《国外社会科学》，2012 年第 4 期。
② Svallfors, S., "Government Quality, Egalitarianism, and Attitudes to Taxes and Social Spending", *European Political Science Review*, 1 (1), 2013, pp. 1 – 18.

济发展和社会保障制度"① 等六个维度，这六个维度构成对国家治理的评判标准和检验水准，但是如果依赖于这两个指标实现对国家治理的测量显然存在这一问题：如何加权分配六个指标在国家治理结果中所占的比重。政府质量的高低无不关系国家治理的六个维度在现实国家治理中的实现，因此在难以实现的六个维度中测量国家治理水平情况下，借以政府质量高低来判断国家治理的高低变得十分有意义。

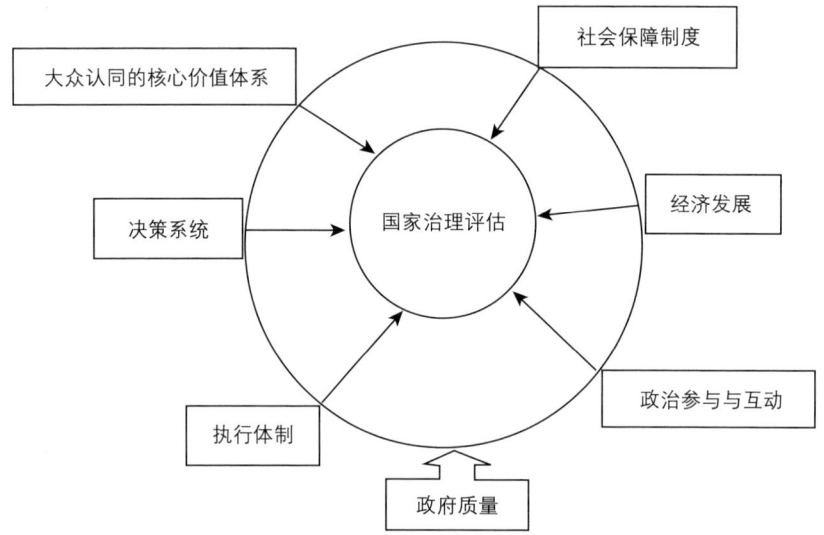

图 4　国家治理与政府质量支撑映射关系

资料来源：作者自制。

综上所述，政府质量测量稳定性与传导反馈的客观性和公正性等特征，可以较好地过滤统计误差和个体差异：既可以反映政府质量对国家治理六个维度的直接作用，还可以展示政府质量对国家治理的间接作用，由于现实世界事物之间相互作用的复杂化，间接作用的反映能够弥补传统回归分析或判别分析中仅考虑直接作用的缺憾。

---

① 徐湘林：《中国的转型危机与国家治理：历史比较的视角》，见《复旦政治学评论》（第九辑），世纪出版社、上海人民出版社 2011 年版。

三、政府质量与其他竞争性概念比较

上文简要分析了政府质量的特征、影响要素、测量检验及替换国家治理测量的实现等问题,也指出政府质量研究早期学者常将其与治理等概念混合使用,这既是一种传统研究形成的路径依赖,又体现传统研究思维与创新研究思维之间的张力。如新近福山的论文中还是不作区分地交替使用"国家质量"、"国家能力"、"官僚制质量"、"治理质量"、"政府质量"等概念。[①] 在此我们将这些形似或神似、高度相关易混淆使用而又存在本质差异的概念称为学术研究中的"竞争性概念",这类概念在针对同一社会现象进行解释时,构成相互竞争的关系,不难发现在学术史中许多竞争性概念有的昙花一现,也有的独领风骚。我们认为只有那些具有较强专业性、稳定性、概括性、保真性和延展性的概念才能在当代激烈的学术竞争中被广泛传播和持续使用。以下通过将政府质量和政府组织绩效、治理与善治、国家能力及国家建设等相关竞争性概念进行比较来进一步展现其学术价值。

(一)政府组织绩效

诺贝尔经济学奖获得者雷德利与西蒙[②]早在二战期间出版的《市政工作衡量:行政管理评估标准的调查》一书引发对各国政府组织绩效的关注,再到20世纪80年代澳大利亚和新西兰等地兴起的绩效测量运动,及20世纪90年代初英美相继实施的绩效测量推广,特别是美国于1993年通过的《政府绩效与结果法》,将绩效测量聚焦于公共管理的评估之中,其目的也由抵御20世纪经济危机转向现代化政府建设,并与新公共管理的思潮相呼应,成为理论

---

① Fukuyama, F. "What Is Governance?", *Governance*, 26 (3), 2013, pp. 347 – 368.
② Ridley, C. E. & Simon, H. A., *Measuring Municipal Activities*, The International City Managers' Association, 1943.

与实践关注的热点。有学者分析过去 25 年英国公共管理领域的核心期刊发现：所有文章集中在两个维度，而其中之一就是公共服务和组织绩效评估，包括绩效评估的理论和概念分析以及个案中的指标分析、政策影响、框架建构等内容。对组织绩效提升的主要建议集中在如改变组织环境；改变组织结构、文化、战略过程、领导体系；改变公共服务产品内容等三个方面。①

政府绩效涉及两个方面：一是效率（能否及时且最小成本提供公共服务）；二是效能（能否提供符合公民需求的公共服务）。② 经典文献分析趋向于在一般认识与特定意义上展现政府绩效的作用：如国家或区域的经济增长和效率，公共政策和项目实践的效能、民主产出如参与、代表制度及公平性。近十余年来强调重点在于公共政策分析和设计、政府部门功能和项目实践评估、政府绩效网络及公私合作安排等。研究表明影响政府组织绩效的核心主客观因素主要体现在：组织，正式权威的代表，规则，分类预算，信息交换与报道需求，操作性机制等。③ 具体而言主观因素如选民对组织绩效评价的短视行为影响民主选举责任性对社会整体福利提升的效果。④ 从政治仿真试验中也发现对政府绩效表现与公民的主观满意度相关。⑤ 这也体现政府组织绩效的评价具有强烈的主观性。

客观因素如任期规则，研究指出执政者在任期有限的"跛脚鸭"（Lame Duck）⑥ 影响下，不能续任者更加缺乏激励，导致执行力降低进而影响财政

---

① Boyne, G. A., "Explaining Public Service Performance", *Public Policy and Administration*, 19 (4), 2004, pp. 100 – 117.

② Rauch, J. E. & Evans, P. B., "Bureaucratic Structure and Bureaucratic Performance in Less Developed Countries", *Journal of Public Economics*, 75 (1), 2000, pp. 49 – 71.

③ Lynn, L. E. & Robichau, R. W., "Governance and Organisational Effectiveness", *Journal of Public Policy*, 33 (2), 2013, pp. 201 – 228.

④ Bechtel, M. M. & Hainmueller, J., "How Lasting Is Voter Gratitude?" *American Journal of Political Science*, 55 (4), 2011, pp. 852 – 868.

⑤ Van Ryzin, G. G., "Testing the Expectancy Disconfirmation Model of Citizen Satisfaction with Local Government", *Journal of Public Administration Research and Theory*, 16 (4), 2006, pp. 599 – 611.

⑥ 美国政治中将"跛脚鸭"比喻为一个因任期快满而失去政治影响力的公职人员。

组织绩效。① 对美国州政府研究发现：存在任期限制的政治家财政绩效较那些试图连任者表现更差。② 其他客观因素还包括政府结构的影响，若以美国市级政府市长产生形式的七种类型来比较，则发现美国地方政府组织绩效差异与其结构形式和特征密切相关。③ 但现实组织绩效评估往往采用较为标准化的统一评估体系，忽略了各类政府部门的差异性，各种偶然因素均会对地方公共网络绩效带来显著影响，也让试图通过组织绩效评估比较来探寻一种普遍适用的最佳政府改革路径成为难以完成的任务。④

以上总结政府绩效的影响因素及研究聚焦表明：首先，政府绩效的研究对象具有较强的单一性，仅仅强调针对特定部门或单一部门的测定；其次，政府绩效的功能定位于促进经济发展和政府现代化管理水平提升，而不具备国家治理改善的宏观视界；再次就其测量指标和测量主体而言，包含客观性指标和主观性指标聚合，测量主体因不同国家而体现不同，如有的以上级考核作为测量主体，有的以同级间的评估作为测量主体。这些特征使得政府绩效难以形成有效且完整的国家治理替换性指标。

（二）治理与善治

治理在1960年底还被视为"政府所做职责及内容"的同义词，如1955年《牛津英语字典》定义治理为"统治的行为和方式，被管理的状态"。

---

① Besley, T. & Case, A., "Does Electoral Accountability Affect Economic Policy Choices?", *The Quarterly Journal of Economics*, 110 (3), 1995, pp. 769–798.

② Alt, J., de Mesquita, E. B. & Rose, S., "Disentangling Accountability and Competence in Elections", *Journal of Politics*, 73 (1), 2011, pp. 171–186.

③ Nelson, K. L. & Svara, J. H., "Adaptation of Models Versus Variations in Form", *Urban Affairs Review*, 45 (4), 2010, pp. 544–562; Nelson, K. L. & Svara, J. H., "Form of Government Still Matters Fostering Innovation in US Municipal Governments", *The American Review of Public Administration*, 42 (3), 2012, pp. 257–281.

④ Span, K. C., Luijkx, K. G., Schols, J. M. & Schalk, R., "The Relationship Between Governance Roles and Performance in Local Public Interorganizational Networks", *The American Review of Public Administration*, 42 (2), 2012, pp. 186–201.

1980年代后期，通过学者的努力，治理学术的定义出现在国际关系和公共行政学领域。如国际关系学者[①]用治理来解释1980年代国际合作等问题。随后1980年代末期到90年底初期在公共行政学变革的影响下，学者不断挑战传统的自上而下的等级结构范式，寻求公共部门管理改革的新范式。[②]

在实践领域，援助国和援助机构不断强调"治理"在经济发展中的重要性。如世界银行研究人员在一份有影响力的报告中提出的结论：对外援助只有在政府具备实施良好治理政策条件的国家里才能发挥作用，世界银行在过去20年从其所认为的"增进国家或区域发展"的角度大力推广这一备受争议概念，相关治理问题也从先见于北欧诸国逐步遍及世界，形成论国事"言必称治理"的火热局面。除了发展中国家受到来自国际援助组织的压力外，发展中国家对治理改善的要求也还受到政府自身治理能力的限制，公民希望参与更多决策的压力，以及对公共管理复杂化的认知和不同知识的需求。[③] 其实不良治理（Bad Governance）不仅仅是存在于发展和转型国家中的问题，也是发达国家所面临的问题（Rothstein，2011），但强加于他国的治理工具没有考虑不同国家的背景和行政能力，造成治理异化并加剧治理困境。所以治理赤字不可能被一次性地解决，制度和能力建设都需要时间的保证，考虑国家或地区的历史背景、先后序列、时间安排等是实现治理改善的前提。

在理论分析中，治理近年来成为学者研究的核心词汇，相关英文SSCI文章自1990年以来，以治理为主题的研究论文已经增长了30倍。1980年只有30篇文章，1990年则有39篇，而到2003年则有1100篇，1990年相关治理论文占SSCI全部文章0.03%，但到2003年则上升为0.75%。[④] 在对治理溢出

---

① Rosenau, J. N., "Governance, Order, and Change in World Politics", in Rosenau, J. N. & Czempiel, E. O. (eds.), *Governance Without Government*, Cambridge: Cambridge University Press, 1992.

② Rhodes, R. A. W., "The New Governance", *Political Studies*, 44 (4), 1996, pp. 652–667.

③ Armitage, D. R., Plummer, R., Berkes, F., Arthur, R. I., Charles, A. T., Davidson-Hunt, I. J. & Wollenberg, E. K., "Adaptive Co-management for Social-ecological Complexity", *Frontiers in Ecology and the Environment*, 7 (2), 2008, pp. 95–102.

④ Werner J., "Modern Governance", in Fraser-Moleketi, G. (ed.), *The World We Could Win*, IOS Press, 2005.

效应及实现的影响因素的实证研究中,大样本分析(Large - N)趋向于发现国家经济社会发展与善治之间的一致性,而小样本分析(Small - N)趋向于验证发展是不完全依赖于"治理正确"。由于这些分析多依赖于跨国数据而非历史性数据,样本中不同发展层次的国家代替各国治理历史和发展条件的变化,这种回归结果多呈现为以下一般性的结论:(1)治理制度发展对经济增长有促进作用,同时经济增长反过来促进治理制度完善[1];可以有效减低贫困[2];(2)政府信用促进投资和增长[3];(3)在良好经济管理背景下,国际援助能促进增长[4];(4)不稳定的政治背景导致低水平投资[5];(5)腐败与政府低效和低增长相关[6];(6)财政分权与善治正相关[7]。在因果关系的探索上,学者认为治理和增长不仅是相关,且呈因果效应,善治使得发展变得更加可能。世界银行[8]根据以往40个不同学者研究结果总结为,正如在高收入国家的测验,压倒性研究结果表明善治对成功的发展至关重要。个体案例研究表明少量的制度和政策改变同样能促进经济增长,如中国和越南是两个常被提及的例子。所以初期小规模的重要制度改进对刺激发展很重要,而长期善治

---

[1] Levine, R., "Law, Finance, and Economic Growth", *Journal of Financial Intermediation*, 8 (1), 1999, pp. 8 – 35; Rauch, J. E. & Evans, P. B., "Bureaucratic Structure and Bureaucratic Performance in Less Developed Countries", *Journal of Public Economics*, 75 (1), 2000, pp. 49 – 71.

[2] Chong, A. & Calderon, C., "Causality and Feedback Between Institutional Measures and Economic Growth", *Economics & Politics*, 12 (1), 2000, pp. 69 – 81.

[3] Brunetti, A., Kisunko, G. V. & Weder, B., *Institutional Obstacles to Doing Business* (No. 1759), Washington, D. C.: World Bank, 1997.

[4] Burnside, C. & Dollar, D., *Aid, the Incentive Regime, and Poverty Reduction* (No. 1937), Washington, D. C.: World Bank, 1998.

[5] Barro, R. J., "Economic Growth in A Cross Section of Countries", *The Quarterly Journal of Economics*, 106 (2), 1991, pp. 407 – 443.

[6] Friedman, E., Johnson, S., Kaufmann, D. & Zoido-Lobaton, P., "Dodging the Grabbing Hand", *Journal of Public Economics*, 76 (3), 2000, pp. 459 – 493.

[7] Huther, J. & Shah, A., *Applying A Simple Measure of Good Governance to the Debate on Fiscal Decentralization* (No. 1894), Washington, D. C.: World Bank, 1998.

[8] World Bank, *Reforming Public Institutions and Strengthening Governance*, Washington, D. C.: World Bank, 2000.

制度的建立才将会影响经济发展的可持续性。

在对治理的测量探索中，具有代表性和影响力的当属考夫曼（Kaufmann）等创立的世界治理指数（World Governance Index，WGI），该指标提供了可比指数和多层治理测量相结合的新途径，抽取 25 个（到 2009 年已经上升为 32 个数据源）不同来源（如公共部门、商业机构等）第三方有用变量进而重新调整为 WGI 六项指标，对世界 200 余个国家和地区的治理现状进行测量和评估[1]，新聚合而成的六项指标具体如下：（1）表达与问责（Voice and Accountability，VA）；（2）政治稳定与暴力程度（Political Stability and Absence of Violence，PV）；（3）政府效率（Government Effectiveness，GE）；（4）规制水平（Regulatory Quality，RQ）；（5）法治（Rule of law，RL）；（6）腐败控制（Control of Corruption，CC）。WGI 采用综合聚类方法形成此六项指标，较之单独数据来源包含了更丰富的内容，让治理问题的相关探讨更加实证化。[2] 但这一指标在跨国比较、模型假设验证、测量概念界定、数据透明度及可验证性等方面的理论自洽也面临诸多批评的声音。[3] 同时也由于其嵌入较多的规范性政策偏好指标可能影响其最终的结果，比如难道因为我们不喜欢美军入侵伊拉克就可以认为美军治理质量差吗？

综上可见，治理和善治的理论框架同样较多地集中于其对经济社会发展的影响，且这种影响机制和层次在研究中也没有取得一致性结论。虽然治理和善治研究的目标对象是确定的，但其测量中往往隐匿意识形态的判断和偏见，如世界治理指标在聚合数据时少数机构自身决定什么是"好"数据，使什么数据合法化，而拒绝另外一些数据。此外，次级数据的过分商业化及不透明性使得难以客观反映国家治理的现状。正如有研究指出当前治理的逻辑

---

[1] Kaufmann, D., Kraay, A. & Mastruzzi, M., "Governance Matters" (VIII), *World Bank Policy Research Working Paper* (4978), 2009.

[2] Kaufmann, D. & Kraay, A., "Governance Indicators", *The World Bank Research Observer*, 23 (1), 2008, pp.1 – 30.

[3] 臧雷振：《治理定量研究：理论演进及反思》，载《国外社会科学》，2012 年第 4 期。

分析框架仅是"公共行政学说的一般性替代分析框架"①,其依然没有走出政府绩效评估的思维,最新的研究希望聚焦于治理网络(Governance Network),以此来摒弃以往对治理分析的单一化视角,通过网络化的整合寻求公共政策改善的新角度②,提升政治合法性,弥补社会分裂和复杂性活力带来的治理的困难③,但这只是一种尚在探索中的尝试。

(三)国家建设与国家能力

当 20 世纪 50、60 年代行为主义在西方政治学研究中风行并占据主导地位时,"国家"这一概念被政治学者认为不合乎要求、含糊不清而摒弃,但到 20 世纪后期,人们"强烈呼吁使国家回到政治分析中来","现在人们已经相当普遍地把'国家'作为分析的核心定向范畴予以采纳和适应"。行为主义研究的固有缺陷也令后行为主义研究下的"政治科学中的一个旧式术语'国家'再度成为研究的热点"④,掏空国家的理念已经失去往日的光彩。进而由精英理论和古典管理理论演进来的国家中心研究路径(State-centered Approach),在学术史上体现出有别于建立在社会、阶级和经济等政治行为主义研究范畴下的不完整性,并在此基础上形成国家回归学派,其指出存在于"国家"之中的官僚制结构吸纳社会个体的作用被传统研究所忽略⑤,而重新探讨国家自主性及国家能力将有助于理解国家与社会结构、个体层面政治行为等关系。对

---

① Hill, M. J. & Hupe, P. L., *Implementing Public Policy: Governance In Theory and Practice*, London: Sage, 2002, p. 123.

② Giguère, S., "Managing Decentralisation and New Forms of Governance", *Managing Decentralisation: A New Role for Labor Market Policy*, 2003, pp. 11 – 27.

③ Torfing, J., "Governance Network Theory", *European Political Science*, 4 (3), 2005, pp. 305 – 315.

④ 戴维·伊斯顿:《政治生活的系统分析》,王浦劬译,华夏出版社 1999 年版,第 3—8 页。

⑤ Skocpol, T., "Bringing the State Back In: Strategies of Analysis in Current Research", in Evans, P. B. et al. (eds.), *Bringing the State Back in*, Cambridge: Cambridge University Press, 1985.

国家研究的重视既体现出奈特尔①20世纪70年代将国家引入社会科学研究之后新一波对国家变量的关照,又是20世纪80年代国家建设(State Building)研究兴起的延续。②

国家研究回归政治学话语之后,随之与其相关的国家能力(State Capacity)概念逐渐兴起。其实从20世纪50年代到60年代,有关联合国开发计划署(The United Nations Development Programme,UNDP)提出的制度建设(Institutional Building)和社区能力概念就初具雏形,但当时多聚焦于提高农村地区个体的技术水平和自救能力,随后从聚焦农村转向发展国家的行政部门,彼时曼③通过分类现代国家专断性能力(Despotic Power)和基础性能力引起学者对此议题的巨大兴趣,麦格达尔④在彼时曼的研究基础上又进一步将国家能力划分为国家的社会渗透能力、调节社会关系的能力、汲取资源以及按既定的方式拨款或使用资源的能力。国家能力作为政治学一个重要概念,也从最初仅强调国家增加税收的能力,转向再分配、监管等能力建设上,而对于像中国这样的后发国家要想获得有效运行和生存学者认为需要包括以下四种能力:汲取能力(Extractive Capacity);调控能力(Steering Capacity);合法性能力(Legitimation Capacity);强制能力(Coercive Capacity)。⑤

国家能力也总与弱国家(Weak or Fragile State)及运作良好国家(Well-

---

① Nettl, J. P. , "The State As A Conceptual Variable", *World Politics*, 20 (4), 1968, pp. 559 – 592.

② Tilly, C. , *Western State-making and Theories of Political Transformation*, The Formation of National States in Western Europe, Princeton University Press, 1975; Fukuyama, F. , *State Building*, Cornell University Press, 2004.

③ Mann, M. , "The Autonomous Power of The State", *European Journal of Sociology*, 25 (2), 1984, pp. 185 – 213.

④ Migdal, J. S. , Kohli, A. & Shue, V. (eds.), *State Power and Social Forces*, Cambridge University Press, 1994.

⑤ Wang, S. , "The Rise of the Regions, In Walder, A. G. (ed.), *The Waning of the Communist State*, Berkeley: University of California Press, 1995.

functioning State）等概念相联系。① 但由于国家建构是一长期持续的过程，其外生性影响因素包括外部力量对国家建设过程的介入，如"二战"期间马歇尔计划对相关国家的援助与支持；而内生性视角则强调国家社会关系的内部紧张导致国界之内的国家重建，如美国内战后形成的现代国家建构。所以无论是弱国家还是运作良好国家，其国家能力的比较或联系都是十分复杂的关系。

国家回归学派分析中，一个常被忽略的批评是来自阿尔蒙德的观点，其指出国家回归运动并没有带来学科知识和研究范式的转变，没有提供更好的分析工具②，虽然他的文章也招致一些学者的反驳。③ 但不可否认，国家回归学派视角下分析过于强调国家本位，忽略了社会力量在国家建设中作用，忽略国家与社会互动，片面强调期冀通过有效性解决合法性的短期政治实践，同时对制度和政策之间的效果差异通常不作区分，这反而带来学术研究和分析的偏颇，如忽略吸引私人部门参与国家建设促进国家能力提升的作用。所以20世纪末期伴随公民社会在东欧民主化进程中的促进作用及相关研究的兴起，国家的分析框架彻底沉没在对社会力量分析的重视之中。此外国家建设和国家能力分析过程中还存在内在的冲突，比如从提升国家能力建设的动力来看，传统观点认为民主选举政府为获取连任及选民满意而希望提升国家能力，但现实来看更多发展中国家的独裁政府为了汲取更多税收而更愿意提升国家能力建设④，而民选政府中的政治博弈和政治游说反而使得国家能力建设方面充满阻力。再者就是依托国家宏大视角，对于国家能力如何测量，国家

---

① Rice, S. E. & Patrick, S., "Index of State Weakness in the Developing World", *Global Economy and Development*, Brookings Institution, 2008; Carothers, T., "How Democracies Emerge", *Journal of Democracy*, 18（1），2007, pp. 12 – 27.

② Almond, G. A., "The Return to The State", *The American Political Science Review*, 82（3），1988, pp. 853 – 874.

③ Nordlinger, E. A., Lowi, T. J. & Fabbrini, S., "The Return to The State: Critiques", *The American Political Science Review*, 82（3），1988, pp. 875 – 901.

④ Brautigamm D., Fjeldstad, O. H. & Moore, M.（eds.），*Taxation and State-building in Developing Countries*, Cambridge University Press, 2008.

建设如何评估都面临显而易见的困难。

四、结　语

　　上文概要性地呈现了政府质量及相关竞争性概念的比较，虽然 20 世纪以来，有关组织效能、善治、国家能力与国家建设等作为政治学探索中的新兴概念均逐步成为研究重点（表1），但综上分析可见这些研究视角中存在以下共性问题：首先是有的研究概念过于离散化与单一化，如对组织效能分析缺乏对由不同组织部门构成的政府的综合评价，往往聚焦于单一部门的评估；跨国比较评价同样匮乏，而跨国研究对理论发展和管理实践具有重要意义，其揭示理论普遍化和概括化过程中问题，揭示理论适用的边界。其次，指标设置与测量的主观性，如世界治理指标（WGI）中大比例的主观赋值，包含不清晰的价值判断，对于专家打分（Expert Coding）的过分依赖[1]，特别是"判定"（Judgment）因素的过多使用，其主观性和囿于现有知识的局限性进而带来偏见、模糊和不真实的测量结果，难以证明一个国家得分高于其他国家就意味着其治理水平更高。再次，意识形态强调差异。社会科学研究中或多活少含有一定的意识形态特征，这也直接影响到相关研究的结论和推理过程。所以裹挟强烈意识形态色彩的研究取向，伴随知识的输出还蕴含忽略他国传统和历史背景的国民价值同化，政府质量借相对客观的价值批判尽力减低意识形态的困扰。最后，诸多指标缺乏足够的精度和可靠性，主要是由于其数据来源主要依赖于报纸、档案数据，私人部门或调研等。私人部门数据的结构性缺陷如系统性供应不足和数据生成的低效[2]，而问卷则由于成本限制

---

　　[1]　Coppedge, M., Gerring, J., Altman, D., Bernhard, M., Fish, S., Hicken, A. & Teorell, J., "Conceptualizing and Measuring Democracy", *Perspectives on Politics*, 9（2），2011, pp. 247 – 267.
　　[2]　Schedler, A., "Judgment and Measurement in Political Science", *Perspectives on Politics*, 10（1），2012, pp. 21 – 36.

及无应答比例上升常以简化的测试尺度来获取数据①，这种现实困难使得学者常采取柔性测量（Soft Measures）手段，虽然带来分析的进步但也带来显而易见的问题。

表1 相关"竞争性概念"比较

	目标对象	意识形态强调	功能定位	次级指标获取方式	反映国家治理现状优缺点
政府组织绩效	单一行政部门	一般	探索政府对经济发展影响	问卷、商业部门、政府与报刊数据	单一性
治理与善治	单一部门或国家	强烈	探索政府对经济发展影响	问卷、商业部门、政府与报刊数据	模糊
国家能力与国家建设	国家	一般	探索国家的建立与延续	问卷、商业部门、政府与报刊数据	模糊
政府质量	政府与国家	较少	比较政府及国家的发展	政府部门数据与学术机构问卷	综合性

资料来源：作者自制。

从认识论角度来看组织效能是结果分析，治理与国家能力建设是现象分析，而政府质量则是过程与结构分析的综合，完整再现了公共政策发起、执行的过程，并将政府效能、规模与国家能力的各测量要素包含其中。所以将政府质量引入国家治理结构性分析中，首先实现国家治理规模与荷负评价的可测量。国家治理的庞杂性难以直接测量和形象感知，而政府质量作为替代性指标使其变得更加容易获取客观性认识。因为政府被作为国家的象征，通过政府质量评估，可更好地间接实现对国家治理态势的评价；其次，有利于实现国家治理过程的比较分析。国家治理研究不仅取决于国家在其领土内所拥有的主权行使结果，其行使过程同样也塑造人们对国家的认知，政府作为国家主权行使的主体，其政策过程完整再现国家主权行使过程。这样政府质量基于中观层面国家治理过程的现象观察、经验总结，研究更具可操作性，

---

① Montgomery, J. M. & Cutler, J., "Computerized Adaptive Testing for Public Opinion Surveys", *Political Analysis*, 21 (2), 2013, pp. 172 – 192.

架构研究中宏观理论与微观理论、客观世界与主观认知之间的桥梁。① 最后，政府质量作为分析的数据可避免大量对私人数据的使用，避免大量对主观性数据的使用，避免大量不同数据源的聚合。这种分析框架在运用于比较研究中时更具稳定性、整体性、可比性、价值中立、可靠性、完全性、保真性。通过客观的比较分析，增加对其他文化理解，才能减少政治学研究中的相互误解。

综上所述，本文初步分析了政府质量研究在理论深化和事实佐证上对探索完善国家治理的重要意义，试图为中国相关领域研究提供新的学术视角和理论借鉴。当然，作为一新兴概念和研究热点，无论是政府质量还是国家治理都还有诸多需要完善和改进的空间，本文初步构建和呈现以政府质量代替测量国家治理水平的分析框架，下一步的研究将在此框架下通过实证验证来不断检验、调整和完善，本文只是这一过程的千里跬步。

---

① 徐湘林：《从政治发展理论到政策过程理论：中国政治改革研究的中层理论建构探讨》，载《中国社会科学》，2004 年第 3 期。

我国公共治理评估之核心要素[*]

褚松燕[**]

"治理"一词自从20世纪末期被引入到中国后,经过十余年的探讨,已经成为当前学术研究和公共管理实践中一个使用频率颇高且被赋予良好追求的术语。一个国家治理得如何,不仅是对现象的描述,而且是对现象背后价值的判断,更是对一个国家治理状况的改善提供依据的基础。这种描述和判断依赖于一定的评价体系及其运作,这就是治理评估。与微观的业绩评估不同,治理评估是一个非常复杂且艰难的过程,作为对一个国家政治—社会宏观面貌的评价,它不仅涉及技术上的度量问题,而且首先需要回答这种评价是否有公认的普适价值,这是治理评估之意义和基础所在。

和政府绩效评估类似,治理评估作为关涉公共权力运行状况评估的一种,不仅有着巨大的市场价值,而且对政府合法性及其维系有着至关重要的作用。因此,治理评估是一个更为宏观的系统,比政府绩效评估的范围更广、意义更大。目前在国际上已经有很多机构提出了各种各样的治理评估体系或评估指数,如世界银行运用全世界治理指数(the Worldwide Governance Indicators)对212个国家和地区1996—2006年的治理情况进行了度量,作出了排序。这

---

[*] 本文原载于《中国行政管理》,2009年第11期。
[**] 褚松燕,国家行政学院政治学教研部副教授、博士。

套指数主要集中在六个方面：（1）发言权与责任性；（2）政治稳定与无暴力情况；（3）政府效力；（4）监管质量；（5）法治情况；（6）控制腐败情况。[①]在英国注册的治理国际（Governance International）提出一个多元利益相关者评价的善治模型，运用360度评估法集中关注公共组织如何能通过建构伙伴关系来为其利益相关者创造出更多的价值，以及利益相关者如何能够帮助公共组织作出改进。在这个模型中，利益相关者居于核心，向外辐射出原则、结果和以民主、信任、法治、领导力为价值的评价系统。[②] 我国天则经济研究所也提出了度量公共治理的基本要素：一个要素是权利配置，分为两个层次：第一个层次是包括公民权利、政治权利以及相应的经济社会文化权利在内的基本权利的配置；第二个层次是于公共资源有关的权利的配置。另一个要素是政治过程，就是如何保障和实现这些权利。[③]

笔者认为治理是政府—市场—社会对资源的分配与风险的分担进行处理的过程，其结果是在市场经济发挥作用的基础上，公共权力得到正当运用和社会结成信任网络。因此，对治理进行评估，一方面是对客观现状的描述；另一方面是对普适价值的倡导。我们对治理状况进行评估，尽管可以设计出几十个乃至上百个度量指标，但这些度量指标都需要围绕治理的核心要素来设计，才能够达到评估的目的。从我国的公共治理情况看，由于我国目前正处于社会—政治全面转型时期，在众多的普适价值中，稳定无疑是排在第一位的，政府、市场和社会各领域都需要以稳定为前提。政府的责任性、有效性、法治、透明、廉洁等公共治理的价值追求就都成为达成这种稳定的条件性保障了。沿着这个突出稳定的公共治理价值系统，结合我国公共治理的政府主导—社会参与特征，我们就可以从权力配置、参与和满意度这三大方面

---

① Daniel Kaufmann, AartKraay & Massimo Mastruzzi, *Governance Matters V: Aggregate and Individual Governance Indicators for 1996 – 2005*, The World Bank, September 2006.

② Governance International: "Model", http://www.governan-ceinternationa.1 org/english/fprodgln. Html.

③ 周业安：《度量公共治理》，http://www.unirule.org.cn/SecondWeb/DWContent.asp? DWID = 373。

来评判转型期国家的公共治理情况。其中，权力配置是反映政府治理能力的基础，由此衍生政府与社会和市场的关系的制度架构和动态过程；参与是反映社会治理能力的基础，由此可衍生出权力配置的开放性以及公民对政府主导的公共治理的关注情况；满意度是社会公众对公共治理过程和结果的主观评判，由此衍生出对公共治理诸价值排序的检验。因此，这三大方面应当构成公共治理评估的核心要素，这三大核心要素与制度、过程和结果这三个维度结合起来，形成我国公共治理评估网络的核心结点，并由此细化公共治理评估的具体指标。

一、权力配置

权力配置包括分权情况和权力制衡关系两个问题。

第一，分权是否清晰。这包括两个层面：第一个层面是国家与社会、市场之间的权力分界；第二个层面是公共权力内部横、纵向的权力划分关系，特别是随事权而走的财权的划分。从应然角度看，第一个层面的权力分界采取的是剩余管理原则，也就是说，人们通过社会网络或市场能够解决的就不需要政府来采取行动，政府管理的事务是社会网络本身或市场本身不能解决的。与剩余管理原则相配套的还有一个服务外包原则，也就是说，政府所管理的事务如果在执行层面能够以更低的成本和更高的效率通过市场主体或社会主体去完成，则政府可以采取购买服务的方式，仅监控服务资金的使用和效果的评价即可。第二个层面的权力分界主要体现在事权的划分上。划分得当的事权会使政府的横向水平和纵向层次之间存在一种公共事务处理方面权力的均衡状态。20 世纪 80 年代以来，分权化已经成为一个世界性趋势，但这种趋势仅仅是政府支出责任方面的分权化，而财权也就是政府收入的集权化趋势却在同步加强。[①] 在这种情况下，判断政府内部横向部门之间的权力分界是否清楚，需要引入一个机制性判断要素，即跨部门合作机制是否存在，以

---

① 张永生：《政府间事权与财权如何划分？》，载《经济社会体制比较》，2008 年第 2 期。

及这种跨部门合作机制是否有效。而判断上下级政府之间权力划分是否清楚，就需要引入事权和财权之外的第三个要素，即人事权力是否有划分以及划分的程度。从这个意义上讲，公共权力内部横、纵向的权力划分关系是否清晰，需要从人事权、事权和财权的配置情况来衡量，其中，人事权是纵向权力划分的一个关键性要素。

第二，权力制衡关系是否存在及其作用如何。公共权力内部的制衡关系既是确保公民的个体权利和社会正义的权力配置底线，又是约束腐败必不可少的制度安排。任何一种权力配置体系中都存在着权力制约关系，但相互制约的公共权力之间是否形成了动态的均衡格局，直接影响着公共权力对公共利益的整合、判断和实现。因此，公共权力配置格局在不同的公共权力行使部门之间是不是形成了权力制衡关系？如果形成了权力制衡关系，这种权力制衡所依赖的是制度还是个人影响力？权力制衡对权力涉及范围内的公共事务的处理是否遵循了公共利益最大化的目标？这些问题都对治理的过程和目标、效果有重大影响。

权力配置的上述两个问题与法治、稳定、公正、责任、回应等治理价值之间存在着直接的正相关关系，都可以通过制度—过程—结果的三维评价来得出相应的答案。其中，从制度角度对权力配置进行评估，就是对制度文本的分析，也就是按照上述两大问题设计相应的指标对制度文本的意义进行标识。首先是对宪法设计的公共权力配置基本准则与制度框架进行归类，将宪法对公共权力与社会、市场之间的权力边界进行确认。其次是对诸多制度文本按照法的位阶进行排序，找出上下位法和制度之间是否有冲突，以及同一位阶的法和制度之间是否存在冲突。再次是对制度的文本可行性进行评估，可依照原则性规定与可操作性规定，结合其中的程序、技术规定情况来分析。如果说制度评估是静态的权力配置结构和框架的评价的话，那么，过程评估就是相关制度执行的过程评估，涉及制度执行者的资格、制度内容和程序的告知、程序的完整、技术的可控性等内容。结果评估用以对比制度文本上的治理结构、框架与治理现实之间的距离，主要涉及现实判案中对有关制度的援引情况、制度设计的目标实现的程度、制度目标的正当性等。当然，制度评估本身还需要考虑这样一个问题,即制度本身的产生是否符合程序正义的问题,而这就与第二个核心即参与密切相关。

二、公民参与

参与分为两个层次,对社会公共事务的参与和公共政策过程的参与。笔者这里不拟用选举作为评价参与的基础性要素,而是用公民对社会公共事务和公共政策过程的知晓、介入情况来对公共治理状况进行评价,因此,参与和公民的基本权利紧密相关,也可以通过制度—过程—结果的三维评价来得出相应的答案。

公民对社会公共事务的参与是公民在社会层面进行参与的核心领域,主要体现在公民对公共事务的管理形式、议题的提起、行动等方面。从制度上看,公民对公共事务的管理形式在实践中主要有两种组织形式:自治组织和社会组织。因此,国家对这两种组织形式有无制度规定,不仅与公民的参与深度、广度相关,而且与公民的结社自由和基本政治权利相关。制度文本所涉及的参与渠道、参与机制和参与程序是否穷尽了公民对社会公共事务进行管理的方式,就构成公共治理参与要素的一个重要评估内容。参与的过程涉及参与者的代表性、利益相关性、参与的技术性手段等,而参与的结果评估则是与制度文本规定的目标的吻合度检验密切相关。

公民对公共政策过程的参与是公民政治参与的重要内容,主要体现在对政策议题议程的提起和对公共决策环节的参与情况。其中,公民对政策议题议程的提起是衡量公共治理多主体特征的一个重要指标,也是启动公共政策过程的重要环节。从制度上看,公民对公共政策过程是否具有启动的权利,首先与公民的知情权和政府信息公开责任相关。制度文本中是否规定公民的议题议程提起权利,以及对这种权利如何予以保障,构成衡量公民参与公共政策过程情况的一个基础性指标。而制度文本中对不同情境下公民参与公共政策过程的渠道、方式、程序的规定是否完整也对公民参与构成影响。对公民参与公共政策的过程进行评估可检验相关制度设计、机制安排是否疏通、有效，以及公民对既有参与渠道、机制的运用是否有效。公民参与公共政策过程的结果评估也是用以对比制度文本与过程。在过程和结果评估中，都需要引入利益相关者评价指标。

需要注意的是，公民参与的形式可以是个体的，也可以是组织化的，如通过各种社会组织来参与社会公共事务和公共政策过程。其中，组织化参与在目前由多种原则、多种价值、多种利益需求、多种社会群体、多种社会力量、多种社会意志混合在一起的转型时期尤为重要。因为公民行使结社自由权结成不同的公民社团，有助于民主政府的效率和稳定，社团对社会公共事务和公共政策过程的组织化参与在成为有效获得利益满足的渠道的同时也成为公民参与公共治理的最高层面。因此，公民参与作为治理评估的一个核心要素，组织化参与是衡量公民参与情况的一个重要指标。

三、满意度

满意度评估历来被视为检验具体政府行为的一项重要指标，带有明显的结果评价特征。但是，这里所说的满意度不仅包括对政府行为的结果进行满意度的主观测评，而且包括社会公众对政府行为的过程、相关程序满意与否的评价。因为社会公众对政府行为的结果表示满意的状况，并不能够反映出社会公众对政府作出相应行为的依据、目的也同样满意。尽管公共治理强调结果导向，但这种强调有一个前提：公众对政府信息和政府过程有知情权。缺乏这种前提的满意度测评是反映不出治理的绩效的，否则，贞观之治、康雍乾盛世所反映出的社会满意度就也可以冠之以治理之名了。不仅如此，这里所说的满意度评估也与权力配置的结果评估、公民参与的结果评估并不相同。权力配置要素和公民参与要素中的结果评估主要通过制度文本与现实实践之间的差距来衡量，尽管可能某些具体的指标特别是关涉公民的基本权利的指标中会出现相关利益者对某些具体问题的处理是否满意的表述，但是，这些指标主要指向既有的相关制度，而这里所说的公民对政府行为和政府做出该行为的过程满意与否，尽管与相关的程序有一定的关联，但并不与直接的制度有效性评价相关联。

有鉴于此，公民的满意度评估主要用于具体政府行为的测量，如执行过程是否遵守正当程序、是否以人为本，出台政策的过程是否遵循透明和尊重公民知情权原则，等等。因此，公民满意度评估可以按照结果和过程两个方面来设计相关的具体指标，这就又可以与制度、过程和结果这个评价逻辑勾连起来了。

上述三个要素是评价治理状况的核心要素，但这并不意味着治理的评估仅仅依靠这三个要素。笔者之所以强调这三个核心要素，是因为在治理所追求的稳定、合法性、法治、透明性、责任性、回应性、参与、有效、稳定、廉洁、公平、包容性等善治价值目标中，既有对制度框架的取向，有对制度过程的取向，也有对制度结果的追求。这些交织在一起的追求尽管更多地呈现在价值层面，但隐含了从制度文本到制度落实过程再到结果这样一个逻辑过程，因此，对一个国家的公共治理实现这些目标的程度进行评判，我们才可以以制度—过程—结果为经，以权力配置、公民参与和满意度为纬，编织出一个治理评估的网络，反映这个国家所追求的治理状态与该国治理现实之间的对比程度，为提供改善治理状况的具体方案和措施提供依据。

建立中国政府治理评价体系初探*

何增科**

20世纪90年代以来,"治理"、"善治"、"民主治理"等词逐渐流行开来,国际社会科学界和国际发展援助机构对各国治理状况和治理质量进行定量评价的各种评价体系也纷纷出现。据世界银行学院估计,目前可供用户使用的治理指标大约有140种,包括数千个单项指标。[①] 如何吸收国际社会科学界研究成果,建立中国自己的治理评价体系也成为中国学者需要面对和解决的一个问题。

建立中国政府治理评价体系,有助于定量化地描述中国政治发展、政治现代化和政治文明的实现程度,分析中国政治发展和政治现代化的薄弱领域和薄弱环节,明确其进一步的努力方向,这对于中国执政党和政府全面建设小康社会和和谐社会也都能发挥非常积极的作用。目前国内治理评价体系研

---

* 这是笔者参加俞可平教授主持的"中国治理评价框架"项目的一个中间产品。该项目得到了联合国开发计划署的资助。联合国开发计划署奥斯陆治理中心为项目组成员到访培训进行了精心的准备,他们所介绍的治理评价的方法和知识使笔者受益良多。俞可平教授同意该成果公开发表以接受社会检验。特此致谢!本文原载于《北京行政学院学报》,2008年第5期。

** 何增科,中央编译局比较政治与经济研究中心主任、研究员。

① 对世界银行等国际组织治理指标感兴趣的读者可参阅:克里斯蒂纳·阿尔恩特(Christiane Arndt)、查尔斯·欧曼(Charles Oman):《政府治理指标》,杨永恒译,清华大学出版社2007年版。

究刚刚起步，成果不多，但治理相关评价体系却有很多。笔者在吸收国内各种治理相关评价体系和已有的四套治理评价体系①基础上，尝试从三个不同角度提出了三种治理评价体系框架，以期起到抛砖引玉的作用。

一、中国善治指数评价体系框架

国际国内现有的许多治理评价体系和治理与善治理论之间存在着一定的脱节现象。笔者首先尝试紧密结合治理和善治理论提出一个中国善治指数评价框架。② 这一框架尝试将治理善治理论、戴维·伊斯顿的政治体系理论和阿尔蒙德的结构——功能主义理论结合起来，建立一个理论性的善治评价框架。这一评价框架包括三个评价维度：治理体系完善程度、治理过程民主程度、治理结果优良程度。治理体系完善程度衡量标准包括：治理主体多元化程度；治理主体代表性程度；治理主体问责程度；治理主体合作程度。治理过程民主程度包括：干部选任中选举和参与的程度；决策过程中的协商程度；公共信息的公开程度；政治行为法治化程度。治理结果优良程度的衡量标准包括：

---

① 国内治理相关评价体系包括：现代化指标体系、可持续发展指标体系、全面小康社会指标体系、和谐社会评价指标体系、文明城镇评价指标体系等宏观治理相关评价指标体系；法治城市评价指标体系、社会风险或社会稳定评价指标体系、性别平等和性别发展指标体系、政府绩效评价指标体系、党政领导干部政绩考核评价指标体系、公共服务公众满意度评价指标体系等中观治理相关评价指标体系；公司治理评价体系等微观治理相关评价指标体系。国内现有的四套治理评价指标体系包括：俞可平"中国民主治理的主要评价标准及指标"，参见俞可平：《增量民主与善治——对民主与治理的一种中国式理解》，见俞可平：《增量民主与善治》，北京：社会科学文献出版社2003年版，第161—165页；包国宪"中国公共治理绩效评价指标体系"，参见包国宪、周云飞：《中国公共治理绩效评价的几个问题研究》，2008年4月26日中央编译局比较政治与经济研究中心"治理评估的理论与实践学术研讨会"会议论文；天则所："中国省市公共治理指数"，参见贾西津：《省市公共治理指数探讨——基于天则项目的思考》，2008年4月26日中央编译局比较政治与经济研究中心"治理评估的理论与实践学术研讨会"会议论文；胡税根："治理评估通用指标"，参见胡税根、陈彪：《治理评估的主要纬度和通用性指标框架研究》，2008年4月26日中央编译局比较政治与经济研究中心"治理评估的理论与实践学术研讨会"会议论文。

② 对治理和善治理论感兴趣的读者可参阅俞可平主编：《治理与善治》，社会科学文献出版社2000年版。

公民自由和权利的保障程度；社会福利普遍增进的程度；社会的安定有序程度；公共组织和官员的廉洁程度；党和政府受信任程度。在此基础上以利益相关者评估法（包括对学者、企业经理、民间组织领导人、地方政府领导、居民代表的问卷调查）为基础，设计和选择若干主观指标构建中国善治评价体系。

表 1　中国善治评价理论指标体系

一级指标	二级指标	评价标准	三级指标	数据来源
善治指数	治理体系完善程度指数	治理主体多元化程度	对民间组织数量和实力的主观感知	民间组织问卷调查
			对民间组织官办色彩和营利性的评价	居民问卷调查
			民间组织门类齐全程度的评价	民间组织问卷调查
			民间组织制度环境友善程度评价	民间组织问卷调查
			群众自治组织行政化程度评价	居民问卷调查
			地方政府财政负债率和债务规模评价	公职人员问卷调查
		治理主体代表性程度	公共决策是否充分考虑到了城乡和地区差别	居民问卷调查
			公共决策是否充分照顾了弱势、困难、边缘群体的利益	居民问卷调查
			对人大代表、政协委员中目前女性成员人数是否满意	妇女问卷调查
			对人大代表、政协委员中目前工人、农民代表数量的满意度	居民问卷调查
			对公务员队伍中目前女性所占比例是否满意	公职人员问卷调查
			党政领导干部区域代表性和职业代表性评价	居民问卷调查
		治理主体问责程度	对人大及其常委会行使监督权的满意度	居民问卷调查
			对纪检监察机构监督的独立性和权威性的评价	居民问卷调查
			对重大事故中党政领导干部责任追究情况的评价	居民问卷调查
			对司法错案责任追究制执行情况的评价	居民问卷调查
			对审计独立性和公开性程度的评价	居民问卷调查
			对民间组织领导人向公众和内部成员负责程度的评价	民间组织和居民问卷调查
		治理主体合作程度	对慈善捐赠数量和比例的评价	民间组织问卷调查
			对企业履行社会责任情况的评价	居民问卷调查
			对政府就慈善行为的税收减免政策满意度评价	民间组织问卷调查
			对政府购买公益服务占财政收入比例的评价	民间组织问卷调查

续表

一级指标	二级指标	评价标准	三级指标	数据来源
善治指数	治理过程民主程度指数	领导干部选任中选举和参与的程度	对目前直接选举的范围的评价	居民问卷调查
			对党政领导干部选任中党员和群众实际参与程度的评价	居民问卷调查
			对提高选举的竞争性、透明性和直选层级的必要性的评价	居民问卷调查
		决策过程中的协商程度	党政决策中集体酝酿讨论制度落实情况评价	公职人员问卷调查
			人大会议审议、政协会议协商的充分程度评价	人大代表、政协委员问卷调查
			重大决策前各级党委与民主党派协商的数量和质量评价	民主党派问卷调查
			官民协商对话数量和质量评价	居民问卷调查
			座谈会、听证会、专家论证会数量和质量评价	居民问卷调查
		公共信息的公开程度	公民对公共信息特别是预算信息公开的范围、内容和时效的满意率	居民问卷调查
			公民对获取公共信息的难易程度和实际代价评价	居民问卷调查
			媒体采访报道的自由程度	媒体问卷调查
			公民对电子政务建设特别是政府网站的满意度	居民问卷调查
		政治行为法治化程度	立法过程中公众参与和透明度的社会评价	居民问卷调查
			法律法规的简明易懂性、彼此协调性评价	专家问卷调查
			公民对依法行政、公正执法、司法公正的评价	居民问卷调查
			民告官案件受理难易程度和审理公正程度的社会评价	居民问卷调查
			公民自觉遵从法律的意愿强度	居民问卷调查
	治理结果优良程度指数	公民自由和权利的保障程度	收入和财产权受保障程度的社会评价	居民问卷调查
			言论自由受保障程度的社会评价	居民问卷调查
			宗教信仰自由实现程度的社会评价	居民问卷调查
			集会、结社自由受保障程度的社会评价	居民问卷调查
			迁徙自由受保障程度的社会评价	居民问卷调查
			权利救济和国家赔偿的可获得性、及时性和充足性的社会评价	居民问卷调查
			对弱势和困难群体获得法律援助的途径和数量的社会评价	居民问卷调查

续表

一级指标	二级指标	评价标准	三级指标	数据来源
善治指数	治理结果优良程度指数	社会福利普遍增进的程度	对贫困线标准和最低生活保障标准的满意率	低收入人群问卷调查
			对教育公平和政府教育投入比例的评价	居民问卷调查
			对政府解决看病难看病贵问题的措施的评价	居民问卷调查
			对政府解决中低收入人群住房问题努力的评价	低收入人群问卷调查
			对养老和社会保障覆盖面和保障标准的评价	居民问卷调查
			对政府在就业、工作场所、公共服务提供中消除各种歧视性待遇措施的效果的评价	居民问卷调查
			对政府实现基本公共服务均等化努力的评价	居民问卷调查
		安全和秩序得到维护的程度	居民社区生活和公共场所安全感	居民问卷调查
			居民出行安全感	居民问卷调查
			对食品药品安全、建筑质量安全和生产安全状况的评价	居民问卷调查
			对当前物价状况的评价	居民问卷调查
			对当前违法犯罪率的评价	居民问卷调查
		公共组织和官员的廉洁和效能程度	对利益集团俘获政府现象严重程度的评价	企业和居民问卷调查
			"只有行贿才能打通关节"观点的赞同度	企业和居民问卷调查
			对政府行政成本占财政收入比例现状的评价	居民问卷调查
			对公共服务收费、质量和服务态度的社会评价	居民问卷调查
		公众对党和政府工作总体满意程度	党和政府工作回应和满足公众需求和利益程度评价	居民问卷调查
			公众对党和政府的支持率	居民问卷调查

资料来源：作者自制。

该评价指标体系的善治指数实行百分制，三个二级指标的权重相等。63个三级指标中的每个指标的评级按程度高低大小强弱分为十个等级。调查问卷有效样本数应当在1000份以上，样本选择应照顾到前述不同利益相关群体的代表性。善治评价可委托相对独立的学术机构或专业性民意调查公司来进行。可以某一年为基期年，随后各年调查结果进行纵向的时序比较，也可进行横向的区域比较。

二、中国低收入人群优先和性别敏感的民主治理评价体系

联合国开发计划署治理研究团队提出了穷人优先和性别敏感的民主治理评价框架，它可以成为中国建立自己的低收入人群优先和性别敏感的民主治理评价框架的起点。按照经典民主理论，民主意味着民众对决策者和决策过程的控制，同时还意味着公民平等地行使这种控制权。联合国开发计划署在吸收 IDEA 民主治理评价的七项中介性价值（参与性、权威性、代表性、责任性、透明性、回应性和团结性）基础上，提出了参与性、代表性、责任性、透明性、回应性、效能、公平等七项中介性价值，并主张在此基础上选择穷人优先和性别敏感的评价指标。他们还将上述民主治理评价框架运用于议会发展、选举制度和过程、人权、司法公正、接近信息和媒体、以发展为目的的分权化治理、公共行政改革和反腐败。我们可以在此基础上建立中国的民主治理评价框架。这一民主治理评价框架的目标性价值包括：参与性、透明性、法治、责任性、回应性、效能、公正、和谐，同时充分考虑到低收入人群优先和性别敏感的评价要素。根据中国的特殊国情，我们选择的主题评价领域包括：执政党改革、人大和政协制度完善、人权和公民权、公民社会发展与公民参与、司法改革、信息公开与媒体监督、分权化与地方治理、公共行政改革与反腐败。我们将评价的目标性价值和评价主题领域结合起来，根据二者的直接相关性建立评价矩阵。见下表：

表 2 民主治理评价的目标性价值与主题领域的相关性矩阵

目标性价值/主题领域	参与性	透明性	法治	责任性	效能	回应性	公正	和谐
执政党改革	√	√	√			√		
人大和政协制度完善	√	√	√			√		
人权和公民权			√		√		√	√
公民社会发展与公民参与	√	√	√					√
信息公开与媒体监督		√	√		√		√	

续表

目标性价值/主题领域	参与性	透明性	法治	责任性	效能	回应性	公正	和谐
司法改革			√	√	√		√	
分权化与地方治理	√			√	√		√	
行政改革与反腐败			√	√	√	√		

资料来源：作者自制。

在综合考虑民主治理评价的目标性价值和主题领域基础上，结合低收入人群优先和性别敏感的评价要素，同时根据八大领域的活动过程流程，制定中国的低收入人群优先和性别敏感的民主治理评价框架。其具体内容如下：

表3　中国低收入人群优先和性别敏感的民主治理评价框架

评价主题领域	评价的目标性价值	评价指标	可能的数据来源
执政党改革	参与性	党内直接选举的范围	党内文献数据
		党内选举的竞争性和选择自由	党内文献数据
		党内决策过程中协商讨论的数量和质量	党内文献数据
		党代会代表中工人、农民和女性代表的数量和比例	党内文献数据
	透明性	党务公开有无法规保障	党内文献数据
		党政领导干部任用过程中的透明度	居民问卷调查
		党代会、党委会全体会议的透明程度	党内文献数据
		党费支出用途的透明度	党内文献数据
	法治	党员维护自身权利的申诉受理和成功率	党内文献数据
		领导干部任职期间调离比例	党内文献数据
		有无党内法规清理审查机制	党内文献数据
	回应性	党代会文件确定的优先解决问题与弱势群体和女性主要关心的问题的比较	党内文献与居民家庭调查
		广大党员对各级党委决策的满意率	党员群众问卷调查
人大和政协制度完善	参与性	人大代表、政协委员直接选举的范围与层次	人大文献数据
		人大代表和政协委员中女性成员所占比例以及有无比例规定	人大文献数据
		人大代表和政协委员中工人、农民所占比例	人大文献数据
		人大代表、政协委员中少数民族所占比例	人大文献数据
		提出提案的人大代表、政协委员在人大代表、政协委员中所占数量和比例	人大文献数据

续表

评价主题领域	评价的目标性价值	评价指标	可能的数据来源
人大和政协制度完善	透明性	人大、政协会议是否全程电视直播和允许公民旁听	人大文献数据
		预算审议过程是否公开、透明	人大文献数据
		立法过程是否公开并向社会各界征求意见	人大文献数据
	法治性	立法过程中是否举行座谈会、听证会	人大文献数据
		法律本身是否简明、一致和易懂	人大文献数据
		有无部门主导立法现象	人大文献数据
		宪法的可诉讼性	专家问卷调查
		法律的可执行性	专家问卷调查
	回应性	人大代表是否定期接访选民并向选民述职	人大文献数据
		人大代表、政协委员提案办理率	人大、政协数据
		反社会歧视、维护妇女儿童权益的立法数量和质量	人大文献数据
人权和公民权	法治	是否签署和批准九个国际人权主要公约	人大文献数据
		关于人权和公民权国内法律规定有无重要遗漏	专家问卷调查
		公民履行言论自由、集会自由、结社自由、宗教信仰自由、迁徙自由等自由权利有无具体法律法规限制	居民问卷调查
		公民是否可以根据有关自身权利的宪法和法律条款提起法律诉讼	司法文献数据
	效能	负有保障公民权利之职责的党政职能部门相关法律意识强度	公职人员问卷调查
		公民意识教育的政府投入和社会投入的充分性	居民问卷调查
		对负有保障公民权利义务的司法、警察、监狱等部门的投入是否充分	公职人员问卷调查
		公共财政对基本医疗卫生、义务教育、社会保障的投入是否足够	专家问卷调查
		公众对政府打击黑恶势力努力的评价	居民问卷调查
		民间组织依法维护公民权利的途径和效果评价	民间组织问卷调查
	公正	城乡选举人大代表方面人口比例的差别程度	人大文献数据
		高中阶段毕业生性别比	教育部门数据
		公共部门中男女退休年龄是否一致	政府文献数据
		就业和工作场所中性别歧视现象是否存在与严重度评价	居民问卷调查
		基本公共服务供给中城乡和地区不平等程度评价	居民问卷调查
		少数民族学生入学的配额保证及其效果	少数民族居民问卷调查

续表

评价主题领域	评价的目标性价值	评价指标	可能的数据来源
人权和公民权	和谐	居民社会治安和出行安全满意度	居民问卷调查
		当年法院审理的刑事犯罪案件数量	法院数据
		家庭暴力投诉率	居民问卷调查
		虐待、不赡养老人案件发生率	法院数据
		当年重大事故次数和非自然死亡人数	政府安全监督部门文献数据
公民社会发展与公民参与	参与	公民意识的成熟程度	居民问卷调查
		在县级以上民政部门登记的民间组织就业人口占总就业人口比例	民政部门文献数据
		每万人拥有的民间组织数量	民政部门数据
		社会慈善捐赠占GDP的比例	民政部门文献数据
		维护妇女儿童、贫困失业人口、残疾人和少数民族利益的民间组织在民间组织中所占比例	民政部门文献数据
		民间组织反映诉求、参与公共决策的活跃程度和成功率	民间组织问卷调查
	透明	民间组织财务透明度	专家问卷调查
		民间组织工作报告的可获得性	专家问卷调查
		民间组织有无外部审计及审计结果是否公开	专家问卷调查
	法治	有无民间组织管理的专门法律	专家问卷调查
		民间组织的成立和活动有无法律法规限制	专家问卷调查
		慈善捐赠的税收减免法律规定质量和执行情况评估	专家问卷调查
	和谐	自治组织领导人是否直接选举产生	民间组织问卷调查
		民间组织领导人是否直接选举产生	民间组织问卷调查
		政府购买民间组织公益服务的数量和占其收入比例	民间组织问卷调查
信息公开与媒体监督	透明性	党和政府重大决策是否向社会公示并公开征求意见	居民问卷调查
		公共信息公开的内容和范围的社会评价	居民问卷调查
		审计过程和审计结果公开性的社会评价	居民问卷调查
	法治	有无公共决策和公共信息公开的专门法律（阳光法）	专家问卷调查
		媒体采访报道自由和获取公共信息的法律保障	专家问卷调查
	效能	电子政务建设特别是政府网站普及率和质量	专家问卷调查
		公民获取政府信息所需的时间和费用	居民问卷调查
		媒体报道负面新闻所遇到的限制和阻力	媒体专家问卷调查
		公民依据《政府信息公开条例》提起投诉、申诉的数量和成功率	司法部门文献数据

续表

评价主题领域	评价的目标性价值	评价指标	可能的数据来源
信息公开与媒体监督	公正	乡村地区有无设置村务公开栏和财务公开栏	农村居民问卷调查
		媒体报道中有关妇女、儿童和低收入人群的消息所占的比例	对主流媒体的定性分析
司法改革	法治	司法活动免受外部干预的独立性	专家问卷调查
		司法行政化和地方化问题严重性	专家问卷调查
		有无司法审查机制	专家问卷调查
	责任	败诉撤销的行政案件追究率	司法机关数据
		错案责任追究的数量和人数	司法机关数据
		司法机关腐败案件的数量和涉案人数	司法机关数据
	效能	司法机关办案经费充足率	司法机关数据
		司法机关经费增长率	司法机关数据
		法院二审改判、发回重审案件占总收案件数的比例	司法机关数据
		已判决案件的实际执行率	司法机关数据
	公正	当年受到各种形式的法律援助的人数	司法部门数据
		民告官的行政诉讼案件的胜诉率	司法机关数据
		公民对司法公正的满意率	居民问卷调查
分权化与地方治理	参与	地方人大代表和党政领导人直接选举的范围和选举方式	公职人员问卷调查
		中央政府涉及地方利益的资源分配决策中是否征询地方领导人意见	公职人员问卷调查
		地方领导人与民众协商对话的公共平台包括网络平台及其效果	公职人员问卷调查
		每万人拥有的地方层级的民间组织数量	公职人员问卷调查
	效能	转移支付在地方财政收入中所占比例及其可预期性	财政部门数据
		地方财政负债率及债务规模	财政部门数据
		《民族区域自治法》实施情况满意度	少数民族地区问卷调查
		垂直管理和双重领导部门在地方政府部门中所占比例	政府文献数据
		行政效能投诉率	监察部门数据
	公正	地方人大代表中女性代表所占比例	人大文献数据
		低收入人群对公共服务质量和价格的满意率	低收入家庭问卷调查
		农民工等外来人口和当地居民在享受城市社会保障和公共服务中待遇平等程度评价	农民工等外来人口问卷调查
		少数民族合法权益受保障程度	少数民族问卷调查
		消费者投诉处理结果满意率	家庭问卷调查
		实行服务承诺制的职能部门数量和执行情况	政府文献数据

续表

评价主题领域	评价的目标性价值	评价指标	可能的数据来源
分权化与地方治理	责任性	地方政府问责主体是其上级政府还是当地民众	居民家庭问卷调查
		政府采购、招投标、财政预算编制等地方公共管理是否公开、依法进行	居民家庭问卷调查
		地方官员是否公开其财产收入	居民家庭问卷调查
行政改革与反腐败	法治	抽象行政行为的外部审查机制及其效果	专家问卷调查
		行政执法机关人力资源、设备及办公经费与实际需求的缺口	公职人员问卷调查
		暴力抗拒执法案件数量及增长率	政府文献数据
		法院受理的民告官行政诉讼案件数量	法院文献数据
	责任性	有无官员家庭财产申报的法律法规及专业性的受理核查机构	公职人员问卷调查
		有无独立于行政机关的审计机构及审计结果是否公开	公职人员问卷调查
		有无公职人员及党政机构遵守法律法规的定期检查机制及检查频率	公职人员问卷调查
		企业和居民对行政效能投诉处理结果的满意率	企业和居民问卷调查
		政府采购和公共工程招投标中违规行为举报和起诉结果满意率	企业问卷调查
	效能	公职人员对工资待遇的满意率	公职人员问卷调查
		公职人员录用和晋升中能力业绩标准的重要性	公职人员问卷调查
		公民对公共服务的质量、价格和服务态度的满意率	居民问卷调查
		每万名公务员中因贪污受贿、渎职罪而被起诉的人员数量和比率	检察院文献数据
	回应性	公务员系统中有无反歧视法律和机会平等的政策规定	公职人员问卷调查
		公务员队伍中性别比	政府文献数据
		低收入人群对公共服务的质量、价格和服务态度的满意率	低收入居民问卷调查
		重复信访的总数及增长率	信访部门数据
		公共卫生、公共教育、社会保障、环境保护等社会建设和环境保护支出占财政支出的比例	财政部门数据

资料来源：作者自制。

这一评价框架包括八个关键的评价主题领域，采用了 8 项评价目标性价值，设计了 124 个指标。这些指标既包括主观指标，也包括客观指标，既有正向指标，也有逆向指标。评价方法包括专家评估法、利益相关者主观感知法和客观数据分析法。定性分析和通过问卷调查进行的定量分析结合起来加以使用。指标选择过程中参考了联合国开发计划署民主治理评价框架指标、全面小康指标体系民主法治指标、公共部门绩效评价指标、城市治理指标、维拉研究所司法指标等国内外众多治理指标体系。

三、中国公共治理评价体系框架

我们也可以根据民主治理和善治的评价标准直接建立中国公共治理评价框架。根据国际社会关于民主治理和善治的评价标准，结合中国的具体国情，我们认为适合中国国情的民主治理和善治的评价标准有10个，他们是：参与性、透明性、法治、公平、责任性、回应性、效能、廉洁、和谐、合法性。①中国公共治理评价框架具体内容如下：

表4　中国公共治理评价指标体系框架

一级指标	二级指标	三级指标	数据来源
中国公共治理指数（China's Public Governance Index, CPGI）	参与性	政府和社会的公民意识教育投入强度	居民问卷调查
		全社会公民意识的成熟程度	居民问卷调查
		公民政治参与意愿强度	居民问卷调查
		成人识字率	教育部门数据
		党政领导干部直接选举的层级和范围	专家问卷调查
		选举的竞争性和选择自由度	居民问卷调查
		社区居民委员会选举的实际参选率	民政部门数据
		提出提案的人大代表和政协委员在人大代表和政协委员中所占比例	人大文献数据
		官民协商对话数量和质量	居民问卷调查
		万人拥有社会组织数量	民政部门数据

---

① 俞可平教授在吸收国际学术界关于善治标准基础上结合中国的国情提出了善治的10个基本要素：合法性、法治、透明性、责任性、回应、有效、参与、稳定、廉洁、公正。参见闫健编：《民主是个好东西——俞可平访谈录》，社会科学文献出版社2006年版。笔者在此基础上将稳定置换为和谐的价值，有效以效能来体现。在此基础上提出善治的10条评价标准。

续表

一级指标	二级指标	三级指标	数据来源
中国公共治理指数（China's Public Governance Index, CPGI）	透明性	重大决策公示和征求意见制度落实情况	居民问卷调查
		党政领导干部选拔任用过程中的透明度	党内文献数据
		党委、法院、检察院、公共企事业收费等公共信息公开程度	居民问卷调查
		预算审议过程公开程度	人大文献数据
		审计结果公开性	审计部门数据
		媒体采访报道的自由程度	媒体问卷调查
		电子政务特别是政府网站普及率与质量	信息部门数据
		农村和贫困边远落后地区政务公开的效果	居民问卷调查
		党政领导干部家庭财产收入公开情况	居民问卷调查
		公民对政府信息公开条例执行情况满意率	居民问卷调查
	法治	立法过程中公众参与和透明度的社会评价	居民问卷调查
		法律法规简洁、易懂、一致、可执行性评价	专家问卷调查
		有无法律法规查机制并定期审查清理	专家问卷调查
		党员对《党员权利保障条例》执行情况评价	党员问卷调查
		公众对公正执法和司法公正的评价	居民问卷调查
		政法经费年增长率	政法部门数据
		人均年行政复议案件总量	司法部门数据
		行政诉讼案件年增长率	法院数据
		法院二审改判、发回重审案件占总收案数的比例	法院数据
		万人律师数	司法部门数据
	公平	基尼系数	统计部门数据
		城乡居民收入比	统计部门数据
		地区经济发展差异系数	统计部门数据
		义务教育普及率	教育部门数据
		高中阶段毕业生性别比	统计部门数据
		城镇社会保障覆盖率	社保部门数据
		农村社会保障覆盖率	社保部门数据
		城乡居民最低生活保障覆盖率	民政部门数据
		住房支出占人均可支配收入比重	建设部门数据
		各级人大代表中女性比例	人大文献数据

续表

一级指标	二级指标	三级指标	数据来源
中国公共治理指数（China's Public Governance Index，CPGI）	和谐	民间组织政策法律环境的友善程度	民间组织调查
		志愿者在民间组织人员中比例和活跃程度	民间组织调查
		民主党派参政议政、政治协商、民主监督作用发挥程度	民主党派问卷调查
		民族自治地区自治权落实情况	少数民族问卷调查
		宗教信仰自由实现程度	宗教人士问卷调查
		少数民族合法权益受保障情况	少数民族问卷调查
		劳动合同纠纷受理件数及增长率	劳动监察部门数据
		5岁以下儿童性别比	统计部门数据
		重大安全事故次数和非正常死亡人数及其增长率	安监部门数据
		万人中法院受理的刑事犯罪案件比例	法院数据
	责任性	对人大及其常委会行使监督权的满意度	居民问卷调查
		人大代表直接选举的范围	人大文献数据
		党代会代表直接选举的范围	党内文献数据
		重大责任事故中党政领导干部责任追究率	党政文献数据
		败诉撤销的行政案件追究率	政府文献数据
		审计的独立性和公开性	专家问卷调查
		纪检监察机关的独立性和权威性	专家问卷调查
		司法机关的独立性和公正性	专家问卷调查
		错案责任追究执行率	法院数据
		媒体批评性报道占新闻版面比例	主流媒体调查数据
	回应性	有无重大决策须向公众咨询的法律程序	专家问卷调查
		党代会文件确定的优先解决问题与低收入人群和女性主要关心的问题的比较	党内文献与居民问卷调查
		人大代表是否定期访问选民并向选民述职	居民问卷调查
		人大提案落实率	人大文献数据
		政协委员提案办结率	政协文献数据
		诉讼赔偿执行率	法院数据
		群众来信来访办结率	信访部门数据
		法律援助经费增长率	司法部门数据
		政府社会救助经费占国内生产总值比率	民政部门数据
		工青妇组织维权申诉次数	工青妇数据

续表

一级指标	二级指标	三级指标	数据来源
中国公共治理指数（China's Public Governance Index, CPGI）	有效性	行政管理经费支出占政府财政支出的比例	统计部门数据
		公共服务的数量、质量、收费和服务态度满意度	居民问卷调查
		政府市场监管效果的社会评价	居民问卷调查
		对负有保障公民生命财产权利的司法、警察、监狱等部门的经费和人员投入是否充分	公职人员问卷调查
		公共卫生、基本教育、社会保障、环境保护等支出占政府财政支出比例	财政部门数据
		媒体报道负面新闻所遇到的限制和阻力	媒体问卷调查
		公民获取政府信息所需时间和费用	居民问卷调查
		公职人员录用和晋升中能力业绩的重要性	公职人员问卷调查
		地方政府负债率及债务规模	财政部门数据
		法院年申请强制执行案件数	法院数据
	廉洁	公职人员对工资待遇的满意度	公职人员问卷调查
		许可类和非许可类行政审批事项的总数及所需时间	政府文献数据
		自由裁量权行使有无程序性规范约束	公职人员问卷调查
		公职人员守法情况检查的频率	公职人员问卷调查
		有无党政领导干部家庭财产申报法律和专业受理核查机构	公职人员问卷调查
		处理公职人员利益冲突的行为准则的详细程度及遵守准则的核查机制	公职人员问卷调查
		有无部门主导立法情况	专家问卷调查
		有无因贿赂而改变公共决策情况及频率	居民问卷调查
		有无因行贿而改变资源分配结果情况及频率	公职人员问卷调查
		万名公务员中因贪污贿赂受起诉人员数量及增长率	检察院数据
	合法性	公民对基本政治制度的认同度	居民问卷调查
		公民对党政主要领导人的认同度	居民问卷调查
		公民对政府重大决策认同度	居民问卷调查
		公众对社会公平状况的评价	居民问卷调查
		政策变动的频率	企业和居民问卷调查
		政府执行政策承诺的可信度	企业和居民问卷调查
		公众对党和政府总体满意度评价	企业和居民问卷调查
		公众对党风廉政建设情况满意率	企业和居民问卷调查
		公民自觉遵从法律法规和支持党和政府工作的意愿强度	居民问卷调查
		公众对国家发展前景的信心强度	居民问卷调查

资料来源：作者根据国内外治理相关指标体系研制。

中国公共治理评价体系的 10 个二级评价指标权重相等，100 个三级指标（每个二级指标下有 10 个三级指标）赋值相等，总分满分为 100 分。这些指标既包括了主观指标，也包括了客观指标，既包括结果指标，更包括投入和过程指标。采取的评价方法包括专家评估法、问卷调查法、数据分析法等。

结　论

建立以善治和民主治理为导向的公共治理评价体系，有助于客观地、动态地监测和评估中国政治发展和政治改革的进展，分析其薄弱环节，向决策者提出有针对性的改进建议。我国在建立公共治理评价体系方面起步较晚，成果不多。但与治理相关的各种评价体系却很多，认真研究这些治理相关评价体系，吸收其养分，对于建立公共治理评价体系大有帮助。笔者在吸收借鉴国内外一些主要治理评价体系与治理相关评价体系研究成果基础上，尝试从不同的角度，提出了三套治理评价体系，目的在于开启思路，对治理评价问题进行更为深入的研究。

中国治理评估框架[*]

俞可平^{**}

一、引　言

　　一般认为,治理问题最初引起重视,是出于国际组织和跨国公司改善受援国或投资国社会政治环境的努力。但是,治理问题之所以在近年来日益受到世界各国普遍的重视,更深刻的原因在于政府体制和市场体制的局限性和在若干领域中的失效。治理是一种公共管理行为,是价值因素较少而技术因素较多的政治行为。国家的治理体制,是国家政治体制的重要内容,治理改革因而也是政治体制改革的重要内容。无论在哪一个国家,在哪一种政治制度下,由哪一个政党执政,执政当局都希望其治下的社会政治经济生活更加安定有序,广大公民对现实政治更加满意。换言之,都希望有更好的治理。因而,什么是更好的治理?什么是善治?什么是不好的治理?什么是坏的治理?这些问题便自然受到了普遍的关注和重视。这些问题都事关对国家治理

---

　　* 本文是联合国开发计划署和商务部委托课题"中国治理评估框架"的最终报告初稿。报告参考并吸取了课题组主要成员何增科、陈家刚、周红云、包雅钧、闫健等人的研究成果。本文原载于《经济社会体制比较》,2008年第6期。

　　** 俞可平,中央编译局副局长、教授。

现状的评估。要对社会治理状况进行合理的评估，首先就要建立一套治理评估的标准。确立一套治理评估体系，是正确而客观地认识国家治理状况的前提。只有凭借一系列的标准，人们才能判断治理的绩效，肯定治理的成绩，发现治理的问题，比较治理的优劣。只有通过治理评估，才可以发现治理的现实状态与理想状态的差距，明确治理改革的方向，从而推动和引导国家的民主治理改革。通过对国家治理的评估，还可以发现不同国家之间在治理结构和治理体制方面的异同，更好地了解和尊重民族国家的治理特色，拓展国家间的治理合作，推进全球的民主治理。任何一套治理评估标准，都体现着一定的政治理念和政治现实，确立国家治理评估体系的过程，实际上也是一种将政治学理念与现实政治分析相结合的过程，是一个检验并提升政治理念的过程。

20世纪90年代，随着治理理论的兴起，对治理评估的理论研究和实际应用也受到普遍关注。最早确立完整的治理标准，并对主权国家的治理状况进行整体性评估的是一些著名的国际组织，例如联合国开发计划署（UNDP）、经合组织（OECD）、世界银行（WB）等。据世界银行有关部门统计，目前经常使用的治理评估指标体系大概有140种。其中影响较大的有世界银行的"世界治理指标"（Worldwide Governance Indicators，WGI），联合国人类发展中心的"人文治理指标"（Humane Governance Indicators，HGI），联合国奥斯陆治理研究中心的"民主治理测评体系"（Measuring Democratic Governance）和经合组织（OECD）的"人权与民主治理测评"指标体系（Measuring Human Rights and Democratic Governance）。世界银行的WGI体系研发较早，应用也比较广泛，从1996年开始世界银行就以此对213个国家先后进行过七次评估。这套评估指标体系包括发言权与责任性（Voice and Accountability）、政治稳定与无暴力（Political Stability and Absence of Violence）、政府效益（Government Effectiveness）、管制质量（Regulatory Quality）、法治（Rule of Law）、遏制腐败（Control of Corruption）。联合国人类发展中心的HGI体系包括经济管理、政治治理和公民治理三方面的内容。奥斯陆治理中心的评估体系根据穷人和性别优先的原则，围绕参与、代表、责任、透明、回应、效益、公正等民主治理的七个要素确立了一整套别具特色的民主治理指标体系。

除了联合国系统和政府间组织的治理评估体系之外，一些重要的国际公民社会组织和西方发达国家也纷纷根据自己的价值取向发展起各种专项的治理评估指标体系。其中影响较大的有大赦国际、透明国际、自由之家，以及美国国务院和英国发展署的各国人权和治理评估。大赦国际和美国国务院的评价体系重点在各国的人权状况。大赦国际（Amnesty International）发布年度《世界人权现状报告》（State of World's Human Rights），美国国务院（U. S. State Department）则发布年度的《世界各国人权状况》（The Country Reports on Human Rights）。透明国际（Transparency International）主要评估世界各国的腐败状况，发布年度《全球清廉指数》（Transparency International Corruption Perceptions Index）。自由之家（Freedom House）主要评估各国的新闻与宗教自由状况，发布年度《世界各国新闻自由度调查报告》（Press Freedom in the World Surver）和《国际宗教自由报告》（International Religious Freedom Report）。

这些国际组织和西方机构研制的不同治理评估体系，其共同的地方，就是希望依据一套普遍适用的评价标准，对世界各国的治理状况进行测量。其最大的优点，是使得世界不同国家之间有一个衡量治理状况的共同尺度，藉此可以对各国的治理水平和民主法治状况进行比较。然而，这个优点也恰恰是它们的最大不足。其一，各民族国家在历史文化、政治制度和经济发展水平等方面存在着巨大的差异，很难用一个普遍的标准加以测量。其二，这些评估所必需的基本数据和调查材料往往难以获得，即使能够获得相关数据，也往往既不全面，也不准确。如果被评估国家不合作，甚至连最基本的数据也得不到。没有全面而可靠的数据，任何评估也不可能得出正确的结论。其三，这些国际组织大多为西方发达国家所控制，其评估体系也多为西方专家学者研制，即使研制人员主观上努力想做到"价值中立"，最终的评估标准也难免受西方中心主义价值观的影响。不少人直接批评说，这些所谓的"普世价值"其实就是"西方价值"，特别是"美国价值"。所谓的"普遍标准"其实就是"西方标准"。由于这两个原因，上述国际性治理评估的客观性、公正性和权威性一直受到严重的怀疑，其评估结果也难以被评估者及其他第三者所接受。有时，还因此而诱发严重的政治和外交冲突。如大赦国际和美国国务院的《世界各国人权报告》每次发布年度结果时，都会遭到相关国家的猛烈批评。例如，针对美国国务院对中国人权状况的指责，中国国务院新闻办公室也发布了年度《美国人权状况报告》。

为了克服这些致命的弱点，近些年来一些国际组织正努力与主权国家合作，试图建立基于国别的国家治理评估系统。如果这种努力能够成功，那么就有可能将治理评估的普遍性与特殊性结合起来，既体现国际社会和全人类对民主治理的共同价值追求，又充分反映每个民族国家各不相同的实际情况。此外，如果能够得到主权国家的支持与合作，评估所需要的数据材料就容易得到，评估活动也会变得相对容易。因此，这是一种值得鼓励的努力方向，它也开始得到一些发展中国家的响应和支持。例如，在联合国开发计划署下属的有关机构的帮助下，菲律宾、蒙古和马拉维等国家就已经开发出了既适合本国特点，又得到联合国组织认可的国家治理评估体系。但这种努力还刚刚开始，它的成功在很大程度上将取决于主权国家自己是否对治理评估的标准和程序有足够的重视，并且有相应的理论准备，开始研发国内的治理评估体系。

二、治理评估的重要意义

事实上，近些年来不少主权国家也开始重视治理评估的理论研究与实际测评，纷纷发展起各种国内的治理评估体系。造成这种情况的原因，首先当然是为了改善国内的治理，推动国内的民主进程，引导治理改革的方向。其次，为了抗衡国际组织的各种治理评估，掌握在治理评估方面的主动权和话语权。与现实政治的这种需要相适应，治理评估也因此成为政治学研究的一个热点问题，中国也不例外。无论从理论上说，还是从实践上说，治理评估，或者更确切地说，对社会政治经济发展状况的评估，正受到中国政府和学者的日益重视。

从 21 世纪初开始，中国学术界就日益重视公共治理的评估，并试图建构起适合中国国情的评估体系。学术界的各种治理评估体系，可以分别从两个角度进行分类。从评估体系的目的来看，可以分为研究性和实用性两类。研究性的评估体系,主要不是为了实际测评,而是为了提供理论上的指导。俞可平于 2002 年发表的"中国民主治理评价标准",就属于这一类。实用性的评估体系,其主要目的就是实际测评。例如,中央编译局和厦门市"生态文明"联合课题组研制的"生态文明(城镇)指标体系",其目的就是为了实际测评城镇生态文明的程度。从评估体系的内容来看,可以分为综合的和专项的两类。综合性的评估体系,除了包含政府治理的内容外,还包括经济发展水平、文化教育和生态保护等其他内容,如各种"和谐社会评估指标体系"和"小康社会评价指标体系"。专项的评估体系,其内容相对集中于公共治理,或治理中的某项内容,如"社会稳定指标体系"或"城市法治环境评估指标体系"等。随着国内学术界对治理评估的重视,各级政府部门也从过去简单的干部考核,发展到对政府绩效和社会发展的整体性评估。与学术评估体系不同,政府的评估体系则完全是实用的,即用以实际测评本级或下级政府的绩效,或当地的社会治理总体水平。

尽管对公共治理的评估已经开始受到学术界和政府的日益重视,甚至成为热点问题之一,最近几年一下子发展起了至少数十套政府绩效、和谐社会、小康社会、科学发展观或公共治理的指标体系,在推动治理评估的科学化和合理化方面取得了明显的成绩。但毋庸讳言,无论在治理评估的理论研究方面,还是在实际操作方面,仍然存在着许多严重的问题。首先,大多数评估指标体系的内容十分庞杂,主题和重点不突出,目标不明确,以致即使成功取得了相关数据,仍然难以客观地反映社会的治理状况。其次,多数评估指标体系的操作性和可行性非常低。绝大多数评估指标体系的研制者都声称是为了实际的测评,但无论是从标准的科学性、数据的可靠性和程序的合理性等角度看,多数指标体系都不免是纸上谈兵,不能付诸实践。

再次,指标和标准设置不够科学。指标和标准的设置,是治理评估的核心环节。如果指标和标准不能准确和全面地反映治理的水平和现状,那么,由此而产生的治理评估不仅没有积极效果,很可能还会产生十分消极的后果。最后,相关的数据资料缺乏可靠性。测量治理指标的相关数据不仅难以获得,而且即使是可获得的数据材料也往往缺乏可靠性。因为治理指标所需要的许多数据，有些在政治上有敏感性，有些又主观因素较多，它们都会严重影响其可靠性。上述四个问题其实也是世界上所有治理评估指标体系共同面临的困难，这也是为什么公共治理的评估比其他评估难度更大的原因所在。但在公共治理评估刚刚起步的中国，这些问题就更加突出，难度也因而更大。

虽然各国对于善治的理解各不相同，但每个国家都希望有良好的治理，世界各国都普遍地把善治当作政治发展的理想状态。从政治发展的这种趋势来看，对公共治理特别是对政府治理绩效的评估，必然会变得日益重要，也更加会受到各国的重视。无论从历史传统看，还是从现实生活看，政府和公共权力部门在中国的社会发展中都起着关键的作用，公共治理或政府治理对于中国社会来说，其作用甚至比西方社会更重要。中国政府提出的一些重要战略目标，都离不开良好的公共治理，例如科学发展、和谐社会、小康社会和政治文明都包含着善治的内容。可以说，建立一套比较科学和合理的国家治理评估体系，对于中国来说意义尤其重大。

三、中国治理评估框架的若干原则和重点领域

我们之所以致力于建立一个关于中国治理的评估框架，主要目的是：第一，总结国内外关于治理评估的经验，制定一套衡量国家治理水平的合适标准，以此检测中国的治理状况。第二，发现在国家治理方面存在的主要问题，明确治理改革的重点领域和主要目标，以此推进国家的善治。第三，提供一个综合性的治理评估平台，借此衡量不同地区在治理方面的差异，测评不同地区的治理能力和治理水平。第四，促进国内外学术界在治理评估方面的交流，推动我国的治理理论研究。第五，通过治理评估，促进学者与官员的对话与沟通，增强学者和官员对国家善治的共识。

建立一套适用于测评中国治理状况的指标体系，有一些共同的原则需要遵循。例如，这样一套指标体系必须具有简便性、实用性和操作性，数据材料容易获得，评估活动也切实可行。应当把指标体系的重点放在测量治理的现状上，多数指标应直接反映现存的治理状态，但也要充分注意中国民主治

理的未来发展,有适当数量的指标体现治理的前景。指标的设置要做到主客观的相互结合,既有反映治理状态的客观数据,又有公民和官员对治理状况的主观评价。此外,有两个原则需要特别强调。首先要遵循的原则,就是既立足中国改革开放的实践,同时充分借鉴国际上的治理评估经验。中国是一个发展中的大国,人口、历史、文化、政治制度等基本国情,明显不同于西方国家,中国的治理制度也别具特色。中国的治理指标体系,应当最大限度地反映中国的治理特色。但是任何国家的治理都有共同的规律,也有共同追求的目标,如民主、自由、稳定、公正、高效等,中国的治理指标也应当反映这些人类共同的规律和价值。此外,西方国家和国际组织在治理方面比我们先行一步,有不少经验和教训可供我们学习借鉴。其次,中国的治理评估指标体系,应当紧紧围绕党和政府的大政方针,既突出政府治理的重点,又兼及治理的基本内容。换言之,一些与治理相关的重大政策和战略,都应当在治理指标中有所体现,以此作为评价国家治理状况的基本依据。

在治理评估指标体系中体现中国社会政治经济发展的重要战略部署,有着特别重要的意义。只有这样,才能使治理评估起到推进中国特色民主政治的实际作用。因此,在建构治理评估框架之前,十分有必要回顾一下近年来中国政府正在大力推行的重大发展战略。在我们看来,与公共治理有密切关系的重大国家发展战略主要包括:科学发展、政治文明、和谐社会、小康社会、新农村建设、服务型政府、创新型国家和生态文明。科学发展观是中国社会经济发展和现代化建设的指导方针和战略思想,贯彻落实科学发展观是中国政府目前最重要的任务。科学发展观强调发展,把发展当作第一要义。但它所要求的是全面、协调、可持续的发展,并把以人为本当作是发展的根本出发点和最终归宿。这里所说的科学发展,不仅是人与自然的和谐发展,也是经济建设、政治建设、文化建设和社会建设的相互协调。从公共治理的角度看,科学发展意味着政治进步应当与经济进步相适应,意味着社会利益的公平分配,意味着人与自然的和睦相处。

建设社会主义的政治文明,被中国政府视为国家的四大长远发展战略目标之一。政治文明的内容极为丰富,既包括先进的政治文化和政治价值,也包括先进的政治制度，清廉和文明的政治行为等，但最主要的内容是高度发达的社会主义民主和法治，包括维护和增加人权和公民权利，扩大公民的有序政治参与，依法治国和依法行政，重点推进基层民主和党内民主，以党内民主带动社会民主等。从某种意义上说，政治文明的程度，实质性地反映了民主治理的水平。

建设社会主义和谐社会，也是中国政府确立的国家长远发展战略目标之一。顾名思义，和谐社会就是人与人之间、群体与群体之间、公民与政府之间，以及人与自然之间的和睦相处。胡锦涛主席对什么是和谐社会作过明确的解释，他说：社会主义和谐社会应该是民主法治、公平正义、诚信友爱、充满活力、安定有序、人与自然和谐相处的社会。从胡锦涛主席的权威解释中可以看出，和谐社会的诸多要素，如民主法治、公平正义、安定有序等，其实都是公共治理所要达到的理想目标。

中国是一个以农民为主体的人口大国，农村治理的状况在很大程度上决定着国家的治理状况。在改善农村治理方面，中国政府最重要的战略举措是建设社会主义新农村。建设新农村有六项任务。一是推动农村经济发展，包括加强农村基础设施建设，加快转变农业增长方式，形成农民增收的长效机制。二是扩大农村社会保障，包括帮助困难农民，发展农村卫生事业。三是推进农村基层民主，搞好村民自治。四是发展农村教育文化事业，培育造就新型农民。五是解决好农民实际困难，促进农村和谐社会建设，加强农村社会建设和管理。六是稳定和完善农村基本经营体制，统筹促进农村各项改革。不难发现，农村治理结构和治理方式的改善，是新农村建设的重要内容，也是中国未来治理改革的重点领域之一。

到 2020 年建成创新型国家，是中国政府近年来提出的重要国家发展战略。这一战略的核心任务是，把增强自主创新能力作为发展科学技术的战略基点，走中国特色的自主创新道路，推动科学技术的跨越式发展；把增强自主创新能力作为调整产业结构、转变增长方式的中心环节，建设资源节约型、环境友好型社会；把增强自主创新能力作为国家战略，贯穿到现代化建设各个方面，大力推进理论创新、制度创新、科技创新。中国科技创新的基本指标是，到 2020 年，经济增长的科技进步贡献率从 39% 提高到 60% 以上，全社会的研发投入占 GDP 比重从 1.35% 提高到 2.5%。

中共十六大提出了到 2020 年全面建设小康社会的奋斗目标，中共十七大又进一步对全面建设小康社会作了详细阐述。小康社会是一个包括经济发展、政治民主、文化教育、生态保护和人民生活水平在内的中长期社会发展综合目标体系，同时也是社会主义现代化建设的一个阶段性目标。中共十六大为小康社会提出的主要硬性发展指标，是到 2020 年实现国民生产总值在 2000 年的基础上翻两番，达到 4 万亿美元左右。中共十七大在此基础上又进一步提出，到 2020 年中国的人均国民生产总值要在 2000 年的基础上翻两番。除了经济发展的硬性指标外，中共十六大和十七大也对政治文明、文化教育、生态环境和人民生活等提出了明确的要求。小康社会的实现程度，直接反映着中国民主治理的发展程度。

改革开放以来，中国的社会经济现代化取得了举世瞩目的巨大成就，但中国人民在享受现代化甜蜜果实的同时，也为此付出了高昂的代价。其中最沉重的代价，就是环境恶化、生态失衡、气候变暖和资源短缺等。中国政府清醒地看到了生态环境破坏给国家和人民所带来的严重后果，从 1980 年代中期开始就重视环境保护，并将保护环境和节约能源当作基本国策，给予最优先的考虑。1987 年国家发布《中国自然环境保护纲要》，1989 年全国人大通过《中华人民共和国环境保护法》，1992 年就开始编制并实施《中国 21 世纪议程》。2007 年的中共十七大，首次提出了建设生态文明的环境战略，其主要内容包括改善生态治理、发展循环经济、建设节约型社会、保持可持续发展、树立环保意识等重大政策措施。人与自然的和谐程度、生态文明的发展程度，都将成为反映中国民主治理程度的重要尺度。

随着政府明确其公共服务职能，尤其是提出建设服务型政府的目标后，中国政府在治理改革中日益偏重公共服务的内容。服务型政府的内容，包括提供更多的社会公共品，特别是在环境保护、生态平衡、义务教育、基础交通、公共安全、社会福利等方面增加公共服务支出；简化行政审批程序，放松政府对社会经济事务的管制；改善政府官员的服务态度，增强政府与公民之间的相互信任；强化行政责任，实行各种形式的承诺制度和问责制；努力促进基本公共服务均等化，加大扶贫和财政转移支付力度，使经济改革的利益更多地向困难群体和落后地区倾斜。

四、中国治理评估框架

上述社会政治经济发展的重大战略目标和战略策略，直接或间接地关系到中国的治理改革方向，是建构中国治理评估框架必须重点考虑的内容。反过来说，上述目标的实现程度，直接或间接地表征着中国民主治理的现状。中国的治理评估框架，必须充分地反映中国政府实现上述目标的程度。按照这样的思路，我们认为中国治理评估框架应当包括以下12个方面的基本内容（见表1）。

表1　中国治理评估框架

治理目标（评估维度）	重点领域或主要关注点
公民参与	选举法规；直接选举的范围；竞争性选举的程度；村民自治；居民自治；职工代表大会的作用；重大决策的公众听证和协商；社会组织或民间组织的状况；社会组织的制度环境；社会组织对国家政治生活的影响；公民利用网络和手机参与公共生活的情况
人权与公民权	法律对公民权利的保护；公民法定权利的实现程度；妇女、儿童、贫困居民等弱势群体的权利保护；对少数派和不同意见者的保护和宽容；公民和官员的人权意识；公民合法的游行示威；公民的自我保护能力；公民的维权；对公民的法律救助
党内民主	党内选举、决策和监督法规；各级党委领导人的产生方式；党委推荐和任用干部的民主程度；党代会的作用；党委的决策和议事程序；党内的权力监督；党务公开的程度；党代表的直接选举；执政党与其他民主党派的协商
法治	国家的立法状况；宪法和法律的权威；党和政府的依法执政、依法行政程度；公民和官员对法律的了解和尊重；法律在实际政治生活中的作用；立法活动和司法活动的自主性和权威性；律师的作用；官员和公民的法律意识；政府政策的法律审查；司法审判的执行情况

续表

治理目标（评估维度）	重点领域或主要关注点
合法性	公民对宪法的认同；公民对党和政府的认同；法律的权威和适用性；党和政府的权威；公民对基层政府的信任；公民对周围官员的信任程度；公民对政治现状的满意程度；公民对主流意识形态的认可；公民对国家发展前景的态度
社会公正	基尼系数；恩格尔系数；城乡差别；地区发展差别；教育公平程度；医疗保健公平程度；就业公平程度；党政干部中的女性比例；党政官员的代表性；人大代表和政协委员的代表性；基本公共服务均等化程度
社会稳定	政府对突发事件的处置能力；公民的社会安全感；政策的延续性；社会治安状况；通货膨胀率；民族区域的冲突事件；群体性事件的数量；上访数量及比例；家庭暴力；公共暴力
政务公开	政务公开的法规及效果；政治传播渠道的数量和质量；决策过程的公开化程度；行政机关、法院、检察院等活动的公开化制度；公民对政治事务的了解程度；新闻媒体的自主性；公民获取政治信息的权利和渠道；党政干部的收入及财产申报及其真实和透明情况
行政效益	政府的行政成本；党政干部的行政能力；政府的行政效能；党政机关的协调程度；决策失误的概率；公共项目的投入产出率；电子政务；政府的快速反应和处事能力；公民对政府决策和处事效率的满意程度
政府责任	官员对其行为的负责程度；对渎职官员的惩罚；官员与公民的沟通渠道；官员对公民意见的尊重；党和政府接收和处理公民诉求的机制；党和政府的决策咨询机制；政策反馈及决策部门对政策的修订情况；政策反映或代表公民要求的程度；公民意见对政府决策的影响；行政诉讼的数量及后果
公共服务	政府预算公共服务支出的比例；基本社会保障的状况；九年制义务教育普及率；基本医疗保险覆盖率；政府对穷人和困难者的帮助；政府一站式服务的普及率；国家提供公共基础设施的力度；公民对政府服务的满意程度；政府的生态治理及其效果
廉政	廉政法规及其效果；腐败官员的数量及惩处；对政府及党政干部的经济审计；公共预算监督；权力的相互制约；公民对政府权力的制约；新闻舆论监督；公众举报等社会监督；党和政府的自律

公民参与 公民参与是民主治理的基础，公民参与程度愈高，民主治理的程度也就愈高。衡量中国公民参与状况最重要的环节有两个，即选举民主和协商民主。前者关系到政府官员是否代表人民，后者关系到政府政策是否充分体现民意。人民代表大会制度、政治协商制度、社区居民自治制度、职

业自治制度和民族区域自治制度等构成了中国现行民主政治的制度框架。在这一制度框架内，体现公民参与程度的主要参照点包括：选举法规、直接选举的范围、竞争性选举的程度、村民自治、居民自治、企业职工自治、重大决策的公众听证和协商、网络民主的发展程度、社会组织或民间组织的状况、社会组织的制度环境、社会组织对国家政治生活的影响。

人权与公民权 保护和扩大人权和公民权，是民主治理最重要的目标。国家的人权和公民权的实现状况，是民主治理的最终结果。它既体现在国家的法律和政府的政策中，更体现在政府和公民的实际政治生活中。直接反映中国人权和公民权状况的重要领域是：法律对公民权利的保护、公民权利的实现程度、妇女、儿童、贫困居民等弱势群体的权利保护、对少数派和不同意见者的保护和宽容、公民和官员的人权意识、公民合法的游行示威、公民的自我保护能力、公民的维权，以及对公民的法律救助等。

党内民主 中国共产党是中国唯一的执政党，囊括了社会各个领域中的多数精英，掌握着国家最重要的立法、行政和司法权力，党内的民主状况直接反映着国家的民主状况。决定党内民主的主要变量有：党内选举、决策和监督法规、各级党委领导人的产生方式、党委推荐和任用干部的民主程度、党代会的作用、党委的决策和议事程序、党内的权力监督、党务公开的程度、党代表的直接选举，以及执政党与其他民主党派的协商情况。

法治 法治与民主是一个硬币的两个方面，互不可分；法治也是民主治理的基础，没有法治就没有善治。中国共产党和中国政府在 1990 年代中期以后就正式将建设社会主义法治国家作为长远的国家政治发展目标，因而，法治的实现程度直接反映着民主治理的程度。体现国家法治现状的主要领域包括：国家的立法状况、宪法和法律的权威、党和政府的依法执政和依法行政程度、公民和官员对法律的了解和尊重、法律在实际政治生活中的作用、立法活动和司法活动的自主性和权威性、律师的作用、官员和公民的法律意识、政府政策的法律审查和司法审判的执行情况。

合法性 这里所说的是政治学意义上的合法性（Legitimacy），即政府权威和政治秩序自觉被公民认可和接受的程度。它既是政府治理的民意基础，也是民主治理的直接后果。测量政治合法性的主要参考变量有：公民对宪法的认同、公民对党和政府的认同、法律的权威和适用性、党和政府的权威、公民对基层政府的信任、公民对周围官员的信任程度、公民对政治现状的满意程度、公民对主流意识形态的认可，以及公民对国家发展前景的态度。

社会公正 社会公正是指社会的政治、经济和文化权益在全体公民之间公平而合理的分配，它是社会全面进步的重要尺度，也是社会主义制度的首要价值。社会公正不只是合理的财富分配，还包括机会的均等，其内容涉及政治、社会、文化、教育、司法等各个方面。体现中国目前社会公正程度的重要变量有：基尼系数、恩格尔系数、城乡差别、地区发展差别、教育公平程度、医疗保健公平程度、就业公平程度、党政干部中的女性比例、党政官员的代表性、人大代表和政协委员的代表性，以及基本公共服务均等化程度。

社会稳定 安定的社会秩序和稳定的政治局面，直接关系到公民的生活和社会的发展，是民主治理的基本目标之一。中国是一个正处于重大转型中的发展中国家，在社会稳定方面面临着严重的挑战，维护社会稳定是中国政府的核心价值之一。衡量中国社会稳定的主要参照系数包括：政府处置突发事件的能力、政策的延续性、公民的社会安全感、社会治安状况、通货膨胀率、民族区域的冲突事件、群体性事件的数量、上访数量及比例、公民的社会危机感、家庭暴力的数量和公共暴力事件等。

政务公开 政治透明既直接关系到民主选举和民主决策，也直接关系到政府官员的廉洁和政治腐败的状况，对民主治理极其重要。以下这些是直接反映中国政务公开或政治透明的主要关注点：政务公开的法规及效果、政治传播渠道的数量和质量、决策过程的公开化程度、行政机关、法院、检察院等活动的公开化制度、公民对政治事务的了解程度、新闻媒体的自主性、公民获取政治信息的权利和渠道，以及党政干部财产收入申报的真实和透明情况等。

行政效益 这里所说的行政效益包括行政效率和行政效能两个方面，它直接体现着政府的治理绩效。下列变量直接反映着政府的行政效益：政府的行政成本、党政干部的行政能力、政府的行政效能、党政机关的协调程度、决策失误的概率、公共项目的投入产出率、电子政务、政府的快速反应和处事能力，以及公民对政府决策和处事效率的满意程度等。

政府责任　政府责任是政府机关对公民必须履行的法定职责，它包括政府依法主动尽职和及时对公民的请求作出负责的反应。体现政府责任的主要变量有：官员对其行为的负责程度、对渎职官员的惩罚、官员与公民的沟通渠道、官员对公民意见的尊重、党和政府接收和处理公民诉求的机制、党和政府的决策咨询机制、政策反馈及决策部门对政策的修订、政策反映或代表公民要求的程度、公民意见对政府决策的影响，以及行政诉讼的数量及后果等。

公共服务　现代民主治理的一个重要趋势，就是不断从管制政府走向服务政府。因此，公共服务已经成为衡量国家民主治理的重要内容。以下这些内容通常直接反映着中国政府提供公共服务的状况：政府预算公共服务支出的比例、基本社会保障状况、九年制义务教育普及率、基本医疗保险覆盖率、政府对穷人和困难者的帮助、政府一站式服务的普及率、国家提供公共基础设施的力度、公民对政府服务的满意程度，以及政府的生态治理及其效果等。

廉洁　腐败不仅大大增加交易成本，而且严重损害政府的公信力，遏制严重的腐败是中国政府最紧迫的任务之一。中国政府的廉洁程度集中体现在以下这些方面：廉政法规及其效果、腐败官员的数量及惩处、对政府及党政干部的经济审计、公共预算监督、权力的相互制约、公民对政府权力的制约、新闻舆论监督、公众举报等社会监督，以及党和政府的自律。

五、结　语

尽管我们为探索一套适合中国国情的治理评估框架已经作出了相当的努力，并且呈现在读者面前的这套评估框架也在数次专题会议上征求过不少同行专家的意见，但这个框架仍然是一个原则性的纲要，离具体的测评指标还有较大的距离。进而言之，就这些框架性观点本身而言，也可能会有重要的疏漏，因而它完全是开放性的。我们希望这一问题能引起国内同行更多的重视，也期望着专家学者严肃认真的批评建议。

政府治理改革

当代中国政府治理范式的变迁机理与革新进路[*]

张立荣　冷向明[**]

一、引　言

　　追寻和推进现代化是当今世界发展中国家的共同任务。中国党和政府也把实现现代化视为最高国家利益。由于历史和现实的多种机缘，中国的现代化走的是一条被学者们称为"后发外生型现代化"[①]的道路。鉴于后发外生型现代化的特点，中国采用了"政府主导型"发展战略。在这种发展战略下，由国家现代化领导集团主导的"强政府"事实上构成了启动和推进国家现代化的第一推动力，并且是可持续发展的主要推动力。中国经济因此取得了改革开放以来的持续高速增长，被誉为"中国的奇迹"[②]。20多年改革所取得的辉煌成就，推动了中国社会的整体转型，表现为政治民主化、经济市场化、

---

　　[*]　基金项目：国家社会科学基金项目"和谐社会构建背景下的政府治理范式变革与创新研究"（项目编号：05BZZ016）。本文首次发表于《华中师范大学学报》（人文社会科学版），总第46卷，2007年第2期。

　　[**]　张立荣，华中师范大学管理学院教授；冷向明，华中师范大学管理学院博士研究生。

　　[①]　孙立平：《现代化与社会转型》，北京大学出版社2005年版，第39—89页。

　　[②]　林毅夫等：《中国的奇迹：发展战略与经济改革》，上海人民出版社2002年版，第2页。

社会开放化、社会生活多元化丰富化等多个方面，中国社会更加富强、民主、文明。然而，这种发展模式在带来繁荣的同时也累积着困难和问题。进入 21 世纪后，随着改革的深入，贫富差距悬殊、教育医疗住房困难、区域发展不平衡、社会保障滞后、环境污染严重等社会问题进入公共话语讨论的空间。这些问题的成因何在？人们见仁见智。[①] 在笔者看来，问题的主要成因是政府治理范式即政府治理社会公共事务所建立的组织架构及其运行规则体系的转型滞后于经济、社会的改革。因此，应当把加速推进政府治理范式的革新作为整个改革的重点。

中国政府治理范式的变迁向何处去？对于这一问题，学术界进行了多向度的研究。有的研究侧重于吸取西方公共行政改革的经验，如官僚制理论、新公共管理理论、治理与善治理论等[②]；有的研究侧重于中国本土的政府改革实践，提出了法治政府理论、服务型政府理论等。[③] 诚然，这些研究为我国政府治理的变革提供了理论参考。但也应当指出，这些研究存在一些不足，如耽于共时态研究，而疏于历时态研究；耽于政府治理范式自身演进的研究，而疏于政府治理范式变迁与社会环境的关联性研究，从而影响了研究结论的信度和效度。为了改变这种状况，笔者尝试着以历时态、关联性的视角考察当代中国政府治理范式的变迁机理，进而探讨中国可预见未来政府治理范式的革新进路。

二、计划经济体制下的全能型政府治理范式：生成与运作

新中国成立以来，政府治理范式一直处在变革之中，但大致可以分为两个时段及两种范式，即 1949 年至 1977 年的全能型政府治理范式和 1978 年改革开放以来的政府治理范式。其中，1978 年改革开放以来，由于中国社会一

---

① 皇甫平：《改革不可动摇》，http://finance.sina.com.cn/g/20060125/13042306080.shtml（访问时间：2006 年 4 月 15 日）。
② 俞可平：《治理与善治》，社会科学文献出版社 2000 年版，第 1—15 页。
③ 李军鹏：《公共服务型政府》，北京大学出版社 2004 年版，第 1—2 页。

直处于由计划经济转向市场经济的深刻转型变革之中,因而政府治理范式亦在不断地调整,至今尚未形成比较成熟的、定型的范式。关于 1949 年至 1977 年的全能型政府治理范式的成因,有的学者认为是传统政治模式和政治文化的影响、新民主主义革命时期民主政府实践的影响以及马列主义理论的影响等[1];有的学者则概括为九大因素,即马列理论、实践经验、苏联模式、现实国情、历史传统、文化氛围、社会结构、经济体制以及政治时局。[2] 鉴于研究的需要,本文从经济、社会、政治三个主要方面阐析全能型政府治理范式的生成机理。

(一) 全能型政府治理范式的生成

1. 计划经济体制:全能型政府治理范式生成的经济基础

新中国成立伊始,国家政权的领导者面临着选择何种发展战略和管理体制组织经济建设的紧迫问题。新中国成立时面临的形势相当严峻:国际上是西方国家的封锁和威胁,国内则是满目疮痍、民不聊生的局面,现代化的基础极为薄弱。中国既需要"自强"从而在世界民族之林站稳脚跟,也需要"求富"从而解决人民的生活问题。从传统农业社会向现代工业社会演进的一个重要的条件就是资金的积累。如果把农业所能提供的有限资金集中投入于工业的发展以强行启动工业化进程,势必影响和掣肘农业的发展;如果把确保农业的发展置于首位,又会使国家的工业化失去资金来源。在重点发展工业和重点发展农业的两个目标中,我们只能选择其一。在这种两难的情况下,实行重工业优先发展的战略无疑就成为首选的决策。特别是受战争的威胁,国家必须首先发展国防事业,如同陈云所指出的,财经工作的方针是:国防第一,稳定市场第二,最后才是经济和文化等其他支出。[3] 这种发

---

[1] 谢庆奎等:《中国政府体制分析》,中国广播电视出版社 1995 年版,第 1—32 页。
[2] 张立荣:《论有中国特色的国家行政制度》,中国社会科学出版社 2003 年版,第 20—27 页。
[3] 陈云:《陈云文选》(第 2 卷),人民出版社 1984 年版,第 112 页。

展战略决定了农业和农民必须承担起为国家工业化积累资金的主要任务。它对农业所提出的要求是：在使用价值形态上，为国家工业化提供必需的农产品；在价值形态上，为国家工业化提供足够的启动资金。而在一个落后的农业国通过国家力量实行工业化，必然要依赖计划体制。这样，计划经济体制就形成了。

2. 新政权建设、社会整合模式：全能型政府治理范式生成的政治社会动因

1949年成立的新中国，需要从根本上重建中国社会政治生活的组织结构，实现新政权对整个国家主权的行使和现代国家的构建。孙立平认为："国家、民间统治精英、民众"是一般社会结构的三个基本因子。① 国家主要通过这三者之间的博弈关系实现政治整合和社会整合。然而，由于中国的新民主主义革命是以打倒地主、资本家等旧式"社会统治者"为目标的，因而在革命胜利之后，再以"国家—民间统治精英（中间联系纽带）—民众"这样的三层结构为基础重建政治与社会整合就不可能了。执政者必须寻找新的政治与社会重建的资源——这个资源就是在革命战争年代已经有了良好基础的组织资源。在1949年之后，与国家发展战略和计划经济体制的形成紧密相连，所有稀缺资源均由国家掌控，民间社会不存在掌握重要资源的力量。以对社会资源的全面控制为基础，整个社会成员依据与资源关系的不同而分为两类：一类是资源的掌控者，他们主要是国家和政府的官员、党的专业工作者等；另一类是直接生产者或资源接收者。于是，当时的中国社会便只剩下两个结构因子：国家与民众。这种社会结构对当时的国家治理来说具有积极的意义。但是，任何社会要想使社会生活正常运转，都必须有相应的机制来连接国家层面的政治与日常的社会生活。在当时的中国，发挥连接国家与个人关系作用的就是单位制。单位体制的确立，改变了中国社会的整合模式。面对旧中国留下的"烂摊子"，政治整合机制的重建是当务之急。从当时国家和政府所拥有的资源来看，其重建也比较容易。而社会整合机制的重建则在很大程度

---

① 孙立平：《转型与断裂：改革以来中国社会结构的变迁》，清华大学出版社2004年版，第223页。

上是一种自然演进的过程，需要相当长的时间。

因此，通过重建政治整合来实现社会整合成为一种必然的选择。到20世纪50年代中后期，这种以政治整合替代社会整合的模式已经基本形成。在农村，典型的形式是人民公社；在城市，则是以单位为主干、以街道委员会为辅助的社会组织系统。这种集各种职能于一身的总体性组织，起核心作用的是政治与行政权力。

（二）全能型政府治理范式的运作

无论从理论上还是从实践经验上分析，新中国成立以来所建立的计划经济体制和以政治整合替代社会整合的模式，都需要一种全能型的政府与之相适应。这种全能型的政府治理范式是通过以下方式和途径进行运作的：

1. 管制型的治理方式

社会资源的有限性，决定了人们难以帕累托最优的方式实现资源分配，在非市场社会只能由政府的权威进行裁决和计划安排。为了保证中央集中计划的实现，政府必须对社会及其公众实行严格的管理控制，消除一切对集中计划的偏离现象。

2. 全能性的治理职能

计划经济体制逻辑地要求政府掌握生产资料、生产过程以及经济利益的分配大权。诚如邓小平所言："我们的各级领导机关都管了很多不该管、管不好、管不了的事"[①]。

3. 行政性的治理手段

人类的经济、社会生活是复杂多变的，这种变化不以人的意志为转移，

---

① 《邓小平文选》（第2卷），人民出版社1994年版，第328页。

因而具有某种程度的不可预知性。为此，客观上需要一种即时性调节，以保持生活的有序与和谐。在一个充满竞争的社会，这种即时性调节是通过市场机制实现的，而在计划经济体系中，则只能由政府来实施。

4. 巨人型的治理主体

在计划经济体制下，政府的职能配置十分宽泛，而且在经济及社会生活与政府行政管理之间缺乏社会中介性组织的初级管理，这些都增加了政府行政管理的结构性与技术性难度。为了应对纷繁复杂的管理任务，政府只得求助于职能的"细分化"，于是政府的职能分工越来越细，相应的机构设置越来越多，形成巨人型治理主体。

（三）全能型政府治理范式实践状况述评

全能型政府治理范式是计划经济这棵铁树上的坚果，它在我国的形成具有某种必然性，在历史发展进程中曾起过积极的作用。由于中国的计划经济不是建立在资本主义经济高度发达基础之上的，因此这种范式所面临的任务就不是解决生产社会化与生产资料私人占有矛盾所导致的"无政府"状态问题，而主要是如何加快工业化进程，这实际上成为中国计划经济的主要目标，即解决工业化的资金问题、优先发展重工业问题和城市化问题。上述任务，在一定程度上使得计划经济本身的作用不是体现为实现社会生产与需求之间的平衡和资源的最佳配置，而是表现为最大限度地动员社会资源，加速工业化步伐，实现赶超战略。全能型政府治理范式与当时的国家发展战略是相适应的，这是其能够在中国形成并持续20余年的主要原因。此外，20余年的全能型政府治理范式，虽然管理水平较低，但毕竟提高了中国政府管理经济和社会的能力，积累了丰富的计划管理经验。这一点对于改革开放以后中国政府的宏观经济调控、保障国民经济的持续快速增长和社会的稳定发展起到了积极作用。

但毋庸讳言，经过几十年的运转，随着社会的转型和发展，全能型政府治理范式由于其自身的缺陷以及运行条件的消失而陷入危机。其主要弊端在于：计划经济体制和赶超战略的实行，在宏观层面上造成了畸形的经济结构；扭曲的产业结构，降低了农业劳动力转移的速度，造成了城市化水平的低下；同时，中观层面上的计划配置，造成了资源配置效率低下；微观层面上的竞争缺失，压抑了民众的积极性和社会的创新活力。在管理体制方面，管理负担过重，难免顾此失彼。以行政指令手段解决一切问题的做法，致使目标与手段之间缺乏内在关联，从而影响预定目标的实现。

三、体制转轨中的政府治理范式：变革与省思

（一）体制转轨：1978年改革开放以来中国社会的深刻转型

改革开放20多年来，以体制转轨为特征的中国社会的转型是深刻的。这种转型主要体现为从计划经济转向市场经济、从农业（乡村）社会转向工业（城市）社会、从封闭社会转向开放社会、从伦理型社会转向法理型社会、从国家垄断转向社会参与、从单一文化转向多元文化等。其中，计划经济体制向市场经济体制的转轨是整个体制转轨的核心和动力。社会主义市场经济体制初步建立，公有制为主体、多种所有制经济共同发展的基本经济制度已经确立，全方位、宽领域、多层次的对外开放格局基本形成。市场经济和民主政治已成为中国社会发展不可逆转的趋势。从社会结构和利益格局的角度看，中国社会发生了如下变化[①]：第一，利益多元化或利益分化。随着经济体制转轨的推进，社会利益结构发生了显著的变化，各种社会主体的利益分化日益凸现出来。第二，资源和社会地位获得的市场化机制逐渐取代再分配机制，成为社会资源分配的主要机制。第三，单位体制逐渐弱化。市场化的发展，使得包括国有单位在内的各种组织之间的关系及其与国家之间的关系都越来越多地建立在市场关系的基础之上。国家原来赖以分配资源和进行协调的单

---

① 李路路：《和谐社会：利益矛盾与冲突的协调》，载《探索与争鸣》，2005年第5期，第2—6页。

位组织逐渐向具有相对独立地位的功能性组织转化，越来越多的社会成员脱离了单位体制的行政化束缚。总之，经过 20 多年的改革和发展，中国社会已经迈上了向市场体制转型的道路，市场机制不仅在社会资源的分配中占据越来越重要的地位，而且已经渗透到社会生活的方方面面。

（二）体制转轨中政府治理范式变革的基本成效

我国自 1978 年改革开放以来，为了适应经济转轨和社会转型的要求，多次对政府治理范式进行变革和调整。其主要实践表现为 1982 年、1988 年、1993 年、1998 年、2003 年的行政改革。总结这五次改革，尽管每次改革总有或多或少的回潮，但客观地说，政府治理范式的变革取得了较为明显的成效。

1. 全能型政府逐步转向经济绩效型政府。中国经济体制的转轨是在政府主导下进行的，是政府自我革命与市场发育双重变迁的过程。政府追求经济绩效，积极培育市场，主动退出市场，政府与市场的关系从激烈冲突转向平静磨合。国有企业基本实现了股份制改造、市场化经营。政府的职能发生了较大的变化，开始由全能型政府转向经济效益型政府。

2. 政府的运作方式有了明显的变化。法律的力量在各个领域开始发挥作用，依法治国、依法行政已经成为政府运作的基本要求。政府的执法职能越来越强化，成为政府行为的重中之重。

3. 政府的权力逐步向下和向外转移。无限权力政府向有限权力政府的转变取得了明显进展。

4. 政府的公共服务越来越强调公民参与，强调公民和公共服务消费者对政府行为的评价。

（三）政府治理范式变革中存在的主要问题

尽管政府治理范式的变革取得了较为明显的成效，但也应当看到，我国现行的政府治理范式与党的十六届六中全会所提出的"统筹城乡发展，统筹区域发展，统筹经济社会发展，统筹人与自然和谐发展，统筹国内发展与对外开放"，"推动社会建设与经济建设，政治建设、文化建设协调发展"的要求还不是很适应①，在治理的理念、结构、体制、技术以及社会自治能力的发育等方面存在一些不足。

1. 现行政府治理范式存在的缺陷

（1）政府治理理念：重效率而轻公平。十一届三中全会以来，我国政府把"注重效率、发展经济"作为其治理社会公共事务的基本理念。毋庸置疑，"重效率"的政府治理理念，在我国改革开放的初期，在计划经济体制向市场经济体制过渡的阶段，具有历史的合理性。但是，随着我国现代化进程的深入和市场经济体制的发展，"重效率"的理念已经产生了一系列的负面效应。近些年来，城乡之间、地区之间、行业之间的贫富差距迅速扩大，社会各阶层都对解决公平问题提出了迫切的需求。（2）政府治理战略：重经济发展而忽视经济社会和人的全面发展。我国政府自改革开放以来坚持实行"以经济建设为中心"的发展战略，生产力发展十分迅速，经济效益显著提高。但是，我国经济社会发展不协调的问题十分突出。联合国发展署 2003 年公布的数据表明，与中国经济快速增长相比，中国社会发展处于中等偏下水平，在世界排名中位居第 104。（3）政府治理结构：竖直化而回应性不够。人类社会自从出现国家以来，政府治理的组织结构大都采用竖直化结构。这种治理结构具有政令统一、统筹全局、力量集中的特点。鉴此，新中国自成立初期开始，一直采用竖直化的政府治理结构。但随着市场经济体制的确立和发展，既有的竖直化政府治理结构所形成的强大行政壁垒难以容纳市场经济各种要素资源横向流动的诉求，其不适应性日益凸现出来。（4）政府治理体制：单中心而不能充分整合社会资源。由于种种原因，我国一直实行高度集权的管理体制，政府作为单一的权力中心治理社会公共事务。理论的研究和实践的经验

---

① 本书编写组：《〈中共中央关于构建社会主义和谐社会若干重大问题的决定〉辅导读本》，人民出版社 2006 年版，第 5—7 页。

都表明,这种单中心的治理体制不能适应经济市场化、政治民主化和社会现代化的发展要求,缺乏融合社会资源的功能。(5)政府治理风格:管制型而非服务型。长期以来,不少行政机关和公务员在角色定位上仅注重其作为权力者的身份,而忽视其权力来源和权力行使的根本宗旨,从而背离了政府存在的基本价值,形成了管制型而非服务型的政府治理风格。(6)政府治理人员:亟待实现向现代人力资源管理的转变。我国现行政府治理人员管理的主要特征是"以事为中心"、"视人为成本"、"权力本位"。这与现代人力资源管理所倡导的"以人为中心"、"视人为资本"、"能力本位"的精神相去甚远。(7)政府治理技术:急需加强电子政务的建设。顺应世界信息化发展潮流,我国于20世纪90年代后期启动了社会信息化进程。电子政务建设取得了一定的成就,但也面临不少困难和矛盾,如崭新的电子化工作方式与陈旧的政府组织结构之间的矛盾、政务活动的安全性要求与为社会公众服务的信息开放之间的矛盾等。

2. 社会自治能力的发育不足

变革全能型政府治理范式,政府向社会放权,需要有相应的权力承接体。这些权力承接体是在公民社会不断发育、社会自治能力不断提高的基础上形成的包括行业组织、社会中介组织和民间组织等在内的社会组织。诚然,近些年来,随着政府与社会关系的渐次调整,社会组织获得了长足的发展,并在整合社会资源、调适群体行为等方面发挥了积极作用。但是,我国目前的社会组织无论在其发展规模还是在其功能上都十分有限,而且其组织网络极不发达,没有形成完整的组织体系。这是其一。其二,在社会全面转型时期,各种问题纷至沓来,而社会的自组织能力弱化。在这种背景下,政府过于仓促和无序的简政放权,不仅不能达到预期的改革目标,而且极易导致社会生活的紊乱,或给某些非法势力以可乘之机。正是基于此种原因,我国社会运行机制变革的现实目标是由"社区单位化"转向"社区行政化"。① 然而,随

---

① 陈伟东:《社区行政化:不经济的社会重组机制》,载《中州学刊》,2005年第2期,第78—82页。

着经济运行机制和政治运行机制的不断转型,社区行政化这一社会运行机制日益显露其不足,导致经济与社会发展的"五个失衡",即社会阶层结构失衡、社会组织结构失衡、社会产品失衡、社会制度结构失衡、社会心理结构失衡。[①] 这种状况,给政府治理范式的进一步革新造成了障碍。

四、中国未来的政府治理范式:特质与进路

(一) 中国未来政府治理范式的特质:"政府主导—官民协同"的多中心治理

1. 治理与善治范式:西方学界及国际组织的治理理论

进入20世纪90年代以后,治理理论成为西方学界最为流行的理论之一。这种理论树起"良好治理"的旗帜,旨在重新探索国家和社会公共事务的管理模式。它的兴起是与政府的失灵和市场的失效联系在一起的,是因弥补政府管理和市场调节的不足而提出的一种社会管理方式。它主张政府、企业、团体和公民个人通过合作、协商、伙伴关系,确定共同的目标等途径,实现对公共事务的管理。治理的操作手段和规则具有多元性和动态性,它通过衡量政府、市场、自组织网络等不同协调形式的优缺点以及不同形式的网络化协调而使公共事务的处理达到最佳状态。传统意义上的公共服务的主要提供者——政府将更多的公共服务生产任务交给非政府机构或企业承担,而政府则主要担负公共服务的规划、融资、绩效评估以及监督等职责。

但是,治理既不可能代替国家而拥有政治强制力,也不可能代替市场而自发地对大多数资源进行有效的配置。针对这一问题,不少学者和国际组织又提出了"多元治理"、"有效的治理"、"善治"等概念。其中,"善治"理论最有影响。善治就是使公共利益最大化的社会管理过程,其本质特征在于它是政府与公民对公共生活的合作管理,是政治国家与公民社会的一种新型

---

① 陈伟东:《公共服务型政府与和谐社区建设》,载《江汉论坛》,2005年第12期,第50—54页。

关系，是两者的最佳状态。善治的基本要素是：合法性、透明性、责任性、法治、回应、有效、参与、稳定、廉洁、公正。①

应当说，治理理论所构建的范式是一种比较理想的政治和社会事务治理范式，也是在政府治理革新中人们所追求的目标。因此，这种理论一经提出便引起了我国学界的高度关注，人们期望我国的政府治理革新朝着这种理论所指示的方向发展。在笔者看来，治理理论对于我们探寻中国未来的政府治理范式具有启迪价值但无摹本效用，因为成功的优化政府治理范式"往往依据一定的历史—社会—文化条件而产生，往往在一定社会历史演变和现实运动水乳交融中逐步生长起来"。在这一问题上，"不能作超越时空的政治遐想"②。

2."政府主导—官民协同"的多中心治理范式：一种中国化的构想

笔者认为，我国未来的政府治理范式应当强调政府与社会的合作，强调自上而下的管理和自下而上的参与的结合，强调管理主体的多样性，强调政府对公民的服务，强调引入市场机制，从而建立起政府、市场、社会三维框架下的多中心治理体制，以实现"善治"。笔者将其概括为"官民协同"的治理范式。但是，在可预见的未来，我国政府治理范式的构成要素中必须强调政府的主导地位和作用。其主要理由如下：

首先，我国作为发展中国家，急需解决的问题是现代社会政治秩序，然后才是多元、健康的公民社会和市场。虽然这两者之间没有必然的时序联系，但可以肯定地说，现代民主法治是公民社会和市场健康发展以及与政府形成有效互动的必要的制度保障，也是防止它们被强势集团控制的制度约束。③ 必须指出，当下的治理理论对公民社会和市场的作用有过度夸大之嫌，对政府的作用则极力淡化缩小，这种倾向在"华盛顿共识"的推动下已经成为治理研究中的主流；而且它把各种不同社会的治理目标都整齐划一为"西方"的

---

① 俞可平：《民主与陀螺》，北京大学出版社2006年版，第33页。
② 林尚立：《国内政府间关系·总序》，浙江人民出版社1998年版，第7—8页。
③ 杨雪冬：《要注意治理理论在发展中国家的应用问题》，载《中国行政管理》，2001年第9期，第20—21页。

标准，似乎只要按照西方的治理路径，就能形成同样的结果。这对发展中的社会主义国家来说无疑是有害的。

其次，多中心治理范式是以成熟的市场机制为平台的，我国市场经济体制的完善须臾也离不开政府的作用。改革开放以来的体制变迁，既包含了自然经济的市场化和货币化，也包含了计划经济的市场化和自由化，而且与二元经济结构转型以及工业化和信息化交织在一起。体制转型和结构转型的同时并进，既增加了两种转型的困难，也产生了不少过去未曾出现的新问题。市场本身不可能自行高效地同时完成这些任务。而渐进性的市场化，则要在较短的时间内完成自然发育状态下几十年甚至几百年才能完成的过程。这必然要有一种超市场的力量的介入，这个力量只能是政府。

第三，多中心治理范式是以发达的公民社会为基础的，我国公民社会尚处于萌生发育阶段，需要政府来培植并促使其发展。从全社会的范围看，善治离不开政府，但更离不开公民。没有公民的积极参与及合作，至多只有善政，而不会有善治。[①] 我国公民的状况与治理的要求仍有较大的差距。我国有着长期的强大专制国家的历史传统。在专制政体下，只有依附于国家的臣民，而没有强调个人权利和自主性的公民，官本位思想在老百姓中还有深刻的影响，他们遇事对政府和官员还存在很大的依赖性。来自公民的社会组织虽然有所发展，但他们的政治参与意识和参与能力都还不强；社会组织化程度较低，难于组织起来以集体行动参与公共事务、影响公共权力、满足个人合理的社会需求，也缺乏建立在个人自然权利基础上自生自发的合作关系。

总之，市场经济的完善、公民社会的培育是一个长期的过程，因而政府的主导地位和作用也将长期是政府治理范式的构成内容。

3."政府主导—官民协同"的多中心治理范式生成的内在逻辑

公民社会是善治的现实基础。没有一个健全和发达的公民社会，就不可能有真正的善治。反过来说，20世纪90年代以来善治的理论与实践之所以得

---

① 俞可平主编：《治理与善治》，社会科学文献出版社2000年版，第326页。

以产生和发展，其现实原因之一就是公民社会的日益壮大。公民社会的成长和发展，必然引起政府治理结构和治理状况的变迁，这一逻辑被改革开放后的中国所证实。例如，我国一些大中城市实行的"党委领导、政府推动、社区组织主导、社区居民参与"的新型社区管理混合模式，都是"政府主导—官民协同"的多中心治理的有益探索。厘清这一范式生成的内在逻辑，是把握我国政府治理范式的未来走向及其特质的关键。笔者认为，"政府主导—官民协同"的多中心治理范式的生成遵循如下内在逻辑：

第一，"官民协同"的多中心治理的必要性与可能性：行政放权、地方民主化与地方公共事务的大量兴起。

经济运行计划化、社会运行单位化、政治运行集权化是中国社会转型所面临的初始背景。市场经济体制的运行，客观上要求政府由全能型转向有限型。这一转变过程，是政府权力由集权转向分权的过程。纵观这一过程，政府分权可以分为三种类型：一种是中央向地方的分权，地方获得了相对独立的财政收支权、地方事务管理权、部分人事安排权等；一种是地方政府内部的分权；一种是政府向社会的分权。城市单位体制解体和农村人民公社组织废除后，政府面对的是亿万的公民，同时由于市场化改革后地方公共事务的大量兴起，交易和治理的成本甚高。一种新型的效能更高、能够整合政府资源和民间资源的治理范式的出现成为必要。通过设立基层自治组织，将分散的公民组织成一个共同体，将一部分治理权授予自治组织，从而减轻治理的压力和促进基层社会的发展，成为一种必然的逻辑。同时，由于个性化需求无法完全依靠政府组织和社区组织来满足，居民自发成立了各种草根组织，自我服务。草根组织逐渐成为居民自我管理的初级行动单元，成为社会公共事务治理的主体。城市地方治理结构逐渐发生了变化，即由单中心结构转向多中心结构。政府不再是唯一的社会公共事务治理的主体，不同层级的政府组织、社区组织、草根组织构成了社会公共事务治理的多元主体。各主体之间的关系由单纯的行政命令关系，转变为交织着行政命令关系、讨价还价关系、双向依赖关系、交互作用关系的状态。其最大的变化在于他们都获得了一定的自主性。职能分工、彼此依赖、相对自主，为"官民协同"的多中心治理提供了可能性。处理地方社会问题、治理地方公共事务，地方政府需要收集居民的需求信息、需要筹集资金以及组织监督公共生产等，而市场组织面对公共服务会失灵，政府组织和社会组织也会失灵，因此需要政府组织、市场组织以及社会组织之间的合作。治理结构的多中心提供了多元合作的可能性，而地方民主化形成的参与机制则提供了多元合作治理的可行性。

第二，市场发育、公民社会生长："官民协同"的多中心治理的机制基础和组织基础。

——市场经济发展状况：经过 20 多年的经济改革，我国已不再是计划经济国家，而是一个基本市场化的市场经济国家。如果用量化的指标来说明，目前中国的市场经济度已达 60%，市场化指数则达 63.2%。[①]

——公民社会发育状况：截至 2005 年 3 月，在全国县级以上民政部门登记注册的民间组织共 28 万余家，其中社会团体 14.9 万家，民办非企业单位13.2 万家，基金会 1000 家左右。[②] 现代发达的市场经济体制为理性化公民社会的建构提供了相应的机制。多中心治理范式所依托的平台是现代理性化社会和发达的市场经济体制。理性化社会来自于个人经营活动中的合理算计。这种算计不是传统家庭经营中的内部算计，而是不断扩大的经济社会交往中对个人收益的权衡。这种理念使个人在参与公共事务中保持着足够的经济理性，而不是盲目的服从和冲动。他们对公共权力寄予期望，并参与影响公共权力的活动，以满足其社会需求，同时又对公共权力保持一份警惕，随时防范公共权力对个人权益可能的侵犯。

市场机制的完善、公民社会的发育为我国多中心治理体制的形成奠定了基础。多中心与单中心相对，它"把整个体制看成是由互动的公共机构构成的体制，而不是由一个人控制的单一的体制，把公共当局看成是一个多元的体制，而不是单一的"。它使得政府的各个层级和各个单位之间可以"互相调

---

① 市场经济度是指企业自主度、市场国内开放度、市场对外开放度和宏观调控度四类指标；市场化指数则指投资、价格、生产和流通四者的市场化比例。

② 中国（海南）改革发展研究院：《民间组织发展与建设和谐社会》，中国经济出版社 2006 年版，第 23 页。

试"，"像市场中的企业那样"，相互之间"也是竞争者和合作者"，导致政府层级之间的"责任配置"以及"地方政府的结构"具有相当强的"可变性"。[1] 在我国的治理实践中，出现了一种新的公共服务秩序。公共服务新秩序是一种新的思维理念和思维框架或称为范式，它是在对传统范式进行反思的基础上提出的。公共服务新秩序以满足公众的公共服务需求为价值取向，这导致公共服务的观念和做法都改变了。首先，判断公共服务的标准改变了，即不是从谁提供了服务而是从满足公共需求的组织方式判断公共服务。其次，公共服务的组织方式改变了，即从政府集中提供的单一方式向多种方式转变，服务的生产者获得了独立的地位。再次，公共服务的构成主体改变了，即从类似于市场供求双方的两方关系转变为公共服务的提供者、生产者和消费者三方关系，这三方主体之间的常规关系决定着公共服务的质量和发展。

（二）中国未来政府治理范式的进路

通过以上的分析可知，我国市场经济的发展和公民社会的发育催生着"官民协同"的多中心治理范式；同样的，市场经济发展的不完善和公民社会发育的不足决定了可预见未来治理范式中"政府主导"的重要性。不言而喻，构建"政府主导——官民协同"的多中心社会公共事务治理范式是一项长期而艰巨的任务，不可能毕其功于一役。在当前和今后一个时期，应当明了和把握以下进路：

1. 提升政府能力，培育公民社会：建立"强政府—大社会"结构

国家与社会的关系是影响政府治理范式走向的重要因素。从西方国家政府治理变革的实践来看，20世纪70年代末80年代初以来都以削弱国家的作用为着力点，西方国家这样做有其历史的机缘。那么，处在转型期而且是后

---

[1] 埃莉诺·奥斯特罗姆等：《制度激励与可持续发展》，陈幽泓等译，上海三联书店2001年版，第205页。

发展国家的中国应选择何种国家与社会关系的模式？是照搬西方现时态的做法，通过市场化的途径，打造"小政府"，还是根据中国的现实国情另辟蹊径？照搬西方的做法显然是行不通的，因为西方国家的"小政府"是以"大市场"为基础、以"大社会"为依托、以"大服务"为目标的。完善的市场经济是"小政府"的经济基础；发达的公民社会是政府变"小"的前提；"小政府"虽然职能有限，但市场、社会、企业、个人做不了的事情，政府都要做，从这个意义上说服务是无限的，是大服务。而中国的现实国情是：市场经济不完善，公民社会发育程度低，不能支持"小政府"的运行，相反还需要政府的大力培育。因此，笔者主张，中国国家与社会的关系，在可预见的未来应当建立"强国家—大社会"结构。

2. 优化之策：经济体制改革、行政体制改革、政治体制改革三者良性互动

发端于20世纪70年代末的中国改革事业，是以最关系民生的经济体制改革为先导和突破口的。由于体制运行的惯性和制度变迁的路径依赖，政府治理范式的变革和政治体制的改革在实践中总是滞后于经济体制的改革，从而对经济社会的发展产生负面影响，成为经济社会发展的瓶颈。对此，邓小平指出："现在经济体制改革每前进一步，都深深感到政治体制改革的必要性"①。一般认为，中国改革战略系统主要包含政治体制改革和经济体制改革两个因子。由于政治体制改革涉及国家基本的政治结构和权力关系，因此政治体制改革很难有实质性的突破，政治体制与经济体制不相适应的矛盾也未能彻底解决。在政治体制改革进退维谷而政治体制与经济体制不相适应的矛盾日益突出的情况下，行政体制的改革提上了议事日程。行政体制改革启动的目的，在于及时适应经济体制改革的需求并进而带动政治体制的改革。然而，笔者在实际调查中感到，介于经济体制改革和政治体制改革之间、作为经济体制改革和政治体制改革的"结合部"的行政体制改革所能释放的能量是有限度的，行政体制改革的深层次问题几乎都是政治体制的问题。政府治

---

① 《邓小平文选》（第3卷），人民出版社1993年版，第176页。

理范式的革新绝不仅仅是行政体制自身的调整。只有经济体制改革、行政体制改革、政治体制改革三者良性互动，政府治理范式的革新才能朝着适应市场经济和社会发展需要的方向推进。

3. 政府治理范式革新的近期目标：建设"管理—服务型政府"

近年来，特别是"非典"事件发生后，在政治学和公共行政学研究领域，强调建设"服务型政府"，强调"从以统治为中心向以服务为中心转变"。政治学学者朱光磊认为，这些说法的指导思想有合理性，但在理论和逻辑上存在一定的欠缺，转型期的中国应当建设"规制—服务型"政府①。在笔者看来，"规制"在词义上具有强制的意味，而且偏重于静态的制度规范。由于我国的政府治理范式脱胎于计划经济体制下形成的全能统制型范式，导致不少公务员缺乏公共服务和科学管理的意识，"强制管制"、"官本位"的观念根深蒂固。所以，使用"规制"的概念不利于公务员执政理念的转变，从而不利于政府治理范式的革新。鉴此，笔者主张建设"管理—服务型政府"。虽然"管理"与"规制"相比，同样具有为克服市场失灵和社会失灵而运用适当的工具规范市场和社会主体行为的含义，但却减少了强制的意味，而且更加侧重于动态性，侧重于政府为实现"善治"而展开的与市场和社会主体互动的行为过程。

转型期的中国政府治理范式中，"管理"与"服务"都是政府的重要职能，而且两者相辅相成。政府管理本身就意味着服务，"管理"之中有"服务"，"服务"之中有"管理"，而且政府对某些人提供"服务"，可能同时变成对其他人的管理。当研究一般政府问题、确定施政创新目标时，把管理概念略去是可以理解的；但是，构建新的政府治理范式时把管理的概念完全省略，仅仅保留服务的概念，却是值得商榷的。任何时候都需要某种公共权威的管理以协调个人活动、配置公共资源，进而在维护社会公正和秩序的基础

---

① 朱光磊：《"规制—服务型"地方政府：定位、内涵与建设》，载《中国人民大学学报》，2005年第1期，第103—111页。

上提供服务。管理作为现代政府治理社会公共事务的重要手段，是用来保护公共利益的。今后，随着市场经济体制的不断完善，政府的治理将侧重于公共服务。即便如此，那些市场无法自我调节、社会不能自我管理的领域依然离不开政府的管理。因此，转型期的中国应当着力建设"管理—服务型政府"。

五、结 论

通过对新中国成立以来政府治理范式变迁机理与革新进路的考察和探析，我们可以形成以下四点认识：

其一，任何一种政府治理范式都是由人构建的，属于"思想的社会关系"范畴。[①] 但这并不意味着人们可以随心所欲地实施构建行为。相反的，人们在构建政府治理范式时往往受到历史传统、现实任务、理论基础、经济体制、社会结构、政治时局等诸多因素的影响和制约，是各种复杂因素共同作用的产物。

其二，任何一种政府治理范式都不可能十全十美，并且放之四海而皆准。它既有历史的合理性，又有应用的规定性，更有时代的局限性。因此，变革和创新政府治理范式，使之保持对社会环境的最佳适应状态，是政府治理的永恒课题。如同《政府未来的治理模式》一书的作者、美国著名的公共管理学者 B. 盖伊·彼得斯所言："只要有一个不完善的政府，人们就会持续不断地寻求理想的治理形态。"[②]

其三，发端于 1978 年的改革开放，经过 20 余年的行政放权、市场发育和社会生长，使中国社会的方方面面较之改革以前发生了广泛而深刻的变化：政府治理的理念逐渐由国家本位转向社会本位，民众的权利意识以及政治参

---

① 列宁：《列宁选集》（第 1 卷），人民出版社 1960 年版，第 80 页。
② B. 盖伊·彼得斯：《政府未来的治理模式》，吴爱明译，中国人民大学出版社 2001 年版，第 5 页。

与意识和参与能力逐渐增强，社会主体的公共责任开始形成，参与型、协商型利益表达方式和草根民主悄悄兴起并塑造着公民社会，自组织机制开始在基层社会发挥作用。由此而决定，构建"政府主导—官民协同"的多中心社会公共事务治理范式，是中国可预见未来的政府治理范式革新的目标取向。这种新的政府治理范式具有三个基本特征：（1）以公民社会为基础，注重发挥民间组织在治理社会公共事务中的作用。（2）以政府行为为主导，强调政府对公共物品提供和管理的主导性地位和主导性责任。（3）以市场经济为纽带，致力于整合政府资源和民间资源，实行官方与民间的协作，共同生产和提供公共物品，以"使公共利益最大化"。

其四，构建"政府主导—官民协同"的多中心社会公共事务治理范式，是一项长期而艰巨的任务，需要紧随经济和社会发展的步伐，进行不懈的努力。在当前和今后一个时期，应当从以下三个方面着力：一是提升政府能力，培育公民社会，建立"强政府—大社会"结构；二是适应经济体制改革的要求，积极推进行政体制改革和政治体制改革，实现三者的良性互动；三是践行"人本"理念，保护公共利益，建设"管理—服务型政府"。

当代中国行政吸纳体系形成及其扩展与转向[*]

储建国[**]

20多年来，中国政治局势尽管受到各种矛盾的困扰，但仍然保持了相当程度的稳定。光凭经济发展本身难以解释这个现象，因为它也可以成为政治不稳定的一个因素。[①] 值得重视的是一种叫作"行政吸纳"的解释，有学者认为它是中国大陆近些年来用来化解社会矛盾，实现政治稳定的有效方式。[②] 其实，"行政吸纳"是中国自20世纪中叶以后就形成的治理模式，改革开放后其功能和范围出现了变化。经验证据表明，它在实现精英之间的合作方面取得了很大的成功，并在缓和精英与大众之间的矛盾方面显示某些成效。但是行政吸纳模式有着严重的缺陷，它需要在克服这些缺陷的过程中实现新的转向。

---

[*] 基金项目：国家社会科学基金项目（项目编号：05CZZ003）。本文原载于《福建行政学院学报》，2010年第2期。

[**] 储建国，武汉大学教授。

[①] 亨廷顿：《变化社会中的政治秩序》，王冠华、刘为译，华夏出版社1988年版，第41页。

[②] 康晓光：《再论"行政吸纳政治"——90年代中国大陆政治发展与政治稳定研究》，载《二十一世纪》，2002年第8期，第33—45页。

一、中国行政吸纳体系的形成

所谓"行政吸纳",是指通过行政渠道将社会各种利益要求和利益表达汇聚起来共同参与政治决策的过程,通过这一模式,行政决策呈现出开放性与参与性,行政决策不再仅仅是少数决策者的行为结果,同时也是大众参与的结果。"行政吸纳模式"最早是由香港社会学家金耀基先生用来解释香港的治理,认为它"是指一个过程,在这个过程中,政府把社会中精英或精英集团所代表的政治力量,吸收进行政决策结构,因而获致某一层次的'精英整合',此一过程,赋予了统治权力以合法性,从而,一个松弛的、但整合的政治社会得以建立起来。"① 由于这一模式在行政传统的政策执行功能之中加入了利益表达的功能,因此这一过程也可称为行政民主化。

康晓光运用行政吸纳模式来分析中国大陆的政治稳定。对于中国大陆来说,可以将这种模式理解为对 20 世纪 80 年代末新权威主义模式的拓展,它在不同时代、不同地域的现代化过程中都可以找到例证。

中国共产党的行政吸纳过程从建国后就已开始,其特点是通过吸纳过程对社会精英进行改造,也就是精英改造式的行政吸纳。

首先,新政权通过社会主义工商业改造,逐步压缩了能够进行政治表达的独立性经济组织。譬如说古耕虞领导的四川畜产公司在建国前垄断了中国猪鬃贸易,抗战胜利后进行了反对国民党政府统购统销政策的政治表达,并获得了某种程度的成功。建国后,在中央贸易部部长姚依林的主导下,川畜公司被并入了国营的中国猪鬃公司,成为行政部门领导下的经济组织。② 与此同时,新政权清除了民间各种独立性的社团,这些社团有的是带黑社会性质的组织,有的是依附过去政权的组织,有的是宗教组织,有的是行业组织,

---

① 金耀基:《行政吸纳政治:香港的政治模式》,见《中国政治与文化》,牛津大学出版社 1997 年版,第 21—45 页。
② 中国人民政治协商会议全国委员会文史资料委员会《文史资料选辑》编辑部编:《文史资料选辑》(第 2 册第 5 辑),中国文史出版社 1986 年版,第 25—27 页。

有的是谋生性质的互助组织。以四川省浦江县为例，建国初取缔或禁止活动的民间组织有"哥老会"（与旧政权有密切联系）等帮会，"首一大道"、"无极归根道"等宗教组织，同宗会、同乡会、同学会等互助组织；"老君会"、"鲁班会"、"药王会"等行业组织。①

第二，新政权逐步让中国共产党自己领导的社团由表达性组织转为行政性组织，其中主要的有工人组织、农民组织、学生组织和妇女组织。这些组织在过去为了维护自己利益，反对政府的政策行为，都能够较为独立地进行政治表达，当然这些表达在某种程度上获得中国共产党的领导或指导。建国后，中国共产党由从事反对的政党变为执政的政党，这些组织动员群众、进行政治表达的功能被认为不合时宜，从而变成帮助政府联系群体、化解不满的行政附属组织。

第三，新政权转变了民主党派的政治功能，各民主党派在建国前受到国民党政府压制，但基本上是独立自主的政党，可以平等地与共产党进行合作，并在第三次国共谈判中发挥了重要的平衡作用。建国后，如何处理与民主党派的关系是个棘手问题。共产党最初的意图是将民主党派变成统一战线中的一种社团。周恩来在与中国国民党革命委员会领导的一次谈话中就说："那么民革是怎样的组织呢？民革应该成为革命知识分子的组织，不是政党而是政治活动的团体。"② 但中国共产党领导人又觉得不妥，他们知道马克思关于无产阶级专政的经典著作中，并没有说到只允许一个政党存在，所以后来制定了一个"长期共存，互相监督"的方针。并且第一届全国人民代表大会副委员长李维汉在一次发言时强调："必须严格地尊重各民主党派和人民团体在宪法所赋予的权利义务范围内的政治自由和组织独立性。"③ 由于宪法在后来的政治生活中不受尊重，这种自由和独立性也就很难维持了。但民主党派并没

---

① 《浦江县志》（第22篇第2章），四川人民出版社1982年版。
② 中国人民政治协商会议全国委员会文史资料委员会《文史资料选辑》编辑部编：《文史资料选辑》（第30册第87辑），中国文史出版社1986年版。
③ 中国人民政治协商会议全国委员会文史资料委员会《文史资料选辑》编辑部编：《文史资料选辑》（第30册第87辑），中国文史出版社1986年版，第20、30页。

有像企业和其他社团那样也成为行政系统中的成员，在结构上仍然保持着与行政系统的距离，并坚持党际交流的地位。

第四，新政权也改变了中国共产党的政治功能，其自下而上的表达功能弱化，而自上而下的贯彻功能强化，也就是党组织的行政化趋势加强。不少人在批评中国共产党集权过多时，认为它是革命时期集权生活的延续。这种说法缺少经验证据，其实在革命时期，中国共产党不仅在意识形态上高调反对国民党一党专政，而且在具体政治生活中进行了实实在在的民主尝试。毛泽东在三湾改编时将党支部建在连上，它的一个重要功能就是动员士兵过民主生活，"官长不打士兵，官兵待遇平等，士兵有开会说话的自由，废除烦琐的礼节，经济公开。士兵管理伙食……"① 这种基层民主生活在整个革命时期都得到很好的坚持，并且推广到中国共产党初期的政权建设中。这种民主至少反映了中国共产党在表达群众具体利益上履行着重要的功能。革命的一个关键任务是要赢得群众的支持，而群众有用脚投票的自由，所以民主是留住脚步的有效方式。建国后，中国共产党成为执政党，群众用脚投票的自由减少了，共产党更多地是要求群众贯彻上面的命令，革命时期的民主生活也渐渐消解。执政党的领导人经常关心的"脱离群众"，"干群关系紧张"现象反映了这种趋势，也就是政党组织呈现行政化趋势。

第五，新政权建立了人民代表大会制度，但法定功能很快弱化。中国共产党在革命和建设的大部分时期都是讲究现实的政党，它知道民主不能停留在观念上，而要在现实生活中让人民真实地感受到。人民代表大会制度本意是让人民真实地感受到自己是国家的主人，可以通过某种看得见的动作参与国家的治理。这种精神在刘少奇所做的关于宪法草案的报告中体现了出来。他说："人民代表大会制度之所以能够成为我国的适宜的政治制度，就是因为它能够便利人民行使自己的权力，能够便利人民群众经常经过这样的政治组织参加国家的管理，从而得以充分发挥人民群众的积极性和创造性。显然，如果没有一种适宜的政治制度使人民群众能够发挥管理国家的能力，那么，

---

① 《毛泽东选集》（第1卷），人民出版社1991年版，第65页。

人民群众就不能很好地动员和组织起来建设社会主义。……一切重大问题就都应当经过人民代表大会讨论，并作出决定"。① 显然，新政权创设人民代表大会的目的不是仅仅为了提供某种合法性的形式，而是要让人民喜欢它，并利用它进行利益表达，参与治理。但在以后的发展中，这一目的没有实现，更多的时候只是履行了某种形式功能。它没有被纳入行政结构，但在党政合一的趋势下，在强大的行政结构面前，其法定功能在现实中大大弱化。1975年宪法干脆规定："全国人民代表大会是在中国共产党领导下的最高国家权力机关"。②

总之，建国之后中国共产党逐步建立了一元化治理体系，这是一套自上而下的贯彻体系，具有行政体系的性质，因此可以视为一种行政吸纳体系。这套体系在"文革"期间受到破坏，在群众运动的冲击之下，它的贯彻链条被斩断，其运作一度陷于瘫痪。

二、行政吸纳与精英的合作及其弊端

改革开放初期，邓小平曾想改造这种一元化体系，但并没有取得成功。20世纪90年代之后，这种体系尽管从经济和社会的部分领域中退却，但在核心领域反而得到了巩固。

如果说建国初期的行政吸纳是通过强力手段将社会自主力量全部纳入一元化体系的控制之下，那么改革开放就是将部分被吸纳进去的力量又逐步释放出来。这些被释放出来的力量一方面让一元化体系减少了负担，但另一方面又威胁到一元化体系的生存。为了获得这些新力量的支持，执政党继续沿用已有的行政吸纳体系，但采取了新的吸纳方式，也就是精英合作式的行政吸纳。

---

① 刘少奇：《关于中华人民共和国宪法草案的报告》，http://www.gov.cn/test/2008-03/06/content 910667.htm（访问时间：2008年3月6日）。

② 《关于修改宪法的报告》，http://www.law-culture.com/showNews.asp?id=7251（访问时间：2009年12月24日）。

从广义政治学的角度来看，一个独立的企业，一个独立的社会组织，乃至一个独立的知识分子都是一个独立的权力单位，从而具有政治意义。改革开放后的执政党再也不能通过消灭这些权力单位而获得对整个社会的超强控制，它转而与这些权力单位进行合作，建立联盟，从而维持某种脆弱但在一定时期内有效的政治稳定。这就是康晓光所说的行政吸纳的内容，跟改革开放前的行政吸纳有性质上的区别。

对精英的行政吸纳有正式和非正式方式两种。譬如说，对经济精英的吸纳而言，执政党通过正式的制度，不断推进市场化改革，实施鼓励经济发展的政策，创造了最有利的赚钱环境；通过吸收入党，安排进入政府部门，为经济精英提供政治地位；通过行政决策咨询，为经济精英维持自身的利益提供表达入口。此外，官员个体通过裙带关系、钱权交易等非正式制度和手段，在政治精英和经济精英之间建立了相互利用的关系网。在受到行政系统正式和非正式的保护之后，经济精英的利益得到极大的增进，从而获得他们对现行制度的支持。

对知识分子的行政吸纳似乎更加深思熟虑。执政党对于知识精英的管理方式在改革开放后，尤其在1989年之后产生了深度的变化，总体而言是从硬性控制转到软性管理。从控制知识精英具体言行转到管理知识精英的成果生产。知识分子的日常言论，甚至学术讨论都享有充分的自由，但知识产品的生产则受到严格的管理。

政府对知识分子的待遇提升得很快，教授的工资相当于行政部门的厅长。而且政府放松非正式教育的政策，让知识分子在继续教育、社会培训等领域获得比较丰厚的自创收入。这一方面让知识分子感觉到自己是改革过程的获利者，另一方面让他们在营利活动中消解理想主义的追求。政府大幅度提高人文社会科学的研究经费，这些经费是通过一个一个项目的申请而进行分配的。所申请的项目，尤其是利益丰厚的重点项目的选题是由政府部门指导拟定的。少量一般项目和青年项目的选题可以由申请人自己拟定。无论申请人日常的观点与政府主流观点有多大的差异，但在申请项目时都要考虑该选题是否能被政府接受。因为那些进行项目审批的知识分子会非常自觉地与政府保持一致。近些年来，广大知识分子主动或被动地投身于申请项目，这不仅仅是个增加名利的问题，也是涉及自己的生存饭碗的问题，因为在高校，项目申请是与自己的工作量计算和职称评定挂钩的。这些项目框住很大一部分知识分子的精力，使得他们没有太多的时间和心思来从事其他活动。政府对那些在生产安全可用的知识方面表现出色的知识分子还会给予荣誉、地位和权力。这包括给国家和地方领导人讲课，受邀发表某方面的政策建议，评为跨世纪人才，选为学科带头人，提为学校和政府部门的领导等等。

政府重视各种学术团体的作用，很多学会的会长或秘书长直接由政府官员出任，学会运作的部分经费也来自政府财政。而且政府官员对表现好的学会提供更多的资源。更重要的是，通过学会的运作，知识分子获得了一个交流的平台，通过交流，在话语界线上形成一些共识，知道哪些话该说，哪些话不该说。学会的一个重要政治功能就是将这种安全阀放置到知识分子的心里面，影响他们的说话习惯，让他们自然而然地表达政治上安全的话语。政府对出版部门仍然维持严格的管理，出版部门比作者要承受更大的压力，而这种压力中的很大一部分以前是由知识分子来承担的。这种压力转移在某种程度上减少了知识分子对政府的不满。他们常常因为作品的不能出版而怪罪编辑和出版部门的领导，而不是直接地怪罪政府。政府对知识分子的这些正向和反向的吸纳政策之所以有成效，也与当今社会的现实环境有关系的，金钱、权力、地位在当今中国成了压倒一切的价值，冲击和改造着中国社会的一切领域。高校被有些人幻想为能够免俗的最后一块阵地，但现在也已经充分地"社会化"了。知识分子理想的激情被消解，独立的追求被压抑，创新的冲动不能持续，从事科研的积极性下降。① 尽管如此，政府对知识分子的行政吸纳效果还是很明显的。政府一方面的确从知识分子那里吸收了很多治理智慧，提高了决策和执行的能力；另一方面则大大减少了知识分子对政府的抵触情绪，降低了知识分子所意味着的政治风险。

---

① 一项未发表的调查表明，高校知识分子认为自己投身科研的时间占工作时间的比例平均不到30%。

20多年来，政府通过行政吸纳的方式赢得了经济精英和知识精英的某种合作。有人夸张性地认为两者之间建立了某种精英联盟。但是这种"精英联盟"过程是带有一定政治风险的。

其一，精英联盟过程培育了大量的腐败。政府各级官员在理解了政府政策偏向经济精英的意图后，就大大方方地亲善商人，想尽各种方法博得商人的喜欢，争取他们到本地投资。商人为了争得政府政策和政府官员的优待，花样百出的公关、贿赂现象比比皆是；政府官员相互照顾对方家属和朋友，相互培养商人的丑行亦不鲜见。

其二，精英联盟过程毁灭了精英的责任。无论是中国传统政治文化，还是当代官方意识形态都强调精英必须有一种使命感和责任感。但在片面强调自私正当的市场伦理冲击下，中国精英的社会责任感普遍下滑。在改革开放的环境下，中国商人的获利除了个人的聪明和奋斗外，大多离不开政府政策的支持，甚至政府官员的合谋，以及关系网的支撑。作为发展中国家，中国为了效率而在某种程度上牺牲了公平。正因为如此，那些获利的商人、尤其是获得暴利的商人在道义上本应承担起回报社会的责任，然而现实中有这种责任意识的中国商人却很少。中国商人中很多人认为自己的获利是正当的，没有亏欠社会，因而也没有愧疚之感和回报社会之心。出现这种情况与中国人文和政治教育的失误有关。由于中国社会伦理和政治哲学的讨论受到限制，良性的正义观难以在当代中国社会成长。混成精英的多持弱肉强食的观点，认为自己是生存竞争中的正当获胜者，而且还应该得到更多，并歧视和蔑视底层；落在底层的多持简单的平等主义观点，容易产生仇富心理，认为为富者必不仁，应该受到惩罚。

其三，精英联盟过程加剧了中国社会的分裂。中国改革开放在带来发展的同时造成了巨大的贫富差距，一些统计资料显示中国贫富差距指数不仅越过了学界公认的警戒线，而且进入了世界上贫富差距最大的少数国家之列。[①]除了市场经济发展初期拉大贫富差距的正常因素外，中国政府及其官员所采

[①] 据世界银行资料，中国基尼系数 2005 年已近 0.48，而国内一些专家估计会超过 0.5。

取的偏向经济精英的政策和行为,让少数人处于不公平竞争的优势地位是其中的重要因素。而行政吸纳过程则强化了这种优势地位,有的是干脆动用行政权力保护少数人的垄断利益。中国贫富差距过大,精英与大众的分裂与行政吸纳过程有着不可分割的联系。这种分裂已经带来社会不稳定的后果,近些年来,民众不满乃至反抗的现象频发说明了这个问题。

其四,精英联盟过程导致政府功能错位,降低了政府信用度。某些地方政府一方面受到发展指标的压力,另一方面出于具体利益方面的考虑,以至成了商家的仆人。对于某些县来说,有限几个企业是政府奶水的来源,政府要千方百计地保证企业能够赚钱。当消费者、工人、农民与商家发生冲突时,如果没有闹出大的乱子,没有来自上面的压力,政府各部门往往会步调一致地为商家服务,减少经营的麻烦。这意味着政府的功能被压缩成促进经济发展,而这种功能又被简化成为商家服务。至于安全、卫生、教育、医疗、环境、参与等公共物品的供给功能则被蚕食。这也就是为什么有的地方经济增长率很高,而人民生活质量却不高的原因。联合国 2005 年发表的《人类发展报告》显示中国在人类发展指标方面排名第 85 位,有学者认为这与经济发展速度不相称。① 这种不相称不是经济发展本身的问题,甚至不是社会发展本身的问题,而是政府治理的问题,核心是政府功能错位。政府功能的错位,使得政府脱离为人民服务的根本宗旨,具体表现为不提供或少提供本该由政府提供的公共物品。而在现代社会,供给这些公共物品是政府的基本功能。当然,如果老百姓不知道这是政府的基本功能,也不认为政府应该供给它们,那么还不会造成大的政治问题。然而,赋予中国政府合法性的意识形态承诺给人民的东西远比这些公共物品要多。因此,政治承诺与政治供给之间存在大的落差,就给平民带来强烈的政治挫折感,降低人民对政府的信任度。

---

① 林毅夫:《缩小贫富差距的关键是让穷人富起来》,http://finance.sina.com.cn(访问时间:2005 年 10 月 19 日)。

三、行政吸纳的扩展与转向

也许有人认为，上述问题主要是行政吸纳过程过于倾向精英的利益，而忽视了大众的利益，如果进一步完善行政吸纳过程，让行政体系向大众敞开大门，让决策过程更多地倾听来自弱势阶层的声音，许多问题可能会得以克服。的确，中国新一届领导人已经意识到这些问题，并努力让现有的行政体系以及施政过程更加贴近老百姓，也就是说，行政体系不仅要吸纳精英，而且要吸纳平民。

近几年来①，胡锦涛、温家宝主导下的政策取向有了较大的变化，那就是更加重视底层群众的利益，有人称这种转向为新民本主义。② 我们可以将这种转变视为政府开始了新的行政吸纳过程，它力图让平民的利益在这个过程中得到更多的体现。这一过程的指导思想就是"以人为本"，"科学发展"，"建设社会主义和谐社会"。行政体系在这个过程中发挥某种协调性的干预作用，希望在精英与平民之间维持一个适当的平衡。新行政吸纳过程回应大众声音的灵敏度提高。2003 年，广东发生大学生孙志刚被收容，并被殴打致死一案，引起民愤，更有 3 位博士上位对收容法进行违宪审查。行政体系对此反应非常迅速，国务院不久便废除了收容法。对于农民不满与反抗问题，国务院经过深入细致的调研，在逐步减轻农民负担的基础上，于 2005 年全面取消了农业税。

新行政吸纳过程在政策上向大众倾斜。有利于底层民众的政策近几年出台很多，而且很快。这种倾斜是系统性的，而不是零星的恩惠。譬如在农民方面，政策的系统性体现在 2006 年中央一号文件上。这个文件反映了政府在三农问题上的深思熟虑和果断决策。它集中出台了 32 项举措，给农民带来的

---

① 此文首次发表于 2010 年。
② 徐勇：《走向新民本主义——中国改革发展的路向及转变》，载《探索与争鸣》，2003 年第 9 期，第 5—6 页。

实惠是以前的政策所不可比拟的。①

新行政吸纳过程拓宽了民情上达的渠道。为了发扬共产党密切联系群众的传统，中共中央要求国家和地方领导人每年要有一定的时间下基层调研，主动了解民情。在事关老百姓具体利益的决策上，听证会等听取意见的形式正在广泛推广。2002年1月，政府有关部门第一次举行全国性的行政决策听证会，就"铁路部分旅客列车票价实行政府指导方案"进行听证，引起社会广泛关注。② 在此过程中，政府已经感觉到提高弱势群体表达力的重要性。在老百姓的冤情申诉方面，2005年，国务院出台的新的信访条例，对信访过程中推诿塞责、打击报复、缺乏监督等现象制定了对应的措施，将信访工作纳入政府工作绩效考核体系，明确了对违规和违法行为的处罚措施。国务院还要求利用政务信息网络资源，建立全国性的信访信息系统，为信访人在当地提出信访事项、查询信访事项办理情况提供便利。

新行政吸纳过程加大力度控制精英之间的不正当合谋行为。政府官员与商业精英之间合谋的一个重要形式就是商业贿赂。这在中国多年来成为普遍现象，几乎成为人所共知的潜规则，但一直得不到有力的治理。直到2005年德普案曝光，中国政府才意识到问题的严重性。③ 国务院决心掀起反商业贿赂风暴，2006年重点治理工程建设、土地出让、产权交易、医药购销、政府采购以及资源开发和经销等领域的商业贿赂行为。温家宝在2006年第四次廉政会议上强调："商业贿赂虽然发生在经营者的交易活动中，但与政府机关及其

---

① 这个文件给农民带来了八个方面的实惠：(1) 大幅度提高用于支农的财政资金；(2) 具体落实农业产业化措施，增加农民收入；(3) 几年内农村义务教育普遍免费；(4) 严格执行农民工最低工资制度、建立工资保障金制度和社会保障制度；(5) 三年内普及农民新型合作医疗制度；(6) 大幅度提高农村基本建设的投入，重点解决农民在饮水、行路、用电和燃料等方面的困难；(7) 继续推进农村治理体制方面的改革；(8) 加强农村文化设施的建设。

② 中华人民共和国国务院新闻办公室：《中国民主政治建设》（白皮书），http://news.qq.com/a/20051019/001115 8.htm（访问时间：2005年10月19日）。

③ 2005年5月，美国司法部提供的报告显示，外资企业天津德普诊断产品有限公司，从1991年到2002年期间，向中国国有医院医生行贿162.3万美元的现金，用来换取这些医疗机构购买德普公司的产品，德普公司从中赚取了200万美元。这家企业最后被美国相关机构以违反"反商业贿赂法"为由，处以479万美元巨额罚金。

工作人员滥用职权、以权谋私有密切关系。"① 这就点明了商业贿赂乃政府或公营部门人员与商业人员之间不正当合谋的性质。

新行政吸纳过程向平民倾斜的一系列举措取得了某种程度的成功。一是通过行政途径化解了政治性的危机，孙志刚事件在引起公愤之后，如果不有效应对，就有可能引发政治危机，国务院的灵敏反应起到了有效的化解作用。二是减弱了大众对精英的不满。像废除农业税就在一定程度上缓和了农村的干群关系。安徽砀山县退休干部邵则峰说："税收减少了，老百姓的负担减少了，当然感谢党的政策。加上你不跟我收税了，我也不交你税了，农民得到实惠了，干部也不用操这些收税的心了，所以这方面矛盾就逐渐缓和了。"② 三是推动了政府向仲裁者角色转换。政府官员通过调和精英与大众的利益矛盾，渐渐意识到政府不是社会中某个群体的利益代表，而是居于各群体之上的一个仲裁者。这让政府获得了较为超脱的地位，而不是社会冲突中的一方，这在某种程度上让政府降低了社会冲突给自己带来的生存压力。

新行政吸纳过程只是对前面所说的弊病起到缓解作用，并没有突破自身结构性的缺陷，尤其是政治体系的功能错位并没有得到医治，反而有可能被强化。这正是于建嵘博士在对信访制度的批评中所清醒认识到的后果。他在《信访的制度缺失及其政治后果》这份调查报告中指出："现行的信访制度存在制度性的缺陷，第一，信访体制不顺，机构庞杂，缺乏整体系统性，导致各种问题和矛盾焦点向中央聚集，在客观上造成了中央政治权威的流失；第二，信访功能错位，责重权轻，人治色彩浓厚，消解了国家司法机关的权威，从体制上动摇了现代国家治理的基础；第三，信访程序缺失，立案不规范，终结机制不完善，不断诱发较严重的冲突事件。由于上访涉及土地、基层选举、腐败、乱收费、打击上访等各个方面，但信访部门并不具备解决这些具体问题的能力和实际权力，所以信访案件层层转办，导致信访不断升级，信

---

① 温家宝总理在第四次廉政工作会议上的讲话，http://www.gov.cn/node 11140/2006 – 02/24/content 212266.htm（访问时间：2006 年 2 月 24 日）。

② 《中央一号文件出台后：农家院里喜与忧》，http://www.sina.com.cn（访问时间：2004 年 7 月 16 日）。

访人不停地在各信访机构之间来回跑动，可问题并不能真正得到解决。"① 其实，信访过程是一个表达和申诉的过程，从正式功能的角度来看，它应该分解到人大、法院和享有申诉处理权的行政机关。如果将这些功能合并到一个机构，那么这个机构应该是一个兼有立法行政和司法功能的特权机构，但实际上它只是行政体系中一个不那么重要的机构，它无论如何也不能成长为行政体系中的核心部分。于建嵘所说的制度性缺失的根源就在于此，也就是长久以来的行政吸纳过程所带来的弊病。

从于建嵘的调查结论可以看出，新的信访条例只是完善信访过程的一个治标之策，它不能医治前面说过的政府信用度下降问题，反而会加重政府合法性危机。解决之道不是完善信访制度问题，而是要改变行政吸纳的思路，恢复或重建政治结构的政治功能，让行政的归行政，政治的归政治。

于建嵘的建议符合这一趋向，他认为，"长期的治本之策是，撤销各级政府职能部门的信访机构，把信访集中到各级人民代表大会，通过人民代表来监督一府两院的工作，并系统地建立民众的利益表达组织。主要措施是：组织各级人民代表对本选区的重要信访案件进行调查和督办；公布各级人民代表的联系方式；建立全国信访网，并把一些重大问题的信访资料上网公示让民众评议；允许社会各阶层建立利益表达组织，以法律允许的方式通过集会示威等方式表达利益。"②

在信访制度改革之前，有过比较热烈的学术讨论，于建嵘这种宪政思路属于少数派，没有获得政府的支持。政府出台的新信访条例显示政府至少在目前仍坚持走行政吸纳的道路。

不过，政府也试图在行政吸纳之外寻找一些办法，主要是谨慎地扩充政治通道。

首先是扩大司法体系的吸纳通道。独立的司法不仅有利于权力的相互制

---

① 于建嵘：《信访的制度性缺失及其政治后果》，http://news.ifeng.com/phoenixtv/72924030675451904/20041215/469144.shtml（访问时间：2004年12月15日）。

② 刘爽、于建嵘：《力主终结信访》，http://www.51ar.net/magazine/html/264/264139.htm（访问时间：2008年8月11日）。

约，而且有利于化解社会矛盾，成为一个重要的吸纳工具。一个社会成员的利益在实现过程中往往与其他成员的利益发生冲突，当冲突发生时，如果法院能够公正地进行判决，那么双方都会感到自己的利益得到了某种程度的实现，自己输入到政治体系中的要求有了让自己信服的输出。这就是一种吸纳过程，如果司法体系不能健康地履行其功能，那么这些要求就像流水一样，寻找其他的出口，那就会增大政治体系其他部分的吸纳压力。中国政府似乎想认真地在司法独立上迈出步伐，中国宪法以及一些具体法律都明确规定了法院独立审判的原则，中共"十五大"报告强调指出："推进司法改革，从制度上保证司法机关独立公正地行使审判权"。就缓解行政吸纳的压力来说，扩大司法体系的容纳量似乎是更为紧迫的，容纳量的增大会有力地促进司法独立。但实践中，司法容纳有些障碍，"将本应纳入行政诉讼范围的案件排斥在人民法院受理案件的大门之外，错误地剥夺当事人的诉权，造成老百姓告状无门的现象时有发生"[1]。扩大行政诉讼法的受案范围已经成了中国法律界（学者、律师、法官）的一个共识，有人甚至提出要把侵犯宪法权利纳入行政诉讼受案范围。[2] 中国一些法院在扩大受案范围方面已经做了一些努力，大幅度的扩充有待进一步的政治推力。

其次是允许一些地方政府将基层民主的经验向上推广。早在1999年，深圳市龙岗区大鹏镇就进行"三轮三票制"选举镇长的尝试。具体做法是：第一轮由选民自由投票推荐初始候选人；第二轮由选民代表大会投票确定正式候选人；第三轮由镇人民代表大会投票产生镇长。这种方式是在宪定的间接选举程序中加入了直接选举的成分。[3] 类似的三票制还在干部任用上进行了试验。2003年，河南省郑州市尝试用"三票制"选拔任用领导，具体做法是：第一票是群众推荐票，召开群众民主推荐会，对报名者进行民主推荐；第二

---

[1] 史金花：《浅谈行政诉讼案件的立案审查》，http://www.chinacourt.org/public/detail.php?id=183889（访问时间：2005年11月3日）。

[2] 金伟峰：《侵犯宪法权利是否属于行政诉讼范围》，http://www.chinalawedu.com/news/15300/155/2006/4/li69592559197460021O395-0.htm（访问时间：2006年4月7日）。

[3] 尹冬华：《从管理到治理：中国地方治理现状》，中央编译出版社2006年版，第236页。

票是专家测评票,采取评委现场打分的方式进行综合素质和能力测评;第三票是组织表决票,由市委常委会或全委会对入围人选进行差额表决。这两种三票的核心含义是让群众的选票在干部产生上发挥实质性的影响。

第三是以较大的动作推进党内民主。在革命时期,中国共产党的党内民主一度是非常活跃的,但在获得执政地位后,党内民主的成分逐渐减弱,集中的成分总体上呈增加趋势。自中共"十六大"以来,党内民主被提到了政治建设的战略高度。这方面的改革既有全国统一的部署,也有地方创新的经验。就目前来说,党内民主建设主要是制度的完善,主要内容有:完善中共"八大"所提出的党代表大会常任制度,发挥党代表会议和党员大会的作用;完善以常委会为核心的集体领导制度,贯彻民主集中制原则;完善以差额选举为主要内容的党内选举制度;完善党内监督制度,并出台了针对领导干部的新党内监督条例;完善党内民主生活会制度,保证党员和干部能够经常交流情况,相互批评,进行决策。中国共产党的各级组织一直是当代中国民情上达的主要通道,群众有什么意见,有什么不满,通过党组织反映上来被视为最正常的方式。在一党领导体制下,中共党内集中了中国大量的精英,在利益分化和冲突加剧的时代,这些精英的观点也出现了越来越多的分歧。党内民主有利于决策过程中有更加多元化的表达,同时意味着社会中不同的利益和意见会越来越多地被吸纳到党内。

第四,人大民主方面有了初步和谨慎的探索。在中国主流意识形态里,人大制度是人民民主的核心,但这方面的探索一直没有大的进展,它的有效运作一直是当代中国政治生活中的一个难题。但是,这些年来,这方面的实践探索似乎没有停止过。譬如说,一些地方人大开始探索人大代表对选民负责任的制度,陕西武功县人大代表述职制度取得了某种程度的成功,其经验正在被推广。① 行政体系中的决策听证制度也渐渐被各级人大在立法过程中采用,它试图让利益相关的公民更多地参与立法过程。一种涉及人大核心权力

---

① 弓联兵:《武功县人大代表述职制度分析——新制度主义视角》,武汉大学硕士学位论文,2006年。

的改革最近在浙江温岭市新河镇试行，那就是公共预算改革。这项改革通过一种"民主恳谈"的方式，在政府官员、人大代表和公民之间展开对话，对政府预算进行修正。① 有学者认为公共预算改革是中国民主建设的一个突破口。②

四、小　结

自新中国建立之后就开始形成的行政吸纳体系一直延续下来，在维持政治稳定方面发挥了积极的作用。随着经济社会的进一步发挥，其弊端越来越突现出来，中国政府对这个体系进行了某种改造。一个重要的努力方向就是扩大政治通道，主要表现为三个方面的内容：一是让个人或群体的利益通过政治过程予以满足；二是让被限制的政治结构恢复表达功能；三是创新履行表达功能的政治结构。

---

① 《新河试验是中国式的公共预算》，载《南方周末》，2006 年 3 月 16 日。
② 马骏：《中国公共预算改革：理性化与民主化》，中央编译出版 2005 年版，第 66—67 页。

我国行政决策模式之转型*
——从管理主义模式到参与式治理模式

王锡锌　章永乐**

对"民意与舆情"的重视，尽管一直是我国传统治道的规范诉求，然而在具体的治术实践层面上，却仅仅是一种劝诫和呼吁。① 这种治道与治术的断裂延续了2000多年，又伴随着我们走过了20世纪。在今天，我们能够弥合这两者间的断裂吗？以下，笔者将给出一种谨慎、乐观的回答。在笔者看来，这种断裂之所以长久持续，是因为我国的国家治理模式尤其是行政决策模式在结构和程序上都是封闭的。公众最多只是被咨询的对象，并不是治理过程的有机组成部分。而在今天，随着社会主义市场经济的发展和社会利益多元化趋势的推进，无论是普通公众，还是执政党领导人，都已经日益认识到原有的封闭式管理模式的缺陷。在地方政府层面，行政管理的改革已经进入到探索攻坚阶段，并取得了一定的阶段性成果。这些行政改革的探索所具有的一个共性是：赋予公众以越来越多的参与行政决策的权利，促进行政机关的

---

* 基金项目：教育部人文社会科学重点研究基地重大课题资助项目（项目编号：08JJDB20163）。本文原载于《法商研究》，2010年第5期。

** 王锡锌，北京大学宪法与行政法研究中心研究员；章永乐，北京大学法学院讲师。

① 参见王确：《儒文化与中国现代文学的精神走向》，载《东北师大学报》（哲学社会科学版），2000年第1期。

回应性，使得公众成为行政机关在治理过程中的伙伴。在笔者看来，在各方的共同推动之下，一种新的行政决策模式正在悄然浮现，并有望克服上述治道和治术的分裂。

一、传统行政决策模式：管理主义模式及其崩解

我国传统的行政决策模式是计划经济时代的直接产物，在过去的30年中仍然扮演了主导角色。这种行政决策模式，我们将其称之为管理主义模式。其主要特征可归纳为以下七个方面：（1）在理念上，行政机关被视为公共利益的代表，而公众或个人被视为具体利益和个别利益的代表。因而，前者居于管理的主体地位，后者居于管理的客体地位。（2）在组织结构上，行政决策的组织结构是金字塔式的官僚科层制的体现，决策目标来自上级，然后层层下达。决策者只有在完成上级所下达的刚性任务的前提下，才有空间思考如何对于本辖区内公众的要求作出积极回应。由于官僚体制内的官员考核指标侧重于完成上级的刚性任务，决策者对自下而上的需求往往缺乏回应的动力。（3）在日常管理的议程设置上，一般是由行政机关及其智囊团体主导议程设置，公众在程序和结果上均缺乏有效的影响力。虽然在一些特殊情况下，公众也可以通过某些方式如上访等影响议程设计，但这些方式往往没有有效的影响力。（4）在信息的获得和流通上，决策者一般通过自主调查和咨询的方式来获得决策所需的信息，公众处于被咨询的地位；没有可靠的程序来保证公众自主提供的信息能够获得决策者的回应。（5）在利益的代表和表达渠道上，公众的利益通常被要求通过指定的渠道加以代表和表达。例如，村民通过村民委员会、妇女通过妇女联合会、青年通过共青团团委、工人通过官方指定的工会，等等。公众自发的组织和表达形式难以获得法律的保护。然而，这些指定的代表和表达渠道往往因行政机关的官僚化而被堵塞，公众在很多时候处于无组织状态。（6）在对政策的接受上，公众对政策的接受被视为有利于降低政策的执行成本。为了提高公众对政策的接受度，行政机关往往通过政治动员和社会动员的方

式来塑造公众的政策偏好。① 当动员无法奏效时，除非政策执行成本过高，行政机关仍然会推行政策，较少根据公众的政策偏好来对原有决策作出修改。（7）在政策的反馈和纠错机制上，反馈和纠错机制比较薄弱。与决策者偏好不一致的公众政策反馈在一般情况下不受决策者的欢迎，公众只有借助上级行政机关的权威才能纠正本级行政机关的决策错误。然而，这种越级求助的方式往往遭到本级行政机关的压制。之所以将以上所描述的行政决策模式称为管理主义模式，是因为在这种模式之下，治理被简化为决策者对人和事的单向管理，决策者对公众的政策偏好甚至需求进行塑造，公众独立的需求和政策偏好则缺乏有效的政策输入途径。我们不得不承认，在一个列强环峙、国家首要目标在于争取民族和国家独立的年代，这种行政决策的管理主义模式曾经发挥了集中力量办大事的作用，奠定了我国经济发展的重工业基础，建成了一批重大基础设施，发展了基础教育和社会保障事业。然而，即便在我国的计划经济时代，这一模式也已经凸显其痼疾：行政官僚组织本身成为最大的利益集团，对于人民群众的回应性微弱，并且滋生腐败；决策领导层虽然试图运用革命时代的群众运动方式来进行纠偏和恢复官僚集团的回应性，但这一剂猛药造成的却是社会的全面瘫痪。

党的第十一届三中全会提出以经济建设为中心的目标，在很大程度上可以被理解为国家从宏观路线层面对人民需求的回应。然而，与之相匹配的微观行政决策体制改革尚待展开。在财政权力下放引发地方政府财政收入和政绩竞争的背景下，行政决策的管理主义模式展现了其促进经济效益的一面。地方政府决策者展现出类似于公司管理者的精神，在本辖区内动员一切资源来发展经济。这一现象被美国政治学者戴慕珍形象地称为"地方政府公司主义"②。地方政府的政绩竞争，虽然使得我国经济在短时期内成倍增长，但也

---

① 在此过程中，形成了被称为"参与式动员"的动员模式。关于"参与式动员"模式，参见 Bernstein, Thomas, "Stalinism, Famine, and Chinese Peasants: Grain Procurements During the Great Leap Forward", *Theory and Society*, 13, No. 3, May 1984。

② See Jean C. Oi, *Rural China Takes off: Institutional Foundations of Economic Reform*, University of California Press, 1999. pp. 3 – 15.

付出了牺牲社会公平的沉重代价。不难发现，市场经济的发展以及由此带来的社会利益多元化在凸显行政决策管理主义模式弊端的同时，也悄悄地瓦解了其基础。社会利益的多元化使得对于公共利益的认知并不再像计划经济时代那样具有单一性和直观性，行政机关作为公共利益当然代表的资格也日益难以被人所接受；具有一定自主性的社会舆论空间正在成长，尤其是互联网的发展，大大降低了公众获得和交流信息的成本，为公众表达自己的利益诉求和政策偏好提供了新的空间。正如我国学者王绍光所指出的，近年来，在政策议程的设置上，公众的能力已经有了大幅度的增强，行政机关及其智囊团体已经无法垄断议程设置权力。[①] 关切自身利益的公众也越来越多地参与政策批评，要求行政机关的决策更多地体现自身的偏好。此外，公民的结社权利也在扩大，社团数量有了大幅增长[②]，而这无疑增强了公众的行动能力。在社会环境已经发生变化的情况下，行政机关如果继续维系封闭的行政决策管理主义模式，其成本无疑将变得越来越高昂。从长远来看，这是一种不可持续的发展趋势。之所以这样说，理由有三：（1）在社会利益多元化的格局下，对公共利益的认知也变得复杂化了。行政决策者只有了解多元利益的分布及运动状况，才能准确地认识公共利益并据之作出决策。但是，这需要非常大的信息量。而管理主义模式采取的自主调查手段是否能够满足决策者对信息的需要呢？（2）随着公众利益表达能力、政策判断能力和行动能力的增强，公众对政策的可接受性提出了更高的要求。一个不符合公众偏好的政策在其实施过程中很容易遭到公众的有力抵制。在政策的实施中，获得公众的合作比以往任何时候都重要。而要获得公众的合作，根本的解决办法就是在决策的各个环节乃至在全过程中吸纳和考虑公众的政策偏好。（3）相较于计划经济时代，在社会财富极大增长的今天，一个开放性不足的政府更容易被特殊利益集团所俘获，滋生腐败，从而引发公众的不满，瓦解其决策的正当性

---

① 参见王绍光：《中国公共政策议程设置的模式》，载《中国社会科学》，2006 年第 5 期。
② 参见王绍光、何建宇：《中国的社团革命——中国人的结社版图》，载《浙江学刊》，2004 年第 6 期。

基础。

事实上，执政党和中央政府对于政治与行政改革的紧迫性，已有了清晰的认知并开始了改革的努力。改革的方向之一，就是扩大公民的政治与行政参与，疏导社会矛盾。党的"十六大"报告指出："健全民主制度，丰富民主形式，扩大公民有序的政治参与，保证人民依法行使民主选举、民主决策、民主管理和民主监督，享有广泛的权利和自由，尊重和保障人权。"① 党的"十七大"报告指出："增强决策透明度和公众参与度，制定与群众利益密切相关的法律法规和公共政策原则上要公开听取意见。"② 温家宝总理在第十届全国人民代表大会第二次会议上所作的《政府工作报告》中也指出："坚持科学民主决策。要进一步完善公众参与、专家论证和政府决策相结合的决策机制，保证决策的科学性和正确性。加快建立和完善重大问题集体决策制度、专家咨询制度、社会公示和社会听证制度、决策责任制度。所有重大决策，都要在深入调查研究、广泛听取意见、进行充分论证的基础上，由集体讨论决定。这要作为政府的一项基本工作制度，长期坚持下去。"③ 正是在这样的背景之下，一系列新的行政管理实践在各地悄然浮出水面，加速了封闭的行政决策管理主义模式的崩解。在所有这些实践中，决策者有意或者无意释放了部分决策权力。以下笔者将通过具体的案例研究，探讨行政决策管理主义模式在具体的情境中是如何崩解而新的行政决策模式又是如何产生并获得了何种特色的。

二、行政决策案例分析：新型行政决策模式之兴起

以下所讨论的案例都是最近几年发生的。需要说明的是，类似的案例从

---

① 江泽民：《在中国共产党第十六次全国代表大会上的报告》，http://www.zynews.com/special/2005-08-17/content_250338.htm（访问时间：2010年7月10日）。

② 胡锦涛：《在中国共产党第十七次全国代表大会上的报告》，http://wenku.baidu.com/view/0170d88a6529647d2728527e.html（访问时间：2010年7月10日）。

③ 温家宝：《2004年政府工作报告》，http://www.lwgcw.com/NewsShow.aspx?newsID=1572page=3（访问时间：2010年7月10日）。

全国范围来看数量比较多，有些在时间上甚至要更早。① 我们之所以选取这四个新近的案例，主要还是着眼于它们能够比较集中地展现新旧两种决策模式之间的差异、过渡过程的复杂性以及新决策模式的结构性要素。

（一）厦门 PX 项目危机事件

要讨论中国行政决策过程中公众参与的兴起，就绕不开 2007 年厦门二甲苯（Para-Xylene，PX）项目危机事件。在这一事件中，行政机关面临公众对 PX 项目的抗议，通过座谈会等形式来听取和吸纳民意，最终获得了一个双赢的局面。② 就该事件中公众行动的性质而论，这并不是一场公众反对行政机关非法决定的抗议。应该说，在 PX 项目的立项和审批过程中，政府决策在形式上并没有明显违反法律之处。然而，行政决策形式上符合法律，并不能保证其可接受性。这是因为法律制度本身就可能存在不合理之处。PX 项目虽然确实需经国家环境保护总局的批准，但问题是国家环境保护总局只有项目环境评估审批权，而没有规划环境评估审批权，因而一个合格的项目往往会导致极不合理的地区或产业规划布局。③ 国家环境保护总局缺乏对不合环境保护标准规划的否决权，这就给地方政府留下了过大的自由裁量权。在行使这一自由裁量权时，福建省厦门市政府采取的基本上是属于封闭式的管理主义决策模式，只征询了少数专家的意见，而没有向当地居民征求意见。可见，在决策者看来，公众的政策偏好对于决策来说并不重要。

概括起来，厦门 PX 项目危机事件是一次在缺乏公众参与的制度保障环境之下，公众通过自发和临时的组织网络来反对不合理（而非不合法）的行政

---

① 参见郎友兴：《商议民主与中国的地方经验：浙江省温岭市的民主恳谈会》，见陈剩勇、何包钢主编：《协商民主的发展：协商民主理论与中国地方民主国际学术研讨会论文集》，中国社会科学出版社 2006 年版，第 204—216 页。

② 参见胡锦光主编：《中国典型宪法事例评析》，中国人民大学出版社 2008 年版，第 105—112 页。

③ 参见田飞龙：《从"树木"到"森林"——规划环评立法的治理使命》，载《公众参与观察》，2007 年第 5 期。

决策的努力。令人欣慰的是，这一努力得到了行政机关的积极回应。行政机关主动引进公众参与的程序技术，并构建对话平台来化解危机。虽然从厦门PX项目危机事件中并没有发展出一套成熟的行政决策模式，但它体现了一种行政决策模式的转向：从行政机关与专家的封闭式决策模式转向对社会公众的开放式决策模式。事实证明，这一转向带来的是一个双赢的局面：公共危机得到解决，社会公众的诉求得到回应，而行政机关的权威也并未因此受损。

（二）上海磁悬浮事件

时隔不久，类似厦门PX项目危机事件的公共危机在上海出现。① 上海磁悬浮项目酿成公共危机，其原因与厦门PX项目危机事件非常类似，那就是决策者对于政策的可接受性考虑不周，未能综合当地居民的政策偏好。这尤其表现在决策的公示方式上：决策只是在网站上公布，根本没有在媒体上发表，更谈不上在居民小区内张贴了，可见决策者本意就是不希望引起当地居民的关注。然而，当居民们知情之后，展现出强大的动员力，通过上访、"购物"和"散步"等形式，将此事变成一个公共危机，使得决策者不得不正视。在议程的设置上，来自公众的外部压力被证明起到了重大作用。

在上海磁悬浮事件持续的两年中，我们可以看到一个明显的转变，那就是从公众上访、上访失败后的上街到行政机关"下访"的转变。公众虽然一开始采取的是集体上访的形式，但并没有与行政机关实现成功沟通。在后来的座谈会和行政机关主动进行的"开放式听取意见"② 阶段，实质性的对话和沟通才真正出现。这一过程展现出信访制度的局限性以及像座谈会和"开放式听取意见"这样的直接沟通方式在程序上的意义。在上海磁悬浮事件中，可以看到行政机关在厦门PX项目危机事件中所采用的行政决策模式的扩展。

---

① 参见杨涛：《磁悬浮之争呼唤厦门PX式和解》，http://news.sina.com.cn/dc/2008-04-14/075214736433.shtml（访问时间：2010年7月10日）。

② 在国内，"开放式听取意见"系由《广州市规章制定公众参与办法》首次提出。该办法第20条规定："开放式听取意见是指规章起草部门在一定时间内，在指定地点公开听取公众意见的方式。"

尽管行政机关的最终决定尚无法得知,然而有理由期望,在公众参与之后,行政机关在决策时能够更多地考虑政策的可接受性,更多地体现公众的政策偏好。

(三) 重庆出租车司机罢运事件

2008年11月3日,因不满出租车公司的盘剥,重庆市主城区8000多辆出租车全城罢运,引起全市震动。① 与前两个直接涉及公众与政府对抗的案例不同的是,这一事件涉及的是三方关系:劳方、资方和政府。事情起因于重庆市既有的出租车行业管理体制中资方和劳方力量的失衡。由于包括重庆市在内的我国许多城市出租车行业实施许可经营制度,政府出售出租车许可证给出租车公司,出租车公司再将出租车许可证与车相配租给司机,从中收取很高的租金和管理费,因而导致出租车司机收入的大部分落到出租车公司手中。这是一种明显不合理的分配方式。我国宪法并无罢工权的规定,出租车司机以罢工方式表达利益诉求,其法律地位当然是可疑的。然而,面对出租车司机的罢运,重庆市政府并未采取压制的方法,而是迅速公开信息,进行沟通,引进公众参与,重新检讨出租车行业管制制度,并根据各方意见,对该制度进行了优化改革。如果说厦门市和上海市政府都是在持续的公众压力下开放公众参与渠道的话,那么重庆市政府的迅速反应,则明显汲取了先前其他城市公共危机的教训,非常可圈可点。

(四)《湖南省行政程序规定》之实施事件

在以上事件中,公众参与的出现或多或少与公共危机有关,而沟通渠道的打开又与当地官员的开明程度有着密切关系。然而,将希望寄托在个别官

---

① 参见胡展奋:《重庆出租车罢运事件独家调查的危情TAXI》,http://news.qq.com/a/2008112/001252.htm(访问时间:2010年7月10日)。

员的开明作风上,公众参与的保障仍然是脆弱的。令人欣慰的是,在地方政府层面,已经出现了在行政决策中将公众参与程序予以法定化的努力,并取得一定的成果。《湖南省行政程序规定》的实施就是很好的例子。2008年10月正式实施的《湖南省行政程序规定》第3章对"重大行政决策程序"作了专门规定,确定重大行政决策程序分为五步走,即调查研究、专家论证、公众参与、合法性审查或论证和集体决定。其中,调查研究和公众参与两个环节实际上都与公众参与有关。所谓调查研究,是指决策承办单位在拟定决策方案的草案之前全面、准确收集和掌握决策所需信息,结合实际情况并按照决策事项涉及的范围征求有关方面的意见并充分协商和协调。这一环节在很大程度上涉及对社会公众意见的调查,只是其主动权掌握在决策的行政机关手中。所谓公众参与,是指在决策方案的草案公布后,决策承办单位应当根据重大行政决策对公众影响的范围、程度等情况,通过座谈会、协商会、听证会、开放式听取意见等方式,广泛听取公众和社会各界的意见和建议。《湖南省行政程序规定》作为地方政府行政程序规章,在我国行政程序法出台之前制定,实际上具有"小行政程序法"的作用。

类似的行政决策模式转变的实践在各地政府的实践中层出不穷,这里不便一一列举。可以说,行政决策模式从封闭走向开放,已经成为诸多地方政府的共识。在行政官僚组织的基本结构并未发生根本变化的情况之下,何以出现地方政府积极推动参与式治理的现象呢?在笔者看来,就行政官僚组织本身的运作来说,一个极为重要的结构性因素是,来自最高层的政策目标指示已经发生了转变,并影响到相应的干部考核和提拔的运作。自从中央政府推行科学发展观以来,干部的考核指标变得更为均衡,除经济增长的政绩之外,公共服务、环境保护、社会稳定等内容的重要性迅速上升;在考核程序上,也更加重视民主测评、民意调查等程序技术。[①] 此外,中央政府对于行政决策模式转变的重视,也给了地方政府官员以明确的激励,从而在局部地区

---

① 参见王永霞、戴琳凌:《中国官员政绩观加速转变从唯GDP到注重持续发展》,载《人民日报》,2009年2月11日。

引发了行政决策模式改革的政绩竞争。在以上案例研究的基础上，笔者试图提炼出正在形成的新的行政决策模式的一些基本特征，具体表现如下：（1）在理念上，公共利益被认为是多元利益的合成，决策者既要认识到公共利益之所在，也要认识到那些具体利益和个别利益。决策者虽然肩负着认识公共利益并据之做出决策的任务，但它们并不自然就代表了公共利益。要完成这一任务，决策者需要公众的合作。（2）在组织结构上，行政决策的组织结构虽然仍然是金字塔式的官僚科层制，但由于最高层推行科学发展观，在政策目标和干部考核指标中加入了公共服务、环境保护、社会稳定等内容，并在干部考核程序中加大了民意测评、民意调查等程序技术的运用，因而地方决策者已有一定的动力对本辖区内公众的要求作出积极回应。（3）在议程设置上，行政机关及其智囊团体与公众分享议程设置权力。公众可以通过一定的行政程序提交建议，或者通过媒体以及公共舆论的压力来设置议程。（4）在信息的获得和流通上，政务信息公开已经成为制度，行政机关被要求保障公众知情权，这使得截留政务信息变得日益困难。公众对于公共事务的关注度提高，往往积极主动地向决策者提供关于自身利益的信息，决策者在决策过程中也日益重视公众自主提供的信息。（5）在利益的代表和表达渠道上，决策者在传统的指定的利益代表和表达渠道之外，日益承认多元的利益代表和表达渠道。座谈会、协商会、听证会等临时的利益代表和表达渠道得到重视与广泛运用。（6）在政策的接受上，公众对于政策的接受不仅被视为与政策执行成本相关的一个因素，而且是衡量决策质量的一个重要指标。决策者倾向于承认公众对于政策的低接受度表明决策者在决策阶段对于公众的偏好缺乏有效的综合。（7）在政策的反馈和纠错机制上，反馈和纠错机制得到加强。公众通过提交意见、舆论监督或其他机制如行政诉讼和行政复议来对决策错误进行反馈和纠正，决策者将批评性的政策反馈视为改进决策的积极资源。

三、参与式治理模式：合法性、理念及制度要素

上文从七个方面描述了行政决策参与式治理模式的特征，然而，这只是

一个外在视角的描述。"世界大趋势"显然不能构成引入参与式治理模式的充分理由,毕竟处在不同发展阶段的国家,国情有很大不同。有益于别国的做法,未必就适合我国。那么,参与式治理模式适合我国吗?要回答这个问题,就需要我们对这一模式的合法性、理念以及制度要素等几个方面进行解读。

(一) 参与式治理模式之合法性

参与式治理模式与管理主义模式最大的差异是两者对公众参与的态度。在参与式治理模式中,公众被视为利益相关者,是需要在治理过程中紧密团结、分享政策影响力的伙伴。而在管理主义模式中,行政机关是管理的主体,由其自行设定管理目标,寻找实现目标的手段并作出选择,然后执行决策。在这一图景中,公众是消极的管理客体。引进公众参与,是否能为行政决策带来更大的合法性呢?答案是肯定的。事实上,自20世纪80年代以来,在全世界范围内,行政管理过程中公众参与的重要性都在加强。[1] 将公众参与引入行政过程,分享对行政决策的影响力,已经成为增强行政决策合法性的重要机制。它对于行政过程的意义在于以下两点:(1)弥补立法机关对行政机关控制的不足,使得行政机关的运作能够真正体现公众对公共利益的追求,从而提高政策的可接受性;(2)弥补专家在知识和信息上的不足,以便提高行政决策的质量,增强其合理性。

我国许多地方在行政决策中已经引入参与式治理模式。这并非理念设计的结果,更非自上而下推广运动的产物,而是在应对具体的公共危机的社会博弈之中脱颖而出的。这种自发性表明,参与式治理模式在我国是可行的,它与当下我国社会的具体情境存在着一种水乳交融的关系。但是,在笔者看来,参与式治理模式并不仅仅是"行得通"而已,同时也具有深远的前瞻性意义,具体表现为以下几个方面:

---

[1] 参见王锡锌:《当代行政的"民主赤字"及其克服》,载《法商研究》,2009年第1期。

1. 工具性意义

就我国当下所处的这个历史时期而言，参与式治理模式尤其具有"救急"的意义。自从 21 世纪以来，我国进入了一个社会冲突高发期，群体性事件数量急剧上升。值得注意的是，群体性事件的增长是与我国经济迅速增长同步的。它并非我国经济发展缓慢或者衰退的结果，而是经济增长过程中公共政策出现偏差的结果。目前我国已经初步建立起公共危机应急机制，但要从根本上减少群体性事件的发生，还需要疏导矛盾乃至防患于未然。这就需要改革行政决策机制，为长期以来被漠视的社会群体提供参与行政决策的渠道，让他们通过提升与自身切身利益相关的政策的质量来改变自身的处境，这一点恰恰是参与式治理模式的核心关怀所在。因此，在我国当下的社会矛盾高发期，参与式治理无疑可以起到释放社会矛盾、促进社会和谐的作用。就未来而言，参与式治理模式的适用性将日益增长。从社会学的眼光来看，参与式治理模式的扩展与城市化进程密切相关。城市地区工商业发达，社会利益多元化程度、信息化程度和教育程度较高，公民个体的行动能力较强；同时，由于居住密集，集体行动所造成的社会影响力也更大，城市政府也最容易体会到决策信息不完整和政策接受度低所造成严重后果。可以说，城市化使得参与式治理模式得以顺利扩展。有数据显示，到 2007 年底，我国已经有 5.94 亿人居住在城市，城市化率已达到 44.9%。预计未来 10 到 15 年，我国城市化仍将保持年均 0.8%—1% 的增长速度。而根据中国社会科学院专家的测算，到 2030 年，我国城市化率有望达到 65%。[①] 面对如此迅速的城市化进程，在治理方式上，我国应当有所准备，以便及时化解在这个过程中积累的社会矛盾，并保证城市化之后的长治久安。笔者认为，参与式治理可与城市化进程同步进行。

2. 教育意义

我国 20 世纪的共和革命已经牢固地确立起"主权在民"的正当性，新中

---

① 参见中国社会科学院研究报告：《2008 年中国城市竞争力蓝皮书：中国城市竞争力报告》，http://www.china.com.cn/zhibo/2008-03/28/content_13389658.htm（访问时间：2010 年 7 月 4 日）。

国更是提出了"人民当家做主"的口号。然而,在具体治理层面,公众参与治理的渠道却受到诸多限制。一个常常被提及的理由是,老百姓还不具备足够的自我治理能力,需要政党进行监护。然而,自我治理的能力并非天生的,而是在自我治理的实践过程中逐渐培育起来的。如果说在军阀割据、列强环峙的环境之下,将统一国家、建立现代民族国家基本制度和实现工业化等作为最紧迫的任务,推后培育公众自治能力的任务还情有可原的话,那么在今天各项基本的国家制度已经建立、工业化初步实现、基础教育普及、高等教育蓬勃发展的条件下,再推后这一任务则完全没有充分的理由。参与式治理就是倡导从那些与公众利益切身相关的微观领域入手,引入公众参与的实践,扎实培育公众的政治认知和政治行动能力。我们不能预设公众的利益感知和政策偏好是固定不变的。一旦进入协商程序,公众就能接触到不同的意见并与他人就各种个别利益和公共利益之间的关系进行讨论。通过这一反思性的过程,公众的利益感知和政策偏好都有可能发生缓慢的改变。公众的政治认知能力就是在这样的过程中得到逐步锻炼的。此外,与他人一起行动的经历也能使公众对荣誉、责任、权力等公共生活的基本要素有更深的体验,其政治行动能力获得切实的发展。

3. 心理和文化上的意义

自我治理的实践,尤其是与同伴共同行动的经历,使得公众得以克服其心理上对于社会和他人的疏离感,提升相互信任和社会团结。[①] 在近几年我国发生的群体性事件中,最令人忧心的是无直接利益冲突的出现。这种冲突并非由最直接、最现实、最紧迫的具体利益问题引发,当事人只是借助一个非直接相关的导火索发泄不满。这种无直接利益冲突的出现,说明许多社会成员在心理上具有强烈的疏离感和压抑感。这种疏离感和压抑感无法通过正常的途径得到表达,因而通过暴烈的群体性事件释放出来。那么,该如何消除

---

① 这一点是托克维尔所强调的。参见托克维尔:《论美国的民主》(下),董果良译,商务印书馆1988年版,第630页。

这种疏离感和压抑感呢？在厦门 PX 项目危机事件中，厦门市民的积极行政参与实际上已经提供了一个很好的范例：他们集合行动起来，保卫厦门的环境，保卫他们自己的家园。在共同行动的过程中，许多市民感觉到他们结成了一个命运的共同体，突然获得一种自我实现感。参与，在此意义上变成了一种有效的社会心理治疗方式。当然，参与过程中并不是没有紧张和对抗，利益关系紧张的社会阶层之间很可能会发生争执。然而，让这种紧张在行政程序中得到有序的表达和释放，总比让它在社会中郁积下来高明得多。伴随着疏离感和压抑感的释放，真正的主人翁精神有可能得以回归，这对于塑造一个和谐的社会来说，具有显而易见的积极意义。

4. 对行政和政治改革的意义

就我国的行政和政治改革来说，参与式治理模式能够提供一套稳健的操作方案，促进改革有序进行。扩大公众有序的政治参与，就目标而言，就是要扩大公众的政治参与；就手段而言，则应当是有序的，不能出现发展中国家常见的秩序动荡。参与式治理本身就是一个有序参与的方案。它虽然着眼于宏观民主，但都是从微观民主开始努力的。它首先是一种增量改革，以既有的政治和行政组织为基本平台，逐步扩大公众的参与。在此过程中，逐步对一些结构性的限制作出调整。在操作上，参与式治理也具有相当大的弹性，可以根据不同地方的实际情况来作出调整。

综上所述，对于我国当下的社会情境而言，参与式治理既是可欲的，也是现实和稳健的。我们主张参与式治理模式最重要的理由不是所谓的世界潮流，而是它适合我国国情，能够解决我国的问题。

（二）参与式治理模式之理念

1. 公共利益观念与行政机关的角色转型

在行政决策的管理主义模式下，当决策者的偏好与公众的偏好发生冲突的时候，经常会听到这样一种解释：决策者认识到了长远利益和全局利益，而公众只认识到眼前利益和局部利益，前者所认识到的利益才是真正的公共利益。长远利益和全局利益高于眼前利益和局部利益，这在理论上并不会招致强烈的反对。然而，这种理论在实践中已经被滥用，成为一种支配关系的辩护词。当公众发现，他们牺牲了眼前利益和局部利益却未能换来长远利益和全局利益的时候，这种辩护词的正当性就变得很无力了。不仅如此，市场经济的发展使得下面这样一种多元主义的公共利益观念也变得越来越流行：不存在什么先验的公共利益，也不需要去事先界定公共利益，关键在于保证市场的自由竞争，市场这只"看不见的手"会自动地将众多分散的个人利益整合成公共利益。这样一种观念落实到行政事务上，产生的是一种多元主义的行政理论，它将决策看作追求私利的个人和群体在政策市场中的竞争。虽然这种理论在解释行政过程时往往是富有洞见的，但当它试图将自身上升为一种规范性理论时，却存在极大的缺陷：它将参与行政过程的公众之间的关系看成是竞争性和对抗性的，从而难以通过公众达成合意以提升政策的可接受性以及节省行政资源。我们认为，对于公共利益概念的解构，不利于行政机关进行前瞻性的政策规划。

那么，参与式治理需要一种什么样的公共利益观念呢？显然，以上两种公共利益观都存在严重的缺陷。参与式治理需要在它们之间寻求中间道路。这是因为，一方面参与式治理反对放弃公共利益概念或掏空其实质内容，将其变成一个纯粹形式性的符号。就参与式治理而言，决策者需要以实质的公共利益概念为指导。另一方面，参与式治理也不接受在长远利益（全局利益）和眼前利益（局部利益）之间作粗暴的区分。长远利益（全局利益）和眼前利益（局部利益）的区别如果是真实存在的且决策者要坚持这种区别时，那么就应当给出理由，引导公众认识到公共利益的所在。参与式治理坚持的是这样一种公共利益观念：公共利益并不是树上的果子，成熟了自己掉下来，或者待在原处等人采摘，而是决策者与各利益相关方在协商和沟通过程中发现的。这种发现的过程可能出现偏差，导致政策的理性和可接受性之间出现矛盾，用通俗的话来说，就是好政策往往得不到公众的理解和支持，而公众理解和支持的又未必是好政策。在这种情况下，参与式治理坚持公众的心理认同的重要性、坚持公众的主观幸福感也是公共利益的重要构成部分，它要求决策者将其与公众的协商和沟通继续下去，直至达成某种关于公共利益的共识。① 然而，这并不是说，行政机关变得不重要了。我们必须看到，在一个多元化的社会里，公众内部也往往分歧重重，他们的参与并不自然地就威胁到行政机关的领导权，而只能说，公众参与的引入和行政过程的政治化对行政机关的领导能力提出了更高的要求。首先，有关行政程序的法律、法规和规章通常只是笼统地规定行政机关可以选择的程序技术，而将如何运用的自由裁量权交给行政机关。要行使好这些自由裁量权，行政机关需要积极运用自己的判断力，在每个具体的决策事项上，对公众参与的必要性、谁来参与、参与的形式和深度等问题作出判断，使得决策既能提升质量和可接受性，又不至于过度耗费行政资源。其次，面对挑剔的公众，决策者不能像以往那样要求公众闭嘴，或者对公众的批评充耳不闻，而是必须与公众接触、讨论，建构信任，优化决策方案。这就需要行政机关具备强大的组织能力和公关能力。在这个意义上，可以说公众参与并不会削弱行政机关的能力；相反，它是对行政机关领导能力的进一步锤炼。

2. 从竞争到协商公众参与程序的精神

在一个利益多元化的社会，不同社会群体之间的利益分布不同，有时候甚至具有某种对抗性。在公众参与中，可以说有两种发现和实现公共利益的路径：竞争和协商。竞争性的参与实际上处于多元主义公共利益观念的指导之下。行政机关之外的利益相关方并不需要形成一个公共利益概念。他们竞相影响行政机关，期望行政机关的决策能更多地体现他们自身的利益。如同市场这只"看不见的手"将私人利益神奇地合成公共利益一样，公共利益也在这样的私人利益的竞争中得到实现。行政机关扮演中立的仲裁者角色，保证各方利益得到公平的代表和表达。在美国行政法上，在这

---

① 参见王锡锌：《当代行政的"民主赤字"及其克服》，载《法商研究》，2009年第1期。

样一种竞争性的参与理念指导下产生的行政管理模式被称为"利益代表模式"①。然而,晚近以来,在美国行政法学界,"利益代表模式"受到了"合作治理模式"的倡导者们的强烈攻击。"合作治理模式"的倡导者们认为,"利益代表模式"的对抗制导致了行政决策和实施过程的僵化,在解决管制问题时难以形成创新和合作。② 对抗制产生了一种互不信任的行政文化,使得当事人在参与程序的过程中往往以诉讼为期望,提出比较极端的方案。作为决策者的行政机关在两个极端的方案之间,为息事宁人,往往和稀泥了事,从而影响决策的质量,最终也未必能提高决策的可接受性。而"合作治理模式"的倡导者则认为,不同的利益相关人虽然一开始可能在利益上有冲突,但通过广泛的参与和协商可以克服或转化冲突关系,构建信任,最终在决策者和利益相关方之间形成伙伴关系,共同进行决策。在这样一个治理模式中,行政机关不满足于一个消极仲裁者的角色,而是根据具体管制事项的性质,积极地扮演各种角色,如议程的提出者、协商的召集人和主持者、冲突的斡旋者以及技术资源、资金自主和组织支持的提供者,等等。行政机关虽然是最终的决策者,但管制的成功取决于行政机关和其他参与者的共同贡献。

"合作治理模式"所主张的通过协商求共识的进路非常契合我国当下的行政改革气氛。近年来,协商民主理论在我国方兴未艾,无论是学者还是政府官员对之都表现出浓厚的兴趣。协商民主理论在中国语境下,发生了许多变化。例如,协商民主原本是对于缺乏公共讨论的选举政治和缺乏合意的多元主义行政过程的修正和补充。而在我国,它被视为对于尚未发育的选举政治和竞争性的行政过程的替代模式。并且,这种突变本身还契合了我国政治和行政改革的某些根本性需要,即所谓有序参与的问题:既要推进公众的政治和行政参与,又要保持执政党和政府在参与过程中的政治整合力。在这一结

---

① 参见理查德·B. 斯图尔特:《美国行政法的重构》,沈岿译,商务印书馆2002年版,第129页,第133—134页。

② See Freeman & Jody, "Collaborative Governance in the Administrative State", 45 UCLA L. Rev. 1, 1997; Chris Ansell & Alison Gash, "Collaborative Governance in Theory and Practice", *Journal of Public Administration Research and Theory*, Vol. 18, Issue 4, 2008.

构性的制约之下，协商而非竞争是自然的首选。在短期之内，强调协商和共识的"合作治理模式"相较于强调对抗性的"利益代表模式"必将获得人们更大的关注。

（三）参与式治理模式之制度要素

1. 基础性制度

就基础性制度而言，有两项制度是至关重要的：一是政府信息公开制度；二是利益组织化制度。政府信息公开制度基于一个简单的道理：信息是决策的基础。如果参与决策的公众对于政府的活动一无所知，那么就根本无从监督政府，也根本不可能提出有意义的意见和建议。信息的共享是走向决策权力共享的第一步。鉴于官僚组织本身就具有截留信息的行为惯性，许多国家通过立法，将信息公开规定为政府的义务。《中华人民共和国政府信息公开条例》（以下简称《政府信息公开条例》）虽然以列举的方式规定了必须公开的政府信息，但美中不足的是，其并没有确立"公开为原则，不公开为例外"的原则。[①] 一般来说，利益组织化的必要性来源于两个方面：一是行政机关在进行决策时，与分散的个人进行政策商议，其交易成本是巨大的。有效率的决策，从客观上要求分散的个人能够按照自身的利益结合成一些功能团体，并通过这些团体来代表和表达自身的利益。有了这样的利益代表和表达渠道，行政机关可以确信自身所获得的信息是具有代表性的，而由此产生的政策也能为未直接参与程序的那一部分社会公众所认可。二是由于不同社会群体所占据的资源和组织程度不同，因此在行政参与过程之中，利益组织程度高的强势利益集团很容易对政策产生过大影响，从而产生所谓"管制俘获"的现象；而弱势群体往往利益分散、组织程度低，无力在行政决策过程中有效地发出自己的声音。为使政策能真正体现社会公平，需要将分散的利益组织起来。利益组织化的发育，需要逐渐放松对公民结社权利的限制，使得多元利

---

① 参见朱应平：《行政机关内部准备性行为的信息公开问题探析》，载《法商研究》，2010年第3期。

益群体得以建立自己的利益代表和表达团体。但是，这仍然不够，因为有了结社的权利，并不等于有结社的能力。正如美国学者奥尔森在《集体行动的逻辑》中指出的，大部分人都是搭便车者，并不愿承担集体行动的组织成本。① 对于每日忙于生计的弱势群体来说，进行集体行动需要付出的高昂组织成本是单个人难以承担的。因此，我们可以看到，在工人有组建工会权利的美国，真正参与工会的工人相对于全体工人的比率一直保持在很低的水平。对于弱势群体，行政决策者需要给予特殊的对待，降低其利益代表和表达的组织成本。在这方面，笔者认为，可以考虑引入美国的"公共利益代理人"制度，为广泛而分散的利益提供代表。在美国，这种利益代理主要由私人律师和私营企业担任，有时行政机关也提供公共利益代表。②

2. 支持性制度

除以上两项基础性制度之外，参与式治理模式的效能还需要以下几种制度的支持：（1）立法机关对行政机关的控制和监督。同级人民代表大会对行政机关的财政预算控制以及对具体行政机关和官员的监督，对于参与式治理的开展将起到极大的推动作用。尽管参与式治理在西方是由于立法机关对行政机关的控制和监督能力不足而产生的，但在我国，由于立法机关的控制和监督能力一直比较弱，因此需要将行政决策的参与式治理与立法机关的扩权齐头并进。在人民代表大会闭会期间，人民代表大会代表可以发挥其利益代表和表达功能，为参与式治理提供支持。（2）司法机关的审查。我们可以将行政诉讼看作一种行政决策反馈和纠错机制。它由行政机关、行政相对人和法院共同推进。在行政决策过程中被忽视的利益可以通过司法程序来表达。当然，由于我国行政诉讼在抽象行政行为、合理性审查方面的不足，增强司法审查的效能仍有很长一段路要走。（3）政治协商会议的辅助。作为一个利

---

① 参见曼瑟尔·奥尔森：《集体行动的逻辑》，陈郁等译，上海人民出版社 1995 年，第 9 页。
② 参见理查德·B.斯图尔特：《美国行政法的重构》，沈岿译，商务印书馆 2002 年版，第 129 页，第 133—134 页。

益代表和表达机构，政治协商会议在参与式治理过程中可以起到重要的辅助作用。政治协商会议委员的提案具有议程设置的意义。在决策过程中，政治协商会议委员可以密切联系一部分公众，反映公众的政策需求。(4) 智库及专家咨询制度。在参与式治理的过程中，决策者和公众在很多涉及专门知识的事务上都需要专家的帮助。智库的建设以及专家咨询制度的发展，对于这一治理模式的推进无疑具有重要意义。(5) 媒体的支持。媒体公开政务信息、反映民意是参与式治理的一个重要沟通平台。公众和决策者都可以通过媒体来设置议题，就政策进行讨论乃至辩论；同时，媒体也是政策出台之后进行反馈和监督的重要平台。

3. 核心程序技术制度

就参与式治理的核心程序技术制度安排而言，以下几点是不可忽视的：(1) 明确公众参与的事项范围。有关参与式治理的程序规定有必要首先明确公众参与的事项范围。因为行政机关的决策往往受到技术、财政和时间等资源条件的限制，并不是在任何事情上都需要公众参与。目前统一的行政程序法在我国尚付阙如，有关公众参与的规定散见于诸多法律、法规和规章之中，缺乏系统性。例如，《中华人民共和国立法法》第 58 条、《行政法规制定程序条例》第 12 条，等等。其中，值得参考的是《湖南省行政程序规定》第 35、38 条有关公众参与事项的规定。(2) 赋予公众分享议程设置的权利。对公众而言，设置议程的权利往往比参与讨论的权利更为重要，因为议程如何设置在很大程度上已经事先限定了讨论的开展方式。只有赋予公众以影响议程设置的权利，才能保证公众在治理过程中不仅仅是处于被咨询的地位，而是可以在一定程度上掌握程序的主动权。在参与的程序上，有必要规定公众有提出决策事项建议的权利。此外，在参与决策的过程中，尤其是在听证会上，应当允许公众提出自己的政策草案。(3) 要求决策者在充分收集信息的前提下制定政策草案。在程序上，有必要规定决策者在保证决策质量和决策效率的同时展开调查研究，尽可能充分收集信息，并在此基础上制定政策草案。决策者需要收集的信息既包括与决策相关的事实信息，也包括有关公众价值偏好的信息。(4) 提供公开、公平、信息充分的公众参与渠道和沟通平台。有必要规定一系列公开的公众参与渠道，如公告与评论、座谈会、协商会、听证会、开放式听取意见，等等。对于涉及公众利益的重大决策事项，公告与评论应当提供基本的公众参与程序并在此基础上辅以其他程序技术。对于听证会的事项和程序，也应当有明确的规定。在对公众参与技术的选取上，应遵循公平原则即公众的意见能够获得公平表达。在决策过程中，决策者应考虑与该政策相关的公众构成以及利益组织化程度。很明显，如果要启动公众参与程序，决策的重要利益相关者需要在决策过程中有自己的利益代表，同时决策者还必须注意保证利益代表的均衡，不能将利益组织化程度低的利益相关者排除在外。此外，还应考虑公众内部是否存在重大的意见分歧，当制定中的政策对公众的接受性有较高需求的时候，决策者要努力弥合公众中的意见分歧，以求获得对政策的较高程度的支持。在这种情况下，让持有不同意见的各方得到恰当的代表，对于决策来说尤显重要。(5) 公众参与应当产生一定的法律后果。公众参与要真正产生效果，决策者对于公众就不能持招之即来、挥之即去的态度，也不能表面上客客气气而实际上将公众作为摆设。要使公众的参与具有实质意义，决策者必须承担起对公众意见作出一定回应的义务。笔者认为，在这方面最基本的程序保障就是行政决定理由说明制度，即决策者需要说明决策理由。就这一点而言，《湖南省行政程序规定》第37条的规定值得推荐，即"决策承办单位应当将公众对重大行政决策的意见和建议进行归类整理，对公众提出的合理意见应当采纳；未予采纳的，应当说明理由。公众意见及采纳情况应向社会公布"。对于听证会这种更为严格的程序技术，决策者有必要承担更为严格的法律义务。在这方面，《湖南省行政程序规定》第139条规定："听证会应当制作笔录，如实记录发言人的观点和理由，也可以同时进行录音和录像。听证会笔录应当经听证会参加人确认无误后签字或者盖章。行政机关应当充分考虑、采纳听证参加人的合理意见；不予采纳的，应当说明理由。意见采纳情况应当向社会公布"。按照该规定，决策者对于公众的意见应该以说明理由的方式作出回应。遗憾的是，这一规定没有体现出听证会相较于其他程序技术更高的严格性。在笔者看来，对于一些重大事项的听证，可以考虑引进《中华人民共和国行政许可法》所确立的听证"案卷排他性"原则。（6）政策反馈机制。笔者认为，决策者应确立这样一个观念，即决策不是一个一次性的过程，它并非在政策草案正式通过并公布之后即告尘埃落定。事实上很多决策是需要反复修改的。因此，政策反馈并不是决策过程可有可无的"尾巴"，而可能是启动新的决策的契机。在政策公布之后，决策者仍然有必要设立专门的程序，接受公众的意见反馈。此外，决策者还应转变观念，不应将公民启动的行政复议和行政诉讼看作麻烦，而应看作一种事实上的政策反馈。就政府对媒体的管理而言，在进入政策实施阶段之后，也应当避免限制媒体发表政策批评的空间。

中国网络公共领域的兴起与政府治理模式变迁[*]

刘 良[**]

信息的占有方式和交换方式是社会结构得以形成、发展和变革的重要动力机制。作为网络信息技术的社会后果,互联网的出现和发展解构了原有的信息占有和交换体系,进一步带来了公共交往形式的创新,有力地推动了公共领域的转型。网络信息技术的发明和应用为人们的自由交流和平等沟通提供了崭新的技术支撑,也为公共领域的重建和结构再造提供了技术基础,并推动着网络公共领域的形成。中国网络公共领域的形成是我国当前政治发展中的一个显著趋势,在此背景下深入分析并把握网络公共领域兴起的政治意义及与之相适应的政府治理模式变迁问题,具有重要的理论价值和现实意义。

一、中国网络公共领域的兴起及其特征

公共领域是对公共意见形成过程的一个理论抽象,意指介于国家和社会之间的,通过聚会、社团、媒体等形式进行自由对话、公共交往、公开表达意见的场域和机制,它所形成的公共意见(舆论)构成了国家权力运作的合

---

[*] 本文原载于《长白学刊》,2009年第1期。
[**] 刘良,中国人民大学国际关系学院博士研究生。

法性基础，进而使得公众能够对国家活动实施民主控制。①赵勤在梳理公共领域概念流变的基础上指出，"公共领域一词在不同的语境下有着不同含义，但就其核心意义来说它代表着一种以公共权力为内容、以公众参与为形式、以批评为目的的空间"②。从本质上说，公共领域是现代政治和社会生活系统中居于国家分权制衡体系之外的非制度化民主制约机制，是通过自由对话和辩论、公共交往、公开表达意见而形成的政府—社会沟通场域，也是现代民主政治和法治的基础。网络公共领域是公共领域发展的新阶段（或曰重建阶段），是公共舆论体系和公共交往结构借助于互联网技术实现的形制变革。

随着我国网络技术的发展，由网络沟通所构成的社会交往框架的变化导致了虚拟社群的出现。人们在其中自由地表达思想，模拟、转换甚至本身就构成了现实中的各种私人或集体行动，进而使互联网络作为信息的加工和传导机制改变了现实社会中的意见表达过程和舆论传播体系。作为崭新的自由对话和公共交往的场域与机制，中国网络公共领域在技术的推进中逐渐萌芽、成长。以 2003 年为例，即先后有孙志刚事件、宝马撞人案等公共话题在网络上得到广泛讨论，各大门户网站及热门论坛成为人们了解事件真相并发表评论的主要场所，网络成功地改变了相关事件在公共议程中的呈现形式。与此同时，互联网在社会舆论表达与聚合中的作用也越来越突出。如 2006 年的"虐猫事件"在网络平台上就曾引起了广泛的讨论，并最终在各地网友的共同努力下得以澄清，事件当事人为此承受了巨大的舆论压力——互联网在维护社会道德和正义的过程中显示了强大的力量。从 2007 年 10 月到 2008 年 6 月，围绕着"华南虎照片"的真伪在互联网上又发生了一场新的力量较量。在这场中国互联网史上规模空前的大调查、大辩论中具有质疑精神的网民取得了胜利。这次网络事件充分展现了中国网民在公共议题争论中的理性态度，在我国互联网舆论机制的发展中无疑具有标杆意义。

网络社群中的维权行动也呈现出值得关注的发展趋势。如发轫于 2003 年

---

① 马长山：《法治的社会根基》，中国社会科学出版社 2003 年版，第 265 页。
② 赵勤：《市民社会、公共领域及其与中国法治发展的关系》，载《开放时代》，2002 年第 3 期。

的"乙肝患者网络维权行动"即取得了广泛的社会认同。为数众多的乙肝患者和病毒携带者通过"肝胆相照"论坛呼吁全社会关注乙肝歧视问题,并联合国内其他网络舆论机构向国家各级人事主管部门不断发出吁求,一段时期内形成强大的舆论力量。2004年,第十届人大常委会通过的新修订的《传染病防治法》,将"任何单位和个人不得歧视传染病病人、病原携带者和疑似传染病病人"纳入法律条文。这意味着作为一个具备较强公共性特征的反对乙肝歧视行动取得了初步成效,同时也表明网络社群正成长为社会叙事结构中从边缘走向核心的影响力传播体系。事实上,类似的网络议程正在不断增加,而且其所依托的基础也变得越来越深厚。

同时,各类互联网舆论场所和舆论机制也越来越受到党和国家的重视。据《人民日报》2008年6月21日报道,胡锦涛在视察人民日报社时专门访问了人民网强国论坛,还与网友进行了约一小时的在线交流,并表示一直关注和重视网友的意见与建议。这次视察开启了互联网在中国政治生活中的新篇章。

上述发展趋势表明网络空间开始成为另一个带有更显著平民化色彩的权利表达平台,并因其自身对集体行动的逻辑重构而成为社会民主化的全新形式。由于网络叙事的特性越来越得到彰显,现实公共生活便越来越具备超越传统权力架构的能量而获得更多的自主性——网络公共领域便在这种因为虚拟而变得更具自主性、同时也掺杂着非理性成分的技术体系中展开了。这一切意味着中国网络公共领域已经初步形成,并开始与现实的公共领域紧密衔接,构成了全新的公共空间。

中国网络公共领域一方面实现了由网络技术型构的崭新的民主意象,另一方面又表现出强烈的现实关怀。事实上,网络公共领域从一开始就无法真正脱离现实而得到发展,网络虚拟技术正像印刷技术一样在建构公共领域的过程中始终是作为"被订立"的一面而存在着。它们体现的是表象生活的形式意义,但是在本质上却是围绕着现实世界特有的经济社会结构而展开的,并以之为基础形成其存在的现实理据。这使得中国网络公共领域表现出自身的特征:

第一，中国网络公共领域至今仍然处于形成阶段。这也正是学术界时至今日依然在争论是否真正存在网络公共领域的一个重要原因。网络虽然构成了生活的重要方面，但网络空间走向成熟和定型的过程还需要较长的时间。而从现实层面考察，我国公共权力运行的特殊传统和实践对能否促成一个具有典型意义的成熟的公共领域同样存在着争议。到目前为止，由于受民主政治发展的诸多客观条件所限，中国现代公共领域仍然是一种处于建构期而非成熟期、处于发展阶段同时具有反复因素的崭新的理性运思结构。因此，网络公共领域尽管实现了公共领域运行机制的创新，但其在本质上仍受制于现实的公域发展状态。这意味着中国网络公共领域试图在技术上型构一个真实的表象时，却因这种表象背后的依托物依然处于成长阶段中而表现出较多的不成熟特征。

第二，中国网络公共领域具有超越现实的民主热情和讨论精神。网络公共空间为建构虚拟空间中的民主意象提供了强大的动力。人们在网络空间中自由地发言，彰显出现实空间中较难被调动起来的民主热情和讨论精神，逐渐形成一种"真实虚拟的沟通系统"。曼纽尔·卡斯特指出："在这个系统里，现实本身（亦即人们的物质与象征存在）完全陷入且浸淫于虚拟意象的情境之中，那是个'假装'（make believe）的世界，在其中表象不仅出现于屏幕中以便沟通经验，表象本身便成为经验。"① 在这个虚拟空间中，技术将民主意象推至现实尚未完全作好准备的阶段。

第三，中国网络公共领域是一个纠结在理性和非理性、现实和虚拟的矛盾状态中的综合体。由于缺少了叙事和传播过程中的权威审查机制，在因虚拟而表现得更加自由的同时，网络叙事过程本身也就转变成为消费过程，在这个过程中叙事主体因不断发泄非理性情感而得到了娱乐。这意味着网络公共领域虽因理性的讨论和批判才得以成立，但它本身却无法避免非理性因素的纠结。在较少体现责任精神的讨论语境中，非理性精神和理性精神正在不分彼此地结合起来，其结果一方面是公共领域得以开展，另一方面则是公共

---

① 曼纽尔·卡斯特：《网络社会的崛起》，社会科学文献出版社2006年版，第351页。

精神的萎缩。这导致网络公共领域进入一个本身需要克服、但又显然难以克服的建构困境中。

二、中国网络公共领域兴起的政治意义——一种导向政府治理的分析框架

在有关政府治理的探讨中，有三个方面是不可或缺的，即必须确保国家的存在是合法的、政府的统治是合法的、权力主体的作为是合法的；政治学将其分别称作主权、合法性和权威。[①] 它们同时也可以被视为政府治理的基本前提。从网络公共领域到上述三个基本维度的衍化过程，体现了网络重建公共生活的政治意义。

（一）网络公共领域中的公共行动与主权

主权是"构成最高仲裁者（无论是个人或组织）属性的权力或权威；这类仲裁者对做出决策以及解决体制内的争端具有某种程度的最终权力。"[②] 在传统治理机制的等级序列中，主权享有核心地位，并作为最具权威性的因素而存在，具有结构化一切社会行动力量的能力。

在由印刷媒介构成公共领域交往平台的时代，公共话语的表达和传播是可控制的，公共行动也能够被相对有效地订立在现实的规范体系之内。网络公共领域借助于虚拟时空技术而实现了公共生活的重建，而网络舆论和虚拟空间的交往也具备了超越传统的时空限制的可能，并获得了聚合新的行动力量的能力。网络公共空间的形成削弱了国家对个人的控制，任何个人都具备了超越国家监控而向其他人和组织传播言论、发起公共行动呼号以至参与公

[①] 迈克尔·罗斯金等：《政治科学》，林震等译，华夏出版社2001年版，第9页。
[②] 戴维·米勒等：《布莱克维尔政治学百科全书》，邓正来译，中国政法大学出版社2002年版，第778页。

共行动的条件,从而使传统的国家控制能力受到了冲击。事实上,"国际互联网"一词本身就表明了这种叙事和传播体系是超越传统的民族国家边界而被镶嵌在国际生活空间中的技术结构。这意味着,民族国家内部的言论空间扩大了,同时"网络移民"的叙事、思想和行动也开始渗透到民族国家内部的言论平台上。

在网络公共空间中,任何一个名不见经传的地方发生的事件都有可能成为来自不同国家、民族、种族的人们共同讨论的话题,并有可能构成公共行动的肇始因素,从而形成对现有的主权秩序的冲击。周光辉教授指出,"网络时代的到来既是人类政治、经济、文化全球化的一个推动因素,也是重要的发展标志,它的发展使以地域为存在前提的民族国家受到日益严重的冲击和削弱。"① 主权概念曾经内在地包含着的对内对外的最高性和终极性,开始在内部和外部同时受到影响和制约。当然,我国的互联网发展相对较晚,作为世界主要语言的汉语在全球话语平台上还有着较强的"边界效应",因此,中国网络公共领域对国家主权的冲击表现得并不明显。但是,需要引起我们注意的是,主权概念本身就内在地与一定时代的生产力发展水平相适应,作为生产力发展重要表征的人类交往技术的演进,也必将在崭新的意义上重构主权的内涵。中国互联网既然已经实现了与国际互联网的链接,也就同时把中国的话语平台推展到主权范围以外,并成为国际对话机制的一个重要部分而开始受制于其所带来的影响。

(二) 网络公共领域中的自由沟通与合法性

合法性的实质是一种政治学意义上的态度结构,它在综合层面上反映着一切与统治、权威、权力等因素相关的物质设施、精神设施之被认同的程度和形式。网络公共领域为话语民主提供了全新的平台。在这个平台上,话语权利得到了全面彰显。自由的话语表达为网络公共领域的迅速形成提供了助

---

① 周光辉:《互联网对国家的冲击与国家的回应》,载《政治学研究》,2001 年第 2 期。

推，同时又进一步促进了现实空间中话语民主的展开。正是在这个意义上，有学者指出，"国际互联网是迄今为止公共领域最理想的沟通媒介"，网络公共空间"为辩论者提供了理想的辩论环境，从而有助于'辩论共识'的达成"①。这同时也意味着，网络公共领域所蕴含的沟通理性因素相较于传统的公共领域媒介模式得到了扩张和积累。在这个过程中，以同意或不同意等为基本指向的针对政治生活系统的态度结构也必将发生变化。传统的单向度的宣传机制已经越来越无法构成合法性基础的关键成分。与之相适应，在尊重大众话语权的前提下的沟通、辩论等理性互动行为将成为合法性基础的重要组成部分。

在网络公共领域兴起后，政治生活系统一在网络公共领域兴起后，政治生活系统一方面越来越朝向意象化的民主迈进，同时另一方面却又越来越使支撑民主的有关同意与否的争辩走向真实本身。在网络公共领域中，来自各方面的匿名人群纷纷带来各自关于话题真相的资讯，也许这种咨询本身并不可靠，但是它却在较大成分上反映着政治实践主观层面较为真实的意思表达。在网络所提供的沟通平台上，人们将传统的关于合法性基础的假设进一步推进世俗化的潮流之中，这个世俗化的核心是拒绝单面向的态度传导，而呼唤判断力的自主性。这表明，网络公共领域在彰扬起理性批判精神的过程中，越来越将合法性基础本身建构在一次次通过理性批判而获得的去蔽化结果之上，亦即是说合法性基础将越来越彻底地确立在话语主体之间的沟通机制之中。当然，在我国由于政治生活系统本身是由人民建立并为人民服务的，无论网络公共领域出现与否，政治生活系统并不与广大社会成员存在重大的矛盾。网络公共领域形成之后，人们的主人翁意识将会得到进一步激发，人民监督制约政治体系的能力将愈益增强，政治的合法性基础也将愈益符合社会主义民主政治的本质要求。

---

① 许英：《论信息时代与公共领域的重构》，载《南京师范大学学报》，2002年第5期。

(三) 网络公共领域中的批判精神与公共权威

迈克尔·罗斯金指出:"权威是指特定的领导人赢得服从的能力。合法性是对政府的尊奉,而权威则是对领导者个人的尊奉。……和合法性一样,权威所强调的也是一种社会心理过程。"[①] 权威的形成是公共生活展开和发展的自然结果,正像公共空间中的自由沟通有助于实现话语民主一样,公共空间的理性交往也有助于塑造公共权威。当人类无法摆脱必然王国所框定的秩序时,权威的出现不仅不可避免,而且还内在地体现着人类需求体系的基本方面。

网络公共领域的兴起为公共生活创造了崭新的表达形式,也在更深层次上改变了权威的模式。如果说权威本身就包含着双向的互动,而且只有当它被接受时方可实现,那么网络公共领域显然使权威的交互性体现得更为明显。网络空间中较少受束缚的虚拟表达形式钝化了话语责任机制的效力,也为理性的批判乃至非理性的批判提供了表现场域。由此,网络公共领域塑造了一种更为开放、更加自由、更能呈现内心领域同时也更少责任性的批判机制。在网络公共空间中,批判越来越成为展现自主性和自由精神的习惯模式,交往过程同时也成为一个权威被解构的过程。但是,传统权威的解构又为新型权威的建构开辟了道路——网络公共领域同时进入了"去权威化"和"权威化"交相更替的双重过程之中。在这个过程中,一切传统的权威形式都同时受到了冲击,由此推动着世俗精神的发展。但是,网络公共空间在沟通、争辩乃至批判的过程中,又为新的权威神话的建立提供了激励机制。任何人都可以通过发表能引起公众讨论的话题而在参与者的选择倾向上打下烙印,从而施加影响。公共权威的形成过程开始随着网络平台上话语竞争的自由开展而进入影响力的去垄断化阶段。网络公共领域削弱了国家、政府、社区、家庭等生活场域中的权威对个人的控制能力,有力地促进了个人自主性的成长,

---

[①] 迈克尔·罗斯金等:《政治科学》,林震等译,华夏出版社2001年版,第8页。

并为个人以权威的方式反对权威提供了技术支持和民主基础。

三、中国网络公共领域兴起背景下的政府治理模式变迁

(一) 政府与社会关系的重构与多中心协商机制

在我国传统的政府—社会关系模式中，政府与社会之间的权力划分明显倾向于政府的强势地位，社会则处于政府调控体系之下。在与此相适应的传统治理模式中，政府被认为是具有完全理性的实体，"这就等于假定了政府在任何情况下都具有无往而不胜的能力，也假定了政府在国家和社会治理过程中的唯一权威中心地位"[①]。

网络公共领域的兴起为政府与社会关系的重构提供了重要动力。当人们在网络虚拟空间中自由地发表对政治生活的看法时，其可预见的结果就是削弱固有的权威中心，并构建多中心的权威体系。网络公共领域中的交往与沟通创造了新的话语权力，并不断凸显社会的力量。这就意味着，在网络公共领域兴起的过程中，中国现有的政府与社会关系格局将会受到一定程度的冲击，并将在网络公共空间开拓出的崭新的沟通渠道和交往秩序中建构新型的政府与社会的关系模式。

网络公共领域的兴起进一步促进了公民社会的成长。在网络公共领域发生和发展的条件下，私人领域的范围扩大了，以前被限制在政府约束体系内的种种能动性进一步获得自为生发的条件。这多少类似于阿伦特对她那个时代公域型构问题的描述："在这种社会形式中，为生活起见、仅仅为生活起见而相互依赖这个事实具有了公共意义，与纯粹生活有关的活动可以具有公共性的外貌。"[②] 与之相适应，公域治理的内涵也将被重新界定，多中心协商机

[①] 孙柏英：《当代政府治理变革中的制度设计与选择》，载《中国行政管理》，2002 年第 2 期。
[②] 哈贝马斯：《公域的结构性变化》，见邓正来、亚历山大：《国家与市民社会》，中央编译出版社 2002 年版，第 142 页。

制将随之得到发展。

多中心协商是指通过网络公共领域形成的分散性、多元化的权威体系之间的民主商议,进而达致民主协同的过程。事实上,公共领域和治理本身就具有拒绝强势权威中心的内涵,公域之治本质上要求具有非权威化趋势的权威网络之间的协商与合作,而且这种合作是可以实现的。据第 19 次中国互联网发展状况统计信息显示,就对互联网的信任程度而言,5.7% 的网民非常信任,32.3% 的网民比较信任,54.6% 的网民感觉一般,5.7% 的网民不太信任,1.7% 的网民很不信任。总体而言,对互联网持信任态度的网民要远多于对互联网持不信任态度的网民。这证明,网络公共空间中的社会资本仍然有助于实现意见主体之间的合作和信任,并为各类主体在现实空间中采取行动提供必要的准备条件。因此,及时适应政府与社会关系的变化,促进多中心权威主体之间的协商与合作是实现良好治理的现实策略。

(二) 官僚制行政原则的解构与民主制行政原则的应用

官僚制行政范式植根于政治与行政的二分法原则,在强调公域和私域相分离的基础上实行行政权力的等级配置和专业分工。这种行政原则适应了工业化时代的政府运行现实,并取得了良好的制度绩效。但是,理想的网络公共领域具有重建现实时空体系的技术能力,从而也就具备了解构等级化秩序和分工原则的动力,"网际公共领域作为独立于科层体制之外的第三方力量,可以随时在网络上自主地发表意见:支持或反对科层架构的任意一级、任意一方。同时,科层体制内的各部门或机构也将争相在公众面前展示他们的'正当性'"[1]。这意味着在网络公共领域兴起之后舆论可以方便地获得影响政府任何级别和任何部门的途径。官僚制行政过程中的权力单向流动开始被多层次、多部门的舆论接触逐步融合。这必将推动行政过程的民主化,并在公共行政现实中实行民主制行政的某些原则。

---

[1] 许英:《互联网·公共领域与生活政治——刍议数位民主》,载《人文杂志》,2002 年第 2 期。

"民主制行政"的概念最早为文森特·奥斯特罗姆提出,其核心观点可以概括为以下几点:(1)公共行政在政治的范围之内;(2)公共事务管理是一种由共同的目标支持的活动,这些管理活动的主体未必是政府;(3)公共权力应该多中心化,行政权力的多中心化意味着由等级结构逐渐朝扁平化结构转变。① 这种范式下的公共权力运行与传统的自上而下的单向权力运行不同,民主制行政是一个上下互动、权力双向运行的过程。当然,有关民主制行政的思考只是对公共行政未来模式的预测,在网络公共领域兴起的过程中,民主政治的发展虽然不断冲击官僚制行政的核心原则,但是如果我们因此认为到了完全摈弃官僚制的时代还为时过早。应该说,这里重提历史上已为众多学者所设想并论证过的民主制行政思想,只是希望民主制行政的某些基本精神能够应用到公共行政的现实中,以此促进公共行政的民主化,从而回应网络公共领域所导致的权力位域的结构变化。

(三)政府过程的虚拟化与虚拟政府的形成

在网络公共领域的形成过程中,信息技术和制度安排互相渗透,并最终改变了政府过程的运作逻辑。网络公共领域中话语权力的崛起象征着虚拟社群的利益意识不断增强,它们以现实的利益分化为基础,最终通过网络公共领域的力量超越既有的权力位域输入到政府系统中,进而经过政府系统内部的转化以政策或其他方式输出。政府过程的逻辑起点由现实的利益表达、利益聚合转变为公共领域内虚拟社群的利益表达、利益聚合;并在网络公共领域提供的虚拟空间内转化为对政府系统的要求或支持;而政府系统本身也参与了虚拟世界的合法性积累过程,这就为其吸纳网络舆论提供了现实的动力;政府运用虚拟技术在其内部分享数据和其他资源,进而研讨相应的解决策略,并作为政府输入反馈到网络公共领域中,接受社会的检验。在这种演生逻辑

---

① 文森特·奥斯特罗姆:《美国公共行政的思想危机》,毛寿龙译,上海三联书店1999年版,第115—116页。

中，政府过程的各个环节都有可能通过虚拟技术而得以重置，其结果是政府自身也走向虚拟化阶段。虚拟政府是组织背景和网络化环境相互渗透过程中的政府形制创新。正如美国学者简·芳汀所指出的："由于因特网的存在，政府机构能够重新构建他们和市民之间的互动关系。一些政府机构或跨部门机构，发展了以顾客为中心的系统，以便提供政府信息和服务。另外一些机构，创立政府合同的网上投标场所，从而发展了电子政务。"[①] 虚拟政府的核心内容是经过网络技术改造的沟通—行动模式，在这种模式中，沟通、行动和反馈都采取了虚拟化的方式，实现了共享和交互性转换。政府部门的各个机构倾向于将其自身镶嵌在虚拟空间中，采取诸如电子政务等形式处理现实中的各类公共行政活动，从而提高了政府的效率，同时也有利于政府聚集电子世界中的合法性资源。虚拟政府由于实现了跨机构整合与政府间信息网络的共享，有助于弥合传统官僚制背景下的机构间鸿沟。从总体上看，虚拟政府将越来越具有回应性、责任性、法制性以及透明性等特征，从而有助于善治目标的实现。

（四）赋权、霸权与网络极端主义治理机制的发展

网络公共领域促进了网络社群中的自我赋权，削弱了传统公共权威的影响力，也为网络公共领域中话语权力的竞争乃至垄断创造了条件。当一种话语在公共空间中持续不断地影响公众的自由表达时，网络公共领域中的话语霸权和控制就可能发生。实质上，这是与网络公共领域的虚拟特性紧密结合在一起的。在互联网虚拟社群出现以前，公共领域是发生在现实的舆论空间之中的，话语主体之间的交往以地域、职业、身份、文化层次或大众传媒为联系纽带形成物理性的沟通社区。这种物理性的自然社区限制了话语主体绝对的表达自由，同时也有效地抑制了极端倾向的发展。但是，虚拟空间的匿名性、非责任性等特点激发了人内心深处追求刺激、吸引人关注的倾向，甚

[①] 简·芳汀：《构建虚拟政府》，中国人民大学出版社2004年版，第28—29页。

至如赖希所指称的人的"性格结构"第二层次的诸多特征如残忍、嫉妒等都有可能在互联网虚拟空间中获得适宜萌芽的土壤。人们性格结构中较为极端的一面得以呈现出来,并因迎合了受众群体的性格特点而获得意外的激励,甚至演变为网络暴力。

网络极端主义的存在不利于公共领域的建构和发展,如果放任网络极端主义的发展,则有可能最终摧毁网络公共领域本身。这就要求创新公共治理机制,通过积极有效的治理策略的运用将网络极端主义的危害降至最低。事实上,网络极端主义虽然有公众性格结构因素的作用,同时更深层次的原因则需要依据对经济和社会发展的观照来探寻。笔者认为,公共治理机制的创新应主要通过促进社会理性精神的成长来实现。如引导人们以关爱家庭的热情关爱网络家园,积极推进网络公共空间的自治;加快网络舆论立法;加快网络公民文化建设,以开放、宽容、自立、友爱的民主精神抑制极端主义倾向的滋长;建立网络民意预警机制,进一步促进社会公平和正义,纠正社会分配中的畸形差距,弥合社会心理裂痕。

(五)迈向世界主义治理:国际治理结构的变化预测

网络为公共领域超越主权秩序进而迈向全球话语平台提供了技术基础,并引致了国际治理结构的变化。作为普适性价值的民主开始获得跨越国界的行动能力,进而影响到主权国家内部的治理结构。这意味着网络公共领域的兴起最终会超越主权边界,并把世界上最广泛的人群联系在一个共同的秩序内。在这个秩序内,人们彼此的心灵、习性、认知模式和行动逻辑开始互相融合、互相调适,并逐步学会在共同的公共空间和舆论环境中处理自己的事务。这个秩序以及达致这个秩序的所有行动——集体的或者个人的——被称为世界主义治理。它是一个超越人类根深蒂固的自负意识并最终承认理性有限性的观念上的创新,也是一个在长期的试错过程中重新调整彼此行动的实践上的进步。戴维·赫尔德在讨论了各种民主的模式后指出,人类社会的未来"必须从世界主义的条件上去设想——一个全球范围的新的制度复合体,其形成和形式是根据基本的民主法来决定的。……这一未来的建构是基于以下的认识：单个共同体内部的民主与不同共同体之间的民主关系是深深相连的"①。戴维·赫尔德所设想的世界主义民主治理体系曾经被部分学者讥为新的乌托邦。然而，人类发展的事实却是，以技术尤其是现代信息技术为表征的生产力总是试图超越现有的联系形式，并不断提醒人们彼此之间是"深深相连"的。当合法性基础伴随着人们与不同主权空间内的人群的交流和沟通而扩展到世界范围内时，我们不能不认真思考不同共同体之间治理行为的调适问题，并在全球范围的制度复合体内探索营造共同生活的道路和途径。在此，有关世界主义治理的思想是关于民主的未来形式的严肃的预测：网络是这个世界联系的引擎，民主最终要通过这个引擎联系起整个分散的世界；只要公共领域能通过网络得以重建，与公共领域相关的所有预测便不得不站在世界主义的高度组织思想。

---

① 戴维·赫尔德：《民主与全球秩序》，胡伟等译，上海人民出版社 2003 年版，第 251 页。

政府治理案例

地方政府创新与治理变迁*

——中国地方政府创新案例的比较研究

陈家刚**

20世纪90年代以来，社会转型所引发的各种危机性因素日益表现出其紧迫性。在利益主体多元化、利益表达多样化、利益冲突激烈化的过程中，重建权威正当性（Legitimacy）、提高政府效能、扩大公民政治参与、消除地方政府财政困境等问题对公共权力的结构与功能提出了严峻挑战。除中央政府以外，中国各级地方政府也开始主动改变自身的管理模式，通过创新政府管理体制与行为来应对传统压力型体制逐渐边缘化过程中出现的危机。通过比较分析贵阳市人大常委会的"市民旁听制度"、海口市政府的"行政审批权改革"，以及南宁市政府的"政府采购制度"[①]，笔者认为，中国地方政府的创新实践推动着地方治理变迁，改变了传统压力型体制的特征；政府主导的地

---

* 本文原载于《公共管理学报》，2004年第1卷第4期。

** 陈家刚，中央编译局世界发展战略研究部副主任、研究员，《海外理论动态》杂志主编。

① 中国地方政府分为省、市、县、乡（镇）四个层级。出于比较分析的考虑，本文选取了三个省会城市市政府的治理实践为案例典型。同时，本文所指的地方政府是广义的地方政府，即包括行政、立法和司法机构在内的地方政府，而不仅仅局限于地方行政部门。本文案例选自2001—2002年度"中国地方政府创新奖"的优胜奖项目。对贵阳市人大常委会推行市民旁听制度的分析，征得杨雪冬先生的同意，使用了他的调研材料。其他的材料是笔者亲自赴地方调研的结果。本文的观点由笔者负责。

方治理变迁符合整体性改革的发展方向。但是，从管理走向治理进而实现善治还需要建构充满活力的公民社会及其与地方政府的良性互动。

一、政府创新与治理

1. 创新与政府创新

所谓创新，就是能够使"生产手段进行新的组合"的观念，它包括：引入新的产品，达到新的质量，使用新的生产手段，打开新市场，建立新的供应渠道以及建立新的生产组织等。[①]这是创新的经济学含义。在政治领域中，墨尔把创新界定为"成功地引入一种新的可利用的手段或者可实现的目的"，创新就是利用新的东西；阿舒勒等人提出创新就是"崭新的行为"，包括两个组成要素：新观念及其实践；波斯比提出创新由三个要素组成：大规模和可见性；摆脱了以前的习惯以及持续的影响。[②]

政府创新就是政府部门将新的观念和方法诉诸实践，从而改变原有政府结构，增强政府效能，提高政府绩效的创造性实践。政府创新可以是政府为解决本身面临的社会经济生活中的具体问题而实行的创新，也可以是政府改变原有制度结构的某些程序性、技术性创新。前者的累积性效应可以对政府制度结构的变化施加影响，而后者的变化可以更有效地促进各种问题的解决。

地方政府创新标志着传统政府管理模式在结构与功能上的某些变化，即地方治理取代了地方政府管理。地方治理的主体可以是公共机构，也可以是私人机构，甚至是二者的合作。在管理过程的权力运行方向上，地方治理表现为互动的行为过程，其实质在于建立基于市场原则、公共利益和认同的合作。治理主要依靠合作网络，其权力向度是多元的、相互的，而不是单一和自上而下的。

---

① J. A. Schumpeter, *Business Cycles*, New York: McGraw-Hill, 1939, pp. 87–89.
② 中央编译局当代所编：《当代学术论丛》（第一辑），中央编译出版社 2003 年版，第 34 页。

2. 地方治理创新的基本内容

（1）完善政府结构，改变政府管理模式，提高政府效能。"政府管理含义的变化，指的是一种新的管理过程，或者一种改变了的有序统治状态，或者一种新的管理社会的方式。"① 在横向上，政府结构变化表现为立法、司法和执行部门的权力平衡与制约；在纵向上则强调合理划分事权与财权，以及政府内部的结构合理性。同时，依靠私人部门、公民社会以及国际组织等提高政府效能。亦即将权力从官僚机构转移到社区，以市场力量进行变革，在公共服务中依靠竞争机制等原则"重塑政府"。②

（2）增强社会自主性，形成新的权力依赖关系。在现代社会中，任何行动者都无法单独主导特定的政府管理模式，社会是治理变迁的重要角色。为了维护共同的利益，实现共同的目标，必须增强社会的能力。包括非政府组织、协会、社区组织、利益团体和各种社会运动等公民社会的组织要素逐渐形成自主性网络，或者称为"第三部门"，它们或者单独承担某些社会责任，或者与政府合作，承担政府分解的任务。

（3）通过创新实现善治，期待良好政府一直是人们的愿望，而随着时代的进步，人们追求的理想政府模式已经从"善政"转变成"善治"，即通过政府与公民社会的合作实现公共利益最大化。寻求民主合法性，提高效率，提出法治与人权是地方政府创新的目标。善治是对地方政府创新的伦理要求与价值评价。

3. 地方政府是治理创新的第一推动集团

在复杂多样的地方创新活动中，地方政府是第一推动集团。从创新设想的提出，具体方案的设计，到组织实施的每个环节和程序，都是在地方政府

---

① Rhodes. R., "The New Governance: Governing Without Government", *Political Studies*, 1996, XLIV (4), pp. 652–667.

② 奥斯本、盖布勒：《改革政府》，周敦仁译，上海译文出版社1996年版，第43—62页。

的规范、领导和参与指导下进行的。

（1）政府创新是一项集体行动，其目的是解决其面临的危机或问题，实现共同的利益。而个人或其他社会组织无法承担行为主体的角色，它们面临着搭便车的问题。政府在权力结构中的优势地位使其具备了推动集体行动的职能。

（2）地方政府直接接触当地的个人和团体，能够及时了解、把握来自个人和团体的利益要求，切实感受到经济社会发展以及自身存在的问题。习惯、语言等方面的渊源，使地方政府官员更容易接近当地民众，而民众也在一定程度上更乐于参与地方政府的创新行为。这样地方政府的创新成本就会大大地减少。

（3）创新的风险性，使地方政府推动的创新带有试验性，具有收益大、风险小等优点。"一个社会有效的制度安排在另一个社会未必有效。"[5]各地区之间的情况也是如此。中国地区间差异很大，具有复杂性的问题更是难以把握，如果一开始就由中央政府推动进行统一的创新活动或者制度安排，不仅难度大，效果不稳定，而且还存在着相当大的风险。局部范围内的试验是降低风险的最好方法。

（4）地方政府具有推动创新的能力基础。20多年的改革开放促进了地方经济的发展，地方利益逐渐制度化，地方政府拥有了相当大的可以自主支配的资源。分税制使地方政府获得了相当的财力资源，而赋予地方政府一定的立法权为地方政府的创造性行为提供了法律依据。

（5）宪法结构、权力结构与意识形态结构等制度环境的变化为地方政府创新提供了相应的前提。作为现代社会的制度结构，宪法秩序可能有助于社会创新实践。我国1982年的第四部宪法明确了发挥地方各级政府主动性、创造性的原则，强调"中央与地方的国家机构职权划分，遵循在中央统一领导下，充分发挥地方的主动性、积极性的原则"。而变一级立法体制为两级立法体制、赋予地方政府立法权，为地方政府创新提供了直接的法律机制。

中央与地方权力结构的几次大规模分权改革，使地方政府获得了对地方经济资源和经济决策的控制权，以及财政支配权，因而获得了制度创新的物质供给权；利益导向强化了地方政府追求地方经济绩效的动力，调动了地方政府进行制度创新的积极性。

作为一种非正式的制度安排，意识形态通过价值观、态度、观念和习惯等，影响人们对制度创新行为以及正式制度安排的判断、理解和支持。如果一项制度安排符合当地人的意识形态，必然大大降低其成本。"意识形态是减少提高其他制度安排的服务费用的最重要的制度安排。"① "实践是检验真理的唯一标准"大讨论、实事求是思想路线的确立，开放、自主、创新、务实、竞争、效率等观念取代传统封闭保守，等等，意识形态环境的变化激发了地方政府的创新勇气。

二、多样性治理：地方政府的创新实践

中国 20 多年的改革开放实践为我们分析地方政府创新提供了广阔的背景。与经济体制自下而上的改革实践不同的是，1990 年代以来的中国地方政府创新不是从低到高渐进拓展的过程，而是同时在地方政府各个层级进行的，如村级的村民自治，乡镇的体制改革，包括妇代会直接选举，财政改革和干部制度改革在内的县级改革；本文即将分析的三个省会城市的政府改革；等等。中国地方政府的创新表现为多样性的治理趋向。

1. 扩大政治参与，提升权威地位：贵阳市人大常委会推行"市民旁听"制度

虽然地方各级人民代表大会是地方国家权力机关。但在人们的印象中，地方各级人大及其常委会就是"表决机器"、"橡皮图章"，举举手、鼓鼓掌是其"基本职能"。地方人大及其常委会权威缺位的原因既是结构性的，也是功能性的。在地方治理实践中，地方党委是处于决策的核心地位，地方各级人

---

① 林毅夫：《关于制度变迁的经济学理论》，见 R. 科斯、A. 阿尔钦、D. 诺思等：《财产权利与制度变迁——产权学派与新制度学派译文集》，上海三联书店、上海人民出版社 1994 年版，第 374—379 页。

大则变成了落实地方党委各项决策、建议、提案的程序性制度安排；人大常委会主任一职实际上是一种过渡性的荣誉职务，而不是体现宪法精神的实质性权力要素；由于缺乏权威意识以及对权威的认同，人大及其常委会的实际工作不是积极主动地落实宪法赋予的各项权力，而总是处于被动、盲从的状态，自觉不自觉地将自己置于从属地位。

贵阳市人大常委会从1999年开始实行的"市民旁听人大常委会会议并发言"的制度力图通过创造更多的合法参与渠道，扩大公民政治参与，从而恢复地方人大及其常委会理论上存在而实践中缺失的权威地位。因为人民代表大会制度体现的是"人民主权"原则，人大及其常委会权威的最终来源是人民，只有获得人民的支持与认同才能在实践中提升其权威地位。

1999年1月23日，贵阳市人大常委会办公厅通过《贵阳日报》、《贵阳晚报》等媒体发布公告："凡年满18周岁，具有完全民事行为能力的市民，都可自愿报名参加旁听市人大常委会会议1999年上半年的常委会会议，并可在会上作简短发言。报名时间为1999年1月25日到28日四天，报名地点除了市人大常委会办公厅外，为了方便郊县居民，还在郊县人大常委会设了报名点。报名限额为100名，每次常委会将从中确定10人参加旁听。"公告在贵阳市引起了很大的反响。包括教师、工人、农民、学生、医生、个体户、机关干部、退休职工等在内的108人报名参与旁听，年龄最小的刚满18岁，最大的84岁。最终，常委会确定了12名市民，作为参加旁听1999年2月3日第十届人大常委会第十一次会议的人选。

1999年2月3日，贵阳市第十届人大常委会第十一次会议如期举行。在12位旁听市民的注视下，常委会组成人员第一次在市民直接关注和监督下行使自己的职责。常委会成员发言结束后，旁听市民开始发言。12名市民争先恐后地举手，希望自己成为第一个发言者。在整个旁听发言过程中，12位市民分别就自己关心的问题依次发言，秩序井然。他们就4个方面的问题提出了15条建议。

1999年6月24日，贵阳市第十届人大常委会第十四次会议通过了《贵阳市市民旁听市人大常委会会议规则》，把市民旁听作为一项制度确定下来。到

2002年11月，贵阳市第十届人大常委会共举行了41次会议，如果从第十一次会议首次实行市民旁听算起，已经举行了31次旁听，共有1300多人报名，旁听人数达到372人次。

贵阳市人大常委会市民旁听取得了明显的效果。首先，常委会的会议质量提高了。常委会以及市民提出的建议也得到政府部门的认真对待，人大及其常委会的法定地位得到了有效实现；政府官员增加了对人民代表大会制度乃至国家政治制度的了解，提高了法律意识，也在一定程度上增强了公开发言与辩论的能力；常委会工作人员借助常委会威信的提高增强了对人大工作的兴趣。其次，人民主权原则具体化了。市民通过直接参与不仅了解了人民代表大会的基本运作过程，也可以对常委会成员、人民代表以及政府官员进行面对面的监督，切实感受到自己在制度中的地位，利用有效渠道表达自身及特定群体的利益，体现主人翁地位，信任并支持人大工作。从更深层次上讲，市民旁听制度的实行积极地推动了人大及其常委会权威地位的提升。作为最高权力机关的人大及其常委会只有通过制度化方式直接取得社会大众的民意支持，而不是仅仅依靠具有自身特殊利益的其他政府机构，才能改变长期以来边缘化的权力地位，确立自身权力不容挑战的正当性基础。最高权力必须直接授自于作为个人的公民个体，而非来自于任何其他地方共同体。

2. 减少权力环节，提高行政效率：海口市行政审批权的改革

海口市是中国最大经济特区海南省的省会城市。1992年，邓小平同志南巡讲话以后，海口市掀起了投资热潮。据统计，1988年至1991年，来海口的客人平均每年40万人，1992年猛增至116.6万人；境外客商签订的合同也从1991年前的300个左右，增至1992年的1328个和1993年的2257个；外商直接投资也不断增加，由1990年前不足7500万美元，上升至1991年的1亿多美元，至1992、1993年达到3.28亿美元、4.2亿美元。然而，海口市相对滞后的行政管理体制无法为经济迅速发展提供有效的治理机制，最为突出的就是行政审批体制。例如，投资立项需要多项繁琐的材料，耗时一个多月才能审批完成；企业注册登记需要加盖20多个公章。管理僵化、效率低下导致政府

公信力下降，投资资源流失。①

为了改变以审批权为核心的整个行政体制僵化、低效对经济发展的制约，海口市政府从 1992 年开始，改企业审批制为企业登记制，允许投资者先成立企业，后申报项目；改项目审批为项目登记，登记项目视为批准立项，计划、工商、规划、土地和银行等部门均予认可。② 直接办理制逐渐形成，过去集中于行政领导的项目审批权力下放到具体办事机构。例如，作为"依法行政"的试点单位，海口市工商局则将企业登记注册从 6 个环节减少为 2 个；审批项目由过去的 130 种减少到 28 种③。

围绕审批权改革，海口市政府还推动了各职能部门在公开办公、承诺服务方面的改革。1993 年开始，规划局等海口市各职能部门参照国际惯例，以透明为原则，实行窗口办公。设立统一办事窗口，集中办公，变"暗箱"操作为公开办事；邮政局等承担社会服务职能的行业或单位，变被动服务为主动服务，把服务内容、标准、程序、时限、责任等，公开向社会作出阶段性或长期性承诺，接受社会监督、承担违诺责任。在海口，围绕审批权改革的直接办理制、窗口服务制和社会服务承诺制简称"三制"。

自 1992 年海口市开始实行"三制"以来，"三制"实践从原创阶段（1992—1996 年）的 16 个部门已发展到推广深化阶段（1997 年至今）的 171 个单位，项目达 592 项。全市 3 个区、81 个直属机关、204 个基层单位、22 个乡镇街道办、170 个村（居）委会、339 个企事业单位和大部分中小学校均实行以"三制"为主要形式的政务公开、事务公开、村务公开、厂务公开、

---

① 在 2001 年 8 月和 2002 年 10 月两次实地考察中，通过与相关企业代表座谈，我们了解到，当时有相当多的企业因为政府效率低下而撤走资金。例如海南方圆集团就很是抱怨海口市规划局的效率。许多企业到后来海口市情势改变才回来。

② 海口市人民政府：《关于进一步简化投资程序放宽经营范围的暂行规定》（海府［1992］50 号文件）。

③ 海口市工商局：《关于"削减权力、简化环节、提高效率"》，见海口市推行"三制"工作办公室：《制度创新与职能转换——实践篇（2001—2008）》。

校务公开等制度机制。①

海口市政府围绕审批权的改革，主要是将政府各职能部门的审批权分解、下放与转移，是政府过程内部的分权，是公共权力在部门、层级和环节上的重新分配与调整。这种行政性分权，是权力的技术性配置，它将从属行业或行政主管的集权权力转变成直接工作人员的事务性权力。实施窗口办公，通过规范的技术性安排如触摸式电子显示屏让公众熟悉办事制度与程序，增强了行政透明度，有效地防止了过去因为暗箱操作带来的审批权腐败现象。对来自社会的批评积极回应，公开向社会作出承诺，也促进了公共部门的服务职能，强化了服务意识。政府各项工作取得了明显的成效。

3. 改革公共支出，创造廉洁型政府：南宁市实施"政府采购"制度

政府采购也称为公共采购，它指的是各级国家机关、事业单位和群团组织，使用财政性资金采购依法制订的集中采购目录以内的或者采购限额标准以上的货物、工程和服务的行为。其明显特征是资金来源的公共性和采购主体的特定性。我国传统的政府财政支出是"专供"或分散式采购行为，财政性资金使用缺乏有效的管理。这样很容易导致政府行为不规范，容易出现幕后交易、腐败和浪费。同时也纵容了企业的低效率经营。广西南宁市一直面临着财政紧张状况，政府财政依然是"吃饭"财政，发展事业与建设资金非常紧张。而且，财政性资金使用的随意性还导致腐败现象滋生。1997 年，南宁市因回扣受贿被查处的党员干部已多达 345 人，比 1996 年增长 34.78%。

为了走出财政支出管理的困境，有效遏制腐败现象，1998 年 4 月 23 日，南宁市政府颁布了《南宁市政府采购实施办法（试行）》和《南宁市政府采购制度实施细则》，开始施行政府采购制度。与其他地方政府通过归纳政府实践活动而开启制度创新不同的是，南宁市政府采购制度实践，一开始就是以政府令、办法、规定和措施等比较规范的制度形式规定了基本方向和原则表

---

① 海口市推进"三制"工作办公室：《改革审批制度、转变政府职能，创造良好的经济发展环境——海口市"三制"改革的实践（2001—2008）》。

现出来的。①这些规章、制度对政府采购的范围、原则、管理机构、管理模式、采购方式、招投标和履约验收、采购资金的拨付，以及采购监督检查等问题作了明确地规定，并对中介机构准入政府采购市场的条件、程序也作了原则性规定，为南宁市全面推开政府采购工作，使之不断走上规范化、法制化的管理轨道提供了有力的保障。

更为重要的是，南宁市政府采购制度的实践还具有相当创新技术做支撑。1998年6月，南宁市政府采购管理处筹建了"南宁市政府采购资料与档案库"，同时建立起政府采购声讯服务系统，客户可以通过资料库与声讯系统查询有关政府采购信息。1998年创办了全国第一家《政府采购》杂志，建立了一种经验、信息交流，以及相互学习的技术平台。1998年9月，南宁市在全国率先开通政府采购网站，并于1999年6月开始试行网上竞价采购，首次在全国通过竞价实现高效实时政府采购；2001年2月南宁市政府采购管理部门在全国首创政府采购市场，把确需集中采购的项目纳入到政府采购市场，同时将委托中介机构和采购单位自行组织的采购活动都纳入到市场内统一管理。

1998年6月，南宁市政府举办了首次政府采购招标会。在这次招标会上，共采购公务用车及办公用品927.5万元，比各行业行政事业单位按市场价报来的资金总额节约120.5万元，节约率为11.39%。②

1999年6月到2001年6月止，南宁市通过网上采购方式共采购公务用车、办公设备等达4853万元，节约资金396万元，资金节约率7.54%。从2001年初到6月止，南宁市政府采购市场共组织公开招标5次，谈判及询价采购37次，网上采购260多次；完成采购金额6219万元，节约资金1818万元，资金节约率达22.64%。代理武鸣、宾阳等县、市及部分中央单位和企业

---

① 从1998—2002年，南宁市政府先后颁布了一系列的规章和法令，如《南宁市政府采购实施办法〈试行〉》、《南宁市政府采购制度实施细则》（1998—2004）、《南宁市政府采购"网上竞价采购"管理暂行办法》（1999—2006）、《南宁市政府采购管理办法》（2000—2001）、《南宁市政府采购资金财政直接拨付管理暂行办法》和《南宁市政府采购管理程序规定》（2002—2003）。

② 韦英思、吉海宁：《在推行政府采购制度上突破——南宁市实施政府采购制度的经验与做法》，采自南宁市政府采购管理处资料（2000）。

的政府采购业务 10 多批次，采购金额近 200 万元。①

在市场经济形成和建设时期，法制的不健全，交易过程的不透明，最易引起"寻租"行为，厂商暗中从政府权力掌握者那里争取到占国家便宜的优惠待遇，而政府工作人员则从厂商那里获得私下的"好处"，政府分散采购中常常发生的"回扣"，正是在这种情况下产生的腐败弊端。建立政府采购制度，通过规范的采购方式，可以依托法制而明显地提高政府采购过程的透明度和规范性，减少产生"权钱交易"等腐败行为。实行政府采购，其实质是通过技术安排、制度创新，形成一种"制度监督"，规范政府的"消费行为"，以消除政府采购中的"寻租"现象。由于实行公平竞争，政府采购部门可以利用供应商之间的竞争，形成一种买方市场。降低购买成本，节约公共支出。即使在同等价格水平情况下，政府采购也可以使采购部门选择那些品质较好、质量较高的商品和劳务。

三、危机情势：地方政府创新的动因

地方政府的创新推动了地方治理变迁，那么，这些地方政府是出于什么样的考虑而实施这些创新的呢？具体到某一地区，又是什么原因推动着他们进行改革的呢？

在调研过程中，贵阳市人大常委会的工作人员经常说的话就是"有为才有位，有位必有为"；也有的同志说，要从意识上改变过去"只知道人大及其常委会是监督机关而忽略或淡化了它首先是行使决定权的权力机关；只知道人大及其常委会与'一府两院'是监督与被监督的关系而忽略或淡化了它们之间首先是决定与执行的关系"的状况。贵阳市人大常委会的同志非常清楚，这个"位"就是要有最高权力、最高权威的这个"位"。权威的缺位使他们意识到，只有通过改革、创新才能恢复并提升人大常委会的法定权力和权威

---

① 南宁市政府采购管理处：《南宁在政府采购运行机制上求突破》，采自南宁市政府采购管理处资料（2000）。

地位，也只有在实践中确立了人大常委会的权威地位，才能更好地促进法治建设。

在海口市，"小政府、大社会"的特区建设模式理应有效应对经济发展的热潮。而实际上，传统体制的各种弊病的累积性功能障碍依然存在着，并妨碍了政府对各种问题作出积极回应。投资者抱怨、群众不满，对政府部门的频繁投诉使政府处于尴尬的境地，政府形象受到很大的损害。海口市的普通干部到政府高层，都强调自身"很受震动"，"投资者和群众的抱怨促使我们改进工作"。①

由此看出，权威危机是地方政府实施创新行为的主要动机之一。正如迈克·戈登史密斯所说，由于全球化的影响，世界各地的地方"政府制度、政党和政治程序等面临着真正的或假想的合法性危机"②。中国各级地方政府同样也面临着权威危机。这种危机不仅仅是外部变迁影响的结果，国家内部经济社会环境的变化是引发地方政府权威危机的根本原因。国家内部的权威危机，或者是结构性的，或者是功能性的。前者意味着权威机构本身法定权力、权威地位面临的危机，后者指的是政府行为不当所导致的公信力下降、权威受损。显然，贵阳市人大常委会推行的市民旁听就源于前者，而海口市行政审批权改革就源于后者。

与功能性权威危机相关的是，管理性危机是诱发政府实施创新的另一动因。这种危机可以是固有体制运行不畅所致，也可能是资源约束硬化所致。在海口市，原来的审批体制是一种多层级的、集权的审批体制，每个环节都有相应的管理性权限，最终的审批权集中于行政首长。所以，每个环节都有以权力换取非正当收入的可能；同时，即使在各个环节都顺利通过的情况下，完成所有审批也是相当耗时的、效率低下的。当投资热潮、经济快速发展突然来临时、海口市政府职能部门无法有效应对也就很自然了。在南宁市，没

---

① 笔者于 2002 年 10 月 15 日在海口通过"三制"项目组织者座谈会上了解的情况。
② 迈克·戈登史密斯：《从地方政府管理到地方治理》，见俞可平主编：《治理与善治》，社会科学文献出版社 2000 年版，第 185 页。

有实现政府采购之前，财政支出体制是传统"专供"型和分散的。这种体制始终无法提供财政支出的统一有效管理，也遏止不了"吃回扣"等腐败现象。固有体制运行不畅导致的管理性危机促使地方政府通过创新来改变原有体制的缺陷。

在市场经济条件下，资源总是稀缺的。缺少更多可利用的资源也会使地方政府面临管理性危机。海南省是比较落后的省份，利用外来投资建设经济特区对于他们是很有意义的。但是，当旧体制的僵化与低效影响到投资方向转移之后，他们才清楚是什么地方出了问题。"海口没有外来投资就发展不了"，所以，投资流失触动了海口市政府。海口市同志告诉笔者，创新可以提高政府效率，吸引投资，促进海口市发展。而南宁市政府的财政一直很紧张，在基础设施建设、公共服务投入方面，政府财政每年大约短缺12亿元左右。因此，在政府财政汲取能力短期内无法很快提高的情况下，改变原来体制，实施政府采购，开源节流也不失为解决财政紧张的可行性选择。

由此可以看出，危机情势是地方政府改革创新的主要动因，这些危机包括权威危机和管理性危机等。它们并不是孤立地表现在不同的地方，实际上，它们往往在各个地方同时起着作用，只是在不同的地方所起作用大小不同而已。

四、结论：治理的走向

就本文分析的政府层级而言，地方政府创新的动力是其面临的危机情势，即权威危机与管理性危机。但是，如果这些危机情势得以解决或控制，政府创新是否还会持续下去呢？或者说，是否会因为危机消失而失去动力呢？有学者指出，就乡镇竞争性选举的创新而言，摆脱乡镇运行的困境、减轻乡镇的责任负担和提高乡镇的运行效能是乡镇竞争性选举的动力。一旦摆脱困境、减轻负担或提高效能的压力减少或消失，继续推进乡镇竞争性选举的动力就会减弱或消失；或者，一旦乡镇竞争性选举的后果超越了目标范围，改革的发展就要受到既有体制的限制。改革就会失去动力而向旧体制回归。[①] 贵阳市人大常委会推行的市民旁听制度已经作为制度而固定下来。以"市民旁听"为突破口，贵阳市人大常委会开始了一系列联动性的治理创新：增加民意表达的便利渠道，设立"市民谏言信箱"，接受市民对政府、法院、检察院提出的建议和批评；提高立法科学性，增强公民的法治意识，实行"立法公示"制度。此外，贵阳市人大常委会还在市民参与执法检查、信访工作等方面进行了有益的探索，这些举措相互衔接，互相促进，为人大及其常委会更有效地实现自己的权力与职能提供了合理的多元渠道。

10多年来，海口市围绕审批权改革的"三制"实践表明，创新的生命力就在于其稳定性与持续性。"三制"的延伸性创新主要体现在覆盖整个政府行为领域。其主要措施包括：实施效能监察，对机关公共行政进行量化监督；筹建大城管，综合执法；推动市直党政机关改革。

在南宁市，"政府采购"制度也没有局限于政府财政支出的改革，它还扩展到整个财政体制，如预算改革、国有资产管理体制的调整等。2002年4月，南宁市政府决策成立南宁威宁资产经营有限责任公司，将南宁市本级党和国家机关、人民团体、事业单位占有和使用的国有房屋、土地、铺面等国有资产以及相关经济实体，全部移交给威宁公司来进行统一管理、营运，优化资本结构和资本配置，盘活国有资产。

由此看出，地方政府的创新不仅没有因为危机消除而失去动力，它们还延伸、拓展到其他相关领域，进而在地方政府治理结构与行为方面形成了系统、持续的创新。为什么地方政府治理创新会有这么大的反差？仅仅是地方政府所属不同层级造成的么？笔者认为，乡镇一级干部体制改革引入的"竞争性选举"因素与传统的干部选拔任命制度存在着冲突，虽然这种新的因素在解决地方性困境中收益大于风险，但是，将其作为整体上可以鼓励的原则而接受显然还没有得到更权威的认同。因此，即使乡镇一级的政府创新可以

---

① 赖海榕：《竞争性选举在四川乡镇一级的发展》，载《战略与管理》，2003年第2期，第57—70页。

有效地解决各种矛盾与冲突，在没有得到明显的鼓励性暗示之前，这种创新的发展空间是有限的。

而本文分析的地方政府层级创新则不同。虽然诸如市民旁听、改革审批权、实施"政府采购"等治理创新也是对原有体制的突破，但是，鼓励公民有序参与政治，转变政府职能、提高政府行为效能，厉行节约、创造廉洁型政府等是得到广泛认可并受到鼓励的，是总体性改革发展的方向。因而，这些治理创新不仅能够推行，而且能够持续下去并扩展开来。

扩大公民政治参与、提高人大常委会的权威地位，寻求体制内技术性分权、提高政府效能，以及改革公共财政支出、创造廉洁型政府这些寻求治理变迁的努力，实际上属于政府管理方式的改变，是地方治理在政治和行政意义上的表现。即从民主授权机制中获得合法性和权威，实现高效、开放、负责的公共管理。

地方政府创新推动了治理变迁，但是，治理变迁的涵义是广泛的，它还包括政府而外出现了各种新行为主体，如非政府组织、公民团体、社区组织利益团体和各种社会运动等，它们形成自组织网络；权威依然存在，但不局限于政府，不同境遇中的不同行动者都可能享有权威；政治体系日益分化，权力中心多元化，集体行动的主体之间存在着权力依赖等等。

相对而言，在本文分析的三个创新案例中，自主的公民社会都是隐性的，政府始终是治理创新的推动主体，其路径是单向的，虽然也存在着政府与公民、政府与市场的互动。这种创新模式的缺点是，政府依靠自身对公众偏好的判断来推行改革创新，政府与社会之间的互动是浅层次的；政府创新行为缺乏有效的社会监督，内在的监督机制缺乏社会支撑。因此，培育和建构自主的公民社会是地方治理变迁的重要选择。它能够克服政府"超载"的困境，在政府与社会之间形成良性互动，恢复国家与社会、政府与公民之间的真正合理关系。

从技术化行政到民主化行政[*]
——以青岛市"多样化民考官"机制的发展轨迹为个案

陈雪莲[**]

行政理念确定行政价值目标、引领行政发展方向。传统公共行政向现代公共管理转变的过程中,行政理念的建构经历了从工具理性到价值理性的历史性变迁,新公共行政随之由传统的价值中立、技术理性优先转向以公正和民主为价值指向。新公共行政的价值追求是社会公平正义而不是单纯的行政效率,行政是民主治理过程而不是单纯的管理过程。在新的价值取向引导下,现代行政的理念和目标是责任和服务,行政活动承载着多种责任而不再是简单机械的服从,行政的目标是通过最优的管理实现最佳的服务。因此,现代行政改革的内容已经超越管理技术层面的革新,走向民主行政、责任行政和服务行政的构建,这也是当今许多国家行政改革的目标。中国政府的行政改革是否也在实践着新公共行政的理念和价值目标?对于"一党领导下的多党合作制"的中国来说,行政改革由技术层面深化到价值层面,意义尤为深远。

中国的行政改革是否已经开始由管理技术、管理制度的改革转向更深层

---

[*] 感谢中国地方政府创新奖组委会对本研究提供的资金和人力支持,感谢青岛市考核办相关同志的热情帮助和无私的资料共享。本文原载于《理论与改革》,2011年第3期。

[**] 陈雪莲,中央编译局比较政治与经济研究中心社会调查研究室主任。

次的行政价值理念的变革？这一改革的动力、压力乃至阻力是什么？由技术行政向价值行政转变的新行政体制改革会给中国政治体制改革进程带来什么样的新思路和新空间？山东省青岛市的绩效考核改革经历了从注重绩效考核指标设计的科学性向强调绩效考核的公众参与性的转变，这正是一场由技术化行政到民主化行政的改革。本报告以青岛市政府绩效考核工作的演进为个案，在介绍和分析"多样化民考官"机制的诞生背景和发展轨迹的基础上，探讨上述问题的答案。

一、从技术化行政到民主化行政的历史基础

传统行政管理模式以"政治—行政二分法"和"科层制"为理论基础，以提高公共部门行政作效率为目标。20世纪70年代末期，以绩效管理为核心的新公共管理运动仍将提高政府部门行政效率作为主要目标，力图通过最少的行政消耗获取最大的行政效果。如撒切尔时期的英国行政改革以及里根时期的美国行政改革，"效率"是政府绩效评估最重要的指标。进入20世纪90年代，政府绩效评估的重点开始由效率标准转向效益标准，同时开始关注公共服务的质量和效果。如英国的"公民宪章"运动中政府强调对公共服务的内容、方式和标准作出具体承诺，保证公共服务的质量，提升公民满意度。1993年，美国颁布的《政府绩效与结果法案》提出政府绩效评估的重点是服务质量和用户满意度。从西方发达国家行政改革重点的演变历程可以看出，管理工具、管理技术和管理方式的提升是传统行政管理改革的目标，追求公众满意度是现代行政管理区别于传统行政管理的根本性标志，现代行政管理的任务是满足顾客（公众）的需要，而不是官僚政治的需要。

中国自改革开放以来不断推进行政管理体制改革，经过30年的努力，在政府职能转变、政府机构优化、依法行政、公务员队伍建设、提升社会管理和公共服务水平等领域取得明显成效。但是已有的改革主要是政府内部组织结构和运行机制上的调整和优化，在这其中更注重管理工具、管理技术和管

理方式的革新。而新形势下，高效的政府需要以公众为导向，才能有效解决政府时常遭遇的管理困境和信任危机。中国政府在 2008 年提出的深化行政管理体制改革的总体目标中充分认识到了时代背景的转换对政府改革目标的影响。新的行政改革目标是"通过改革，实现政府职能向创造良好发展环境、提供优质公共服务、维护社会公平正义的根本转变，实现政府组织机构及人员编制向科学化、规范化、法制化的根本转变，实现行政运行机制和政府管理方式向规范有序、公开透明、便民高效的根本转变，建设人民满意的政府"[①]。在新的行政改革目标中，政府职能由过去的"为经济建设创造良好发展环境"拓展为同时"提供优质公共服务、维护社会公平正义"，政府运行机制和管理方式不仅仅要"规范有序"，更需要"公开透明和便民高效"，政府首先应该是"人民满意的政府"。这一系列对政府职能、运行机制、管理方式、价值定位的界定，意味着公众对行政流程的参与、监督和评价是必不可少的要素，民主不再只是政治体制改革的话语，同样是行政体制改革的目标。中国的行政体制改革将超越技术和工具层面的革新，深化为民主化行政的构建。

二、"多样化民考官"机制的内容及特征

青岛市从 1998 年起逐步建立的"目标绩效管理体系"被理论界誉为"青岛模式"——整体推进型绩效评估模式。[②] 2006 年起，青岛市考核办开始在目标绩效管理体系框架内重点探索实施多样化"民考官"，以人民群众满意度考核评价区市党委、政府以及市直政府部门的工作绩效。青岛绩效管理体系改革的形成、发展以及转变在全国各地涌现的政府绩效管理实践中具有很强的典型性和代表性。

---

① 见中共中央十七届二中全会《关于深化行政管理体制改革的意见》，2008。
② 中国地方政府绩效评估体系研究课题组：《中国政府绩效评估报告》，中共中央党校出版社 2009 年版，第 297—327 页。

1. 诞生背景

青岛绩效管理体系改革在起步阶段，推行的是目标责任制管理，以提高政府执行力为目标。随后，随着改革的深入，建立起目标考核与督查工作双动力机制，以提高政府效能为目标。在1998年至2006年期间，政府绩效考核改革的重点是完善考核指标体系的设计、优化考核的流程、创新考核方式方法。如，在指标体系的设计上，借鉴战略管理、质量管理、标杆管理等先进理论和管理方法，合理分类，分组考评。针对区市的考核，以"五个建设"（经济建设、政治建设、文化建设、社会建设、党的建设）为框架提出"五位一体"的考核体系；针对市直单位的考核，提出从业务职能工作目标、日常工作目标和监督评议三个方面进行"三足鼎立"的考核。在考核方式方法上，青岛市被认为是在全国范围内率先实行答辩制评估。青岛市在目标绩效考核工作中的成绩受到广泛认可，被理论界总结为"地方政府绩效评价四中典型模式"之一。① 由此可看出，青岛市在绩效评估技术上已经达到较高水平。

目标绩效考核只是对政府内部管理流程的评估，重点是评估政府机构的执行力和效能，这只是政府绩效评估的最初形式。随着现代公共服务型政府理念的深入，政府评估的内容逐步侧重于公共服务质量评估，这一评估必须有公共服务对象——公众的参与，评估结果也必须向公众公开并向服务对象负责。中组部2006年发文《体现科学发展观的地方党政领导班子和领导干部综合考核评价试行办法》（中组发〔2006〕14号），号召把民意调查作为评价领导班子和领导干部工作绩效的重要方法，但无具体操作规则。青岛市考核办意识到，以民意指标来量化并考核党委政府部门的工作绩效，是深化绩效考核工作的新方向。要提高绩效考核的导向性、真实性和权威性，必需丰富民主形式，拓展民主渠道，扩大公众评价的比重。在宏观政策鼓励下和改革需求的推动中，市考核办从2006年11月开始具体探索如何以人民群众满意度来考核评价区市党委政府工作绩效。经过三年多的逐步完善，形成了以

---

① 另外三种模式指"甘肃模式"、"思明模式"和"珠海模式"。

"多样化民考官"为突出特点的政府目标绩效考核体制。

2. 运行机制

青岛市"多样化民考官"机制的核心内容是"调查对象多元化、调查内容民本化、调查途径多样化"。"调查对象多元化"包括普通居民、学生家长、低保户、失业人员、中小企业管理者;"调查内容民本化"包括人居环境、文化建设、社会事业、社会保障、机关作风和行政效能。"调查途径多样化"包括电话调查、入户调查、窗口调查和网上调查。组织机制方面,针对市直单位的考核机制分为党群法检机关考核和政府部门考核两类,市考核办负责牵头抓总,市委办公厅、市政府办公厅按照分工负责具体组织实施;各考核委成员单位负责抓好各自领域内的专项考核,并配合市考核办和市委办公厅、市政府办公厅完成各项考核任务。针对区市的考核机制:市考核办统筹协调,各专项考核单位负责抓好各自领域内的专项考核,并配合考核办完成各项考核任务。

在政府绩效评估中引入公众评价和民意调查出现在许多地方政府的绩效评估改革实践中。青岛市的"民考官"机制是青岛市目标绩效管理体系中的一部分,从三个方面区别于普通的民意调查式绩效评估。

首先是民意的真实性和民意在整体绩效评估结果中的比重较高。民意调查的组织权在政府外部,引入第三方评估,确保民意的真实性。2009年,在针对区市的目标绩效考核体系中,民意调查占21%的比重(见图1),在针对市政府部门的考核中,"社会评议"占35%的比重(见图2)。而2007年的目标绩效考核体系中,民意调查没有纳入针对区市的目标绩效考核体系,"社会评议"仅占8%,民意所占比重在逐年上升中。

其次,民意的采集和反映有多种渠道,称之为"多样化"。青岛市"多样化民考官机制"有三个实施载体:一是电话民意调查,以真实有效的"民意排行榜"考核工作绩效。2006年开始,在国内首创性地采用"电话民考官",运用计算机辅助调查(CATI)技术,通过随机电话访问的形式,针对普通市民和学生家长、低保人员、失业人员以及中小企业经营管理者等特定群体,

从技术化行政到民主化行政 | 295

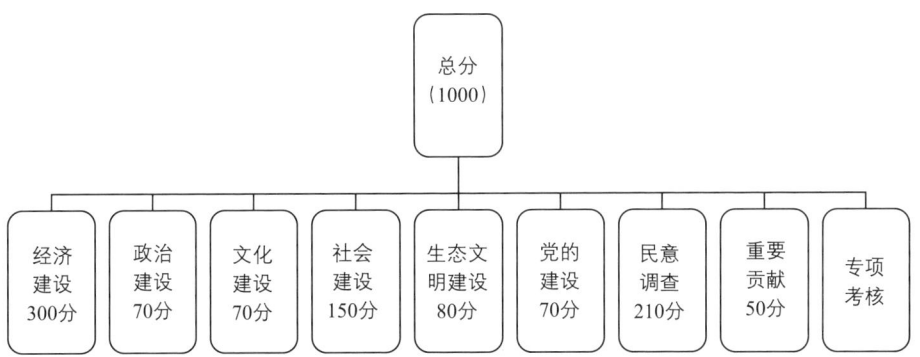

图 1　青岛市 2009 年度区市目标绩效考核体系框架图

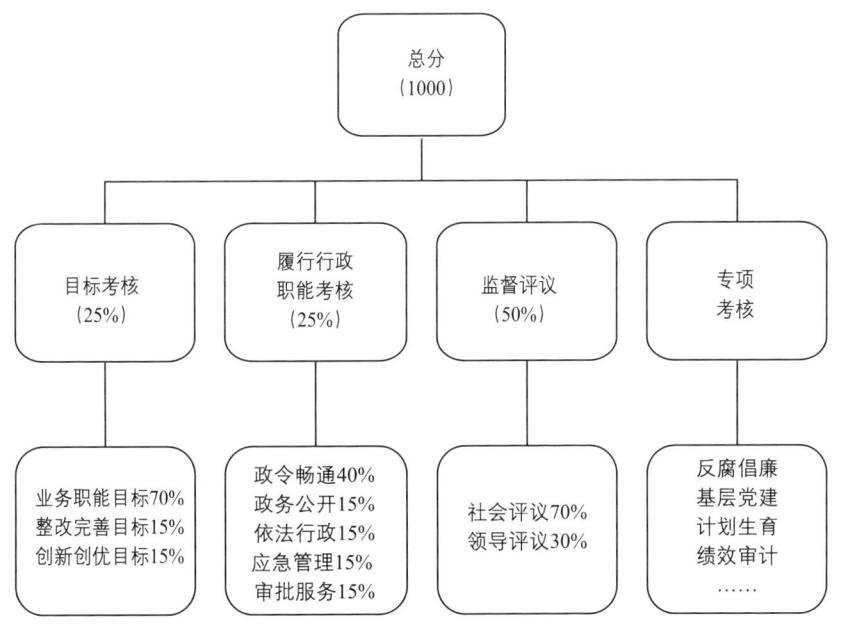

图 2　青岛市 2009 年度市政府部门目标绩效考核体系框架图

以解决老百姓最关心、关注的问题为重点，围绕社会保障、劳动就业、教育医疗、环境保护、社会治安等内容，调查市民对区市党委政府"促进经济社会又好又快发展、解决民生民计问题"措施的真实评价。民意电话调查结束后，现场公布调查数据。在国内首创了"民考官"现场直播系统，通过网络视频技术，将调查情况直播到区（市）、街道办事处或镇两级党委政府，让基层干部直面市民评价,增强了调查的信度与实效。二是引入独立第三方,实施"外考内"模式,强化外部主体的参与。2008年采取公开招标的形式,委托国内知名专业机构零点调查公司实施第三方评价,独立评价市直公共服务和社会管理部门的履职绩效情况,提高绩效评价的独立性和专业性。评价主体涵盖了市民、企事业单位、外来务工人员等各类知情者群体,促使党政机关自觉接受外部监督,进一步转变工作理念和工作作风。三是"特邀考官制",聘请"两代表一委员"(即人大代表、党代表、政协委员)和专家学者担任"特邀考官",构建专业化考官队伍。充分发挥考官贴近群众、知识丰富、了解情况的优势,请他们全程参与决策目标、执行监控、考核评议等各个环节,根据效益性、创新性、重要性和工作难度四个评价维度,对市直单位实施"四维评审"。

第三,有相对制度化和规范化的考核结果使用机制。"多样化民考官机制"在考核结果的有效使用上,有三个途径:一是将民意考核结果上报组织部门,作为领导班子调整和干部使用的参考依据,连续两年不合格的区市和市直单位,其主要负责人工作岗位将进行调整;二是民意调查结果占区市年度绩效考核成绩的21%,社会评议占市政府部门年度绩效考核的35%,民意成为政府各部门年度奖惩的重要依据;三是运用考核结果优化政府工作,市考核办跟踪督办老百姓反映强烈的问题和政府工作中存在的薄弱环节,要求责任单位限时整改,及时反馈答复办理情况,促进热点难点问题的解决。如,青岛市四方区某居委会的居民在2007年年底的电话民意调查中反映小区河道改造问题,2008年年内由区政府出资将该河道改造成居民体育锻炼场所——体育文化大道。此外,在电话民意调查现场,请各区市、职能部门分管考核工作的同志出席,听取受访市民的意见和建议,有条件现场协调解决的当场提出解决方案。

3. 特点与成效

相较于国内其他地方政府正在进行的政府绩效考核制度改革,青岛市"多样化民考官"机制的主要特征有:1. 突出"民意"在政府绩效考核中的特殊地位，有利于推动民主政府和责任政府的实现和完善；2. 运行成本相对较低，具有一定的可推广性。"民考官"的数据收集工作主要依托于统计局社情民意调查中心、"两代表一委员"等已有的机构或机制。2008 年委托第三方调查机构进行民意调查的成本为 17.8 万元，2009 年计划将"第三方调查"调整为"政府述职、市民评议"的新考核形式，进一步降低考核成本，优化考核质量。3. 通过相对稳定的机制设置确保考核结果能够切实运用于政府流程优化和改造，而不是流于"形式民主"。2008 年，青岛市有 5 个市直单位被问责扣分，直接降低了考核等次。4. "多样化民考官机制"为实现"以民主促进民生"提供了一个有效的制度平台。即在考核内容上注重民生，在考核过程上保证民主，在考核结果上体现民意。在考核内容上，50% 以上的指标为民生指标；在考核过程中，通过媒体发布预告，请市民监督；在考核结果上，将"民考官"分数确定为"第一指标"，逐年提高权重，2009 年达到 21‰；在"民考官"问卷设计方面，把"命题权"交给群众，面向市民征集民意调查"金点子"，让市民设计考核政府的"民意指标"。2008 年，有 51.5% 的调查题目是吸收采纳市民意见的结果，确保群众意愿得到充分体现。

"多样化民考官机制"的创新意义在于在行政程序中引入民主机制，以民主约束官员、通过公众参与优化政府流程、以民主促民生。具体说来，该机制首先较好地解决了传统"官考官"考核体制中存在的信息失真、考核造假问题。面对电话随机访问和问卷随机抽样的调查，被考核部门很难造假，有助于考核部门更为全面、公正、客观地掌握党委政府工作绩效的真实情况；其次，有助于政府官员转变工作作风和价值观念，"民考官"促使官员增强群众意识、责任意识，重视民意和民声；再次，提高政府透明度，社会公众作为第三方的"民考官机制"，既有效地增加了政府考核信息获取渠道，也扩大了民意表达渠道，从而强化和锻炼了群众参与意识和参与能力；最后，促进了重点热点民生问题的解决，有助于维护社会动态稳定。"民考官"使各级决策层更加注重掌握民情、听取民意、改善民生，将群众反映强烈的问题作为筹划来年工作的重要参考，并纳入为民办实事的范围加以解决。

4. 问题与前景

青岛市"多样化民考官机制"受制度环境和改革经验的限制，仍然存在一些有待完善的地方：一，"民考官"的考核结果运用没有定量、硬性的标准，考核结果需要与行政问责、部门奖罚、官员选拔任用之间有明确、直接的联系才可能真正确保"民考官机制"的权威性；二，群众对考核的参与是被动的"意见收集型"参与，缺乏日常化的民意主动表达渠道，该项目还需要在变"民意收集专业化"至"民意畅通常规化"方面有所突破；三，考核结果不够公开透明。现有的公开方式是：媒体公开考核等次，考核评价的具体结果只上报党委政府领导层。群众参与的积极性与信息公开透明程度成正比，而且，考核结果公开透明有利于推动政府更积极地回应民众需求。

如果要解决上述问题，则需要在建设绩效政府的同时，打造透明政府、责任政府和民主政府。这已经超越了传统行政体制改革的范畴，走向民主化行政是行政体制改革无法回避的改革方向。在现有的政治体制环境下，青岛市通过一些技术手段和制度平台的搭建进一步探索行政民主的空间。2010年试行以"向市民报告、听市民意见、请市民评议"活动取代公众参与面较窄的第三方独立机构实施"民意问卷调查"的方式来收集民意、扩大公众参与渠道。"向市民报告"指由市政府各部门的主要负责人通过公开述职的方式，面向市民报告全年工作的完成情况、存在的问题及改进措施；"听市民意见"指听取市民代表和社会各界对政府和政府部门工作的意见和建议；"请市民评议"指请市民代表对政府各部门工作进行评议。市民代表以随机抽样与组织推荐相结合的方式，从群众基础好、公道正派、具有较高参政议政热情和较强责任感的市民中产生，主要由城乡居民代表，基层代表，企事业单位代表，社会组织代表，专家代表，人大代表，政协委员代表等构成。市政府各部门主要负责人的述职报告、部门工作职责和年度主要工作目标放置在青岛政务网等网站上，供市民查阅。年底，各部门主要负责人在主会场集中、依次述职报告，并通过视频网络系统向12个区市分会场直播，市民代表在各会场听取部门负责人的述职。部门主要负责人述职结束后，将述职视频放置在网站上，供市民观看视频和提出意见建议。市民代表根据市政府各部门工作职责、年度主要工作目标、述职报告，结合市政府各部门负责人现场述职和平时掌握的情况，现场填写测评票。述职结束后，对各会场市民代表填写的测评票进行统计，测评票分值即为2009年度市政府各部门目标绩效考核中的社会评议得分。这一新的"民考官"形式扩大了绩效考核的透明度和参与性，是对行政民主的另一种尝试。

三、讨论："多样化民考官"的双重意义

中国政府自改革开放以来历经几轮行政体制改革，这几轮改革的主要内容是政府职能转变和机构调整，以优化政府内部流程、提高工作效率为主要目标。政府绩效评估隶属于公共行政管理的范畴，自20世纪90年代在各级地方政府中涌现的政府绩效评估实践是中国行政管理体制改革的一部分。通常来说，公共部门的任务是实现四个基本目标：责任、合法性、效率和公正，行政改革的关键是如何实现这些基本目标。[①] 绩效评估可以通过制度设计来推动和提高政府的责任、合法性、效率和公正。

历经20年的理论研究和实践探索，绩效评估的理念和技术日臻成熟和完善，在这个过程中，绩效管理体制改革是以理顺行政关系、提高行政效率为首要目标。改革有自己不可逆的发展逻辑，随着改革的深入，绩效评估不再局限于行政成本、效率、产出等经济问题，也不再停留于行政体系内部实行技术性的专业化改革。科学的绩效评估既强调绩效观念、重视量化评估方法，更关注政府的公共受托责任，即评估政府如何承担和实现自身的责任和合法性。

现代政府是以公众为导向的政府，以公众为导向的政府必定是服务优先而不是管理优先。建设服务型政府是当下中国政府改革的基调，服务型政府

---

① 简·埃里克·莱恩：《公共部门：概念、模型与途径》，谭功荣等译，经济科学出版社2004年版。

是要强化政府的公共服务职能，以公共利益为目标，以公众的客观需求为尺度，提供高质量的公共产品。政府如何知晓公众的需求？公众如何表达对政府行政行为的意见？解决这些问题，需要的不仅仅是管理技术和管理工具的革新，更需要引入民主机制。在绩效评估中引入公众参与的"多样化民考官"机制因而具备了双重意义：一是通过公众参与推动了政府流程优化，二是探索了行政民主的空间，为民主化行政改革提供了有益范本。

关于中国的改革是行政体制改革为优先还是以政治体制改革为突破口，学者和实践者们具有不同的意见。一种观点认为，行政体制改革与政治体制改革是两个不同的范畴，对于中国来说，只有优先进行行政体制改革，调整行政结构、提高政府执行力，才能进一步推动政治体制改革。另一种观点认为，我国的行政体制改革已经到了瓶颈期，需要通过政治体制改革给深化行政体制改革，带来新的发展空间。从理论上来说，将政治与行政二分是传统公共行政的理念，在这一理念下，行政定位于执行国家法律与公共政策，实现政治决定的目标，民主价值以及公共政策制定的事务由政治家们与立法机关完成，行政是单纯的执行性工具。而在当代行政发展中，行政除了重视效率和经济等管理价值外，更强调公民精神、公正、公平、责任等价值。行政本身已成为重要的价值性表达活动。从实践环境来看，在中国"一党执政"的政治体制下，政治和行政无法实现真正的"二分"，行政管理体制改革就是政治体制改革一部分，行政民主的发展必将意味着政治民主的进步。

江苏沿海城市群建设与政府治理模式创新[*]
——从"行政区行政"到"区域公共治理"

成 婧[**]

2009年6月国务院常务会议通过了《江苏沿海地区发展规划》,江苏沿海地区涉及3市14个县,行政层级复杂,在区域开发的过程中需要完善地方政府合作机制,通过城市群建设为区域经济发展提供制度支持。

一、区域开发政策下的城市群建设与定位

按照巴拉萨提出的"市场+制度"理论,市场的微观基础作用固然重要,但国家及制度的调节作用不可小视,区域经济合作成功的关键在于通过参与各方的谈判达成共识,最终形成调节机制。随着新技术革命的浪潮和世界范围内区域经济一体化的进程,经济活动的空间组织形态总体趋向于城市与区域的一体化,经济竞争也由单个城市逐渐转变为城市集群的角逐,国内几个重要的经济板块之间的合作正日益加快,城市群愈来愈成为产业和经济竞争的重要平台。同时,作为区域重点开发及其协调发展的主要形式,城市群对于在更大范围内实现资源的优化配置,形成合理的区域发展格局及健全的协调互动机制,发挥

---

[*] 基金项目:江苏省社会科学院青年课题(项目编号:院青1018)。本文原载于《城市发展研究》,2010年总第17卷第11期。

[**] 成婧,江苏省社会科学院助理研究员。

城市的辐射带动作用，从而推动区域整体发展具有极为重要的作用。

江苏沿海区域包括连云港、盐城和南通3市市区以及其下的14个县（市），而以沿海开发为契机发展起来的沿海城市群将以沿海三市为发展龙头，包括苏北乃至苏中各市县。江苏沿海城市群目标是促进苏北地区经济发展，从而解决江苏区域经济发展不平衡现象，加快长三角地区经济一体化进程，形成北连山东半岛城市群，南接上海中心城市的重要经济地带。首先，从江苏区域经济的发展现状（见表1）来看。当前江苏省区域经济发展不平衡现象严重。2008年苏南地区人均地区生产总值是苏北地区的3.16倍，地方财政一般预算收入，苏南占全省的68.8%，苏北仅占16.3%。苏北地区位于苏、鲁、豫、皖四省交接处，不具有苏南地区的优越地理位置和投资环境，受长三角经济中心的吸引和辐射作用比较小，加之苏中、苏北地区中心城市的经济技术发展水平偏低，对本区域的辐射带动能力较弱。从而构成了苏南与苏中、苏北地区的巨大经济差异。所以，在江苏经济发展的过程中，要充分把握沿海开发的政策契机，建设具有辐射能力的中心城市，从而带动苏北经济的发展，因此，沿海城市群的建设可以说是基于平衡南北差异与协调区域发展而提出的具有历史发展必然性的策略。其次，从长三角地区看，江苏省沿海城市可为上海、浙江和苏南地区突破资源约束、提升产业结构提供最佳空间，使得上海国际航运中心和国际金融中心的辐射圈从半幅扩展为全域。再次，江苏沿海城市群各市县地理位置接近，文化相似，同处一省的行政权力支配下，区域一体化的态势明显，具有建设城市集群的客观条件。

表1 江苏区域经济发展情况

指标	苏南	苏中	苏北
地区生产总值（亿元）	18506.16	5477.62	5931.61
人均地区生产总值（元）	61823	33735	19555
地方财政一般预算收入（亿元）	1691.75	365.50	400.24
城镇居民人均可支配收入（元）	22756	16574	12536
农村居民人均纯收入（元）	10458	7582	6038

数据来源：2009年江苏省统计年鉴。

总之,江苏沿海城市群的建设与发展具有客观必要性与现实可行性。但城市群建设不仅是一个地理意义上的区位概念,而且也是经济社会的有机组成体。目前江苏沿海城市群各市之间的联系更多的是依靠企业扩张所造成的经济关联,以及上级政府政策压力下的强制关联,尚未形成自主的城市间合作模式,在一定程度上影响了城市群经济社会的一体化发展。

二、江苏沿海城市群一体化合作困境:行政区经济

所谓"行政区经济"现象,是指由于行政区划对区域经济的刚性约束而产生的一种特殊的区域经济现象,它是我国区域经济由纵向运行系统向横向运行系统转变过程中出现的一种区域经济类型。[①]

(一)"行政区经济"制约着城市集群的形成与发展

行政区经济目前已成为制约江苏沿海城市群形成的重要障碍,主要表现在以下几个方面:

一是基础设施的重复建设。目前,江苏省沿海各地的公共基础设施供给表现出较强的独立性,虽然在铁路、高速公路等线状、网状基础设施建设上基本实现了一体化,但港口、机场等枢纽型基础设施的建设仍存在大量重复,无法达到规模经济,利用率不高,资源浪费现象严重。

二是产业结构的趋同。由于地方各项经济指标的完成与地方官员个人的政治升迁挂钩,地方政府往往忽视各地比较优势的差异和产业结构升级的规律,竞相发展价高利大的产业。从而导致地方产业结构在一些利润潜力较大的产业领域和基础设施领域重复建设的现象普遍存在,资源的利用效率不高,形成"散而小"的状况,影响了区域极化与扩散效应的发挥,难以形成发展

---

① 刘君德:《中国转型期凸现的"行政区经济"现象分析》,载《理论前沿》,2004年第10期,第20—22页。

的合力和足以支撑创新的产业规模，削弱了产品的国际竞争力。同时，产业结构的雷同带来了城市间的恶意竞争与行政壁垒，对城市经济的长远发展造成严重损害。

三是缺乏统一的规划。江苏省沿海城市群应以南通、盐城、连云港三市为中心，包括苏北、苏中八个城市的所有区域，因此行政层级错综复杂，八个城市长期以来自谋发展，没有形成宏观统一的发展规划。各个城市在基础设施上没有整体的协调，容易造成浪费，在产业发展上不能形成互补的链条，经济发展的各类要素不能达到合理的配置，核心城市发育不充分，辐射力差。

四是边界经济衰微，邻域效应内部化。地方政府具有强烈的属地经济观念，在地际竞争中，往往视行政边界为"经济边界"，有意识地限制地方财政投入到行政边界地区，这给相邻地区带来了外部性，诸多行政边界地区的经济由于财政投入的不足出现边缘化的趋势。

（二）"行政区经济"的根源在于政治晋升锦标赛驱动下的非合作化倾向

当代中国正处于政治、经济与文化的转型时期，地方政府基于政治绩效的考虑，更关注于区域经济发展。20世纪80年代实施的财税体制改革，赋予地方更多的自主性与分享性。在权力下放的过程中，地方政府的经济盲动性逐渐提升。具体来说，行政分权与以财政包干为内容的财政分权改革，使得中央把很多财权下放到地方，而且实施财政包干合同，使得地方可以与中央分享财政收入。财政收入越高，地方的留存就越多，其中预算外收入则属于100%的留存。在这种利益驱动下，地方政府无不以经济增长为目标，在经济建设、城市建设上展开经济锦标赛（Economic Tournaments）。经济锦标赛成为一种巨大的激励力量，地方政府无不争相参与。国外有学者将这种现象称为

"中国特色联邦主义"(Federalism, Chinese Style)①。也恰恰得益于纵向的行政分权与财政包干,自 20 世纪 90 年代中期以来,我国 GDP 连续十几年保持了 10% 左右的增长率。

然而此种类型的政府竞争之所以能在地方政府间开展,绝不仅仅在于经济利益的强驱动力。正如学者周黎安所言,"区域经济合作失败、地方保护主义和重复建设的根源并不主要在于地方官员的财税激励及其所处的经济竞争的性质,而是在于嵌入在经济竞争中的政治晋升博弈的性质"②。在现行的中国政制中,地方政府官员不是由当地居民举手投票来决定,而是以上级政府任命为主。作为政府官员,获取政绩,旨在晋升,追求的是政治收益最大化。中国特定政府结构决定了地方政府官员通过经济竞赛来获取政治晋升。在既定的游戏规则下,发展地方经济不是政府官员的最终目的,而是成为地方官员谋求晋升的一种重要的手段或工具。这就构成了另一种形式的政府竞争——政治锦标赛(Political Tournaments)。在政治锦标赛的驱动下,同级地方政府官员处在相同赛制中,为了争夺有限的政治晋升资源而展现自己的政绩。因此,经济锦标赛成为政治晋升锦标赛的直接表现形式。在这种双重竞争的内在驱动下,同级政府间的合作意愿被残酷的"锦标赛规则"所瓦解。

经济锦标赛中的合作博弈是一种正和博弈,因为经济的规模化生产总会带来比分散经营更多的收益。因此,参与合作的双方都可以从合作中获得收益,所以理应促进合作的产生。但事实却是,地方政府之间表现出弱合作意愿。政策壁垒、地方保护主义等现象在各地都或多或少地存在。分析可以发现,其原因就在于:作为驱动力的政治锦标赛是一场零和博弈,参与人只关心自己与竞争者的相对位次。只有当合作的结果不改变参与人的相对位次时(对两个竞争对手而言)或都可以提高其相对位次时(对多个竞争对手而言),合作才可以实现,否则合作很难发生。因此,政府竞争而非合作就成为

---

① Qian Y. Y. & Weingast B. R., "China's Transition to Markets: Market-Preserving Federalism, Chinese Style", *Journal of Policy Reform*, 1996 (1), pp. 149–185.
② 周黎安:《晋升博弈中政府官员的激励与合作》,载《经济研究》,2004 年第 6 期,第 33—40 页。

地方政府间的"理性选择"。

"行政区经济"在我国由计划经济向市场经济转轨过程中出现具有一定的必然性,并且它的存在在一定程度上还带动了地方经济的高速发展。但是,当经济发展到一定阶段以后,这种以局部经济为中心,以政绩为导向的"行政区经济"已经不能适应经济一体化的发展要求,成为制约城市群构建和发展的一大瓶颈。

三、国外城市群治理经验及理念分析

行政区经济现象的产生依赖于自上而下、高度集中的行政区行政的政府管理模式,所以解决行政区经济问题、构建新型城市群需要创新政府治理模式。当前,世界范围内已形成了六大城市群,包括美国东北海岸的三个大城市群,西欧的伦敦—米兰、莱茵—鲁尔城市群,日本以东京、名古屋和大阪为核心,包括横滨、京都、神户等特大城市的东海道带状城市群。这些城市群聚积着该国最为密集的产业、资金、智力资源,在国家的经济发展中具有支柱性的作用。分析其生存状态和治理模式对江苏沿海城市群的建设具有重要的借鉴意义。

(一)美国城市群发展的协调管理模式

美国的东北海岸是世界上城市群最为发达的地区之一,已形成对城市群进行治理的独特模式。[1] 从城市政府运作层面来看,创建合适的发展协调管理机构,形成得力的、具有可操作性的跨区域行为主体是解决城市群内诸多问题的重要举措。具体而言,美国的各大城市群形成了不同的发展协调管理模式。作为世界上最大的城市密集区的纽约大都市区是一种松散、单一组织的

---

[1] 靖学青:《西方国家大都市区组织管理模式——兼论长江三角洲城市群发展协调管理机构的创建》,载《社会科学》,2002年第12期,第22—25页。

大都市区管理模式，它所展现的是一种松散的行政主体，使用以专门问题性的协调组织运行为主的管理模式，该区域并没有形成统一、具有权威的大都市区政府，而是各种共同建立的专门机构去处理区域问题，如在港务运输、区域规划以及给排水、垃圾处理等方面建立了各种专门的协调组织。华盛顿大都市区则表现出统一组织的大都市区管理模式，该都市区于 1957 年形成了统一正规的组织——华盛顿大都市区委员会，目前已发展为包括 18 名成员的政府统一正规组织，该组织职能众多，从交通规划到环境保护，解决了许多公众关注的区域问题。在迈阿密城市地区形成了双层制大都市区管理模式，为解决市县分治给迈阿密市和其所处的戴德县双方政府带来的沉重负担，1957 年戴德县与迈阿密市形成了双层制的大都市政府，即区域内非城市地区的所有服务均由大都市政府提供，而 27 个自治市的公民接受他们所在市和大都市的双层服务。

（二）日本关西城市群创新与关西经济联合会

日本关西地区位于日本中心，由滋贺、京都、大阪等九个城市组成的城市群构成，关西地区是日本国内、国际工业运输与通讯的重要基地，对日本的经济增长具有举足轻重的作用。[①] 20 世纪 90 年代之后，关西地区经济出现了明显的衰退趋势。在此背景下，日本关西地区城市群创新体系出台。关西城市区摸索出促进区域经济进一步发展的重要手段就是关西经济联合会，关西经济联合会成立于 1946 年，下设 23 个委员会，成员包括关西地区约 850 家主要公司和团体（如大学和有关的研究机构），它的主要职责与特点在于：一是讨论关西经济区内的经济、行政等重大城市建设的统一方针，协调各方。二是地位具有中立性，不从属政府行政机关，便于反映城市非行政机构和其他民间机构的利益要求，是一种非营利组织（Nonprofit Organization NPO）。三

---

① 杨德权、杨德礼：《日本关西地区经济再生战略与城市群创新体系》，载《环渤海经济瞭望》，2000 年第 2 期，第 33—35 页。

是加强与日本国内城区以及国外的友好交往，吸收优良先进的行政管理建设经验，通过关西经济联合会又对政府吸收引进国外先进的行政建设经验形成一定的监督，避免这些新颖的管理经验流于形式。此外，日本城市群在建设如关西经济联合会此类机构的同时，也积极地启动民间投资，如长野县坂城镇的美山园建设就是20世纪90年代初实施多元投资体制的一例。总投资6.4亿日元，其中来自私人捐赠的2024.1万日元，占10.9%，政府投资6.4亿日元，占19.2%。

由于城市群包含多个不同行政区域、不同行政级别的城市，所以必然需要不同城市之间的协同治理。从美国、日本两大城市群的协调治理模式可以发现，转变政府管理方式、借助各类机构进行合作治理成为一种普遍的选择。在这些城市群发展模式的背后，治理理论与复合行政概念是支撑城市群发展的基本理论。这对江苏沿海城市群乃至国内其他城市群治理模式的创新具有一定的借鉴意义。

四、江苏沿海城市群建设路径——区域公共治理与政府诱致性合作

城市群建设要解决的首要问题就是城市间合作与经济社会一体化，而强调多中心治理与竞合思想的区域公共治理模式将为城市间协同治理与良好合作机制的构建提供理论支撑。区域公共治理的理论基础是治理理论与复合行政。在复合行政理念下，城市群之间的合作不是单纯的跨行政区府际关系，也不是针对政府改革所引发的政府与企业、民间组织、社区等利益集团之间关系的调整[1]，而是不同层级政府之间交叉合作，用政府间合作创造良好的治理环境，用多元治理主体的各自优势将行政区横向合作制度化、常规化，并吸引企业与其他非政府组织的参与而形成的网状合作平台。借助这一平台在一定程度上实现各城市跨区域的产业政策、基础设施等的一体规划，以及促

---

[1] Bovaird & Lofflere, *Public Management and Governance*, London and New York: Routledge, 2003.

进区域内的人才、资本、技术交流，破除城市间的隐性的壁垒。

(一) 城市群建设中的治理理念——区域公共治理

1. 以无界"区域"打破有形"行政区"

以"经济区域"替代"行政区划"是区域公共治理与行政区行政的最显著特征。从治理理论角度而言，区域主要是一个基于行政区划又超越于国家和行政区划的经济地理概念。从"行政区划"到"经济区域"的转变有两个层面的含义：一是管理范围的扩大。原有行政区行政严格设定了政府权力的运行边界与社会治理的范围，这就造成行政区经济的种种表象。而以经济区域概念代替行政区划，可以在扩大管理幅度的基础上实现更大区域内的协商合作，从而抵消行政区行政给经济一体化带来的种种束缚。二是管理边界的模糊化。所谓"区域"并非一个仅仅在地域上扩大了的行政区，而是基于经济发展与社会治理合作的弹性区间，它具有一定的流动性，合作治理的区域范围会根据经济社会发展而发生实际变化。只有这样才能彻底打破行政区对经济发展的制约。如长三角地区，随着区域经济辐射能力的增强，越来越多的省市逐渐加入了长三角区域规划的发展行列，这样将更加有利于产业结构的调整与布局，更加有利于企业之间的自主合作。

2. 以多中心的"治理"替代政府"管理"

区域公共治理是治理理念对传统政府管理的替代，它强调的是多元治理主体的合作共治。在公共治理的概念中，治理主体涉及政府、经济主体（各类企业）与民间社会组织。治理的推行得益于各主体之间协商机制的构建。这种多中心的管理方式，有利于提高跨行政区公共服务的回应性和效率，发挥中央政府、地方政府、非政府组织等不同主体的积极性。在多元互动的视野下，地方政府之间的互动占据主要地位，地方政府之间的对话合作是各种经济资源与社会资源自由分配与流动的制度基础，不过这种主体间合作不仅仅是同级政府之间的合作互动，更加包含不同层级政府之间、政府与非政府组织、政府与企业间的合作互动，以多向度的权力运作代替自上而下的权力运行，以公私合作治理代替公权力的单一运作。这种嵌套与交叠的关系网络是区域公共治理有别于行政区行政的又一特点。

3. 以"竞合"理念替代"竞争"思想

在传统行政区行政的政府治理模式下，由于地方对政绩的过分追求，导致同级地方政府之间的关系以竞争为主线。竞争模式以零和博弈为前提，不会产生合作意愿，合作模式是以正和博弈为前提，但前提是参与方利益目标一致。而竞合模式是在竞争模式下发展起来的，这种理念将竞合看作一种可变的正合博弈，它是一种介于竞争与合作之间的状态，参与方具有合作意愿，但对合作结果的利益分配具有一定的竞争性。在竞合模式下，各个参与主体之间的利益并不完全一致，但存在合作意愿，合作方产生的价值总量与合作性质相关，合作分工越好，创造的总价值越高。在区域公共治理模式下，只有不断调整区域内参与方的合作分工模式，使得其在利益分配过程中能够得到预期效益，才能进行更深入的合作，彻底打破行政区经济现象。

表2　治理模式对比表

	行政区行政	区域公共治理
经济现象	行政区经济	区域经济一体化
理论基础	传统行政管理	治理、复合行政
管理边界	以行政区为界，范围小且刚性	以若干行政区为界，范围大且有弹性
管理主体	政府	政府、企业、社会组织
权力向度	自上而下	互成网状
合作理念	非合作的竞争状态	竞争+合作

区域公共治理理念是城市群建设和城市合作治理的新趋势，它将成为从根本上解决城市群一体化建设进程中的行政区经济问题。但观察可以发现，在政府治理模式由行政区行政向区域公共治理转变的过程中，"竞争+合作"的合作理念产生的动力机制是决定区域公共治理成败的关键，同样也是城市群构建中的核心问题。

(二) 城市群建设中的合作模式——政府诱致性合作

城市合作具有多样化的发生动力,在江苏省沿江开发以及长三角各地的区域合作中,已经形成了几种现有的模式:

首先,是以政府为主导,自上而下的科层式城市合作。它由上级政府通过行政命令发起,旨在下级政府间建立伙伴关系的城市合作。如 2001 年江苏省政府制订的《苏锡常都市圈规划》,它的形成机制是通过规划的政策手段促进苏锡常三市的合作和协调。规划类似于柏林—勃兰登堡联合发展项目和柏林都市圈联合发展规划,由上级政府发起,是一种科层式合作下的垂直政策协作。但此类完全依靠政府主导的城市合作忽略了各个城市信息交流的重要性及其积极性的有效发挥,从而导致实施效果并不理想。

其次,自发性的城市合作。它是指城市政府、非政府部门 (NGO)、私营部门和学术精英等多种参与者参与其中,并不断互动。城市间合作完全处于自发的合作意愿,从而经过长期的信息交流,形成制度化的合作模式。在专业领域合作的基础上逐渐形成共同市场,实现区域一体化。这一模式如长江三角洲城市经济协调会。自发式的城市合作是一种相对稳定的、紧密的合作。这也进一步印证了西方城市的合作经验,即自下而上的合作网络更容易形成长期的合作[1],但这种合作模式具有周期性长的缺陷。

再次,混合式的城市合作模式。当前存在的混合式城市合作模式如江阴经济开发区靖江园区,这种城市合作模式是在企业合作困境的前提下引发出来的,由地方政府发起,并且上级政府积极参与其中。江阴靖江园区由两市地方政府筹划,省政府赋予园区项目审批、土地利用等多项优惠政策,在江苏省沿江开发的城市合作过程中起到了很好的示范作用。

总结这三种城市合作模式和西方城市合作理论与实践可以发现,在我国

---

[1] Leitner H. & Sheppard E., *Transceding Interurban Competition: Conceptual Issues and Policy Alternatives in the European Union*, State University of New York Press, 1999, pp. 227 - 243.

现行的政策土壤中,政府主导型的强制性合作路径并不能取得很好的成效。而完全放弃政府的引导、依赖经济主体的自发性制度变迁又具有一定的盲目性,不能适应我国转型期经济社会发展的需要。在江苏沿海开发与江苏沿海城市群建设的过程中,治理模式的转变是解决当前城市合作问题的根本。在此过程之中,政府主导的多层次网状合作机制将是构建高效城市间合作机制的良策。所以,寻求江苏沿海城市群城市合作之道,应该放弃强制性的政府间合作与松散的经济体自我协调,而在公共治理理念下进行政府引导下的诱致性合作,形成省级政府、各市政府、民间社会的三维支撑模式,在充分发挥各治理主体积极性的前提下实现城市间的协同治理。

大都市政府治理机制运行的背景、内容与影响因素*
——来自美国的实践及对中国的启示

易承志**

美国是当代发达市场经济国家的典型代表,其大都市的发展经历了很长的历程,大都市政府治理机制的运行积累了较为丰富的经验,也有失败的教训。尽管中美两国国情和制度环境差异巨大,但大都市是城市化发展到一定阶段的产物,大都市政府治理机制的运行也在一定程度上反映了市场经济发展和城市化高级阶段可能出现的某些普遍性问题和治理要求,对于大都市政府治理机制运行实践中那些反映了市场经济和城市化共同规律的经验是可以在不同国家相互借鉴的,其中的教训也值得其他国家反思。随着改革开放以来中国城市化的迅速推进,中国大都市迎来了宝贵的发展机遇,而大都市政府治理机制在运行实践中也面临着一些挑战,选择美国的大都市政府治理机制进行

---

* 基金项目:国家社会科学基金项目"大都市发展中的政府治理机制创新与绩效评估体系研究"(项目编号:10CZZ025);霍英东教育基金会第十三届高等院校青年教师基金基础性研究课题"基于大都市区和谐发展的政府协同治理模式创新研究——以长三角为例"(课题编号:131091);上海市教委科研创新重点项目"基于大都市安全发展的群体性突发事件化解模式创新研究"(项目编号:13ZS118)。本文原载于《行政论坛》,2013 年第 5 期。

** 易承志,华东政府大学政治学与公共管理学院副教授。

实践分析，能够为中国大都市政府治理机制创新提供有益的启示和借鉴。

一、美国大都市政府治理机制运行实践的背景分析

大都市是城市化发展到一定阶段的产物，一般是指具备一定人口规模（不少于200万人）、由具有行政统属关系的一系列地方政府所组成的在一定区域范围内发挥着重要的政治、经济、文化等功能的大城市。[1] 美国的城市化经历了相当长的时期。19世纪40年代开始，随着美国工业化的大规模开展和交通运输网络的改善，美国城市人口的增长开始远远超过农村人口的增长，城市化开始了加速发展。到了1920年，居住在城市中的美国人口超过了50%（达到了51.2%），单个城市的规模也在急剧扩大[2]，出现了许多大都市。例如，19世纪开始，美国纽约就开始向世界级大都市发展，20世纪初，纽约成为世界级大都市。经过长时间的发展，当前美国纽约大都市已经成为世界政治中心、经济中心、金融中心、文化中心、信息中心和航运中心。

美国大都市是城市化过程中由中心城市发展而来的。在美国，市和县是相互之间没有行政隶属关系的两个行政单位。尽管市和县都是具有综合职能的地方政府，但市的人口密度通常比县更高，提供的公共服务也往往更多。中心城市和郊区的空间互联和行政分立是美国城市化过程的一个重要特征。中心城市既是区域经济的中心，也是其周围郊区公共服务的主要供给者。在郊区，由于美国设市的人口标准较低（不少于2500人），大多数郊区政府财力有限，无力独自举办公用事业，大量郊区无法给居民提供基本的公共服务。[3] 这样，与郊区相比，中心城市在基础设施、城市公共服务提供方面占有

---

[1] 易承志：《社会转型与治理成长：新时期上海大都市政府治理研究》，法律出版社2009年版，第28—29页。

[2] 王旭：《美国城市发展模式：从城市化到大都市区化》，清华大学出版社2006年版，第162页。

[3] 罗思东：《美国大都市区政府理论的缘起》，载《厦门大学学报》（哲学社会科学版），2004年第5期，第108—113页。

优势，中心城市对郊区有较大的吸引力，兼并是中心城市保持主导地位的最有力方式，中心城市较多地通过兼并土地的方式与郊区一道建立新的政府结构。20世纪初到1930年的城市发展也证明，新的政府结构主要源自大都市地区中心城市权力的扩张，用杰克逊的话来说，"城市政府的扩张是帝国主义式的，其发展趋势很显然，就是大都市政府"①。兼并是指由中心城市兼并郊区的某一部分，并由中心城市政府行使新区的管辖权，它通过两种途径进行：一是中心城市根据州的法律，将其周围尚未组成自治政府的城市化地区并入城市地域，从而扩大城市疆界；二是中心城市通过与其邻近的市、县相融合而扩大。美国主要的大城市，绝大多数都是在1930年之前通过这种方式而扩展的。例如，纽约市通过1898年的兼并与融合，其面积由1890年的44平方英里，急速扩大至299平方英里。洛杉矶在1906年至1930年间也兼并了大量土地，包括好莱坞及圣佩德罗的港口社区在内的八个小城市，放弃了自治市的地位加入了洛杉矶。②

"二战"以来，随着美国大都市规模的迅速扩大和人口的急剧膨胀，大都市治理面临着环境破坏、治安形势严峻、交通拥堵、族群冲突等一系列问题的挑战，对此，美国适时调整和创新了大都市政府治理机制，对大都市社会管理和公共服务的模式进行改革，进行了较为成功的应对。

二、美国大都市政府治理机制运行实践的主要内容

作为当今世界发达市场经济国家的典型代表，美国大都市政府治理机制的运行实践既呈现出发达市场经济国家共有的特征，又反映了其独特历史文化和政治体制所孕育的专有的特征，其主要内容表现为治理结构、公共服务和治理方式三个方面。

---

① Kenneth T. Jackson, *Crabgrass Frontier: The Suburbanization of the United States*, New York: Oxford University Press, 1985, p. 146.

② Winston W. Crouch, "The Government of A Metropolitan Region", *University of Pennsylvania Law Review*, 1957, 105 (4), pp. 474–488.

(一)治理结构

美国城市政府的治理结构较为复杂。乔治·弗雷德里克森等人认为,尽管从正式和法律的意义上说,几乎所有美国城市都可以归类为议会经理制和市长议会制两种形式,但在实践意义上,美国城市政府体制主要包括三种模式,第一种是三权分立的原生市长议会制城市,也被当成"政治性"城市,这种模式的城市已经越来越少见。第二种是权力统一的议会经理制城市,因为相对强调管理和效率,也被称为"管理性"城市,是对"政治性"城市的改良。这种模式的城市现在已经越来越少有了,大约占20%左右。第三种是适应性城市,又分为适应性政治城市、适应性管理城市和调和性城市三种次生模式。这种模式的城市越来越多。实际上越来越多的美国城市具有相似的体制特征,而第一种或第二种经典的城市类型已经越来越少了。不同模式的城市政府体制在市长和议员的产生方式、市长职权、市长与议会关系、有无首席行政官等方面具有较大的差异,见表1。

表 1 美国城市政府体制类型

第一种类型	第二种类型	第三种类型		
政治性城市	管理性城市	适应性政治城市	适应性管理城市	调和性城市
市长直选	市长由市议会选举产生	市长直选	市长直选	市长直选或由市议会选举产生
多数市议员直选	大多数议员由单一选区选举产生	市议员由选区、单一选区或混合选举产生	市议员由选区、单一选区或混合选举产生	市议员由选区、单一选区或混合选举产生
无首席行政官	有首席行政官	可能有首席行政官	有首席行政官	有首席行政官
市长不参加市议会	市长属于市议会成员	市长不参加市议会	市长属于市议会成员	市长不参加市议会
市长有否决权	市长没有否决权	市长有否决权	市长可能有否决权	市长可能有否决权
全职市长	兼职市长	全职市长	通常是兼职市长	全职或兼职市长
市长掌握大权	市长不掌握大权	市长掌握大权	市长不掌握大权	市长可能掌握大权

续表

第一种类型	第二种类型	第三种类型		
全职市议员	兼职市议员	全职或兼职市议员	兼职市议员	全职或兼职市议员
市议会掌握大权	市议会不掌握大权	市议会可能掌握大权	市议会不掌握大权	市议会可能掌握大权
党派性或非党派性	非党派性选举	党派性或非党派性选举	通常是非党派性选举	党派性或非党派性选举
部门领导对市长负责	部门领导对首席行政长官负责	部门领导对市长负责	部门领导对首席行政长官负责	部门领导对首席行政长官负责
市长担任首席行政长官	议会任免城市经理	市长可不经市议会同意任免首席行政长官	市议会任免城市经理	市长可不经市议会同意任免首席行政长官
可能有行政机构	通常有行政机构	可能有行政机构	通常有行政机构	通常有行政机构
可能有招投标制度	通常有招投标制度	可能有招投标制度	通常有招投标制度	通常有招投标制度
宪章中的法定形式是市长议会制	宪章中的法定形式是议会经理制	宪章中的法定形式可能是市长议会制	宪章中的法定形式可能是议会经理制	宪章中的法定形式可能是市长议会制或议会经理制

资料来源：乔治·弗雷德里克森等：《变革中的美国城市体制》，王金良摘译，载《国家行政学院学报》，2009年第1期，第108—112页。

19世纪末以前，美国城市普遍实行的是"弱市长型"市长暨议会制。[①] 随着城市公共事务的扩张和异质性的增强，市长权力的扩大是美国城市政府体制改革出现的一个共同特征。现在典型的美国城市都有一个直选的市长、一个职业的城市经理或首席行政官、全部或部分市议员按选区选举产生、一套基于能力的文官机构、正规投标或采购行为以及必要的外部审核机制。"强市长制"类似于上述第三种类型中的适应性政治城市。美国城市的政府体制变动较为频繁，"从1992年到1996年有12.5%的美国城市至少发生了一次体制改革，每过10年有1/4的美国城市至少有过一次体制改革。"[②] 但大都市多

---

① 王旭：《美国城市发展模式：从城市化到大都市区化》，清华大学出版社2006年版，第116页。
② 乔治·弗雷德里克森等：《变革中的美国城市体制》，王金良摘译，载《国家行政学院学报》，2009年第1期，第108—112页。

采取强市长制或适应性政治城市的政府体制。对此，有研究者认为，"在人口较多的大城市当中，不同的利益团体相互矛盾，需要一位得到多数民意支持的强市长"①。"强市长制"的运用较好地适应了大都市公共事务扩张对提升行政效率和增强政府能力的要求。

（二）公共服务提供

从理论上讲，提供公共服务是大都市治理的主要内容，而公共服务的提供包括了生产和供应两个环节，后一个环节即公共服务的供应是政治性的，属于政府的核心职责，应该由政府承担；前一个环节即公共服务的生产属于技术环节，则并不一定需要政府亲自承担，而是可以通过引入市场竞争机制由市场、社会组织甚至公民个人承担。公共服务生产与供应相分离的理论主张在美国大都市公共服务的提供实践中得到了广泛的应用。例如，美国亚利桑那州首府凤凰城是美国第五大城市，人口约350万。20世纪70年代后期以来，面对快速扩张带来的城市公共服务的供给压力，凤凰城在公共服务供给中引入市场竞争机制，让城市公共部门和私营部门公平竞争，从成本节约及供给效率等因素来选择公共服务的合同承包商，其结果不仅提高了服务供给的效率和质量，还提升了市民满意度。仅仅在垃圾回收服务领域，由合同承包商和城市公共机构共同承接的垃圾回收项目在15年后成本降低了38%，每吨垃圾的回收成本从67.88美元降到41.96美元。② 为了鼓励社会组织参与公共服务的供给，美国一些大都市政府不仅为社会组织提供免税政策，鼓励其参与公共服务的提供，有的甚至直接为社会组织提供财政支持，例如，纽约市政府一直出资资助乞丐和囚犯救援组织，将与乞丐和囚犯救援相关的公共

---

① 罗思东、何艳玲：《城市应该如何管理——美国进步时代的市政体制及其改革》，载《公共行政评论》，2008年第2期，第92—119页。
② 孙春霞：《美国城市公共服务供给机制的改革及其对中国的启示》，载《江汉论坛》，2010年第9期，第45—48页。

事务交由此类组织自主处理①，而纽约市每年在社区服务上花费的68亿美元中，有80%属于政府与社会组织的合同范围。② 在政府的鼓励和自身的积极参与下，私人组织、社会组织和政府一道，在美国大都市公共服务的供给中发挥了重要作用。

（三）治理方式选择

美国大都市治理在治理方式选择上呈现出两个重要的特征。一是法治化治理。美国大都市治理非常重视法制建设及其贯彻执行。从源头上讲，美国城市的建立和运行过程就体现了一个法治化的过程。就美国城市的建立而言，"早期的殖民地城市的设立一般需要有城市宪章为法律依据。由于这些城市宪章殖民地无权拟定，而是由英国殖民当局颁发，因此又可翻译为城市特许状"③。美国独立后，城市的设立需要得到州议会的授权，其具体程序可以是由州议会批准城市自行制定的城市宪章，或者是州议会立法赋予一个通用性宪章。就美国城市的职能而言，它既是一级地方政府，需要遵循及贯彻执行联邦和州的法律；又是一个市民自愿结成的法人团体，需要遵循及执行相关法律规定。根据美国宪法，只有国会和州议会才有立法权，城市只有自治权，其立法需要得到州的授权。实际上，美国大都市在自己的职权范围内依据国家及州的各项法规制定了具体的法规，对大都市治理的相关方面，都有明确的法律规范。以纽约为例，纽约市议会的立法权限主要是与大都市发展和治理密切相关的城市建设规划、社会发展规划、文化发展规划和地方道路方面的立法，在上述方面纽约市制定了较多的地方法规。其中2003年1—10月，

---

① 安建增、何晔：《美国城市治理体系中的社会自组织》，载《城市问题》，2011年第10期，第86—90页。

② 李忠：《发展非政府组织，促进城市社区建设——对美国非政府组织的调查与思考》，载《统计与决策》，2006年第8期，第42—43页。

③ 王旭：《美国城市发展模式：从城市化到大都市区化》，清华大学出版社2006年版，第118页。

纽约市议会收到议员提交的议案276件，通过地方法规71件。① 在法律的贯彻和执行方面，纽约市在政府内外建立了严密的监督体系，其中外部监督组织包括市议会、审计长和公众代言人，内部监督组织包括调查局、市民投诉审查委员会、行政审判与听证委员会、城市人权委员会②，这一内外结合的监督体系较好地保障了纽约政府的依法行政。二是信息化治理。美国大都市治理非常重视信息化基础设施的建设和应用。以纽约为例，面临纽约市犯罪率居高不下的情况，1994年在纽约警察局局长威廉·布拉登的领导下建立了计算机统计系统（**Computer Statistics** 或 **Comparative Statistics**）的犯罪追踪和管理系统。该系统通过定期收集数据，然后结合基本的警察评估工具和规则分析数据，并把数据映射到地图上，与地理信息系统 **GIS**（**Geographic Information System**）结合，相关部门的负责人员在专门会议中根据数据分析存在的问题，明确职责，会后采取相应措施，进行犯罪的追踪和警察管理。该系统投入使用后，对降低纽约犯罪率起了明显的作用，1994年至2003年暴力犯罪率下降了47.6%，财产犯罪率下降48.8%③，比使用前有了相当大幅度的下降。

三、美国大都市政府治理机制运行实践的影响因素

美国大都市政府治理机制运行实践受到政治、地方自治传统和种族宗教背景等因素的影响，其大都市政府治理机制运行的绩效也与这些因素的影响分不开。

---

① 张志铭、谢鸿飞、柳志伟、渠涛：《世界城市的法治化治理——以纽约市和东京市为参照系》，上海人民出版社2005年版，第13—16页。
② 张志铭、谢鸿飞、柳志伟、渠涛：《世界城市的法治化治理——以纽约市和东京市为参照系》，上海人民出版社2005年版，第34页。
③ 朱琳：《美国城市管理信息化建设对中国的启示——以 Comp Stat、Citi Stat 和 GMAP 为实例》，载《电子政务》，2008年第9期，第120—125页。

（一）政治因素

美国大都市政府治理机制的运行实践在一定程度上是其政治环境变迁的产物。影响美国大都市政府治理机制运行实践的政治因素包括以下几个方面：一是联邦政府与城市的关系变迁。美国独立后，联邦宪法没有规定联邦政府与地方的关系，19世纪末以前，美国联邦政府奉行自由放任政策，对城市事务疏于问津。随着城市人口的增长，1920年美国城市的人口开始超过农村，为了争取大都市选民的支持，美国联邦政府开始改变之前对大都市的自由放任政策，转而介入到大都市事务。20世纪30年代，罗斯福新政在对经济进行大规模干预的同时，推出了"绿带建镇计划"，在郊区选择廉价的土地，建造新的社区，将市区里贫民窟中的居民迁居于此，再将腾空的贫民窟拆掉，改建为公园。① 1960年当选的肯尼迪总统致力于在城市住房尤其是大都市住房领域推行禁止种族歧视的政策，但取得的效果不明显。20世纪60年代之后，由于美国的大部分精力被对越军事所牵制，联邦政府的城市政策趋于消极。进入20世纪80年代，美国社会思潮转向保守，这一时期执政的里根政府对城市事务也持退让态度，认为城市事务应彻底由市场力量调节。布什政府延续了里根政府的城市政策，对大都市公共事务较少介入。20世纪90年代，接任里根政府执政的克林顿政府注重对城市政策的调整，并在第二任期实施了大规模的城市"精明增长运动"，对大都市经济、社会和环境的发展进行了综合的考虑。接下来的小布什政府对城市问题也较为关注，并通过相关政策对城市公共事务进行介入，如小布什政府在（住房与城市发展部、劳工部、健康与人类服务及司法部）等五个内阁级的部门内分别设立"信仰依托和社区动议中心"，以促进城市社区发展的基层公众参与，并继续实施"精明增长战

---

① 王旭：《当代美国大都市区社会问题与联邦政府政策》，载《世界历史》，2001年第3期，第4—13页。

略"①。奥巴马政府上任后，面对金融危机的冲击，对城市政策加快了调整步伐，如采取措施提振住房市场，缓解购房者压力。二是州与城市的关系变迁。美国州与城市之间的关系经历了一个深刻的变迁过程，与此相应，美国大都市政府治理机制的运行实践也发生了深刻的改变。在殖民地时期，一般由总督代表英国皇室或由殖民地领主授予城市特许状，规定市政体制和城市政府权限。美国独立后，授予城市特许状的权力转移到各州议会，城市治理结构和治理权限也由州议会规定。② 1868 年艾奥瓦州法官约翰·狄龙在一个判例中对州与城市的关系进行了系统的阐述，这份后来被总结为"狄龙规则"（**Dillon's Rule**）的判词指出，"州立法机构为自治机构注入活力，否则自治机构便不可能存在。州立法机构可以创建地方自治机构，也可以摧毁它们"③。"狄龙规则"体现了州议会对城市治理结构和自治权限的限制。在"狄龙规则"约束下，"州的立法机构常常拒绝放弃其详细地列举地方政治共同体权力的习惯，并仅仅通过在形式上适用于一个以上地方政治共同体的一般性法律"④。由于"狄龙规则"对城市治理结构和自治权限的限制，当时城市普遍实行的是"弱市长型"市政管理体制，并且提供的公共服务也很有限。随着 19 世纪后期美国城市人口的迅速增加，城市边界不断向周围的郊区扩张，迫切要求城市扩大公共服务的供给。在这种情况下，"狄龙规则"所反映的州与城市的关系已经严重不适应城市的发展需要。为了满足城市发展对管理和服务的需要，19 世纪后期美国州与城市的关系开始发生改变，引入了类似联邦制的宪法性地方自治原则，在此之前，城市的自治权限基于州的普通立法，对于上述普通立法赋予的城市自治权限，州议会也可以通过立法取消；而改革的方向是将城市自治权限基于州宪法的授予，对于上述州宪法赋予的城市

---

① 王旭：《美国城市发展模式：从城市化到大都市区化》，清华大学出版社 2006 年版，第 468—481 页。

② 王旭：《美国城市发展模式：从城市化到大都市区化》，清华大学出版社 2006 年版，第 118 页。

③ 文森特·奥斯特罗姆、罗贝尔·比什、艾莉诺·奥斯特罗姆：《美国地方政府》，井敏、陈幽泓译，北京大学出版社 2004 年版，第 32 页。

④ 弗兰克·古德诺：《政治与行政》，王元译，华夏出版社 1987 年版，第 34 页。

自治权限，如果州议会立法取消的话，则会被视为违宪。对此，城市自治的方向，也由禁止做没有得到州议会特别授权的任何事情，向允许做州议会没有明令禁止的任何事情的方向发展。① 借此城市获得了不受州议会随意削弱或取消而由自己决定的治理结构和自治权限。随着州与城市关系的改变，许多城市尤其是大都市纷纷改变市政管理体制，建立"强市长"型城市政府，将行政权力集中在经选举产生的市长手中，给予市长人事任命权和控制城市各管理部门的权力，而市议会处于次要地位，以满足大都市公共事务不断扩张对提升政府效率的需要。三是城市老板政治的变迁。19世纪普遍实行的"弱市长型"市政管理体制也与当时城市老板政治联系在一起。城市老板是一些职业政客，"这些人平日混迹于街头巷尾，熟悉城市事务，他们拉帮结伙，并投靠某一大党为晋身之阶，进而通过层层党派组织操纵竞选、恩赐官职、安插亲信，构成党派机器像蜘蛛布网一样操控市政"②。而"弱市长"型市政管理体制的实行，使得行政职能"从市政厅转移到城市老板的总部，而城市老板的权力，绝不是用于以低成本提供服务，而是用于政治分肥，封赏他的随从"③。老板政治的盛行导致了城市权力腐败、管理低效和服务不足，自19世纪70年代开始，随着大都市中产阶级人数的大量增加，他们对老板政治带来的治理失败极为不满，形成了针对城市老板政治的进步主义改革运动。④ 这一改革运动通过修改城市宪章对市政选举制度、城市政治和行政之间关系等方面进行了改革，摒弃了老板政治对大都市公共管理和服务的操控。随着城市选举制度的改革，市长和代议机构的成员在竞争选票的压力下，必须增强对选民的回应性，提高公共服务的供给效率和质量。此外，作为对选举制度的补充，居民可以通过"以脚投票"，从公共服务供给效率和质量较低的社区向

---

① 罗思东、何艳玲：《城市应该如何管理——美国进步时代的市政体制及其改革》，载《公共行政评论》，2008年第2期，第92—119页。

② 王旭：《美国城市发展模式：从城市化到大都市区化》，清华大学出版社2006年版，第119页。

③ J. H. Baker, *Urban Politics in America*, New York: Charles Scribners' Sons, 1971, p.175.

④ 罗思东、何艳玲：《城市应该如何管理——美国进步时代的市政体制及其改革》，载《公共行政评论》，2008年第2期，第92—119页。

供给效率和质量较高的社区迁移,从而对大都市政府治理机制的调整和改革施加影响。在选举和税收的双重压力下,美国大都市政府治理机制倾向于对基层社会公众的要求作出回应。

(二) 地方自治传统

地方自治不仅是美国政治体制的一个基本原则,而且是美国文化的一个重要特征,也成为影响美国大都市政府治理机制运行实践的一个重要因素。[①] 哥伦比亚法学院教授布雷夫特(Richard Briffault)指出:"地方自治的实质是小而不同的区域内其人民通过民主方式自主决定其地方权威范围内的事情的能力。"[②] 地方自治的传统对大都市政府治理机制的运行实践产生了重要的影响,相对于大都市层级而言意味着基层社区民众对所在社区事务的自主治理,相对于联邦和州的层级而言意味着不同大都市根据自身情况自主地履行公共管理和服务供给职能。正是由于美国的地方自治传统,公民个人和由公民组成的社会组织的参与积极性得到鼓励,在大都市治理中发挥了重要的作用。

(三) 种族宗教背景

美国是一个移民国家,其大都市的社区分布也可以看到种族和宗教的影响,不同的社区往往有着不同种族构成和宗教信仰,因而对公共服务也有着不同的要求。由政府统一提供公共服务很难适应不同社区的特殊需要,因而美国大都市政府治理机制的运行注重在政府之外引入市场、社会和公民个人等多种力量,以满足不同社区的多元需求。另外,20世纪以来,随着美国黑

[①] 易承志:《美国的大都市区政府治理实践》,载《城市问题》,2011年第6期,第85—89页。
[②] Briffault R., "The Local Government Boundary Problem in Metropolitan Areas", *Stanford Law Review*, 1996, 48 (5), pp. 1115 – 1171.

人向城市尤其是大都市的两次大迁移并形成黑人聚居区，种族隔离问题以及由此带来的贫困、失业、高犯罪率等社会问题一直是美国城市尤其是大都市政府治理需要面对的严重问题，并成为影响美国大都市政府治理机制运行实践的重要因素。

四、美国大都市政府治理机制运行实践的启示价值

美国大都市政府治理机制的运行实践在一定程度上反映了市场经济发展和城市化高级阶段可能出现的某些普遍性问题和治理要求，其大都市政府治理机制运行的经验与教训能够为中国大都市政府治理机制运行和创新提供有益的启示和借鉴。

（一）在相对统一的基础上因地制宜采取具体的大都市政府治理机制

大都市政府治理机制是所在国家政治、社会、文化等多种因素综合作用的产物。美国大都市政府治理机制的运行经历了一个复杂的变迁过程，且不同大都市政府治理机制也有不同。随着中国城市化的推进，在原有典型大都市之外，又迅速出现了一批由区域中心城市发展而成的大都市，这些大都市面临的实际治理背景也存在很大的差异。与美国联邦制的国家结构形式不同，尽管中国港澳地区及民族区域自治地方同中央的关系呈现出某些复杂性，但中国在很大程度上仍然实行的是单一制的国家结构形式，大都市政府治理机制具有相对的统一性，然而，在相对统一的基础上，借鉴美国大都市政府治理机制运行的实践经验，中国大都市政府治理机制也应符合各个大都市的实际，最大程度地发挥各个大都市的优势。

（二）促进社会组织的发展

社会组织既具有服务公共利益的宗旨，又具有专业性和立足基层社会的

优势,这使得社会组织既有动力又有能力参与大都市公共事务的治理。社会组织在美国大都市政府治理中发挥了重要的作用,是大都市公共服务的重要提供主体。根据独立部门组织的一项关于国民态度的调查,76%的被调查者承认,在建设良好的社区居住环境方面社会组织功不可没。① 随着中国城市化的推进和大都市公共事务的扩张,传统由政府作为单一治理主体的政府治理机制已经不适用于大都市发展的需要,提升大都市政府治理能力也应当促进社会组织的发展。②

(三) 公共服务引入市场竞争机制

供应和生产的区分是公共服务引入市场机制的理论前提。1961 年文森特·奥斯特罗姆就指出了公共服务供应和生产区分的重要性,"公共物品和服务的供应和生产的区分,开辟了重新界定公共服务经济中经济职能的最大可能性,与公众保持着对与服务供应绩效标准相关的方面的控制,而在服务的生产方面,则允许在生产那些服务的机构之间开展最大限度的竞争"③。在美国大都市政府治理机制运行过程中,较早就注意市场竞争机制发挥私人部门和社会组织在公共服务生产中的重要作用,较好地满足了美国大都市公共服务的需要。随着社会主义市场经济的发展和公民社会的发育,扩大我国公共服务生产方式的条件已经具备。在公共服务中引入竞争机制,充分发挥私人部门和社会组织在公共服务生产中的作用,对于提升大都市政府治理绩效具有十分重要的意义。

---

① 侯玉兰:《非营利组织:美国社区建设的主力军——美国非营利组织的调查与思考》,载《北京行政学院学报》,2001 年第 5 期,第 13—17 页。
② 易承志:《大都市发展转型中的政府治理机制创新:问题与对策研究》,载《江淮论坛》,2012 年第 6 期,第 37—42 页。
③ V. Ostrom, C. M. Tiebout & R. Warren, "The Organization of Government in Metropolitan Areas: A Theoretical Inquiry", *American Political Science Review*, 1961, 55 (4), pp. 831 – 842.

图书在版编目(CIP)数据

政府治理 / 何增科,陈雪莲主编.
—北京:中央编译出版社,2015.1
(国家治理现代化丛书 / 俞可平主编)
ISBN 978-7-5117-2403-8

Ⅰ.①政…
Ⅱ.①何…②陈…
Ⅲ.①国家行政机关-行政管理-研究-中国
Ⅳ.①D630.1

中国版本图书馆 CIP 数据核字(2014)第 274227 号

政府治理

出 版 人:刘明清
出版统筹:贾宇琰
责任编辑:王　琳
责任印制:尹　珺
出版发行:中央编译出版社
地　　址:北京西城区车公庄大街乙 5 号鸿儒大厦 B 座(100044)
电　　话:(010)52612345(总编室)　　　(010)52612341(编辑室)
　　　　　(010)52612316(发行部)　　　(010)52612317(网络销售)
　　　　　(010)52612346(馆配部)　　　(010)55626985(读者服务部)
传　　真:(010)66515838
经　　销:全国新华书店
印　　刷:北京汇林印务有限公司
开　　本:787 毫米×1092 毫米　1/16
字　　数:362 千字
印　　张:23
版　　次:2015 年 1 月第 1 版第 1 次印刷
定　　价:82.00 元

网　　址:www.cctphome.com　　　邮　　箱:cctp@ cctphome.com
新浪微博:@中央编译出版社　　　　微　　信:中央编译出版社(ID: cctphome)
淘宝店铺:中央编译出版社直销店(http://shop108367160.taobao.com)　(010)52612349

本社常年法律顾问:北京市吴栾赵阎律师事务所律师　闫军　梁勤
凡有印装质量问题,本社负责调换,电话:(010)55626985